明解 行徳の歴史大事典

鈴木和明◎著
Kazuaki Suzuki

文芸社

序

本書では、行徳の歴史に関する事項を網羅することに努め、行徳塩浜諸事、区画整理、地名、神社・寺院、史蹟、学校、各種の著作、その他の関連事項六〇九項目を収録し、索引項目八四三件を用意した。

本書の特長は次のとおりである。

一、土地区理整理組合記念碑文を全文収録した。行徳・南行徳地域の公園八カ所に建立された記念碑文をすべて採録し収録した唯一の書である。

一、神社、寺院その他の史蹟にある碑文を採録し収録した。不明部分は□とした。この際、既刊の書籍に該当する碑文などが収録されていて、しかも筆者の採録時点で風化などで不明の部分についてはそれらの書籍の記載を一部引用した。

一、解説はできる限り簡潔に記述するよう努めたが、資料性、記録性を重視し、古文書その他既刊の書の原文を収録し、読者の判断の助となるよう配慮した。

一、行徳に関係する詳細な年表を作成した。

本書が行徳の歴史・郷土史に興味をもたれる方々、あるいは研究する方々の座右の書となれば著者としてこれに勝る喜びはない。

参考とし引用させていただいた先輩諸氏の労作に敬意を表するとともに、本文中に適宜文献名を示し、かつ巻末に参考文献として書名を掲げた。


次に行徳の歴史を俯瞰して序とする。

行徳の歴史を顧みるとき大きな転機が三度訪れた。

第一は徳川幕府の直轄領となったこと、第二は製塩の許可制と塩田の終焉による水田耕作への転換、第三は区画整理による住宅地への転用である。

そもそも行徳は古代から葛飾の浦と詠われた風光明媚な海岸がひらけていた。江戸川と海に挟まれた弓と弦ほどの幅の狭い細長い土地でわずかに塩を焼き、これを売って食糧を買う生活をしていた。

中世、葛西御厨《みくりや》篠崎郷の東の外れの「本行徳中洲」と呼ばれた江戸川の中洲に伊勢神宮の神明社が勧請されていた。神明社の御塩を生産する塩浜として「ぎょうとくさま」と尊敬された人々の技術指導によって生産は年々増加した。戦国時代末期には小田原の北条氏に年貢として塩を納め、行徳七浜といわれた塩浜があった。

北条氏滅亡後、江戸に入府した徳川家康は「塩の義は軍用第一」と位置付けて行徳塩浜の大増築工事を実施した。本行徳中洲にあった神明社は本行徳一丁目に行徳塩浜の総鎮守として塩浜一五カ村の農民によって遷座された。行徳塩浜は幕府御用の塩浜として幕府の手厚い保護により幕末まで行徳の繁栄は続く。

明治政府は日露戦争の戦費を捻出するために、明治三八年（一九〇五）一月一日塩専売法を公布した。製塩は許可制となり、塩の所有、売買は禁止された。その後、大正六年（一九一七）一〇月一日未明の台風による洪水と大津波のため塩田は壊滅し、昭和四年（一九二九）九月三〇日、第二回製塩地整理により最終的に製塩が禁止された。ここに神明社の御塩浜としての行徳塩浜は消滅した。

塩垂百姓たちは塩田を水田と畑に転換し行徳と南行徳は旧東葛飾郡中最大の穀倉地帯に変貌した。行徳街道から海岸までおよそ二～三キロメートル、見渡す限り黄金色の稲穂が頭を垂れる行徳水郷として甦った。

行徳水郷は東葛飾郡中最大の穀倉地帯として昭和三〇年代（一九五五～六四）まで繁栄したが、時節の変遷と環境の変化に対応するために土地区画整理法に基づく土地区画整理を実施した。

過去二回の転換は幕府と政府によって軍用として行われた施策だったが、昭和の変革は塩垂百姓の末裔たちが自ら主導したものだった。

かつての行徳水郷に生まれ、育ち、学び、暮らし、働いた農民の一員として筆者は往時を顧みるとき万感胸に迫りいうべき言葉を知らない。

本書には資料として行徳・南行徳地区の八つの土地区画整理組合記念碑の碑文全文を収録し、徳川家康の大工事に勝るとも劣らないその偉業を永く後世に伝えんと欲す。

二〇〇五年二月吉日

鈴木和明　誌

明解行徳の歴史大事典●目次

昭和30年（1955）頃の行徳町・南行徳町～浦安町全景
中央左は江戸川、同右は江戸川放水路
浦安市文化財調査報告書第9集「水に囲まれたまち－浦安市交通史調査報告書」（浦安市教育委員会）より

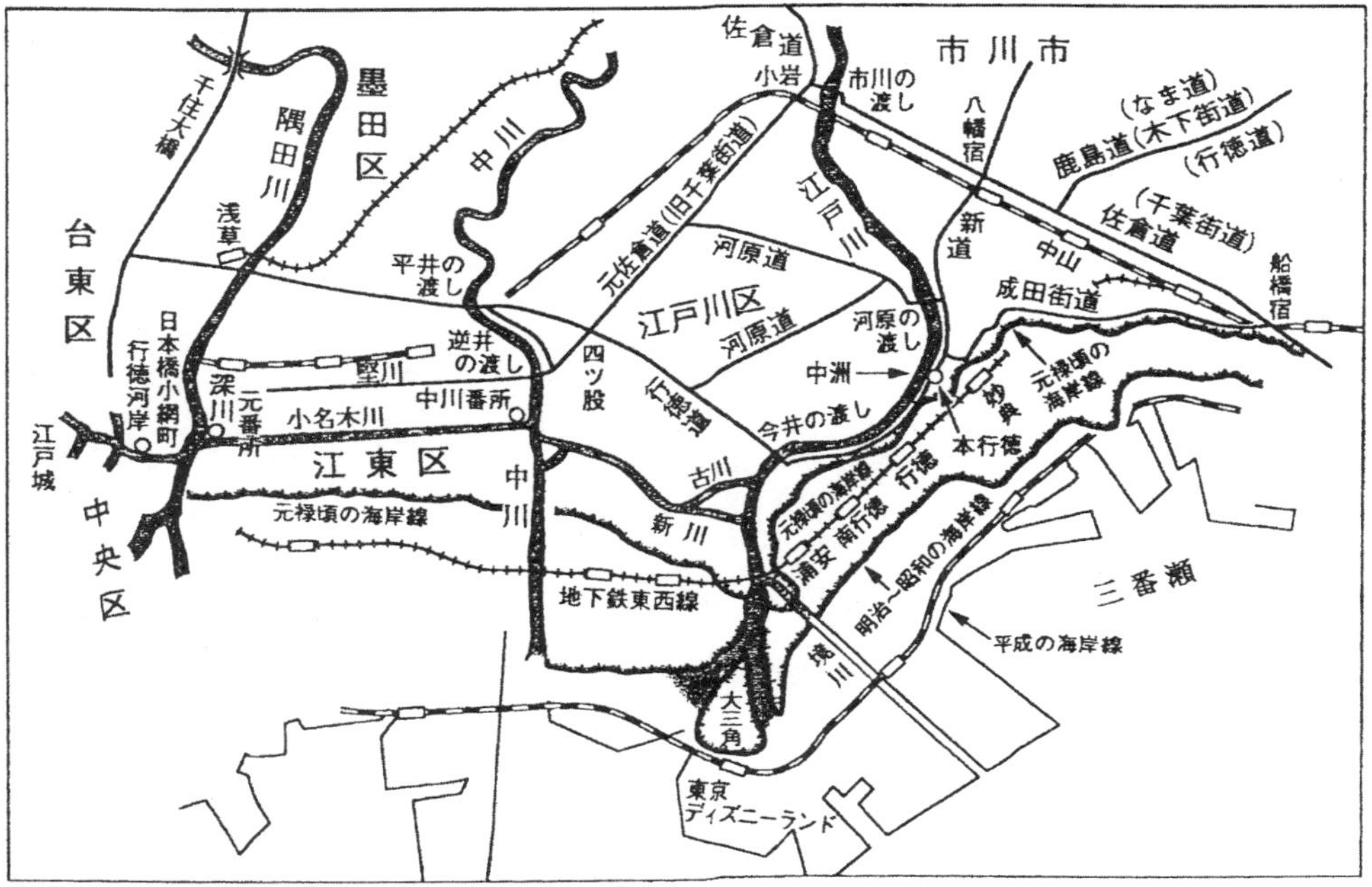

江戸～行徳への道（鈴木和明作図）『行徳郷土史事典』より

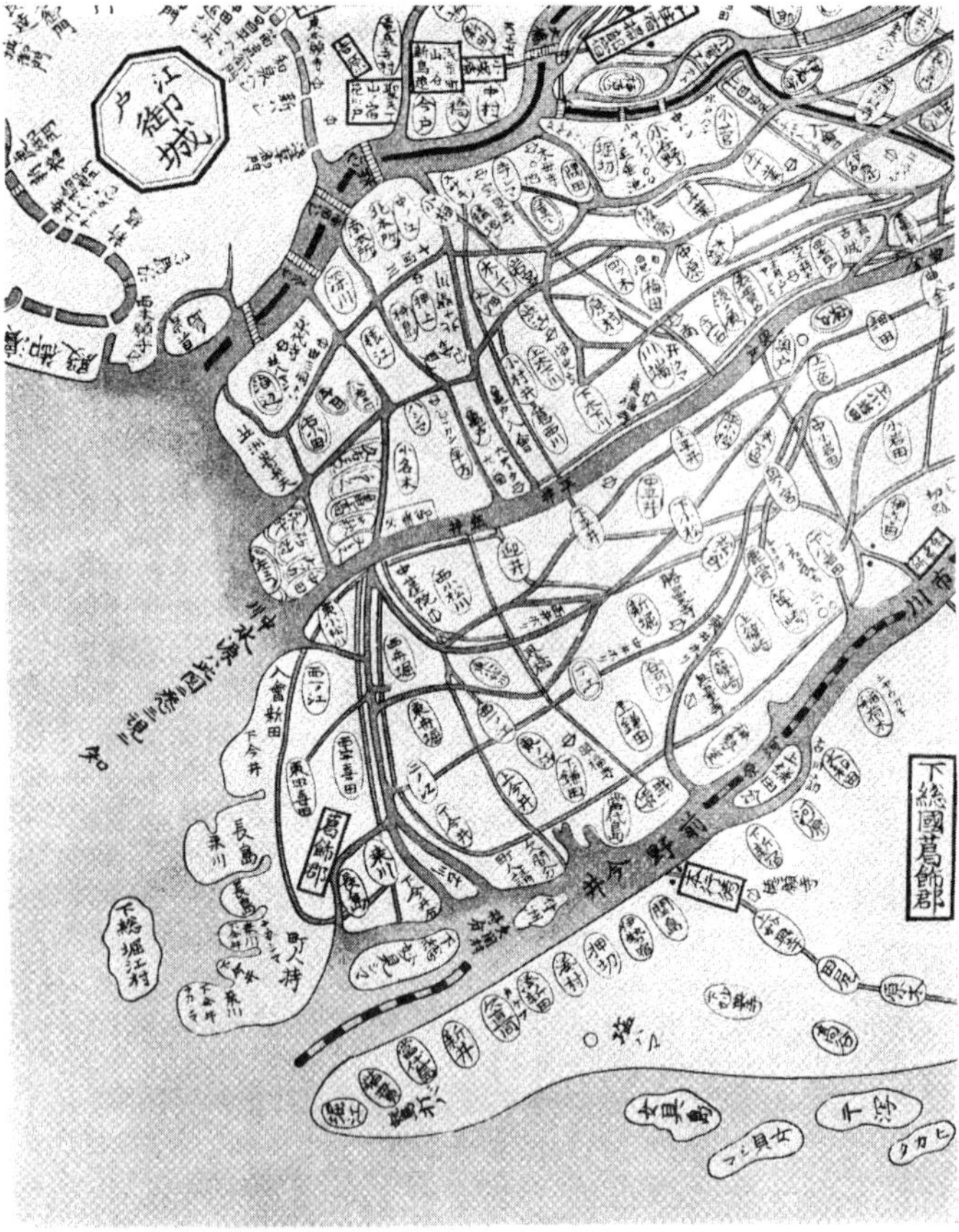

伊能忠敬作図紙屋徳八版「東部近郊全図」の一部『浦安町誌（上）』より

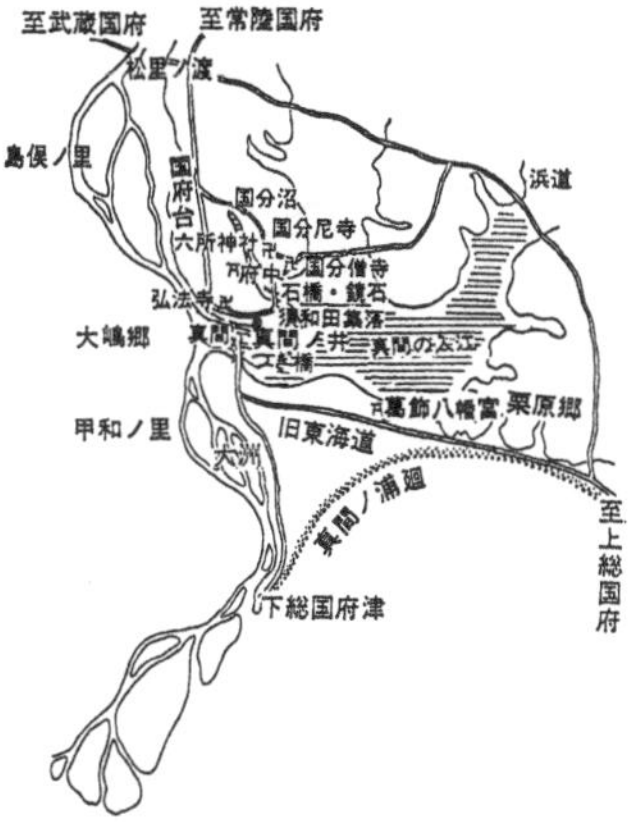

古代下総国府付近想定図
『郷土読本　市川の歴史を訪ねて』
（市川市教育委員会）より

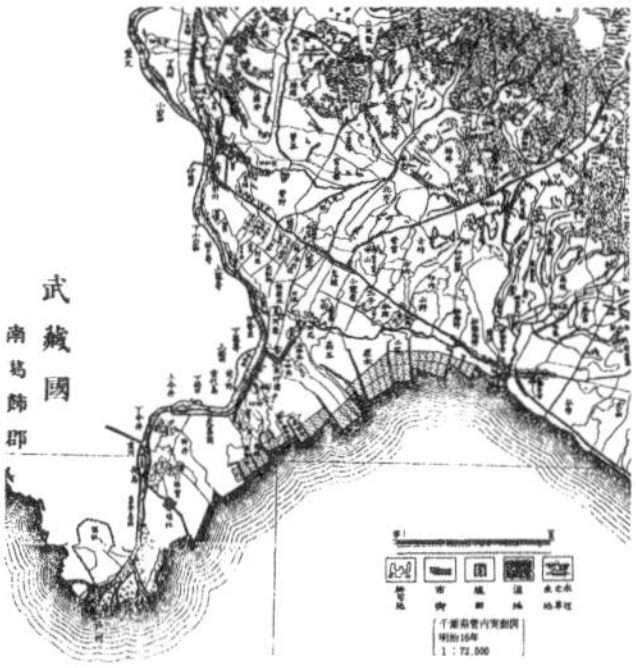

加藤新田『行徳レポートその（1）』
（市立市川歴史博物館）より

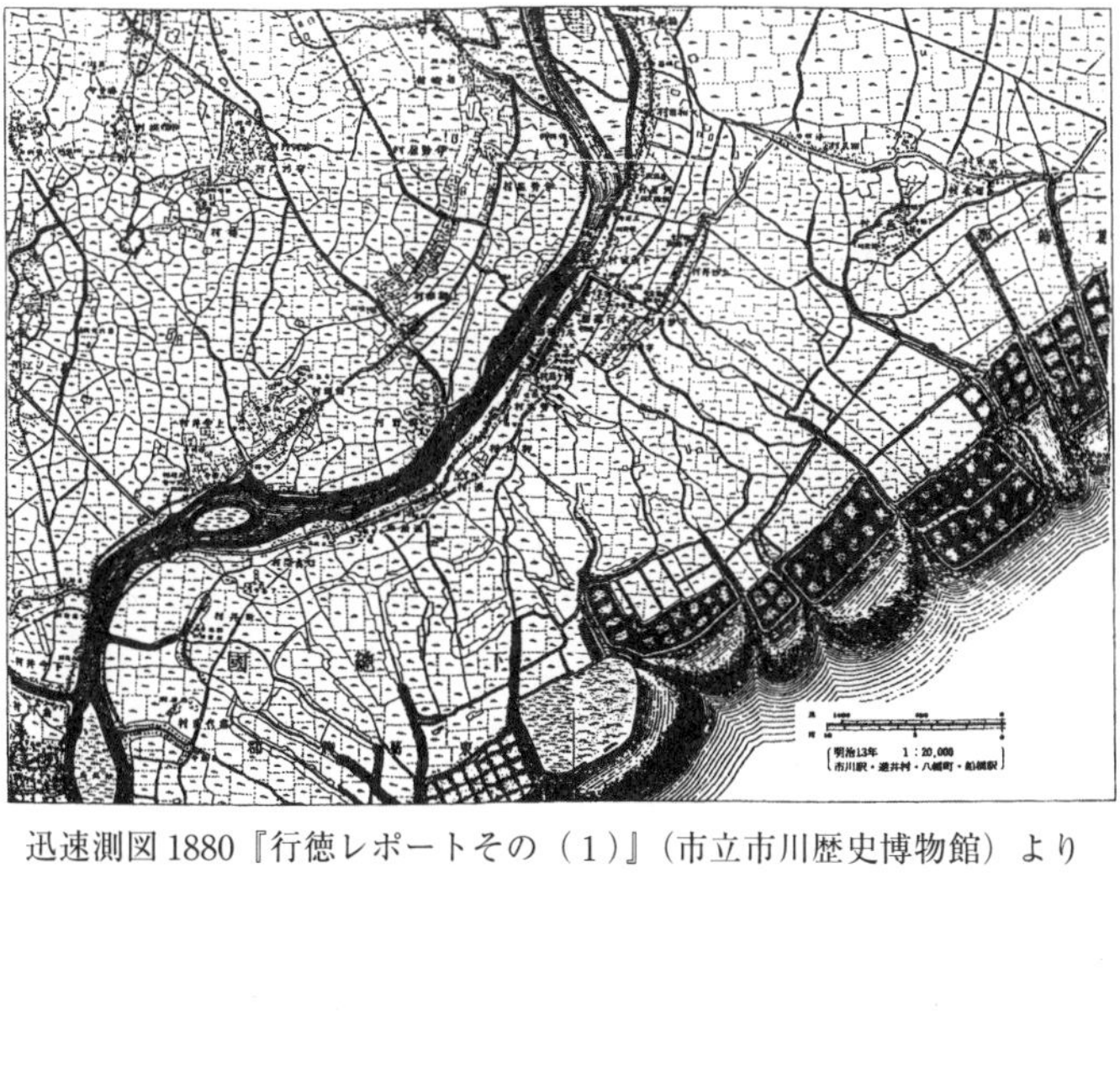

迅速測図 1880『行徳レポートその（1）』（市立市川歴史博物館）より

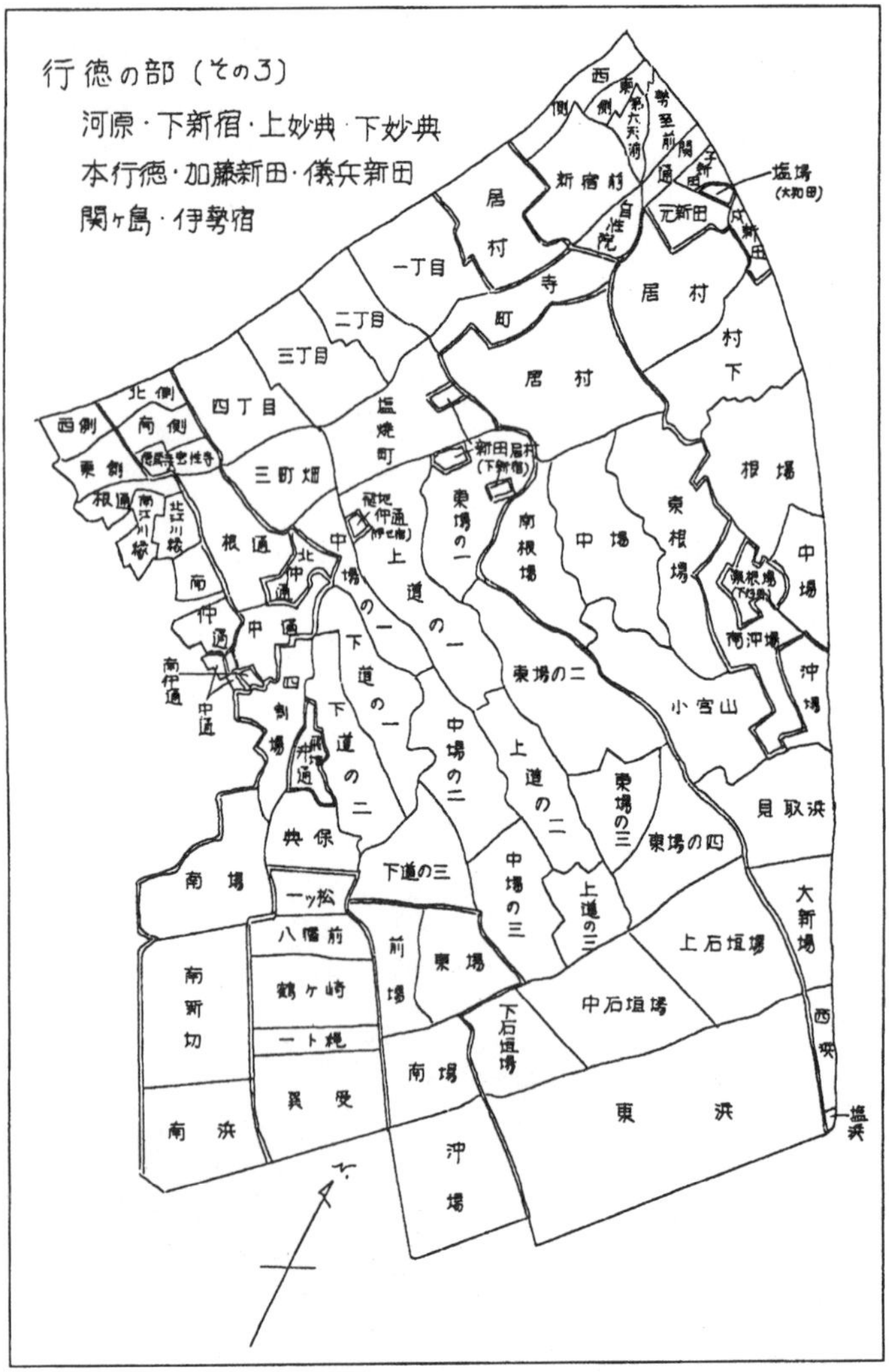

『市川市字名集覧』（市川市教育委員会）

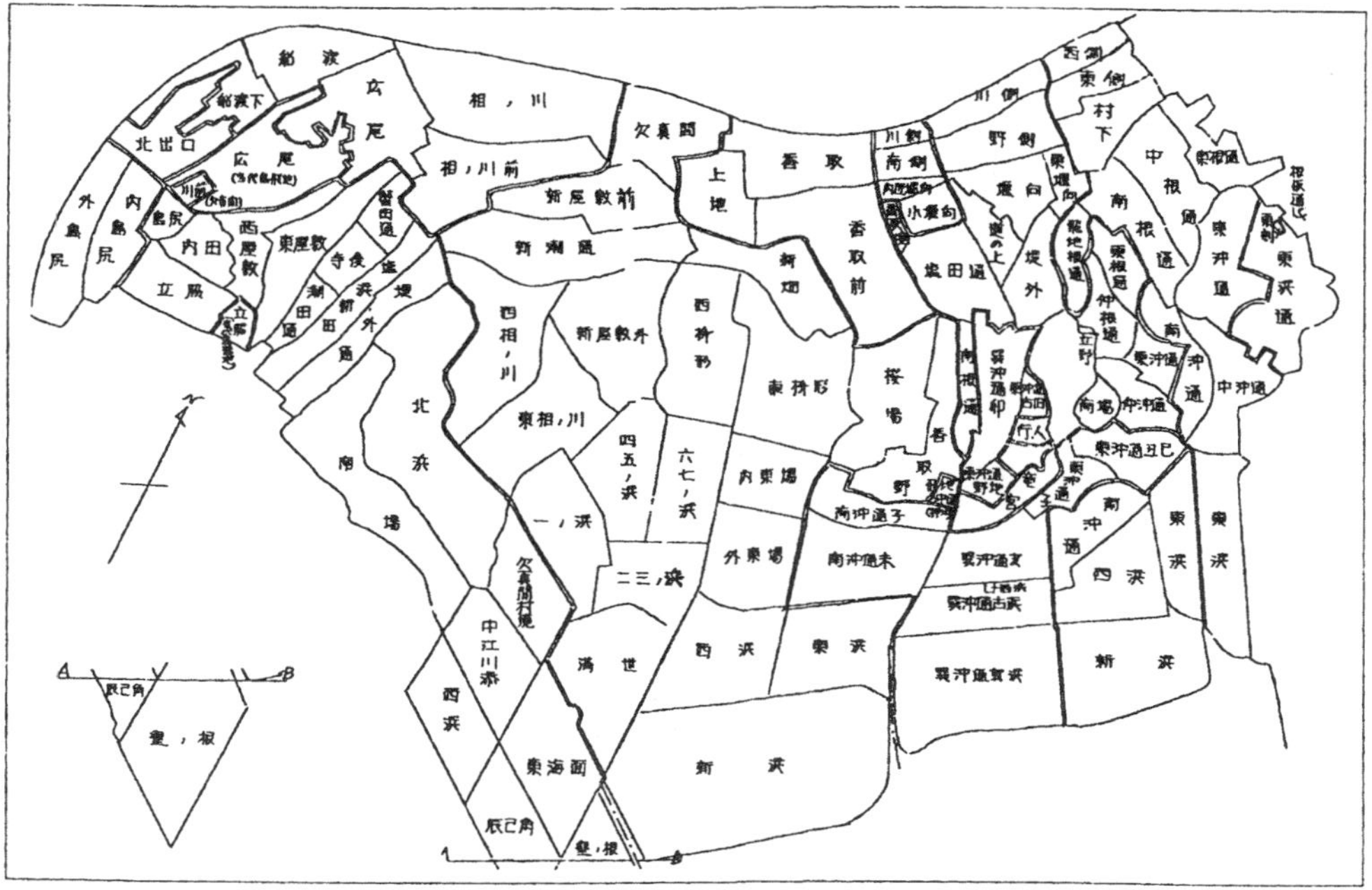

『市川市字名集覧』「南行徳の部—押切、湊、湊新田、香取、欠真間、相之川、島尻、新井」より（市川市教育委員会）

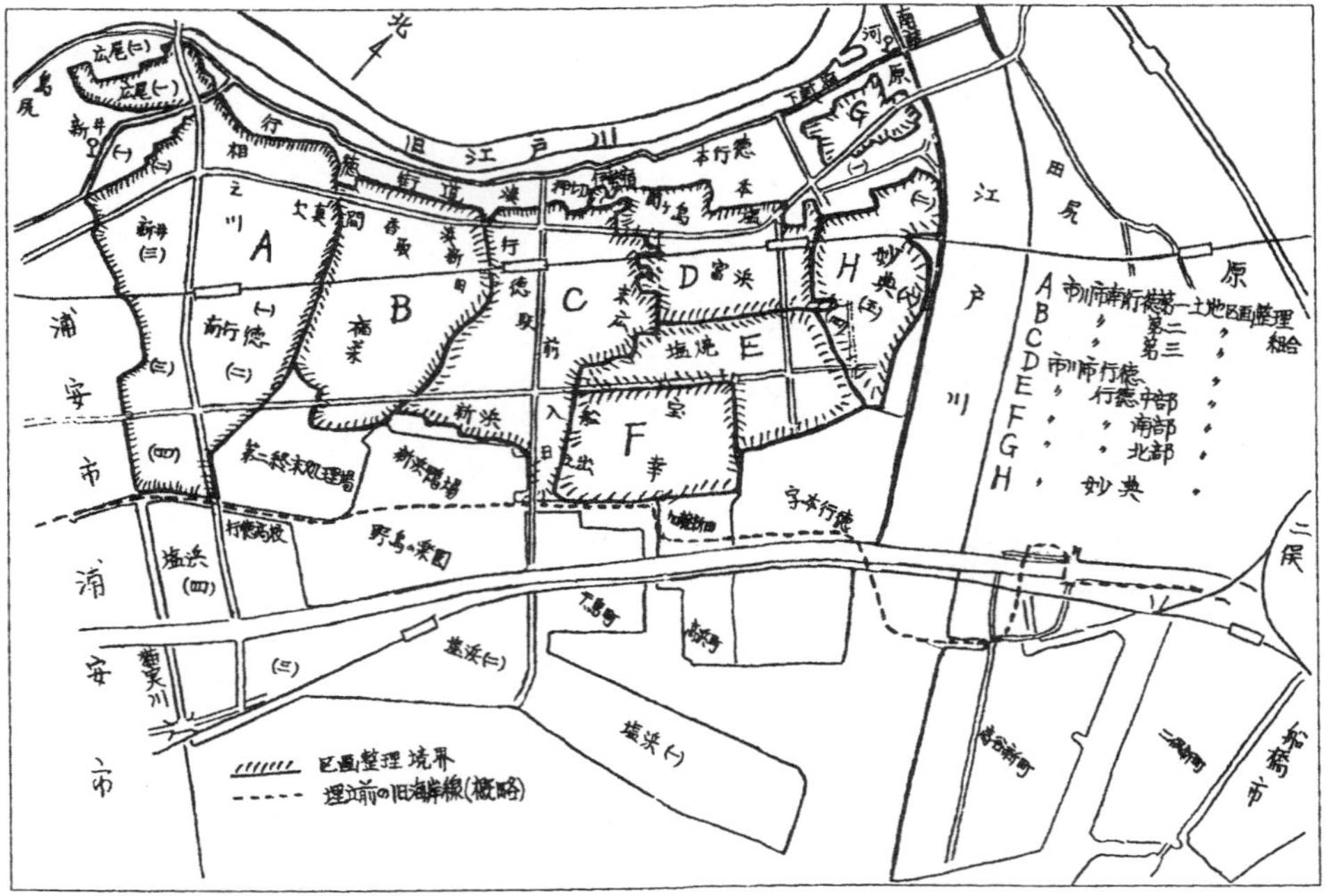

区画整理の略図（作図　鈴木和明）『行徳歴史街道』より

一般事典項目

あ

相之川公園【あいのかわこうえん】 市川市相之川二丁目三番。公園は旧字《あざ》「相之川前」「新潮通」付近にある。江戸時代最初期の塩田跡地の一。区画整理によってできた公園。

青べか日記【あおべかにっき】山本周五郎著。昭和四七年（一九七二）九月三〇日発行。昭和三年（一九二八）の夏、浦安町にスケッチに出かけて風景が気に入って住みつき、翌年の秋まで滞在。極貧生活を送った日々の日記。蒸気船に乗って新河岸に着き江戸川放水路まで散策したことを記す。浦安町での体験をもとに『青べか物語』（次項）を発表。『行徳歴史街道』を参照。

青べか物語【あおべかものがたり】 山本周五郎著。浦安に下宿していた経験をもとに「文藝春秋」に連載。昭和三六年（一九六一）一月刊行。昭和三七年映画化された。『樅の木は残った』に続くこの作品で文壇での地位を不動にした。

青山文豹【あおやまぶんひょう】湊村の人。『葛飾記』（別項）の著者とされるが未詳。能書。寺院の扁額など所々に筆跡が残る。辞世「極楽も地獄もさきにあらばあれ心の外に道もなければ」。「善照寺」の項を参照。

秋葉講【あきばこう】 火伏せの神を祀る講。新井の秋葉山として新井寺（別項）では毎年一一月一八日に秋葉大権現火防祭を実施している。

昭和二〇年代（一九四五～五四）頃までは祭りの日は村をあげて米、野菜を持ち寄り炊き出しをし参詣人に弁当を出し、境内に舞台を作り素人や芸人の奉納芸能を楽しんだ。行徳街道のバス通りから新井寺までの長さ約六〇m、幅三m弱の路地には出店がぎっしりと出て大変な賑わいだった。秋葉神社は静岡県春野町にあり祭神は火之迦具《ひのかぐ》土神《つちのかみ》で秋葉三尺坊大権現という。家内に「火の用心　秋葉山」の札を貼る。『葛飾誌略』に「そまつには踏むな秋葉の山の端にひかげいをもて散す紅葉に　金埒」とある。

揚浜式【あげはましき】満潮時に海水が達しない海浜の砂に海水をまき、水分が天日により蒸発するのを待ち、塩の結晶を採る方法。行徳塩浜では早朝に海水をまき、午後乾燥して塩の結晶が付着した砂（鹹砂《かんさ》）を笊《ざる》に集め、海水を注入して濃い塩水（鹹水）を採る。その鹹水を貝殻粉粘土釜で煮詰めて塩を採った。揚浜式の塩田面積は二～三畝と小規模。労働は大きく①海水汲上、運搬、撒潮《さんちょう》②鹹水採取、煎熬《せんごう》（塩焼）に分かれるが①を省いた方法が入浜式（別項）。

赤穂塩【あこうじお】正保二年（一六四五）六月二五日、常陸国笠間城から浅野家が播州赤穂へ転封され塩浜経営の改革を断行、入浜式塩田一〇〇町歩余を干拓、塩の準専売制、私有の禁止を実施。生産高は約三五万石、うち四〇%を江戸へ送る。ただし三斗入り。明治六～一一年（一八七三～七八）の赤穂塩入荷量は平均七二万俵。大阪で販売するものは真塩（別項）で、江戸へは差塩（別項）が送られた。差塩は苦汁《にがり》（別項）と水分が含まれていて目減りした。差塩俵は俵装の一〇日後に二〇%の目減りは公認されていた。塩は目減りするものとの常識。『下総行徳塩業史』（別項）には「赤穂塩の実況を観察するに関東向きの製塩はその製造に際し故らに塩胆汁を交ゆること殆ど一般の幣習たる如きの状あり。これ塩業者が自ら求めて価を失いその利益を減ずる者なりと云ふも甚だ誣言にあらざるべし。その他関東輸入製塩の荷造りは商業上の信用薄きこと往々驚くに堪へたるものあり。武州秩父の山中、野州日光近傍に販売せる塩荷は運送若しくは問屋の蔵積み中、自然塩胆汁溶出して多分の枡減となり俵裏わずかに一団の残塊を留むるのみ。上州二州の如き運搬に艱難なるの地はこれがため竟に行徳古積塩の取引をして盛大ならしむるに至らしめたり」とある。

浅草道【あさくさみち】今井から浅草へ行く道。江戸からこの道を辿る旅人は行徳道（別項）と呼んだ。浅草を出て隅田川を渡り、旧中川の平井の渡しを渡ると竪川沿いに来て逆井の渡し（別項）を渡ってきた元佐倉道（別項）と交差する。直進し東小松川・西一之江・東一之江を経て今井の渡し（別項）に達する。今は途中に都営地下鉄新宿線一之江駅がある。今井通りとも呼ぶ。今井の渡しが江戸からの一方通行に制限されるまでは行徳塩の陸上輸送路として利用。

浅間山の噴火【あさまやまのふんか】天明三年（一七八三）七月六日の大噴火。天明大飢饉の引き金にもなった。行徳でも昼夜三日降灰があり『市川市史』に「去る卯年砂降り大変に付当領村々畑方御年貢永御引方被仰付候」（「塩浜御普請入用金横領に付訴状、天明八年正月」）とある。また、『武江年表』（天明三年の項）に「信州浅間山火坑大いに焼く。江戸にては七月六日夕、七ツ半より、西北の方鳴動し、翌七日猶甚だし。天闇《くら》く夜の如く、六日の夜より関東筋毛灰を降らす事夥し。竹木の枝、積雪の如し。八日にいたり快晴と成る」とある。『燕石十種第二巻』（天明事跡蛛の糸の巻）には「七月六日夕七ツ半頃、西北の方鳴動、諸人肝を冷やす、家々の戸障子自然とひゞきたり。翌七日猶甚しく、江戸中に灰降る、是浅間山の焼たるなり。此時、おのれ十五歳なり。六日は時ならぬ北風烈しかりしゆゑ、屋根などに灰のつもりしを、人々灰ともおもはず、風塵とのみ見すごしけるに、六日の夜中つもりし灰を、七日の朝人々見て、愕然せざるはなし。おのれも硯箱の塗ぶたを物干へしばし出し置たるを取いれ、指頭にて字を書て試みしに、霜のあつくふりたるが如し」だったという。さらに「昨九日未の刻（午後二時）江戸川の水変じ泥の如くに候故不審して詠め候内、根なかから抜けし大木を初め人家の材木調度の類ひ皆こまごまに打砕け、又それに交じりて手足切れたる人馬の死骸数も限りも知れざる程、川一面に流れ浮み引きも切らず候ぬ。宵より夜半に至る頃次第次第にまばらになり川下へ流れ行き候、と注進申上たる由」（『後見草』）とある。なお、市川関所上流の浅瀬、行徳地先の江戸川に流れ着いた犠牲者を供養するために「天明三年浅間山噴火横死者供養碑」が一三回忌にあたる寛政七年（一七九五）七月、犠牲者を埋葬した江戸川区東小岩二丁目二四番二号の真言宗星住山地蔵院善養寺に建立された。また、新井川出口の百本杭に流れ着いた遺体は新井村で収容し葬った。延命寺住職による地蔵尊が善養寺と同年に祀られ、以後流れ着いた水死体を供養することとなった。現在は延命寺にあり、首切り地蔵と呼ぶ。「ねね塚」の項を参照。

アサリ（**浅蜊**）【**あさり**】二枚貝。卵型、約五cmになる。行徳の海に多数生息。潮干狩りの獲物。佃煮の原料。昔は地元ではハマグリを食し、アサリは食べる物ではないとされていた。ハマグリが採れなくなってからはアサリが主となる。貝殻は漆喰の原料になる。

葦【あし】 イネ科の多年草。水辺の湿地を好んで自生し群生する。高さ約二m。秋、穂を出す。潮除堤を波浪から守るために海側の堤防側面と水際に植えた。葭《よし》。葦、芦に同じ。アシが「悪し」に通ずるとして忌んだもの。「善し」に因んで呼んだ。ヨシズ（葭簀）、よしすだれ。

東路の津登【あずまじのつと】 連歌師柴屋軒宗《さいおくけんそう》長《ちょう》（別項）の紀行文。宗長六二歳、永正六年（一五〇九）七月から一二月にかけてのもの。抜粋は次の通り。「（前略）ある人安房のきよすみを一見せよかしとさそひしに、いつこかさしてとおもふせなれば、たち帰り江戸のたてのふもとに一宿して、すみだ川の河舟にて、下総國葛西の庄の河内を半日ばかりよしあしをしのぐおりしも、霜枯は難波の浦にかよひて、かくれて住し里々見えたり、おしかも、都鳥堀江こくこゝちして、今井といふ津よりおりて、浄土門の寺浄興寺にて、むかへ馬人待ほど、住持出てものかたりの序に、発句所望有りしに、とかくすれば程ふるにたちながら、ふじのねは遠からぬ雪の千里哉　方丈の西にさしむかひ、ふじの雪くもりなく見え渡るばかり也、まゝの繼橋のわたり、中山の法華堂の本妙寺に一宿して、翌日一折なと有しかと、発句ばかりを所望にまかせて

　杉の葉やあらしの後の夜はの雪　その夜の嵐のはげしかりしことまで也、（中略）可睡軒こゝまでうち送て、旅宿のなくさめとりどりにして、翌日市川といふわたりの折ふし、雪風ふきて、しばしば休らふ間に、むかひの里にいひあはする人有て、馬どものりもてきて、やがて舟渡りして、あしの枯葉の雪うちはらひ、善養寺といふに落つきぬ、おもしろかりし朝なるべし、此

處は炭薪などもまれにして、蘆を折たき、豆腐をやきて一盃をすゝめしは、都の柳もいかてをよぶべからんとぞ興に入侍し、けふの暮程に會田彈正忠定祐の宿所にして、夕めしの後も色々のことにて夜更ぬ、明日廿五日とて連歌の催しに　堤行野は冬かれの山路かな　市川、隅田川ふたつの中の庄也、大堤四方にめぐりて、おりしも雪ふりて山路を行こゝち侍りし也、（後略）」（『市川市史第五巻』より）。

新井川【あらいがわ】新井堀。新井自治会館敷地（市川市新井一丁目一一番五号）が河岸で行徳街道下が暗渠で水門があった。そこの船溜まりから江戸川まで全長約五〇〇m。「川幅五間（九m）ばかり。元禄御縄入れ後（一七〇二）これを開くといふ。利根川の枝川なり」（『葛飾誌略』）。元禄の頃に掘り進められてきた内匠堀（別項）からの農業用水を江戸川に落とすために開削、新井村の年貢の津出しに利用。現在は一部道路と緑道公園。

新井水門【あらいすいもん】島尻と広尾二丁目境の江戸川に面してある排水機場。元禄（一六八八～）の頃農業用水の排水の落としのため掘った新井堀を排水路に利用。江戸川の水位が高く満潮時の自然排水ができないため排水ポンプが故障すると住宅地に逆流。新井排水機場は新井、広尾、島尻地区流域面積六一・九七haの自然排水がほとんど不可能な低地域を時間雨量五〇㎜まで排水できる施設で、水位により自動運転しており、これにより洪水、浸水などの自然災害を防いでいる。ポンプ三台。排水量毎秒五・〇八二㎥。

新井緑道【あらいりょくどう】新井川を暗渠にし上に作った幅約六m、長さ約二三〇mの公園。自治会と高齢者クラブ、婦人会などで月二回清掃。

荒浜【あらはま】採算が取れるほどに塩気が湧かなくなった塩田。荒久。あらく。洪水などで泥水をかぶり一面泥に蔽われた場合なども荒浜とした。大量の泥と砂に染み込んだ泥を除去し、砂を入れ替えるための作業が困難なためである。通常は古浜（別項）から荒浜に移る。荒浜は将来田畑に開墾するための休業地で塩気を抜くために放置。その間は葭、萱などを植えておく。新浜《しんはま》〜古浜《こはま》〜荒浜〜農耕地。塩浜（別項）としての寿命は五〇〜七〇年。

安政大地震【あんせいだいじしん】安政（一八五四〜五九）初年に起こった三度の大地震。特に三度目の地震では東京湾に津波も発生、地震で大破した行徳塩浜の潮除堤（別項）が決壊し塩浜に大きな被害を与えた。一、安政元年一一月四日、安政東海地震、遠州灘沖（東経一三七・八度、北緯三四・一度）を震源としマグニチュード八・四、死者二千〜三千人。江戸川区の新川（行徳川の一）では揺れによって川水がはげしく動き川底が見えた。船は綱が切れ、堤へ打ち上げられたり打ち砕かれたりした。各所に地割れが生じ堤に出してあったもみむしろが流された。江戸川でも同様で川水が堤に打ち上げる様子はさながら津波のようであった（『江戸川区史』）。一、同年一一月五日、安政南海地震、土佐沖を震源（東経一三五・六度、北緯三三・二度）としマグニチュード八・四、死者数千人。一、安政二年一〇月二日、安政江戸地震、江戸時代を通じて江戸における最大の地震とされる。震源地江戸川河口、東経一三九・八度、北緯三五・八度（埼玉県東南部ともいう）、マグニチュード六・九、死者四千余人、震源の深さ約三〇㎞、東葛飾郡で潰家多数。江戸川区、行徳、浦安、船橋地区は地震が強く地面に亀裂が生じて噴砂する。行徳塩浜堤に亀裂を生じる。夜、行徳に火が燃え出たのが見えたが近づくと見えず、またその先に火の燃えるのが見える状態だった(『武江地動之記』)。深川、本所、下谷、浅草の被害がもっともひどく、江戸の東隣の千葉県東葛飾郡一帯も同様だった。江戸川区の桑川村（市川市島尻の対岸の村）名主宇田川保章の記録（『安政二乙卯歳地震之記』）では、午後一〇時過ぎ突如大地震が襲い、大地の沸騰すること三、四度、まさに獅子の奮迅するが如く、また波涛の激するに似ていた。自分は寝ないで書見中だったが家族とともに暗黒中を裏庭に逃れたが瞬時にして東西両隣の家が倒壊し寺の庫裏も西に傾きその響きは凄まじかった。自宅前の地面は裂けて深さは測り難く台所のほうは二筋赤砂泥水が噴出し南では青砂沸騰し水溜りができさながら雨後の如くであった。畑地、道路は五、六寸（約一八cm）沈み田地のようになった（『江戸川区史』)。行徳における古記録はない。

安藤広重【あんどうひろしげ】 歌川広重。寛政九年~安政五年（一七九七~一八五八）江戸末期の浮世絵師。『東海道五三次』『名所江戸百景』など。行徳を描いた「行徳帰帆」「行徳塩浜之図」(『市川市史第四巻』）がある。三代目広重に「市川わたしの図」「行徳新川岸の図」がある（『市川市史第二巻』)。特に後者の図では常夜灯（別項）が二基描かれ、両輪の蒸気船第一通運丸(別項)が接岸しようとするところが描かれている。したがって、それは明治一〇年（一八七七）以後の作と分かる。

い

井上駅【いかみえき、いのかみえき】 井上駅は墨田区寺島とされてきたが、下総国分寺跡から「井上」の墨書土器銘が出土したことから、現市川市域とする説が有力になった。宝亀二年（七七一）武蔵国が東海道に編入されたときに、東海道本道が相模から上総へ渡る海路から陸路に変更され、武蔵豊島駅（千代田区麹町）―井上駅―浮島駅（習志野市付近）―河輪駅（千葉市中央区）が下総、上総への道となる。延暦二四年（八〇五）には井上駅―相馬郡―常陸の路程が本路となり、この頃の駅馬は一〇頭、葛飾郡の伝馬は一〇頭とされ、太日川（江戸川）に橋を架けることができず、承和三年（八三六）やむなく渡船を二艘から四艘に増やして往来の増加に対応した。

石垣場【いしがきば】 由来、文化九年（一八一二）代官竹垣庄藏は新井から船橋までの塩浜一九ケ村地先約六〇〇〇間（一〇・八km）の潮除堤を石垣で築きなおすことを計画、塩浜の役永を免除して積み立てて村々の自普請とした。同一〇年六月、試みとして本行徳村地先に石垣堤を五五〇間（約一km）築いたが代官の交代があり計画が頓挫。明治、大正の時代は字石垣場といい田畑地、現在は宝一丁目と江戸川（放水路）との間の土地が上石垣場、中石垣場、下石垣場であり、石垣場と湾岸道路との間は字東浜（現本行徳飛地）で、この辺り一帯には平成一七年（二〇〇五）現在でも行徳富士と呼ばれる残土の山がある。

市川・浦安バイパス【いちかわ・うらやすばいぱす】 市川市都市計画道路三・四・一八号。行徳では通称「バイパス」という。浦安市境から国道一四号までは整備完了。行徳地域は区画整理事業と併せて施行。行徳地域ではかつての農業用水路「千葉導水路」の敷設ラインに道路ができた。幅員一八mの県道。延長は鎌ヶ谷市境の大野町を終点とし全長一一・八㎞で未整備区間は平成一六年（二〇〇四）現在約一・六㎞。

市川の渡し【いちかわのわたし】市川市市川三丁目二四番北側角付近。京成電車鉄橋と市川橋の中間。市川の関所跡。元和元年（一六一五）豊臣家が滅びたことに伴い翌二年幕府は江戸防備のため利根川・江戸川の定船場一五カ所に番所を置いたその一。関所の体裁を整えたのは慶安四年（一六五一）の由井正雪事件後。厳重なること相州の箱根、遠州の今切の関所の如し（『葛飾誌略』）とされる。万治二年（一六五九）道中奉行職が設置され佐倉街道は八幡までが官道となる。《小岩・市川の関所》関所の建物は小岩側にあったが、番士の多くは市川に住み朝出勤した。渡船については市川村に船頭が一〇人いて番小屋が一つあった。明治三年（一八六九）関所廃止。明治三八年（一九〇五）一月一六日、江戸川橋（市川橋）の架橋により渡船を廃止。明治天皇は習志野へ行幸のとき度々市川の渡しで渡河、明治天皇をお渡ししたという船頭の旧家が相之川にある。成田詣の旅人は小岩側から市川へ渡るが、逆に市川から小岩へ渡る旅人も多かった。中でも埼玉県岩槻市にある天台宗慈恩寺は古刹《こさつ》で、坂東三十三観音霊場十二番の札所であり江戸からの佐倉道と途中まで一緒の道だった。これを慈恩寺道あるいは岩槻道（別項）という。古くは行徳から河原の渡しを越しての塩の道。

一之浜～七之浜【いちのはま】「御手浜」の項参照。

一軒家【いっけんや】島尻のことを昔新井の人たちが名付けた呼称。また、一軒しかなかったその建物ならびに蒸気船（別項）の発着場の表示。明治二七年（一八七七）浦安町は通運丸を誘致、島尻に蒸気船の桟橋を造り、切符売り場を建築、その家一軒しかなかったので一軒家という。蒸気船の運賃などのチラシには「一軒家」とある。昭和一九年（一九四四）蒸気船の運行中止に伴い廃止。島尻の宮崎家がその一軒家である。なお、昭和初期に「当代島の渡し」が一軒家と対岸の新川（下今井）とを結んでいた。昭和二年（一九二七）三月に開設、小伝馬船一隻を使い、乗客定員一二名、運賃は大人二銭、小人一銭、自転車三銭、小車五銭、リヤカー五銭、経営は大塚喜一郎である。廃止の時期は不明だが比較的短期に終わったとされる（『江戸川区史』）。

一丁目道【いっちょうめみち】塩場道《しょばみち》の一。寺町通り。市川・浦安バイパスから行徳街道への一方通行の道。本行徳で最も早くできた道。権現道（別項）と一丁目道が交差する丁字路に常妙寺（廃寺）、妙頂寺、妙応寺、長松寺、常運寺、徳願寺の六カ寺があった。江戸時代初期は寺地周辺、下新宿、下妙典（現妙典三丁目）、現本塩地域は汐入地であり徳川幕府が造成して塩浜となる。権現道との交差点から行徳街道までの地域に寺がないのは少しでも農耕と住居の可能性のある良好地は寺地として与えなかったため。権現道沿いも寺地はすべて海岸側にある。「寺町」の項参照。

一本松【いっぽんまつ】市川市稲荷木三丁目二二番地先。一本松バス停前。《由来》「稲荷木一本松　むかし、行徳から市川に向かうには、今日の行徳橋あたりから稲荷木の雙輪寺《そうりんじ》前を通り稲荷神社からこの地に出て、江戸川沿いに大和田、大洲、市川南を経て国道十四号線（時代によって上総道・佐倉道・千葉街道とも呼ばれた）に出、市川に至ったものです。伝えによると、慶長年間（一五九六～一六一五）伊奈備前守忠次が徳川家康の命によって上総道の改修にあたったさい、新たに八幡と行徳を結ぶ八幡新道をつくってその分岐点に松を植えたのが、この『一本松』の由来ということです。この松も京葉道路ができると、排気ガスの影響などによって枯死を早め、昭和四十八年（一九七三）に伐採されました(伐採時の樹齢約百八十年)。昭和五十五年（一九八〇）六月二十日　市川市教育委員会」。「新道」の項を参照。《敷地内の史蹟》「馬頭観世音菩薩　文化六己巳年五月建之　山田甚兵衛、椎名太郎兵衛」文化六年は一八〇九年。《道標》「三猿　講中　正徳三癸巳歳十一月十六日　これより右やわたとうり　これより左市川国分寺みち」正徳三年は一七一三年。《延命地蔵》「百所供養佛　稲荷木村　施主椎名茂右衛門　行徳導師　浄閑寺」「東　西　南　北」台座と蓮華座に二〇〇名もの人名がある。《由来》「この地蔵尊は享保十二年（一七二七）祖先椎名茂右衛門が千葉街道（国道十四号）と行徳街道の交わる八幡の四ツ角に道標としてまた通行の安全と辻斬り追い剥ぎ等の災難にあわれた人達の供養のため建立したものという。昭和六年（一九三一）国道拡幅工事のため心ある地元の方々により道向こうの南側に移し爾来人々の諸願の守護地蔵として信仰され今日に至ったが、このたび都営地下鉄十号線の千葉県乗り入れに伴い駅入り口の予定地となったのでやむなく奉納者の地元稲荷木に移転することとなり此所の『一本松』の地に安置するに至ったものである。吾在今日無事感謝祖先残後世此由来建立本碑昭和六十年（一九八五）七月十五日　稲荷木自

治会長　椎名茂」。

イナサ【いなさ】南東の風。河原から国府台方面へ遡上する高瀬船(別項)にとっては順風。大風になると塩浜にとっては大敵の風。「行徳塩浜に吹く風」の項を参照。

伊能忠敬【いのうただたか】延享二年～文政一年（一七四五～一八一八）七四歳で没。江戸後期の地理学者・測量家。通称勘解由。上総出身で下総佐原の伊能氏の養子となる。全国を測量、日本最初の実測地図『大日本沿海輿地全図』を作成した。『沿海測量日記』に行徳を測量した記述がある。「享和元年（一八〇一）六月一九日。朝より晴天。五ツ頃、深川出立。高橋扇子橋通又兵衛新田ニ至り、中川御番所へ、小松川新田渡り、並びに、測量儀、小名木川村役人を以達す。則、小名木川村より船を回し、小松川新田へ渡す。夫より二ノ江新田・下今井新田・桑川新田・三ケ村入会字小島と云たり。西浮田村・東浮田村・堀江村（この間、利根川あり。武蔵国葛飾郡・下総国葛飾郡の堺なり）・猫実村・当代島村・新井村・欠間々村・湊新田・湊村・押切村ニ至て、日暮れんとす。舟橋へ泊觸《とまりぶれ》ハ遣置《つかわせおく》とも、最早行届兼、急ニ舟橋泊を止て、行徳止宿を觸遣す。然れども、荷物ハ不残《のこらず》舟橋へ遣し、取帰しも間ニ合ず。六ツ頃、立の儘ニて行徳本村ニ着。宿名主、惣右衛門。此夜、各着替も無れとも、主しの世話ニ成て明しぬ。去る十五日、潮干ニて、海岸測量も宜からんと、洲崎弁天より海辺中川尻、夫より中川に添て、御番所前迄測し、道路常に不往来の所ニて、海岸は泥深く、中川尻より芦野原竹藪覆ひ重り、甚難儀なりしニ、此日も、小松川新田より押切村道路ハ同様難渋ニて、測量も尺取《はか》らす。方位も密ならす。斯日暮ニハ及ける。同廿日。朝六ツ半後、行徳出立（此日晴曇）海辺より儀兵衛新田・加藤新田・本行徳村。夫より下妙典村・上妙典村・高谷村・原木村（此村、先年津浪にて、家流崩数合当数五十八軒、溺死村方百十三人、外より入込人四十人、五十四軒）・二俣村・西海神村・舟橋海神・舟橋九日市・同五日市（此間下総国千葉郡に成）・谷津村・久々田村・鷺沼村・馬加村（舟橋も駅場なり。舟橋も此所も宿と云）・検見川村（駅場ニて宿と云）止宿七ツ半頃ニ着。宿、清治郎。此夜、曇天」（『房総叢書第八巻』）。

今井の渡し【いまいのわたし】 明治四〇年（一九〇七）の調査。所在地、東葛飾郡南行徳村大字欠真間字相之川、川幅一一四間、水幅六〇間、寛永八年（一六三一）一〇月許可、欠真間村より瑞穂村上今井に至る。当初は今井から渡し、のち欠真間村持ちとなる。時期不明（別項「今井の渡しの権利譲渡証文」を参照）。江戸からの旅人で男のみ渡し女は渡さず、行徳側からの旅人は男女とも一切渡さなかった。近郷の百姓は渡す。この件については「覚　一、東葛西領下割二之江、下今井、桑川其村樵夫、草刈利根川向へ参候儀、行徳領之内欠真間村渡船にて上今井より越申候、其外耕作仕候節は手前船にても男《おとこ》計《ばかり》参《まいり》候《そうろう》、女、手負之儀は一切越不申《こしもうさず》候（中略）貞享二年丑（一六八五）六月二日　二之江村名主孫右衛門　下今井村名主次左衛門　桑川村名主十郎左衛門　御代官様」（『古文書にみる江戸時代の村とくらし②街道と水運』江戸川区教育委員会）とある。また、本行徳の船会所から人が出て監視にあたっていた。永正六年（一五〇九）連歌師柴屋軒宗長（別項）が今井の津に船で着き紀行文『東路の津登』（別項）を著す。天正十八年（一五九〇）八月、徳川家康が行徳を支配することとなり葛西、東金などでたびたび鷹狩を実施、今井の渡しを通り行徳を通過、船橋方面へ行く。慶長一三年(一六〇八)の鷹狩のときは船橋御殿で行徳塩浜の百姓に行徳塩浜開発手当金(別項)として金三千両を下賜した。二代将軍秀忠も通過。上総国大多喜城主本多出雲守も江戸往還にここを通過。今井の渡し船は古くは当代島を開拓した田中内匠の農業渡しであったとされ、文化七年(一八一〇)当時でも田中家へ渡し船持ちの百姓から上げ銭が出ていた(『葛飾誌略』)。正保元年(一六四四)に江戸へ向かうため今井の渡しを渡ろうとした男女二名と船頭夫婦三人がはりつけ刑になった(「ねね塚」の項を参照)。渡し場の権益は当初上今井村持ち(『葛飾誌略』)、ただし、欠真間村は当代島名主内匠が当初より由緒書を所持していたと主張(「今井の渡しの権利譲渡証文」の項を参照)。これとは別に明暦三年(一六五七)の江戸の大火の後、欠真間村から今井側への船渡しの許可願いを出した(一方通行の解除)が行徳船の障りになるとして却下されている(『葛飾誌略』)。文化七年(一八一〇)当時の欠真間村の渡し場は九軒持ち(『葛飾誌略』)。今井橋(別項)が架かるまでは宮内省新浜鴨場(別項)を訪れる賓客たちが渡し船に乗った。大正元年(一九一二)今井橋の前身下江戸川橋架橋、昭和二六年(一九五一)一月、二代目の橋完成、昭和五十四年(一九七九)現在の今井橋となる。今井の渡し跡の現在地は、市川市相之川二三番と二七番の行政境の路地を入った江戸川堤防付近。ただし旧堤防は今井橋交番のある前の道路であり、川中には広い中洲と川半分の干潟が拡がっていた。

今井の渡しの権利譲渡証文【いまいのわたしのけんりじょうとしょうもん】

譲申証文之事

一、利根川内川通耕作人樵夫草刈渡

御書付

右御書付伊奈半十郎様御支配之節寛永年中頂戴仕、我等所持致来候処、此度各々方達而被相頼候ニ付、右御書付欠真間村舟人九人衆へ譲渡申処、相違無御座候。此御書付脇より違乱中者無御座候。為後日仍而如件。

行徳領当代島村
御書付持主

宝暦八年寅九月十三日　富右衛門
年寄り　菊右衛門
同　仁兵衛
名主　七郎左兵衛

同領欠真間村
渡船支配人惣代
吉左衛門殿
権七郎　殿
金右衛門殿

覚

利根川通近郷ノ樵夫草刈耕作人之外一切川向へ不可越之（所付在別紙）若往還之輩猥ニ相渡しニおゐてハ、縦《たとい》後日に聞之候共、其一在所之者曲事ニ被仰付べし。通候ものをとらへ差上候ハ其人ニより御褒美之高下有之共、急度可被下之。自然礼物ヲ出し可相通ト申族あらハ、とらへおき申上べし。金銀米銭何ニテモ其約束之一倍可被下之旨候。右之趣御代官所中堅可申付もの也。

寛永八年九月廿一日
出羽守
丹後守
大蔵少輔
伊賀守

信濃守
讃岐守
大炊守
雅楽守
伊奈半十郎殿
右之本文我等手前ニ有之也。
伊奈半十郎
（『市川市史第七巻』より）

宝暦八年は一七五八年、寛永八年は一六三一年。なお、富右衛門とは田中内匠の子孫とされる人物である。

渡場覚書

一、欠真間村の渡船に候えども、世間にては今井の渡と申ならハし候。

一、大坂御陣落城の年本田出雲守様御通なされ候由申し伝え候。御知行上総大滝の内その節の御召舟の船頭欠真間村七郎右衛門と江戸よりかいせし茂左衛門と申もの毎度清右衛門方迄まいり候て、両人にて御渡船越申候。茂左衛門は江戸れいかん島辺のもの由、七郎右衛門聞覚申候。

一、権現様、台徳院様度々御通行その外御奥向衆は御馬その外にて度々御通行相なり、追々相開け申候。

一、近郷渡舟の儀は残らず農業渡しに候ところ、当村の儀は御用由緒書もこれあるに付、外渡と違御用人足宿継立等も致候間、行掛候旅人は越候えども、追々通行多くまかりなり、当時は差支え無く御用相勤め旅人相越申候。

右御尋に付この段申上奉り候。已上。

明治五壬申年四月
右村　小野田平吉
立会人　斎藤和吉

河瀬印旛県令殿

副戸長　小川六郎

明治五年は一八七二年。（『市川市史第七巻』より）

今井の津頭【いまいのわたしば】『江戸名所図会』（別項）に「今井の津頭の図」があり「柴屋《さいおく》軒宗長《けんそうちょう》の永正六年の紀行東土産より　隅田川の川舟にて葛西のうちを半日ばかり葭芦をしのぎ今井といふ津より下て浄土門の寺浄興寺に立寄てとあればはやくより此津のありし事しられたり」とある。永正六年は西暦一五〇九年。紀行文は『東路の津登』。「柴屋軒宗長」の項参照。

今井橋【いまいばし】初代の今井橋は下江戸川橋として大正元年（一九一二）架橋、昭和二六年（一九五一）一月架け替え、長さ二四二m、幅六m、昭和五四年（一九七九）に現在の橋となった。初代、二代とも木橋で橋げたの基礎の杭が干潟部分に残されている。市川市相之川二三番にある現在の今井交番の付近が初代の橋の渡り口付近にあたり、二代目の橋の渡り口は同二三番と二七番の行政境の路地の入口付近だった。当初の今井交番は二代目の橋の渡り口の道路向かいの右側にあった。木橋のころは橋下で大きな網を使ってシラウオを捕る漁師がいたし、休日には橋上から釣りをする人でいっぱいになった。

今井橋派出所（**交番**）【いまいばしはしゅつじょ】所在地、市川市相之川二三番一〇号。昭和二三年（一九四八）三月一一日開設。昭和二六年（一九五一）一月、今井橋の架け替えとともに相之川二六番地先に移設、昭和五四年（一九七九）の架け替えに伴って現在地に移転。

入浜式【いりはましき】満潮、干潮のときの中位の高さの干潟に堤防を築いて囲み、内側の地盤面に掘った溝に水門から海水を導入する。溝の海水は塩田面に毛細管現象で上昇し日光と風により水分が蒸発して鹹砂《かんさ》(別項)ができる。この間、毛細管現象を盛んにするため「呼び水」を打つことがある。行徳塩浜では鹹砂を集めて笊《ざる》(塩場笊)に盛り海水をかけて濃い塩水(鹹水)を採った。面積(反別)は一筆一~二反。数筆以上をまとめて堤で囲う。明治以後は反別が大きくなり原木、船橋方面では一町歩以上が多くなった。明治一五年(一八八二)当時の塩田は幅八~九間の堤防に大きく囲まれ、その内側に幅六間の水路があり、塩田内の溝渠は幅九尺、塩田一枚分の面積は元浜(古浜)では約四~五反、新浜(別項)では約六~八反だった。元浜(古浜)は年数が経って海水の浸潤が悪いので単位面積は小さい。採鹹塩田面積一町歩の場合、溝渠に一反七畝歩、鹹水溜敷地四畝歩、釜屋納屋敷地一反歩の合計一町三反一畝歩が必要だった。瀬戸内で発達し寛文一〇年(一六七〇)頃の赤穂藩では一町五反~二町歩単位の干拓がされた。「揚浜式」「潮除堤」の項を参照。

岩槻街道【いわつきかいどう】 岩槻道。戦国時代に岩槻への行徳塩の陸上輸送路として開かれた。河原の渡しを江戸川区側へ渡り今のバス通りを北上、伊与田村、中小岩村の境を通って上小岩村に入り、柴又、金町、猿ケ又で中川を渡り、古利根川沿いに岩槻に達する道。江戸時代、小岩の一里塚以南を河原道と称し、現在は篠崎街道(別項)とも称す。江戸時代中期以降は坂東三十三観音霊場の十二番札所の岩槻の慈恩寺への参詣路として賑わう。ばんどうみち。上今井村から始まる篠崎街道(バス通り)は江戸時代初期に徳川幕府が築いた江戸川堤防の本堤。

う

饂飩【うどん、うんどん】麺類の一。腰の強い小麦粉に少量の塩を加え、水でこねて薄くのばし、細くきったもの。ゆでて汁にひたして食べる。煮込み饂飩は汁に入れて煮る。饂飩には切《きり》麺《むぎ》、冷麦《ひやむぎ》、平饂飩、干饂飩、麦切などがあり、ひらうどんは干饂飩の一種で下総行徳、尾張の名和、仙台などが名産地だった。うどんの入れ物をけんどんというが、初めは桶に入れ、うどん桶と呼んだ。膳を入れる箱をけんどん箱といい、寛政頃（一七八九～一八〇〇）まで使った。うどんは中国から奈良時代に伝来した唐菓子餛飩《こんとん》に由来するとされる。小麦粉をだんごのように作り、中に餡をいれて煮たもので、汁の中でころころしていることから餛飩《こんとん》と呼ばれ、あつい湯で煮て食うので温麺《おんとん》と転化し、さらに食偏の文字にして饂飩《うんとん》と変形したとされる。うんとんという言葉は室町初期にあり、うどんは室町末期にみられるのでうんとんからうどんに縮まったと考えられている。干うんどんなどとも使われた。笹屋（別項）の看板は「ほしうんどん」である。源頼朝が市川へきた治承四年（一一八〇）当時に饂飩という食物があったという前提で行徳笹屋の物語がある。また、別説として饂飩の伝来は室町時代の日明貿易によって伝わったともいわれるので、その場合は頼朝をもてなしたとされる饂飩はなかったことになる。

浦安映画館【うらやすえいがかん】映画館の跡地は公園になっている。浦安市堀江三丁目一番。記念橋と境川小橋の間。前身は浴場を改造した堀川亭という大衆芸能の演芸場。その跡地に明治四三年（一九一〇）一二月、演技館を新築、間口五間半、奥行一一間、定員六〇〇名、畳敷き。

出し物は浦安亭と同じ。昭和三年（一九二八）一一月三日、火災に遭ったが再建され、その後に浦安映画館となる。山本周五郎（別項）は『青べか物語』（別項）でそのときの火元から逃亡する役者一座の様子を書いている。演技館が焼ける四日前の一〇月二七日に周五郎は「科学的奇術」を演技館で見た。「二〇年も前の種を繰り返していた、哀れな旅人たちよ」と『青べか日記』（別項）に記す。

浦安亭【うらやすてい】浦安町堀江の東学寺の近くにあった大衆芸能の演芸場。明治四三年（一九一〇）九月、新築、間口五間、奥行八間、定員三五〇名、畳敷き。芝居、源太節、浪花節、講談、大神楽、漫才など。昭和三年（一九二八）一一月二八日、山本周五郎は浦安亭で「おお神さま」という浪花節を聴いた（『青べか日記』）。

浦安橋【うらやすばし】江戸川をはさんで浦安市猫実と江戸川区東葛西に架かる橋。昭和七年（一九三二）浦安町内有志四二七名による架橋期成同盟会結成、同一〇年一〇月一四日工事着工、同一五年二月二一日開通式、延長二一一・五m、幅員一〇m、同五三年一一月に架け替え工事実施、全長四五三m、四車線。

え

永【えい】永楽銭のこと。中国明国の銅銭。慶長一三年（一六八〇）徳川幕府は使用を禁止したが、関東では徴税のため名目的に幕末まで使用された。換算比率は、永一貫＝金一両＝金四分＝銭四貫文であり、永一文＝銭四文となる。永一貫＝永一〇〇〇文。銭一貫＝銭一〇〇〇文。

永代橋水難横死者供養塔【えいだいばしすいなんおうししゃくようとう】徳願寺門前にある。

高さ一丈二尺の溺死万霊塔。文化四年（一八〇七）八月一九日、深川八幡宮の祭礼の時、永代橋が崩落し死者二〇〇〇〜三〇〇〇人余、身元判明は四八〇人余のみという惨状だった。このときの遭難者の霊を弔うため建てられた回向院（墨田区）、海福寺（当時深川、現在目黒区）、徳願寺三カ所の供養塔の一。回向院のものは現存しない。徳願寺のものは日本橋の成田山講中の建立。碑文は次の通り。正面「鳶文化四丁卯年八月十九日永代橋溺死精靈頓悟覺道之也」裏面「南無阿弥陀仏　海巖山徳願寺　相譽秀山進譽専栄」右横「経曰　其佛本願力　聞名欲往生　皆悉到不退轉」左横「傷曰　永離心身悩　受樂常無間　大乗善根界　等無譏嫌名」台座正面上「日本橋」同下「講中」同裏面「願主　茶屋長兵衛、河内屋半三郎、大和田屋忠兵衛、西宮八右エ門、茶屋小四郎、西宮五郎兵衛、三河屋善五郎、伊勢屋惣五郎、茶屋太助、伊□山甚三郎、佐野屋清次郎、亀﨑屋藤八、大黒屋武兵衛、平野屋善八、須原屋八右エ門、嶋屋平七、深川木場西宮彦兵衛、大場屋善助、芝金松駿河屋平右エ門、塩屋喜七、尾張屋長七　本行徳四町目石工八五郎」。

江川【えがわ、えが】塩田へ海水を導くための水路。堤内の塩場面にめぐらせた人工の溝あるいは天然の澪《みお》を指すこともある。塩田がやや内陸にあるときはそこまでの導水路を指すこともある。洪水や津波で江川が泥で埋まってしまうと願い出て、江川浚《さら》いを幕府の費用で実施してもらった。『塩浜由来書』宝永五年（一七〇八）の条に「右未申両年之荒浜にて村々潰百姓出来いたし候」ために「塩浜御普請其外の儀共願」に「其上金千四百両余被下置塩浜囲堤潮引江川ならびに井戸溝浚御普請皆御入用を以被仰付」とある。南行徳三丁目の中江川添公園、幸と宝の境の中江川の水路跡は江川の名を残すためのもの。役目を終えた江川は水田へ真水を供給するための水路として利用され、今は大部分が道路になっている。明治時代の塩田内の溝渠(江川)幅九尺、深さ一尺五寸、溝渠間の距離九間で暗渠なし。「入浜式」「新浜《しんはま》」「潮除堤」の項を参照。

江戸川【えどがわ】太日《ふとい》川、太井川、利根川、夕巻川ともいう。武蔵国・下総国の国境。『葛西志』(別項)に、「国府台の下を流るる利根川は隅田川にも劣らぬ大河なり、この川は中古は太井《ふとい》川ともいへり、万葉の『仙覚抄』に、葛飾郡の中に大河あり、ふとゐといふ、河の東を葛東郡といひ、河の西をば葛西郡といふと是なり、又、『葛飾名所記』と云ふ書に、利根川の末を葛飾郡にてかつしか川といふ、又太井川とも文巻川ともいへり、真間の岸の辺をからめき川ともいふ、俗に坂東太郎と云ともみえたり」とある。かつて渡良瀬川の下流であり徳川幕府の利根川東遷工事により承応三年(一六五四)利根川と渡良瀬川の河道が変更され分断、関宿から新川道を開削し現在の流路に変更された。東遷工事は順調に進まず、渡良瀬川と利根川の本流は洪水により新川の堤を切って太日川を流れ、太日川筋が利根川の本流となっていた。江戸川は旧対岸篠崎村を流れていたが、慶長(一五九六〜一六一四)の初め洪水のため流れを変えたとする(『東葛飾郡誌』)。江戸川区全域が江戸川の三角州であった。江戸川の呼称は、常陸・上野・下野・下総などからの江戸通船路ゆえという(『新編武蔵風土紀稿』)。「この川水至りて軽く、清冷にしてよく茶に合い味はなはだよし。山城の国宇治橋の三の間の水にも劣るまじきなり。この川、昔は小川にて葛西方に付いて川筋あり。古利根とて今に存す。今の如く大川と成しは元和年中（一六一五～二四）公命をもって開く」（『葛飾誌略』）とされる。江戸時代初期、関ケ島・伊勢宿・押切辺に河口の一つがあったが寛永二年（一六二五）に浦安を河口とする流れに変更（『川と村と人』）、小岩・市川の渡し、今井の渡しが設けられていた。千葉県と東京都の境を流れ長さ約五〇㎞の一級河川。昭和四〇年（一九六五）から本流を旧江戸川、放水路を江戸川と呼称変更。利根川が南流し隅田川を下流として東京湾に流れていた頃、乱流を極めた利根川の支流が小合溜井（葛飾区）あたりで太日川に注いでいたので、明治になっても利根川と呼ばれることがあった。

江戸川水門【えどがわすいもん】京成バス（現京成トランジットバス）本八幡―浦安路線行徳橋南詰交番バス停下車、江戸川土手を左に入ると突き当たりに水門がある。車は通行禁止。俗に篠崎水門という。昭和一一年（一九三六）着工、同一八年三月完成。鉄筋コンクリート造り、有効幅員一〇m、高さ五・五mの引揚鉄扉五連、船の通行のための閘門《こうもん》が一基設置されている。河川敷では釣りや野球ができる。

江戸川の渡し【えどがわのわたし】行徳における江戸川の渡しは古くは今井の渡しと河原の渡しの二ヶ所。中世、永正六年（一五〇九）七月～一一月、連歌師柴屋軒宗長《さいおくけんそうちょう》の紀行文『東路《あずまじ》の津登《つと》』に「すみた川の河舟にて今井の津に下りる」とある。河原の渡しは戦国時代から武蔵内陸部の岩槻城（埼玉県岩槻市）への塩道（陸路）の要所だった。江戸時代になり幕府は河原の渡しの旅人渡しを禁止し、今井の渡しは江戸からの一方通行とし、さらに女性の旅人は一切渡さなかった。寛永九年（一六二九）江戸から本行徳への船便が乱立を極めたため本行徳村に行徳船（別項）を許可、客船の独占航路権を与えた。これを長渡船《ながわたしぶね》（別項）という。行徳船も「渡し」である。明治四〇年（一九〇七）の調査による行徳における江戸川の渡しは、河原の渡し、三太の渡し、湊の渡し、薪屋の渡し、今井の渡しの五カ所である。詳細は各項を参照。

江戸川変流工事【えどがわへんりゅうこうじ】元和三年（一六一七）頃に計画、同五年頃に着工、寛永二年（一六二五）頃に完成したと考えられる行徳塩浜増築のための大工事で現在の江戸川の流路になった（『川と村と人』）。寛永六年（一六二九）の塩浜検地で塩浜年貢永を課する村々が七カ村から一六カ村に増やされた。《工事内容》江戸川区側に本堤（現在の篠崎街道）を築き、現在の流路にあたる河原や葦地を掘削、掘りあげた土で湊と本行徳の間を東京湾へ流れ出ていた江戸川を締め切るとともに湊、湊新田、香取、欠真間、相之川の川土手（自然堤防）を補強、江戸川区側の本堤との間に外堤として小堤を築いた。小堤は現在の江戸川区側の堤防脇の側道の位置。工事費用は幕府が負担した公共事業であり元和三年に秀忠が行徳塩浜の村々に与えた二〇〇〇両の下賜金もその一部と考えられる。なお、元和六年には江戸川変流工事と相前後するように、狩野浄天と田中内匠により灌漑用水路（のちの内匠堀）の開削許可願いが提出されているが、幕府からの資金援助はなく、真水の用水路は当時の行徳における幕府の塩業振興策と相容れないものだったと分かる。「内匠堀」の項を参照。

江戸川放水路【えどがわほうすいろ】現在の江戸川をいう。昭和四〇年（一九六五）から呼称変更。明治四三年（一九一〇）明治年間最大の洪水により利根川と江戸川が決壊し関東全域に大被害、そのため翌四四年、利根川改修計画ができ利根全域については昭和六年（一九三一）完成。江戸川を拡幅するとともに下流部の行徳町を縦断して川幅五〇〇ｍ、長さ三㎞の放水路を開削。河原、妙典、大和田、田尻、高谷の地域一六〇町歩（約四八万坪）を買収、大正五年（一九一六）着工、同八年掘削工事完了、同九年落差高床の床固め堰が完成した。堰は昭和三二年（一九五七）三月、東洋一といわれた可動堰（ローリングゲート）となり同時に長さ四二〇ｍ、幅五ｍの二代目の行徳橋が完成した。現在は利根川から五〇〇〇トン、利根運河から五〇〇トンの水の放流が可能。

江戸日本橋小網町【えどにほんばしこあみちょう】旧小網町三丁目。行徳河岸があった場所。現在は首都高速箱崎インターの下になっている。寛永九年（一六三二）行徳船が許可されたとき、旅人と送り荷物揚場として長さ一六間（約二九ｍ）、横三間（約五・四ｍ）の河岸を賜り行徳河岸と称す。以後、明治一二年（一八七九）行徳船の廃止まで存続。「日本橋小網町三丁目行徳河岸」の項を参照。

江戸の道楽【えどのどうらく】三大道楽といえるものがあり、園芸道楽、釣り道楽、文芸道楽があげられる。園芸道楽は、初めはツバキとキク、その後にツツジ、アサガオ、ランが加わった。大名は競って庭園造りに凝り、庭石や樹木が多数集められた。釣り道楽は、泊りがけが旦那衆の釣りだった。ほんの遊びの釣りであれば中川に船を浮かべて女衆とキスを釣った。行徳は一泊のコース。文芸道楽は奥が深く、俳諧、和歌、紀行文その他文人を輩出した。道楽は学問に極まる、とされる。特に隠居してからが本格的になる（『江戸の道楽』）。行徳には俳句をたしなむ粋な旦那衆が多かった。ペリー来航の七年前（一八四六）に総勢八二人の巨大俳句サークルが行徳にあった（『葛飾誌略』、『幕末の市川』の「行徳志村亭句会帳」参考）。

江戸名所図会【えどめいしょずえ】斎藤月岑編著。全七巻二〇冊。天保五年（一八三四）前半の一〇冊、同七年に後半の一〇冊を発行。市川市域は最後の二〇冊目に記載。行徳船場、弁財天祠、善照寺、行徳八幡宮、金剛院廃祉、徳願寺、塩浜の項目があり、行徳船場、行徳徳願寺、行徳汐浜、行徳塩竈之図、行徳鵆《ちどり》の五図がある。一九冊目には今井の津頭の図がある。月岑は江戸神田の名主。なお月岑は『武江年表』の著者でもある。参考文献『原寸復刻江戸名所図会㊦』（評論社）。

塩田経営【えんでんけいえい】明治一五年（一八八二）、古来からの松葉焚で営業経費のうち燃料費が五五％、労銀が一六％で合計七一％を占め、塩田・樋管水閘門修理費、器具修繕費、砂入替費、鹹水溜その他修理費、器具費、竈新築及び修繕費などが二九％。明治三九年、石炭焚になってからの調査では燃料費三九％、労銀三九％で営業費の七八％を占め、その他二二％で鉄釜の保存期限が長いことから経費の内訳の変化がある。器具は一町歩当たり所要数の新調費は、採鹹器具七三円五八銭五厘、煎熬器具六七七円五九銭、合計七五一円一七銭五厘。明治三八年の塩専売以後、塩田の価格は一町歩約三〇〇〇円、一町五反歩約五〇〇〇円。赤字が出ると田畑の経営の収支で補填した（『下総行徳塩業史』）。「製塩用具」の項を参照。

塩分濃度【えんぶんのうど】江戸川河口での濃度は千分の一八・四二で、沖合では千分の二二・

六六（『浦安町誌』）である。「鹹水」「塩」の項を参照。

お

大囲堤【おおかこみづつみ】「本堤」の項を参照。

おかね塚【おかねづか】押切二番の北側の角地、かつて押切にあった屋号からかさ屋という商家の個人墓地内に阿弥陀如来像の庚申塔がありその像のことを今はおかね塚と呼ぶ。蓮華座から上の高さ約一五〇cm、幅六〇cm、像の高さ約一一〇cmで光背型。阿弥陀如来像の刻字「漸々修学悉當□佛　石佛尊像造立處也　寛文五乙巳年十月十五日敬白　如等□是菩薩道　右志者為道俗等所願満□□一心□　二之□誠三个年奉待庚申□□智疋」。結衆は男八人で僧侶名が九筆。寛文五年は西暦一六六五年。この石像の足元を一周する供養賛同者の数は九四筆あるとされるが、風化その他による欠損があり今では定かに読み取れないが、庚申塔が造立された後に別の願いがあって刻まれたものと分かる（『郷土と庚申塔』）。庚申塔造立の目的と時期は個人墓地前の路上に設置された次の碑文と異なるといえる。

「行徳おかね塚の由来　行徳の浜は古来塩業を以って栄えし処、押切の地また然り　浜辺に昇る塩焼の煙は高く五大力（船）の行き交う中に粗朶（薪）を運べる大船の往来するもあり　為に船頭・人夫の此の地に泊まる者また少なしとせず

　時に一船頭のしばしば此の地に来りて江戸吉原に遊び　かねと云へる遊女と馴染む　船頭曰く『年季を終えなば夫婦とならん』と　かね女喜びてその約を懐き歳を待つ　やがて季明けなば早々に此の地に来りて船頭の至るを迎ふ　さ

れど船頭その姿を見せず　待つこと久し　されば蓄へし銭も散じ遂には路頭に食を乞ふに至るもなお此の地に留る　これ船頭への恋慕の情の厚きが故なり　遥かに上総の山影を望みて此処松樹の下に果つ　伝え聞きし朋輩百余人憐れみて資を募り墓碑を建て霊を弔う　噫呼　かね女の思ひの一途なる真に純なる哉　朋友の情の篤きこと実に美なる哉　聞く者皆涙せざるはなし

里人の香華を供へておかね塚と唱へしも時流れ日移りし今日その由知る人ぞ少なし　茲に幸薄かりしかね女を偲びて永代供養のため古老の伝へる由来を誌して後世に伝へんとする者也

綿貫喜郎誌　昭和五十一年六月吉日」「青山新太郎、田所辨蔵、水落初太郎、川崎佐次右エ門、山本勝次、前自治会長及川留吉、育成会会長松丸市太郎、自治会会長川崎幸一　昭和五十一年（一九七六）六月吉日」。なお、おかね塚には「からかさ松」と呼ばれた松の大木が生えていて、行徳沖からべか舟で戻る漁師の目標になっていた。おかね塚は光林寺裏から通じる「長山」（別項）のはずれにあたる。

お経塚【おきょうづか】所在地、市川市新井三丁目一六番。元禄（一六八八～一七〇三）頃に築かれた潮除堤の外側に位置していたと推定される。塩浜の復興を願って慈潭和尚が貝殻に経文を書き埋めた場所。古老によれば、かつて経文が書かれた貝殻が出土したといい、新井一丁目の旧家にある、すすで真っ黒になった桐の箱に幅二〇cmほどの経文が納められていて、それには慈潭和尚の名前と判があり、宝永三年（一七〇六）正月吉日・第五七八巻と書かれていた（『市川の伝承民話第一集』）。潮除堤の決壊個所修理には貝殻を土に交ぜて突き固めたのでそのことと関係があると思われる。お経塚の旧地の上に区画整理により二mほどの土盛りがされて現在に至る。敷地内に「法華書寫塔　爲妙栄信女也　元禄十□□十月六日」と刻まれた石塔があるが女性のもので由来不明。『葛飾誌略』に「経塚。海浜にあり。中頃自潭和尚大般若を書いて水難除け祈祷に築きしといふ」。『東葛飾郡誌』に「御経塚　南行徳新井にあり、小丘四坪ばかり今畑地たり、伝へ云ふ、元禄十年新井寺第四世慈潭大和尚、当時地の海辺に住して、常に風濤の害を免れ難きを患ひ、土塔を築き法華経を貝に写して埋め以て災害を除かれんことを祈れる所なりと、かつてその経具を発掘せることありしが、現に陽徳小学校に保存すと云ふ」。陽徳小学校は現南行徳小学校であり「経具」の存否は確認されない。敷地内の《碑文》には「御経塚由来記　法華経塚　今を去ること二百六十余年前宝永年間当地一帯は凶作飢饉あいつぎ悪疫流行し、為に人心麻の如く乱れ世相混乱の極に達せり。時に秋葉山新井寺四世慈潭禅師座視するに忍びず三七二十一日間の断食祈願の禅定に入る。即ち観世音菩薩の霊験ありて観世音の化身秋葉権現を遠州より勧請し（迎え）新井寺境内に奉祀し大いに教化につとめたたえて慈潭禅師を生き佛と言う。更に吾れ永く郷民（地もとの人々）を火難水難より守護せんとの誓願を立て海辺より貝殻（蛤）をあつめこれを浄めて法華経を書写しこれを土中にならべしきこの上に端座火定（座禅をして生きながら火葬になること）に入り人柱になり給うと言う。人よんでこれを御経塚と称す　昭和四十三年六月三十日市川市新井　秋葉山　新井寺廿八世松井憲孝謹誌　発起人　今井定吉、及川助雄、宮崎睦、飯生竹太郎、中里建設株式会社、株式会社市組、株式会社高橋組、千葉建設株式会社、株式会社青山組、八田建設株式会社」。《碑文》「史蹟　御経塚　新井寺二十八世黙承憲孝書　田中廉次郎、及川助雄、今井定吉、飯生竹太郎、鈴木安太郎、田中卯之吉、近藤喜次、株式会社高橋道路、有限会社小沢興業」。《手水石》「奉納　昭和五年（一九三〇）十一月吉日　宮崎新吉納」。《石塔》「七十六番　まことしもしん□□そうをひらくれ□しんごんかじへのふしぎなりけり　昭□二年三月□□□」。『行徳郷土史事典』参照。

おくまん様【おくまんさま】熊野神社。「おくまん」は「お熊さま」のこと。所在地、東京都江戸川区江戸川五丁目七番六号。都バス「下今井」下車。宝永四年（一七〇七）創建。祭神はイザナミノミコトで女神。江戸時代から舟人たちの信仰が厚く、神社の前を通るときは必ず白帆を下げ、鉢巻をとって航路の安全を祈った。

おくまん出し【おくまんだし】おくまん様と慕われる江戸川区下今井の熊野神社の前にある「出し杭」。熊野神社前の土手は上流の湊、欠真間、相之川からの流れのぶっつけになり、江戸川の水流の直撃を避けるために杭をたくさん並べて川中に打ち込んであった。出し杭の下は深くえぐられこなれた美味しい水が取れた。『葛飾誌略』は「深き淵なり」と書く。徳川将軍家では水船で殿中に運び茶の湯に使用していた。明治、大正から昭和にかけて本所、深川、亀戸辺りのお茶屋は「おくまん出し」の水を船で買っていた。屋号が「水屋」という家もある。熊野神社の芭蕉句碑文には、正面「茶水汲むおくまんだしや松の花　芭蕉」、裏側「俳聖松尾芭蕉の句が氏子総代塩脇忠一郎氏により明かにされ、宮司亀井悦造氏によって確認されました。ここに句碑とともに清流をたたえた景勝の当時を永く後世に伝えるためこの碑を建之します。亦た本年は明治百年にもあたり御神徳の弥栄と地域の発展を祈願して本殿玉垣の大修理をしました。なお、社務所会館は石原製鋼所より篤志を仰ぎ建設したものであることをここに付記します。昭和四十三年十月吉辰氏子総代一同」とあり、建立日は一九六八年一〇月一五日である。

御菜浦【おさいのうら】 徳川家康から許された船橋浦の専用磯漁場。中心地は高瀬、二かいの洲、三番瀬という洲形通り(洲の上、浅い所)で地引網を引く場所であり、冬場は浅蜊、蛤を取る場所である。この場所は藻草が密生し魚の寄りがよく昔からの好漁場。他の浦との漁場争いが絶えず、浦安市の真言宗海照山花蔵院に「公訴貝猟願成の塔」(別項)がある。船橋漁師町(九日市村)より月五回、海神下組(海神村)は一回、合計毎月六回、生魚貝を家康に献上し、課税を免除されていた。魚貝は元禄一六年(一七〇三)三月より一〇月末までの『御菜御肴差上通』によればこの年四月一四日には石かれい二枚、こち四本、いな一五と克明に記され、寛保三年(一七四三)四月の訴願状によれば、かれい・こち・きす・さより・いな・藻魚などで一回に三〇位ずつ献上していた。ところが、元禄一六年(一七〇三)一一月二三日夜の元禄大地震(別項)により海底の地形が変化、このため魚が寄り付かなくなり不漁が続き、献上魚に不足を生ずることになった。翌宝永元年、願い出て金納に変えてもらった(『船橋市史』)。金納になったことにより「御菜浦」の権威が失墜し、他の浦からの密猟者が急増して争いが烈しくなった。明治になるまで、船橋漁師町と海神さんや組漁師は合計一四貫九五一文を年々納めてきたが、明治七年(一八七四)代永納が廃止された。

押切公園【おしきりこうえん】 市川市押切一八

番。区画整理によってできた公園。地名を命名。

お大師様【おだいしさま】「無縁様」の項を参照。

御立野【おたての】 御立埜。領主の直轄地であり農民の一般的な利用を禁じた原野。行徳での御立野は享保七年（一七二二）代官小宮山杢之進支配のとき、金高二一〇〇両のご入用ご普請があり、内堤には芝を植え、外堤には波除のため葭、萱を植えたものが、同一一年御立野となり、新井、欠真間、両湊、押切、関ケ島、本行徳、高谷の八カ村の御立野組合による人足が刈り取り、八カ年は塩浜御普請所と川除御普請所で使用、同一九年からは入札にて村々に払い下げた。野萱代永は、野萱一〇束につき、享保一九年（一七三四）代永八一文三分、同二〇年（一七三五）～元文四年（一七三九）まで五カ年賦で代永九五文、元文五年～寛保二年（一七四二）まで三カ年賦で代永同じく九五文、同三年～寛延二年（一七四三～一七四九）まで七カ年賦で代永一〇五文（『塩浜由来書』）。

御旅所【おたびしょ】 神社の祭礼のとき、神輿が本宮から渡御して仮にとどまる所。おたびのみや。みこしやど。おたびどころ。本行徳一丁目の神明宮（今は豊受神社）が本宮、四丁目と本塩（行徳新田）に御旅所がある。

御手浜【おてはま】 寛政三年（一七九一）老中松平定信は勘定役早川富三郎に命じて欠真間村地先海面干潟に潮除堤を築き一之浜から七之浜まで七つの塩浜を開発し幕府直轄で経営した。これを御手浜という。「初めは上様にてお持ちのところ故この名あり」（『葛飾誌略』）。現在の地名では南行徳一丁目の全域、南行徳中学校、福栄小学校、富美浜小学校を含む同二丁目の半分ほどの地域。当時の海岸線は東京メトロ東西線南行徳駅付近と推定できる。後年、荒浜と化した御手浜を欠真間村名主伝次郎に金千両、無利子年賦の条件で払い下げた。今、御手浜公園として名を残す。

御手浜公園【おてはまこうえん】「御手浜」の項参照。南行徳一丁目七番。もと「六七之浜」の場所付近に設置。区画整理事業によって公園敷地として確保、後世に伝える。

おとりさま【おとりさま】鴨などの禁猟とされていた野鳥の地元での皮肉をこめた呼び名。昭和の時代は水田耕作や海苔養殖の全盛期だったが、空を覆うようにして群れ飛ぶ野鳥の大群による「鳥害」がひどく、新浜鴨場の廃止論議もされるほどだった。『市川の伝承民話第一集』『よみがえれ塩浜』参照。

御舂屋【おつきや】「冥加年貢」の項を参照。

小名木川【おなぎがわ】旧中川と隅田川を結ぶ水路。行徳川（別項）の一。およそ一里一〇丁（約五〇〇〇m）。江東区を横断し今は長さ四六四〇mの一級河川。天正一八年（一五九〇）八月に江戸に入城した徳川家康は行徳塩搬入のための突貫工事を命じ、翌年から行徳の農民が冥加年貢を江戸城へ運んだ。「但し、天正以前にもあり、天正一八年の疎通ということも新創にもあらず」（『下総行徳塩業史』）との説もある。その後、寛永六年（一六二九）に川幅を二〇間に拡幅した。『正保国絵図』には「うなぎさやほり」とあるが「うなぎさわほり」の誤りとされる。小名木四郎兵衛が掘ったのでその名をとったともいう（『江東区史』）。ウナギの名所。享保元年（一七一六）刊の『江戸図』には「オナキ川」。隅田川との合流点付近の万年橋そばに最初の船番所を置き、のち延宝三年（一六七五）に中川口に番所を移した。松尾芭蕉は小名木川に船を浮かべて句を吟じた。明治になり蒸気船が万年橋の一本奥の高橋から行徳、浦安、利根川方面へ就航した。

お成り道【おなりみち】本行徳の権現道に比肩される南行徳における権現道。全長約一〇〇〇m。路程に了善寺と日枝神社があるだけで途中行き止まりであることから知名度は低い。徳川家康と秀忠が東金での鷹狩の際にたびたび通過。お成り道の始まりは今井の渡しを渡りきった土手で市川市相之川一丁目二六番地先。相之川バス停方向に進み同二三番地先の相之川自治会館の向かい側の路地を入る。路地は同二一番と二四番の間を下りバス通りに出たところが変則の十字路になっていて向かい側の路地を入る。同一七番と一八番の間の道を直進すると五〇〇mほどで日枝神社境内に突き当たる。神社は万治二年（一六五九）の創建とされるため家康、秀忠の時代にはなかったもの。境内を斜めに横切り今のバス通りを五〇m進み二叉を左に入る。八〇mほどで右折する道があるが江戸時代中期に開発された道で今の欠真間のバス通りに出る。お成り道は右折せず直進すると行き止まりで駐車場になる。すぐ前は江戸川堤防。古くは江戸川とバス通りの間を進みどこかでバス通りに合流していたと考えられる。バス通りは今は行徳街道という。

お神輿道【おみこしみち】四丁目道。本行徳一丁目の神明社を出た祭りの神輿が、いったん下新宿に渡御して、一丁目、二丁目、三丁目と大通りを経て来て、四丁目のはずれの浅子神輿店の前から行徳新田（現本塩）へ渡御した関ケ島境の横町道をいう。この道は内匠堀跡の道を横切って一〇〇mほどで三町畑公園の手前を左折して新田へ続く。公園周辺は近くは蓮田であり、古くは船溜りで地元では大堰と呼んだ。江戸時代中期は塩田へ海水を導く江川（澪）の行き止まりだった。「四丁目道」の項を参照。

か

海嘯【かいしょう】満潮が川を遡る時に、前面が垂直の壁となって激しく波立ちながら進行する現象。大正六年（一九一七）の大津波のときは行徳沖へ満潮と強風によって吹き寄せられた高潮が海嘯となって襲来し、その高さは三m以上に達した。

海面埋立【かいめんうめたて】行徳では海砂の吹き上げによる埋立をいう。埋立によって生じた土地、塩浜一〜四丁目、千鳥町、高浜町、新《にい》浜《はま》三丁目。市川市による埋立は昭和三二年（一九五七）一一月一日開始、昭和四八年（一九七三）一月一九日完了、埋立面積三四六万九七八四㎡で千鳥町、高浜町、加藤新田、本行徳（調整区域）になり（川向の二俣新町、高谷新町を含む）、千葉県による京葉港市川地区土地造成事業は昭和四四年（一九六九）三月三一日免許取得、昭和四八年（一九七三）一二月二四日完了、埋立面積一九四万四〇〇〇㎡で塩浜一〜四丁目、新浜三丁目となった。

鏡の御影【かがみのみえい】錦の御影。円光大師（法然上人、一一三三〜一二一二）が鏡に照らして描いたとされる自画像。大師直筆とされる。高谷村の了極寺の本尊。「法然上人御自画、鏡を以って自己を御覧じ、自ら御画なし給ふ像也」（『葛飾記』）。「この御影当寺にあることは、昔、大師無実の難にして、しばらく讃州（香川県）へ遠流の時、御給仕申上げたる念仏阿波之助（佐見阿波之助是也、連数珠工夫の人也）に別れを悲傷す。故に大師御身を鏡に写し描き給ひ、阿波之助に授与し給ふ也。阿波之助仏法に志し、東路に下りし時、当村磯貝新兵衛方に止宿す。新兵衛同道にて諸国に赴く。みちのくにて阿波之助病気付き卒す。新兵衛尊影を負ひ守りて故郷に帰り、我家に納めて数代信仰あり。しかるに、二百年以前（元禄四年建立ならば百十九年前のはず）この寺建立のみぎり、納めて本尊とす。この尊像ある故にや、当村津波の難もなく、又、疫病の愁いなどなしと也。御厨子、三十年以前増上寺大僧正御寄付也。その節、尊像を上様迎えて御拝遊ばされし也。大切に致すべき旨、厳命ありし也。（中略）……又、磯貝新兵衛の家も六百年来永続する事珍しき也」（『葛飾誌略』）。

神楽【かぐら】 行徳塩浜の神社で豊作のときに舞う神楽は里神楽と総称される。お祭りのとき神前で奏する舞楽。霊妙な音楽。しんがく。

欠真間公園【かけままこうえん】 市川市欠真間二丁目四番。区画整理でできた公園。欠真間は地名。

欠真間三角の舟溜まり【かけままさんかくのふなだまり】「新田圦河」の項参照。

囲堤【かこみづつみ】 塩田または耕地などをぐるりと囲んだ堤。潮除堤は海岸線に沿って築き、川除堤は川に沿って築く。囲堤はそれらの内側にあってやや低く囲っていた。潮引き江川が境。

葛西志【かさいし】 三島政行著。文政四年（一八二一）成立。国書刊行会、昭和四六年（一九七一）八月一五日発行。巻之二十五まで全一巻。

葛西船【かさいぶね】 肥やし船。長さ約六～七間（一一～一二・五m）幅約二間（約三・六m）ほどの伝馬船（別項）で下肥運搬専用に造った船。船一艘で四斗入りの樽四〇荷を積んだ。江戸城内から出る糞尿は葛西権四郎という者が毎日江戸城辰の口に二艘の船をつけて汲み取った。下肥は葛西へ運んだために葛西船と呼ぶ。のちに肥やし船全部を葛西船と呼ぶようになった。元禄（一六八八～一七〇四）から宝永（一七〇四～一七一一）の頃までは農家が野菜などを届けて無料で汲み取りが出来たが、以後は大家や家主に代金を払って汲み取りをした。そのうち汲み取り専門の業者が現われて農家に売るようになり値段が高騰したため、寛政四年（一七九二）町奉行所は下肥値段は延享・寛延（一七四四～一七五〇）頃の船一艘につき、三分から一両くらいまでに値下げするように命じた。その後、弘化二年（一八四五）下肥値段を武蔵国、下総国（市川市域では河原・稲荷木・大和田・原木・市川の五カ村）の村々総代、売捌人、仲買人などで河岸値段が議定され、下肥一艘（四斗入り五〇荷）につき金三分から金一両二分二朱

四〇〇文の間とされた。さらに翌三年、関東取締出役が中に立って「下肥再議定下総国葛飾郡八幡町組合四拾弐カ村」が決められ、同年四月の値段は船一艘につき、市川村、金一両一分五〇〇文、稲荷木村、一両一分二朱、大和田村、一両二朱五〇〇文、河原村、一両一分二朱二〇〇文とされた。二月～六月までは高値でその他月は三分二〇〇文～三分二朱四〇〇文の間だった。上級品は大名屋敷・武家屋敷・富俗な商家からのもの、中級品は一般町家のもの、下級品は一般にたれこみといわれた大便が少なく小便の多いものと等級があった。農作物の肥料は堆肥、厩肥、下肥、干鰯《ほしか》、魚〆粕、油粕、米ぬかなどが使われ購入肥料のことを金肥といった。大正八年（一九一二）の金肥総額一八〇万五〇〇一円、東葛飾郡農家総数二万戸、田畑反別約二万一〇〇〇町歩であり、一カ年一戸当たり約

九〇円、一反当たり約九円となる。東京人糞のみの東葛飾郡江戸川流域一六町村の購入は一三三万二三二七貫(約四九九六トン)、二八万五七二一円。浦安・南行徳・行徳の三町村は全面積人糞使用、その他、八幡・市川・中山・大柏などの果樹栽培地、松戸・国分・八柱などの蔬菜地、葛飾・明・馬橋・小金・流山・新川などの水田地の農家も東京人糞を使用した。

葛西御厨【かさいみくりや】成立時期は平安時代末期の永万元年(一一六五)以前とする説と鎌倉時代初期の建久四年(一一九三)以後とする説がある。御厨とは古代・中世、皇室の供御や神社の神饌の料を献納した皇室・神社所属の領地。古代末期には荘園の一種となる。葛西御厨は伊勢神宮の神領。中心が猿俣(葛飾区水元猿町)にあり猿俣は太日川と古利根川を結ぶ水運上の重要地点で香取社の関があった。東は太日川、西は古利根川の下流域の中川が流れた。西は墨田区の堀切・寺島、東は江戸川区の篠崎、南は今井・長島に至る広大な地域で葛西三三郷と呼ばれた。行徳付近としては篠崎に葛西御厨篠崎郷があり、鎌倉時代末期(一三八九)には既に知られていた。篠崎の御厨の位置は「神明さん跡」といわれ、京成バス「上篠崎」停留所西側の土手下で上篠崎一丁目と二丁日の行政境周辺とされる。ここの神明社は明治四四年(一九一一)に上篠崎一丁目の浅間神社に合祀されている。神明さん跡から二〜三㎞ほど下った東篠崎・下篠崎町・南篠崎町五丁目一帯はかつて「本行徳中洲」と呼ばれた地であり、ここに神明社が祀られて、寛永一二年(一六三五)本行徳一丁目の現在地に遷座された。『櫟木文書』(寛文年間〔一六六一〜〕伝写の伊勢神宮関係文書)の『葛西御厨田数注文写』(応永五年〔一三九八二）によれば、御厨の公田として今井・東一江・上小岩・上篠崎・下篠崎・松本・東小松河・一色・西一江・下平江の地名がある。『葛西御厨田数注文写』は合計四通あり他のものには長嶋・鹿骨・下小岩・二江の公田名もみえる。

葛西領【かさいりょう】『葛西志』によれば、葛飾郡地の西であり葛飾西というのを中略して葛西と呼ぶとする。葛飾郡中にふとゐ（現江戸川）という大河があり河の東を葛東郡、河の西を葛西郡といい、領名は鎌倉以降（一一八二～）に始まる。寛永の頃（一六二四～四三）の葛西領は東西へ三里、南北へ四里で、東は利根川（現江戸川）に限り、南は海岸に及び、西は隅田川に至り、北は小合溜井に極まり、溜井のあなたは葛飾郡の二郷半領になる。葛西領は今は中川を界として二つになり、川より東を東葛西領、西を西葛西領という。東葛西領の北の方を上の割といい、南の方を下の割と呼ぶ。西葛西領は北を本田筋、南を新田筋と唱える。葛飾郡は、もと下総の地であり武蔵と下総の国境は隅田川だったが、正保三年（一七一三）に利根川（現江戸川）を境にと変更され江戸川より東を下総の葛飾、西を武蔵の葛飾とした。すべて武蔵の葛飾郡は山林高低なく、おしなべて水路のうち開け、数里の間一望できる。天正の頃（一五七三～九一）までは三三カ村、正保の頃（一六四四～四七）は七〇余村、元禄末（一七〇三）一〇〇余村、文政頃（一八一八～二九）には一二〇余村となる。

下賜金【かしきん】くだしたまわるかね。高貴の人が下の人に与える金。行徳における下賜金は「行徳塩浜開発手当金」の項参照。なお、八代将軍徳川吉宗は享保七年（一七二二）春、行徳塩浜御普請金として金千両を下賜。

鹿島紀行【かしまきこう】貞享四年（一六八七）芭蕉四四歳の作品。門人の曽良、宗波と共に常陸の鹿島へ月見に行った紀行文。「（前略）この秋、鹿島の月見んと思ひ立つことあり。（中略）門より舟に乗りて行徳と云ふ所に至る。舟を上がれば馬にも乗らず、細脛《ほそはぎ》の力を試さんと徒歩よりぞ行く。甲斐国よりある人の得させたる、桧の木もて作れる笠を各いただき装ひて、八幡といふ里を過ぐれば、かまがいが原と云ふ広き野あり。（中略）夜船差し下して鹿島に到る。昼より雨しきりに降りて、月見るべくもあらず。（中略）暁の空いささか晴れけるを、和尚起し驚かし侍れば、人人起き出でぬ。月の光、雨の音、ただ哀れなる気色のみ胸に満ちて、云ふべき言の葉も無し。はるばると月見に来たる甲斐無きこそ本意無きわざなれ。（中略）『をりをりにかはらぬ空の月かげも千千《ぢぢ》のながめは雲のまにまに』和尚、『月はやし梢は雨を持ちながら』桃青、『寺に寝てまこと顔なる月見かな』桃青（後略）」。桃青とは芭蕉のこと。

鹿島道【かしまみち】木下道の別称。銚子道、江戸道、行徳道。貞享四年（一六八七）八月、松尾芭蕉が行徳を通り鹿島への旅に通過。「木下街道」「なま道」の項を参照。

堅塩【かたしお】固形の焼塩。固塩。煙によって紫黒色になるので黒塩ともいう。生塩と違って完全脱水をし苦汁分を焼ききってしまうので、大気中で湿気を吸って溶けることはなく運搬に適しているため奈良時代まで調・庸の塩として貢租となり、煎塩など細粒状の焼塩ができると平安初期までには祭祀用の塩のみとなった。

葛飾記【かつしかき】青山文豹（別項）著とされるが未詳。寛延二年（一七四九）刊行。上下二巻。葛飾郡中の名所旧跡、神社仏閣の縁起などを解説した観光ガイドブック。上巻では「葛飾の郡」について書き、下巻では「これより行徳領の内」として本行徳の塩浜、神明宮、新河岸、弁財天、香取神社その他を紹介、最後に行徳領三三カ所札所を掲げ寺名と道歌を添える。『燕石十種第五巻』(中央公論社)に全文収録されている。

葛飾誌略【かつしかしりゃく】著者不明。馬光とされるが未詳。文化七年(一八一〇)刊行。行徳領はおよそ四〇カ村、本行徳は行徳の母郷とし浦安の堀江村から江戸川を遡り、船橋から大野・鎌ヶ谷・曽谷・国府台・市川、小岩・篠崎・今井までを紹介。内匠堀について言及した唯一の地誌。本書は『房総叢書第六巻』房総叢書刊行会、昭和一六年(一九四一)一一月一〇日発行に全文収録。

勝鹿図志手繰舟【かつしかずしてぐりぶね】「たぐりぶね」とも。行徳金堤編著。文化一〇年(一八一三)刊行。上下二巻。現代の自費出版本にあたり配り本。上巻は葛飾の浦を中心に行徳領の紹介、下巻は句集で挿絵は葛飾北斎、谷文晁ら、俳句は小林一茶、夏目成美ら著名人を含めて二〇〇名余。金堤は行徳領新井村の名主鈴木清兵衛。参考文献に『勝鹿図志手ぐり舟　行徳金堤の葛飾散策と交遊録』(宮崎長蔵著)、『影印・翻刻・注解　勝鹿図志手繰舟』(高橋俊夫編)がある。

葛飾の浦【かつしかのうら】狭義では行徳・南行徳・浦安地先の海。安房・上総・下総・武蔵国四カ国の入合い浦で真間の入り江とも袖ケ浦ともいわれた。富士の霊峰そびえ立ち田子の浦にも劣らぬ景色であり、景物は松原・赤鹿帆船《あけのそほぶね》、保全・沖津洲。「そほ」とは塗料の赤土をいい、装飾のために赤く塗った舟をあけのそほ舟という。「かつしかのま、のうらわのをきつらにあけそほふねか、らろをす也」（『散木奇歌集』）。沖津洲とは海中に貝ばかりが集まって白く見える洲。特に浦安の堀江村、猫実村の海岸は出張りであり景色よく、沖津洲が多かった。行徳八景の夜雨に入るはこの場所という。「葛飾の浦の景色は限りもなく、赤子もしるき白妙の、富士は手に取るばかりに見え渡り、房総の名だたる山々は霞の外に現はれ、白浪は華をくたし、天晴れて沖津雁遠く聞こえ、そほ舟はなお小笹の葉とも疑ふ」（『葛飾誌略』）。

葛飾の浦八景【かつしかのうらはっけい】行徳八景とも。『葛飾記』による八景は次の通り。《鹿野山晴嵐》はれて行嵐は須磨や明石もと心にかの、み山そふ江は《曲江秋月》かつしかや入江の里の名にしおふ月も今宵ぞま、のつぎはし《遠岸夕照》とを磯に入日を暫しやすらへて詠めもすその波の月かげ《塩浜落雁》しほたる、袖はつれなき村あしになど雁がねのむれ下るらん《浦船帰帆》舟人はあけのそほたく隙をなみ沖津かげろふ空の浦風《富士嵩暮雪》幾さとを越へて夕べは猶しのぶ雪こそ空に立つ名也けれ《猫《ねこ》小寝《さね》夜雨》雨雲の海かきくらし磯ぎわによるの舟がけしばしぬるとも《中山晩鐘》うろくずの入江に響くふる寺のかね聞あへずけふもくれけり。

葛飾北斎【かつしかほくさい】江戸本所に生まれ、そこが下総国下葛飾郡に属していたので葛飾と称した。江戸時代後期の浮世絵師。宝暦一〇年〜嘉永二年（一七六〇〜一八四九）。寛政末年（一八〇〇）頃「ぎょうとくしほはまよりのぼとのひかたをのぞむ」絵を制作。北斎の代表作『富嶽三十六景』にいたる前提となる絵（『市川市史第四巻』に収録）。

葛飾丸【かつしかまる】蒸気船。葛飾汽船㈱により大正一〇年（一九二一）一二月八日営業開始。深川高橋―浦安間に就航。昭和二年（一九二七）現在で船舶数一〇、従業員三七人、同四年の浦安発着所の乗客数四万一五人、降客数三万九八〇〇人。浦安市猫実五丁目七番の船宿吉野屋地先に発着所の桟橋があった。今、浦安で蒸気河岸といえばここを指す。「吉野屋」の項を参照。

葛南病院【かつなんびょういん】「避病院」の項参照。

加藤新田【かとうしんでん】享保元年（一七一六）江戸日本橋横山町の升屋作兵衛（加藤氏を名乗る）により本行徳地先に新塩浜が拓かれたもの。現在の地名では、幸一丁目と宝一丁目の地域で、塩焼五丁目と現加藤新田の一部にあたる。明和五年（一七六八）当時、すでに塩浜反別二町三反七畝三歩（約七一〇〇坪）に達し、「三千町。本行徳下海面なり。（中略）江戸横山町何某度々公儀へ出て、三千町の内ようやく三十町ほど叶ひ只今塩浜となれり。しかれども最初の積もりなれば、三千町と呼ぶなり。」（『葛飾記』）、「三千町、加藤新田という、一村持ちなり」（『葛飾誌略』）といわれていた。明治二年（一八六九）頃には、塩浜反別二町三反二畝余、田畑は五町五反五畝一八歩（約一万六六六八坪）、水池三カ所反別一町四反九畝一五歩、塩竈家二カ所、塩浜囲堤は南北に長さ一五〇間（約二七三m）、海面長さ一七〇間（約三〇九m）、西北に長さ一五〇間（約二七三m）、明治一五年（一八八二）の塩浜反別は三町五反九畝七歩。

可動堰【かどうぜき】建設当時、東洋一のローリングゲートといわれる。昭和三二年（一九五七）三月竣工。大正九年（一九二〇）竣工の床固堰の代替。行徳橋に併設され洪水の際に開門して行徳、船橋沖の三番瀬へ放水する。通常は東京湾からの塩水の遡上を防止し東京都金町浄水場、千葉県栗山の古ヶ崎浄水場の塩害を防止、約六三〇万人分の水道水の取水を確保。平成一六年（二〇〇四）現在、新しい可動堰建設の計画がある。江戸川河口より約三・二km上流の行徳地先にある。県道の行徳街道との兼用橋梁。ゲートは鋼鉄鋲接ローリングゲートで純径間三〇m、扉高四・五m、ドラム径三・五m、管理橋は合成鋼桁橋長さ四二二・三五m、有効幅員六m。「江戸川放水路」の項を参照。

香取鹿島街道【かとりかしまかいどう】南行徳村の下江戸川橋（今井橋の前身）を起点として本行徳、八幡、中山、法典、鎌ヶ谷、白井、海上郡銚子町に至る道。途中、八幡までは新道を通り、中山へは国道一四号線（佐倉道）、白井へは木下街道、銚子までは利根川沿いの道を下る。

香取文書【かとりもんじょ】下総国一の宮である佐原市香取にある香取神宮関係文書で香取神宮神庫及び旧大祢宜家、旧録司代家、旧案主家その他蔵の文書。幕末に国学者色川三中が整理し、六一巻、一五〇〇通を数えた。明治四一年（一九〇八）までに時の祢宜中臣泰蔵により『香取文書纂』として刊行、昭和三二年（一九五七）に『千葉県史料中世編・香取文書』として収録された。市川関連部分は『市川市史第五巻』に収録。行徳に関係ある文書は、応安五年（一三七二）一一月九日付「藤氏長者宣寫」の「戸崎・大堺・行徳等關務」、同年一二月一四日付「室町将軍家御教書寫」の「行徳關務事」、至徳四年（一三八七）五月一日付「大中臣長房譲状」の「きやうとくのせき、合五けせきの事」などがある。

蟹田公園【かにたこうえん】市川市新井二丁目

七番。区画整理によってできた公園。蟹田とは塩場の地名「蟹田通り」。隣地は「城山」（別項）であり江戸時代最初期の潮除堤。

神野山日記【かのうさんにっき】 国学者間宮永好が、嘉永七年（安政元年、一八五四）鹿野山に遊んだ紀行文。「（前略）小網町の筥崎といふ土小呂より、笹の一葉を浮べて、墨田川の河尻に出づ。（中略）万年橋・高橋・扇橋・小名木澤など過ぐれば、中川成り。（中略）中川の御番所は、左の方の此方の角にあり。此は御旗本三千石以上の御方守護し給ふ。舟人『通り候ぬふ』と、高やかに申せば、汀近き小屋に足軽めきたる者二人ばかりゐて、『を』と答ふ。（中略）一里ばかり行きて太井川に出でむとする所の村を今井川といへり。（中略）今井村の間を太ゐ川に漕ぎ出で、一里ばかりさし上れば行徳の宿なり。舟より下りて、しがらきといへる茶屋にて人を待つ。（中略）待つ人の遅きに、人に言づけ置きて立出づ。（中略）八幡の宿の加藤又左衛門が家を訪ふ。主いと喜ぼひて懇に経営す」（『房総叢書第八巻』より）。

狩野浄天【かのうじょうてん】 狩野新左衛門、あるいは新右衛門とも。北条氏の落武者の一。兄主膳と弟新右（左）衛門がある。父一庵は北条氏照の侍大将で伊豆加茂郡加納村（伊豆狩野庄）出身。豊臣秀吉による北条征伐の際、八王子城にこもり天正一八年（一五九〇）六月二三日秀吉軍五万騎と闘って討死。浄天は欠真間に逃れる。三〇年後の元和六年（一六二〇）田中内匠と共に徳川幕府へ灌漑用水路の開削を訴訟。その九年後の寛永六年（一六二九）三月一五日没。年齢不詳。香取の源心寺に供養塔がある。《五輪塔》には「源正院心誉安楽浄天禅定門　寛永六巳年（一六二九）三月十五日」「心行院宝誉清光

妙泉禅定尼　寛永十七辰年（一六四〇）十一月八日」とある。内匠堀といわれる灌漑用水路は浄天堀とも称され、工事費用は浄天の負担とされるが資金の出処、金額は不詳。また浄天は天正元年（一五七三）建立とされる浄土宗安楽院正念寺を改築して慶長一六年（一六一〇）浄土宗西光山安楽院源心寺を建立。建立資金の出処不明。源心寺には家康の出した寺領百石の朱印状があるとされ幕府の保護があったことは確か。

竃屋【かまどや】 釜屋。かまや。大きなものは畳一二〇枚（六〇坪）ほど、小さいもので畳七〇枚ほどの建物。構造は杉丸太の掘建て、萱葺き屋根、出入り口二カ所。明治一五年（一八八二）の塩浜反別は一八〇町余であり、平均一町歩に一軒の竃屋があったとして行徳塩浜には一五〇軒ほどあったと考えられる。建物の中は作業場で、塩焼きの釜と竃があり、竃の両側から燃料を入れて燃やす。また、鹹水を貯蔵する土船が釜屋に接続してあり塩場桶から鹹水を移す。竃屋の庇の下まで溝が掘られてきて雨天でも作業可能になっていて、潮水を柄杓で汲み塩場笊に盛った鹹砂にかける。焼きあがった塩から垂れる苦汁をとる場所と塩置場、燃料貯蔵場も釜屋内にあった。江戸時代の竃屋は煙突がなく長方形の蒸発窓をつけ押上げ戸羽を造り、明治になって石炭焚きになってから煙突をつけた。

カミソリ堤防【かみそりていぼう】 旧江戸川堤防のこと。昭和四四年（一九六九）に完成した現在の堤防はほぼ垂直に切り立った堤防であり、洪水を流すには最適だが市民が立ち入ることができない構造になっている。そのため改善の必要性が問われている。キティ台風を教訓に、東京高潮対策事業として昭和四〇年度を初年度として護岸工事を実施、伊勢湾台風級の大型台風から後背地を防御する計画は昭和四七年度を最後に終了。その後、平成七年（一九九五）の阪神淡路大震災を契機に耐震診断が実施され、その結果、浦安市の見明川から上流へ七六七〇mの区間の耐震補強工事が必要とされ、高潮対策事業により耐震補強工事が実施されており、平成一三年現在で進捗率は事業費ベースで一九%とされる（千葉県議会平成一三年九月、定例会土木常任委員会委員長報告、平成一三年一〇月一六日）。

上道公園【かみみちこうえん】市川市本塩七番。区画整理によってできた公園。上道とは塩場の名称。江戸時代前期元禄（一六八八～）までの中心的な塩浜の一。

鴨場道【かもばみち】御猟場道。明治二六年（一八九三）に設けられた新浜鴨場へ通じる道。入り口は市川市湊一七番地先の「湊新田」バス停脇の路地が初めで、のちに湊新田二番と三番の間の川を埋め道路として拡張したときにこちらを通行するようになった。鴨場道は行徳駅前公園のプール脇を抜け、市立行徳保育園の敷地を通って区画整理地を斜めに進んで福栄公園に至る。鴨場道は南行徳第二土地区画整理組合と同第三土地区画整理組合の施行地域の境界でもあった。昭和二五年（一九五〇）三島由紀夫は「遠乗会」を発表、鴨場道を乗馬で通過。

萱【かや】ゆり科の多年草。わすれぐさ、やぶかんぞう。ススキ、スゲ、チガヤなどの総称。広く屋根を葺くのに用いる草本をいう。ススキ（芒・薄）はイネ科の多年草。水際からやや離れた比較的乾燥した小高い場所を好む。高さ二m、小穂の下にすべすべした銀色の白毛があり風に飛び群落は草原になる。地下茎が発達し堤防強化のために土手などに植えられた。スゲ（菅）はカヤツリグサ科スゲ属の草本の総称。日本に二○○種以上自生。夏にカサスゲ・カンスゲなどの葉を刈って菅笠・蓑《みの》に加工する。チガヤ（茅）はイネ科の多年草。原野に多い。約六○㎝。茎葉は屋根を葺くのに用いる。

川岸番所【かわぎしばんしょ】「旅人改番所」の項を参照。

川船奉行【かわぶねぶぎょう】川船改役の前名。川船支配・御舟改墨印衆とも。江戸幕府の職名。江戸・関八州・駿河・伊豆の川船の極印を管理・検査し、徴税を担当。勘定奉行支配。寛永一○年（一六三三）土屋忠次郎利常が最初に任じられ、城米・年貢米の江戸輸送の確保、役船の動員体制の確立を目的とした。初め一名、万治二年（一六五九）二名、延宝六年（一六七八）三名。江戸川・中川・荒川・鬼怒川・六郷川・利根川及び江戸湾（東京湾）に流入する小河川の川船に極印を打ち、年貢・役銀を徴集した。行徳船は非課税。享和三年（一八○三）川船奉行支配下の船一万三九八四艘、万延元年（一八六○）二万一二八一艘、同年の年貢は銭八○二三貫余（約二○○○両）、役銀は三九○貫余（約六五○○両）。極印改めは貞享四年（一六八七）、元禄二年（一六八九）深川元番所前の中洲、同九年（一六九六）両国橋と石場の船改所、享保五年（一七二○）などに実施。天明六年（一七八六）の『本行徳村明細帳』では竹蔵御役所での極印船一一○艘を所有し毎年九月中に年貢・役銀を上納（金額不明）していた。別に非課税の行徳船五三艘が就航していた。また、浦安の堀江・猫実・当代島三カ村は享保一二年（一七二七）以来極印を打つようになり、二二六艘までは年貢は免除で役銀のみとされ、万延元年（一八六○）八月からの一年間の年貢は二五貫八○

○文。浦安は「ごし字極印」で舟手形であり手形書替の時は御支配代官の添え状で書き替えをした（『葛飾誌略』）。
川除堤【かわよけつつみ】江戸川からの洪水を防ぐための堤。「本堤」の項を参照。

河原圦之遺石碑【かわらいりのいせきひ】所在地、市川市河原六番の春日神社境内。《碑文》正面「河原圦之遺石」右側面「河原圦は古くより農業用水として広く利用されしも排水の強化と共にその姿を消すことになった。故にその名残として圦石の一部をこの地に遺す。　維持昭和五十年秋　正源寺三五世隆基書」裏面「甲子会会員　金子伊太郎、増田健蔵、高橋昇、早川憲、小林喜太郎、中台専之助、大久保泰次郎、中台昇治、山中隆基　物故者　鈴木四郎、島野清一、増田留吉、増田浦五郎」。甲子会とは河原甲子講社。甲子講は干支の甲子《きのえね》の日に集まって大黒天を祀る講。六〇日に一度巡ってくる日は、宿になった家で床の間に大黒様を安置して灯明をつけ、お神酒や肴を供える。集まった講員は福の神の大黒様を拝んだのち祝宴に移る。

河原の渡し【かわらのわたし】明治四〇年（一九〇七）の調査では、現所在地東葛飾郡行徳町大字河原。川幅一〇〇間（約一八二m）、水幅八〇間（約一四五m）、安永四年（一七七五）許可、江戸川区篠崎村伊勢屋に至る。戦国時代から武蔵内陸部の岩槻城（埼玉県岩槻市）への塩道（陸路）の要所であり岩槻道の出発点だった。江戸時代になり幕府は河原の渡しでの旅人渡しを禁止した。百姓渡し。昔は篠崎村で渡して篠崎渡しという。江戸時代には河原村で渡した。本行徳の舟会所より人が付き旅人の往来を監視した。寛永八年（一六二八）九月二一日付の関東郡代伊奈半十郎宛の触書『利根川渡越之儀ニ付書上候控写』に「利根内川通り近郷の樵夫《きこりふ》、草刈、耕作人のほか一切川向うへ越すべからずの所に付き別紙にあり、若し往還の輩みだりに相渡すにおいては、たとえ後日に聞き候らえどもその在所の者曲事に仰せ付けらるるべし。通り候ものをとらへ差し上げ候はば、その人により御褒美の高を下しこれありて、急度被下之自然札物を出し相通るべしと申す族あらば、とらへ置き申し上ぐるべし。金銀米銭いずれにてもその約束一倍（現在の二倍の意）これあるべきもの也」とあり、別紙に一〇カ所の渡船場名がある。上流から、佐波村船渡―川向飯積村、中渡村船渡―川向鷺之宮村、栗橋町船渡―川向中田村、外国府同村船渡―川向本栗橋村、木立村船渡―川向今神村、三輪江新田船渡―川向相ケ谷村、丹後新田船渡―川向流山村、小向村船渡―川向松戸町、芝又村船渡―川向矢切村、上下篠崎村船渡―川向川原村とある。今井の渡しを男だけの一方通行にしたこと、翌寛永九年に行徳船を許可し本行徳村に旅人改番所を設置したことなどにより、旅人の通行を市川の渡しと行徳船に限定して統制しようとしたことが分かる。明治から大正時代、渡船は小伝馬船一艘、従業員二名、渡船定員二八名で、昭和九年（一九三四）四月一日当時の船賃は大人二銭、小人一銭、自転車一銭、小車二銭、牛馬四銭。河原の渡しがあった場所は、河原四番と河原番外地の境界付近で河原の圦《いり》の下岸に桟橋があった。

鹹砂【かんさ】 天日に干して塩の結晶が付着した砂。毛細管現象で地盤から上がって来た潮水から塩の結晶を得るために地盤面に青色を帯びた細砂を散布する。これを撒砂《さんさ》（別項）といい、塩の結晶が付着した撒砂を鹹砂と呼ぶ。鹹砂、すなわち撒砂乾燥の時間は、最盛時季（四～九月）では午前五時から午後三時まで、翌日は午前五時から正午まで合計二日間延べ一七時間を天日干しにし、季節外（一〇〜三月）は、午前七時から午後二時まで、翌日と翌々日は午前七時から午前一一時まで合計三日間延べ一八時間を天日干しにする。曇天の場合はこの限りでない。

鹹水【かんすい】　塩辛い水。鹹砂（別項）を集めて笊《ざる》に盛り桶に乗せる。溝から潮水を汲み笊の砂にかけて濃い塩水を得る。これを鹹水という。行徳塩浜は笊取法《ざるとりほう》（移動式少量生産）、瀬戸内（十州）では沼井取法《ぬいどりほう》（固定式大量生産）。洪水と津波などの自然条件により行徳塩浜では昭和四年（一九二九）の製塩地整理まで笊取法で鹹水を得ていた。明治三四・三五年度の塩田一反歩あたりの鹹水採取に要する人夫は笊取法一・二五一人、沼井取法一・二一八人、労働時間は笊取法四時間〇五分、沼井取法二時間二五分。明治三六年（一九〇三）の一町歩あたり一カ年平均鹹水採取量は行徳塩田一四〇〇石、赤穂塩田二四九二石、坂出塩田（香川県、塩の都と別称）四三九四石。鹹水の濃度計は『塩の日本史第二版』によれば各地で次のようだが行徳塩浜での記録はなく、辛い、苦い、甘い塩は悪質塩とされた。舌頭味感による（小豆島）、小形徳利に蓋をし糸をつけて鹹水に浮沈させて測定（小豆島）、やどかりの貝殻を取り、その身を投入し水面に浮上すれば比重一八度（赤穂・小豆島）、飯粒を口に含み投入、浮かぶものは鹹水、沈めば二番水とする（赤穂）、鹹砂を見て砂が乾燥し固まっている場合濃度が高い（能登）、竹筒にハスの実を入れて浮きダメシを作り、筒に鹹水を汲み取り、ハスが浮上すると一五度以上（鹿児島）。行徳塩田での海水の比重は零度〜二度（海水温度零度～三〇度）で鹹水の比重は一二度～二三度（鹹水温度四度～二五度）であり、鹹水は普通黄褐色を呈し、比重は摂氏一三度において「ボーメ度」一三度を示したが、季節外（二、三月）「ボーメ」一六度、最盛期（四～七月）同一八～二〇度、最盛期（八～九月）同一七度、季節外（一〇～一二月）同五度だった。石炭焚きの場合一釜使用鹹水量五石、比重一五度～二〇度、温度四度～二〇度、製造塩二等塩、容量一石一斗～一石八斗、重量一七一斤～二八〇斤、使用燃料二八〇斤～三二〇斤。一斤＝六〇〇グラム。

鹹水採取作業【かんすいさいしゅさぎょう】盛夏の作業、《初日》晴天を確認して着手。一、塩揚鍬で砂を塩田面に散布。事前に砂タブで塩田面の固く締まった砂を挽き掻く。二、払い竹で砂を平らにならす。この後、玄蕃桶に潮水を汲み、かい木（柄杓）で霧の如く塩田面にまき、（呼び水）乾燥させる。なお、休み浜のとき、満潮時間に塩田面一円に海水を引き入れて置く。これを揚塩場という。三、寄板で砂を集める。一間幅に横に長蛇の如く一尺余の畝を作る（小前寄）。採鹹は二日目だが砂を集める理由は、朝散布した細砂に付着結晶した塩分が夜間の霜、露などで溶解するのを警戒するため。この初日の作業を準備浜という。《二日目》四、干板で砂を塩田面に散布。前日午後集めた細砂を散布して日光と風力で塩分の付着結晶を催進する。五、寄板で砂を集める。六、塩場桶（鹹水を滴らす器）を配る。七、塩場笊と竹簀を配る。笊は鹹砂を盛りつけるもの、簀は桶の上に置き笊を受けるもの。八、平笊で鹹砂を笊に入れる。九、笊の中の砂の中央を手で凹形に作り周囲に縁取りを作る（チョク作り、熟練者の作業）。海水を注いで鹹砂に付着した塩分を洗い流すため。一〇、釣瓶で海水を笊に数回注ぎ桶中に濃縮した塩水を採る。これを汐垂という。砂中に残存する塩分は採らない。一一、海水を注ぎ終わった笊の砂を塩田面に移し小さな塚のように積む。この砂は翌日塩田面に鍬で散布する。一二、竹簀を担い下ろす。一三、塩場桶中に溜まった鹹水を担い桶に移す。一四、鹹水を土を盛り上げた丘の頂上にある桶に運び移す。ここから竈屋内の土船(塩船)へ鹹水が竹樋を通って流れていく。一五、笊と竹簀を納める。以上二日目の作業を持浜という。季節外の一〇月~三月は準備浜は二日持と称して砂干二日とした。一カ年平均採鹹日数一五〇日の内、持浜五〇日、準備浜一〇〇日(場揃え及び塩田面の掃除日二〇日、撒砂日八〇日)。

観智国師【かんちこくし】 源譽上人。増上寺一二代中興開山。家康、秀忠の戒師。生国、武蔵国、由木左衛門尉源利重という。天正一七年(一五八九)八月、縁山の寺僧となり、翌一八年、神君の御駕を拝し、官家師檀の台命ありて御戒師となる。元和六年(一六二〇)一一月没(『葛飾誌略』は慶長一五年遷化とする)。《五輪塔》「逆修元和六庚申天　当寺　源誉上人　慈昌普光観智国師　開山一二月初三日」。《古金襴袈裟》観智国師が与えたもの。住職交代時の授与袈裟とされる。

関東郡代【かんとうぐんだい】 郡代は代官頭とも呼ばれ職務は代官と同じだが管轄区域が広大で勘定奉行の配下。関東郡代、美濃郡代、西国郡代、飛騨郡代があった。役高は四〇〇俵。関東郡代は天明四年(一七八四)以降は老中支配となった。関東郡代の支配地は、武蔵・相模・上総・下総・上野諸国の幕府直轄地であり、管内

の租税の徴収、水利土木、農業の奨励、治安紛争の調停など地方行政の全般をつかさどった。馬喰町に役宅があり郡代屋敷、御用屋敷などと呼ばれた。歴代の関東郡代は次のとおり（『江戸川区史第一巻』より）。伊奈備前守忠次（天正一八・八・一〜慶長一五・六・一三）、伊奈筑後守忠正（慶長一五・六・一三〜元和四・三・一〇）、伊奈半十郎忠治（元和四・三・一一〜承応二・六・二七）、伊奈半左衛門忠克（承応二・一二・二十二〜寛文六・八・一四）、伊奈半十郎忠常（寛文六・三・一九〜延宝八・一・四）、伊奈半十郎忠篤（延宝八・九・七〜元禄一〇・一〇・一九）、伊奈半左衛門忠順（元禄一〇・一二・一〇〜正徳二・二・二九）、伊奈半左衛門忠達（正徳二・五・二六〜寛延三・七・三〇）、伊奈半左衛門忠辰（寛延三・七・三〇〜宝暦四・九・五）、伊奈半左衛門忠宥（宝暦四・九・五〜明和六・一二・七）、伊奈半左衛門忠教（明和六・一二・七〜安永七・三・一二）、伊奈右近将監忠尊（安永七・六・六〜寛政四・三・九）、久世丹後守広民（寛政四・三・一〇〜寛政九・六・五）、中川飛騨守忠英（寛政九・六・一〇〜文政三・一・□）、松平対馬守正之（元治元・一一・二二〜慶応元・一〇・一六）、花房近江守職補（元治元・一一・二二〜元治元・一二・二七）、杉浦左衛門尉正尹（元治元・一一・二二〜慶応元・一二・七）、藪益次郎忠良（元治二・一・二八〜元治二・一二・七）、小出順之助有常（元治二・一・二八〜元治二・一二・七）、木村甲斐守勝教（慶応元・一二・一〜慶応三・一・二六、根岸備前守衛奮（慶応元・一二・七〜慶応二・八・一四）、井上信濃守清直（慶応二・一・二四〜慶応二・六・二九）、小栗下総守政寧（慶応二・七・二一〜慶応三・三・二）、河津駿河守祐邦（慶応二・八・二六〜慶応

三・一・二六)。伊奈氏の失脚後関東郡代は勘定奉行の兼務となったが、立会代官が任命され行徳塩浜(「代官」の項)にも名が見えるが、次の通り。大貫次右衛門、中村八太夫、関保右衛門、伊奈友之助、簗山茂左衛門、青山録平、斎藤嘉兵衛、林部善太左衛門、竹垣三右衛門、小林藤之助、木村董平、佐々井半十郎、今川要作、大竹左馬太郎、松村忠四郎。

関東大地震【かんとうだいじしん】大正一二年(一九二三)九月一日午前一一時五八分発生、死者九万九〇〇〇人、行方不明四万三〇〇〇人、倒壊家屋一二万八〇〇〇戸。震源、相模湾(東経一三九度二一・八分、北緯三四度五八・六分)、マグニチュード七・九。東京・横浜・横須賀・富崎・熊谷・甲府・鎌倉で震度六。市川で八㎝隆起したほか、木更津三二㎝、大磯一八二㎝、藤沢七五㎝の隆起を記録した。津波の波高、布良四・五m、洲崎四m、勝山二・二m、木更津一・八m。行徳町では家屋の全壊三、女子一名死亡、南行徳村では全壊二、半壊七だった。市川では、上毛モスリン中山工場(のちの日本毛織中山工場、現在のニッケコルトンプラザ)でレンガ造りの建物が倒壊し女工一一名が下敷きになって死亡、中山村では男子三名が死亡した。香取の源心寺に「関東大震災供養碑」があり、三名の名がある。「源心寺」の項を参照。

香取公園【かんどりこうえん】市川市香取一丁目五番。区画整理によってできた公園。字「香取前」という塩場付近に設置。

き

木下街道【きおろしかいどう】正式には主要地方道市川・印西線という。なま道(鮮魚街道)、木下道、銚子道、鹿島道、江戸道、行徳道。木下街道の呼称は明治になってからのもの。寛永八年（一六三一）徳川幕府により開かれ、本行徳を起点に、八幡、鎌ヶ谷、白井、大森、木下の六カ所に宿駅を置く全長九里（約三六km）の街道。脇往還道。両端の行徳と木下はそれぞれ江戸川と利根川の河岸場であり、連水陸路（二本の水路間を連絡する陸路）である。現在は国道一四号線（佐倉道、千葉街道）から木下までを木下街道と呼び、ほぼ直線道路。ただし大森前後から曲折が多くなる。また、白井から大森の間に千葉ニュータウンが造成されて旧木下街道が分断消滅、現在の木下街道はバイパスで、布佐河岸へ抜ける道の途中から右に分かれて木下に入る。本行徳から八幡までは慶長年間（一五九六～一六一四）に開かれた新道を通る。松尾芭蕉が貞享四年（一六八七）鹿島への旅で通過して『鹿島紀行』を著した。「なま道」「新道」の項を参照。

木下河岸【きおろしがし】 印西市木下。印西とは印旛沼の西の意。寛永八年（一六三一）に木下までの街道が整備されるまでは木下は寒村だった。幕府は利根川下流域の鮮魚輸送を計画したが、もう一つの目的は木下からやや上流の対岸にある布川までの渡しを企図した。これを天地の渡しという。布川から陸路で龍ケ崎に達し成田からの街道と合流し左折、牛久で右折、土浦を抜けて水戸へ行ける。天地の渡しはのちに木下から布佐河岸に移る。木下河岸の成立、確定期は延宝七年（一六七九）以降元禄九年（一六九六）頃までとされ、正徳年間（一七一一～一一六）までにようやく茶船二〇艘になり小舟も一六あった。延宝年間（一六七三～八〇）の戸数四〇軒余、明和九年（一七七二）には一五〇軒余でそのうち旅籠や飲食店が約五〇軒、寛政二年（一七九〇）にこの河岸に出入した船は五〇〇〇艘を超える。木下茶船は寛文（一六六一～七二）頃に始まり、文化（一八〇四）の頃には隆盛を極めた。大抵は貸切遊覧船で小は定員四名、大は八人、香取神宮・鹿島神宮・息栖神社の三社に参詣し、途中の潮来遊郭などに寄って帰ると二～三泊の旅程。三社参詣一艘銭九四八文。夜船も出た。

木更津船【きさらづぶね】 慶長一九年（一六一四）一一月の大坂冬の陣における水軍に木更津の水夫二四人が参加した後の徳川幕府による特権的扱いによる権利。日本橋と江戸橋の中間の四日市河岸に船着場を賜り木更津河岸と称す。隅田川で木更津船に行き会った他船はこれを避けて通ったというほどの勢威を振るった。行徳へは塩焼燃料として萱や松葉を運んだとされ「おかね塚」由来にもある。木更津船は五大力船で六八艘造立し、川船役所の極印を受け村高のうち五〇石を年貢永一四貫文づゝ上納していた。「木更津船由緒書」は次の通り（『木更津市史』）。表紙「元禄六年酉一〇月、仰せ渡され候間是は木更津船の由緒書　上総国望陀郡木更津村」「一札の事　上総国望陀郡木更津村船の儀は、先規より本舟町川岸へ附け来り申候由緒の事　一、大坂御陣の節、水主弐拾四人差出申候にと仰せ付けなされ候に付き、則ち差し上げ申し候えば、向井将監様、小浜民部様御船に乗り罷り登り申し候処、右の内拾弐人は大坂にて相果て、残りて拾弐人は御召の御回船を乗り下り、谷の御蔵にて三十日余昼夜共番仕り、つつがなく御船蔵え納め上げ候に付き御暇下され、国元え罷り帰り候、その時分木更津船御支配の御代官南条帯刀様え、右大坂御陣にて相果て候拾弐人の妻子共伝命に及び申し候由御訴訟申上げ候えば、御不便に思し召され、御忠節の段御取り成し遊ばされ候、則ち大久保石見守様より右の趣仰せ上げられ、御憐として木更津近所二万石余の御城米船賃三分に御極め遊ばされ、右弐拾四人の者共え永々運送仕り候舟の儀は、舟町の川岸え附け置き、勿論荷上げ場に御定め下され、その上安房、上総えの往来の者共乗せ、渡世送り申す様にと付けなされ、御証文まで下し置かれ有り難く存じ奉り大切に所持罷り有り候処、辰年に出火御座候て町中残らず焼け、殊更火元の近所にて御証文焼失仕り候……（後略）」。なお、文政七年（一八二四）八月の「木更津村差出明細帳」に「一、五大力船拾艘、押送《おしょく》り船《ぶね》五艘　但し江戸川通船海上拾三里、神奈川七里、浦賀え七里」とある。

生塩【きじしお】きじお＝木塩。煮詰めて得た結晶塩。荒塩。苦汁分と水分を含む。製造したばかりの塩。「差塩」「真塩」「古積塩」の項を参照。

北浜公園【きたはまこうえん】市川市新井三丁目一八番。区画整理によってできた公園。北浜とは塩場の名。元禄（一六八八～）以後の塩浜。

キティ台風【きてぃたいふう】昭和二四年（一九四九）八月三一日午後八時、相模湾から神奈川県茅ケ崎に上陸、市川の海岸は午後九時ごろより一一時の間にかけて風速三〇m、東南の強風となり、しかも東京湾の満潮と重なり浦安町堀江地先の検潮所ではYP＋二・六八m（AP＋二・九七m）、波高一・八～二・〇mとなった。このため浦安町から船橋市に至る延長一五・五kmに及ぶ海岸堤防と旧江戸川左岸（行徳、南行徳、浦安側）の堤防八・四kmがいたるところで決壊した。この高潮により行徳町、南行徳町では全町の八割が冠水し、流失家屋二戸、全壊七戸、半壊八戸、床上浸水六〇戸、床下浸水二七二戸、冠水した田畑六九四町歩の大きな被害を受けた。その後、地盤沈下（別項）が起こり、堤防の沈下、亀裂が目立ち、通常時の南の強風でも満潮時に浸水する個所ができ、昭和四二年（一九六七）から市川海岸高潮対策事業として、市川市二俣地先から同新井地先までの延長七九〇二mの区間の海岸堤防の築造を実施、堤防の天端高はAP＋五・六mになった。以後、現在に至るまで行徳地域における洪水と津波による被害は起きていない。「行徳塩浜に吹く風」の項を参照。

騎兵隊【きへいたい】明治三四年（一九〇一）一〇月四日当時に国府台に駐屯していた習志野の騎兵第一〇連隊の付属騎砲兵分隊。同日、陸軍一等獣医川合與七郎に先導された一個中隊は、南行徳村新井地先万年屋の土手から海岸干潟に下りて水馬訓練（別項）を実施。当日は干潮時間にあたり水馬訓練はできず干潟の上で突撃訓練を実施。このことが南行徳村と浦安町の漁師の漁場争いを未然に防止した。川合與七郎の父が川合七左衛門であり、行徳海苔の開発者であったため、訓練は七左衛門が画策したことであるとの説がある。同騎兵隊は秋山好古少将指揮下の習志野第一騎兵旅団に属して日露戦争に出征した。『行徳歴史街道』を参照。

儀兵衛新田【ぎへえしんでん】寛保二年（一七四三）、江戸神田の町人儀兵衛によって本行徳沖場に拓かれた新塩浜。現在の地名は幸二丁目、宝二丁目で、末広二丁目、塩焼三丁目の一部を含む。旧加藤新田とは中江川をはさんで向かい合う。その後も新浜《しんはま》開発は進められ、文化一二年（一八一五）に九反八畝九歩（約二九四九坪）、明治一五年（一八八二）には三町一反六畝一二歩（約九四九二坪）になっていた。儀兵衛の名は世襲。中江川に儀兵衛橋がある。

旧江戸川【きゅうえどがわ】かつての江戸川の本流。市川市河原地先の江戸川水門（通称篠崎水門）から下流のディズニーランド前までおよそ一〇km。江戸時代は、太日河、太日川、太井川、利根川、夕巻川、行徳川などと呼ばれた。江戸時代は舟運の要衝。明治時代は蒸気船で賑わう。

旧海岸線【きゅうかいがんせん】昭和三四年（一九五九）一一月二三日から開始された行徳地先の公有水面埋立事業前の旧海岸線はおよそ次の通り。通称行徳富士といわれる残土の山がある湾岸道路脇の大字本行徳の地域を江戸川土手から東京方面へ進み、高浜交差点を右折、幸一丁目三番地先東角を左折、現加藤新田との行政境を西へ進む。千鳥橋に至りそのまま直進、前方の市川野鳥の楽園と新浜鴨場の境界を西に進むと野鳥観察舎前の丸浜川に出る。丸浜川沿いに進むと猫実川になり浦安へ続き、浦安市の消防署裏手の道路に達する。この道は浦安市中央図書館の駐車場と図書館の建物の間に続く。このラインが埋立前の旧海岸線になる。キティ台風（別項）によって決壊した堤防のラインである。

久助稲荷【きゅうすけいなり】浦安の大蓮寺にある。本尊、久助稲荷大明神。天文一三年（一五四四）五月創築。明治初年再建。小田原の大蓮寺に祀られている福徳稲荷の分身として建立。大蓮寺第五代住職頓誉上人に学誉という弟子がいた。学誉は仏門において一心に勉学し、のちに芝増上寺の法主（享保一一年〜一七年）となり大僧正となった僧である。ある時、大僧正の縁先に、上人が大蓮寺にいたときに仕えていた忠僕の久助が立っていた。久助は大蓮寺の稲荷様が荒れ果ててしまったので上人に復興を頼んだ。上人は若い頃、稲荷様に祈願したことを思い出し、早速京都伏見稲荷から正一位の官位を受け、それに建設資金を添えて大蓮寺へ送った。ところが久助はすでに二〇年前に死亡していた。上人は稲荷様の身代わりとなって現われた久助の志に深く感動し、その名をとってそれから久助稲荷と名付けた。毎年五月十八日と九月十八日には大祭がある(『浦安町誌』)。「久助稲荷。裏門傍にあり。図鑑僧正は当村の産にて当寺の弟子なり。所化の頃、この稲荷はなはだ信仰にて、徳を積み智識となりなば神位を願い献ずべしと誠心に祈り奉るに、空しからず大僧正と成り給ふ。ある時、稲荷の影方丈の障子に忽然と映る。僧正その怠りに驚き、早速神位を戴き、この稲荷へ献ぜしと也。狐は稲荷の神使也」(『葛飾誌略』)。《鳥居》「明治十五年□月修補之　常参講中」(一八八二)。《手水石》「明治十五年二月□□□當職善祐代」。

行徳【ぎょうとく】 行徳とは仏教用語で仏道修行により身についた徳のことをいう。行徳の地名が『香取文書』に現われたのは、応安五年(一三七二)一一月九日付の「藤氏長者宣寫」の「行徳等關務」であり、地名の発祥は鎌倉時代初期まで遡るものと考えられる。江戸時代の行徳領の範囲は今の浦安・南行徳・行徳・原木・西船橋・高谷・田尻・稲荷木・大和田・大洲を含む広大な地域(「行徳領」の項を参照)。本行徳とは行徳の母郷の意。現在は行徳というと行政管轄で市川市行徳支所管内の地域をいい、東京メトロ東西線の南行徳・行徳・妙典、JR京葉線の市川塩浜の各駅を擁する地域をいう。江戸川・旧江戸川・浦安市に三方を囲まれた東京湾に面する三角州と埋立地一帯。二〇〇四年現在、世帯数約七万四千、人口約一五万五千人。「行徳様」「金海法印」「万海」「行徳の関」の項参照。

行徳駅【ぎょうとくえき】東京メトロ東西線の駅名。昭和四四年（一九六九）三月二九日、東西線の開通に伴い開業。駅舎はかつての湊村と押切村の地内にある。行徳は古来より「驛」であり、水駅である。水駅とは舟つき場、津駅。『葛飾記』によれば葛飾の本府は元は葛西であり当時（寛延二年頃、一七四九年）は行徳領であった。往古の行徳は塩などの大船での売買の湊津であり、鎌倉積替舟が多かった。それは塩浜が出来る以前のことで、かつての押切村から上は皆塩浜だったが薄塩しか採れなかった。徳川家康は行徳を天領とし、本行徳を江戸―本行徳―利根川を結ぶ中継地点の湊津として整備し保護した。それは明治になってからも同様で『東葛飾郡誌』に本行徳駅とある。現在の行徳は陸駅であり、東西線の南行徳・行徳・妙典、JR京葉線市川塩浜の四駅がある。なお、かつての行徳領内に市川港があるが現在の行徳の範囲には含まれない。

行徳駅前公園【ぎょうとくえきまえこうえん】市川市湊新田二丁目四番。区画整理によってできた公園。プール、各種広場、しろへびさま（別項）・行人さま・南行徳第二土地区画整理組合記念碑（別項）・平和の碑（別項）などがある。

行徳街道【ぎょうとくかいどう】主要地方道市川・浦安線、県道六号線。浦安から本八幡までのバス路線（現在は京成トランジットバス「浦安01」系統が運行）。明治四二年（一九〇九）一〇月二六日に浦安まで編入。地元の人たちの愛称。古くからの呼称ではない。明治六年（一八七三）十二月建立の今井の渡しにあった道標

（別項）によれば「東房総街道」とある。大正一二年（一九二三）六月五日発行の『千葉県東葛飾郡誌』では下江戸川橋（現今井橋）を起点に「香取鹿島街道」とする。本行徳のバス通りは江戸時代「八はた舟はし街道」とされ、下新宿から八幡までは「八はた街道」とされている（『江戸名所図会』）。昭和五〇年代の郷土史関連の文献から行徳街道の文字が見える。『行徳歴史街道』を参照。

行徳河岸【ぎょうとくがし】祭礼河岸ともいう。貨物専用河岸。旅人は行徳船津へ着く。なお、行徳船津は元禄三年（一七〇二）江戸川筋に移されて新河岸と称す。最初の祭礼河岸は寛永八年頃（一六三一）までに押切一二番の光林寺の南、同六番の稲荷神社の西にあたる押切一三番、一四番付近に設置されたと推定される（『川と村と人』）。元禄三年に押切五番と湊一番の境界に位置する現在の押切排水機場と押切児童公園付近に移設、現在に至る。銚子などからの魚、スイカ、ウリ、前栽、大根、薪、塩、米その他の産物が馬で運ばれてきて積み出された。昭和の初め（一九二六～）頃でも荷足船が二〇～三〇艘ほど楽に入れる広さだった。葛西船により下肥が運ばれてきて小型の肥やし舟に移して内匠堀に入り水田へ運ばれた。「祭礼河岸」の項参照。

行徳川【ぎょうとくがわ】江戸川と中川を結ぶ新川（古くは船堀川といった）と中川と隅田川を結ぶ小名木川の総称。新川およそ一里二〇丁（約六一〇〇m）、小名木川およそ一里一〇丁（約五〇〇〇m）、両川とも川幅二〇間余（約三六・四m）。本行徳から江戸日本橋小網町三丁目行徳河岸へ塩・米・魚・野菜・薪その他の産物を運送するための水路。江戸からは房州や常陸・上野・下野国などに運ぶ下り荷と成田山参詣客を中心とする旅人を乗せた行徳船とその他の船が就航していた。徳川家康が小名木川の開削を命じ天正一九年（一五九一）から冥加年貢（別項）輸送に使用。船堀川は寛永六年（一六二九）までは自然の水路を使い、以後は新川を開削して利用した。「小名木川」「新川」の項を参照。

行徳郷土史事典【ぎょうとくきょうどしじてん】鈴木和明著。二〇〇三年一一月一五日刊行。資料として『塩浜由緒書』『塩浜由来書』を収録。年表に行徳塩浜関係の事項を詳細に記載。掲載項目は九二、索引項目二五二。項目は、神明神社の御塩浜、郷土史年表、行徳の塩田、行徳船、行徳川、葛飾の浦、行徳の地名発祥、金海法印、行徳七浜、行徳塩浜開発手当金、小宮山杢之進、塩浜年貢永、塩浜反別、江戸川の渡し跡、成田街道、内匠堀跡、江戸川放水路、大正六年の大津波、行徳ノリ、町村合併、海面埋立、土地区画整理、旧町名新町名、地盤沈下、学校、寺町、行徳札所とご詠歌、日露戦争記念碑、竜宮様、汐垂れ松、戊辰戦争、なま道、新道、妙典、石垣場、河原の渡し、人車鉄道、行徳の大火、笹屋のうどん、蒸気河岸、権現道、行徳船津、新河岸、常夜灯、川岸番所、祭礼河岸、馬頭観音、潮塚、行徳の関、おかね塚、長山、旅人宿志からき、水神祭り、弁天山、行徳の花火、平和の碑、槙屋の渡し、狩野浄天、お成り道、吉田佐太郎陣屋、今井の渡し、道標、蛇山、へび土手、城山、お経塚、ねね塚と首切り地蔵、新井川、一軒家、避病院、田中内匠の墓、妙見島、御手浜、四カ村落とし、万年屋の澪、伝次郎澪、丸浜養魚場、新浜鴨場、新田圦河、湊圦河、儀平新田、加藤新田、中江川跡、葛飾記、葛飾誌略、勝鹿図志手繰舟、行徳志、江戸名所図会、塩浜由緒書、塩浜由来書、すべては「徳」のために。

行徳金堤【ぎょうとくきんてい】鈴木金堤とも。新井村の名主鈴木清兵衛の俳号。天保七年（一八三六）正月七日没。墓は浄土宗仏法山法伝寺にあったが今は所在不明。文化一〇年（一八一三）『下総葛飾郡勝鹿図志手繰舟』二巻本を私家版で刊行。小林一茶の『七番日記』中に新井村の金堤宅に宿泊したことが記され、金堤が餞別に金一片を贈ったことなどが分かる。俳号の金堤とは、行徳塩浜では金銀と同価値を意味する堤防にちなんだもの。「勝鹿図志手繰舟」「小林一茶」の項参照。

行徳さま【ぎょうとくさま】行徳とは仏道修行により身に具わった徳のことをいう仏教用語。その昔、徳長たる山伏がこの地に住み諸人は「行徳」と呼んで信仰した。そのためにいつしか地名になったとされる。行徳さまを金海法印と同一視する説もある。「行徳」「金海法印」「万海」の項を参照。

行徳志【ぎょうとくし】著者不明。文化一二年（一八一五）刊行。翻刻・注解などの参考文献なし。『葛飾誌略』とほぼ同内容。東京の中央区立京橋図書館で写本の閲覧ができる。

行徳塩問屋【ぎょうとくしおどんや】行徳において古積塩（別項）の製造販売に従事した問屋。安政四年（一八五七）当時、小川久三郎、加藤惣右衛門、堀越市太郎、及川七右衛門、石井商店の五軒が下り塩仲買を兼ね、文久二年（一八六二）当時、伊勢屋孫左衛門、丸文屋嘉助、及川七右衛門、小田屋宗右衛門、渡邉源兵衛、石井八郎右衛門の六名、明治一四年（一八八一）、石井八郎兵衛、堀越保兵衛、小川久三郎、加藤惣右衛門の四名、同三一年（一八九八）には一名のみとなった。扱い塩は、直シ古積（下り塩を原料とする）、地古積（行徳塩を原料とする）、明作り（生塩）。明治一四年に以上四名は精塩社を結社し、古積塩結社協定書を作成して商標を定め精塩社が売買し現金取引。古積塩は蔵入れの高さ四尺五寸、日数五〇日以上経過したものでなければ販売せず、蔵入高五尺以上の場合は一尺毎に一〇日を加えることとし、日数の成否は専門の主任者がこれを検査し、俵に直シ古積、地古積の焼印を押した。「古積塩」の項を参照。

行徳塩の販売【ぎょうとくしおのはんばい】冥加年貢上納後の残余は、すべて笊《ざる》塩として江戸府内で行商により販売。下り塩に圧迫されてからは俵詰にして利根川を遡り関東奥地へ販売した。江戸へは笊入れにした塩を塩舟に積み棒手振（「ぼてふり」という、天秤棒使用）、塩棒手売などと呼ばれた振売商人が売り歩き、町々に塩市を立て、かよひ塩町（行徳からの通い）、おかつけ塩町（近在の帰り馬と交易）と唱えた。塩升は江戸初期より六升入りとされ、六升三合入り升を五分切として一桶六升に計算し、この桶九杯三斗入りを江戸笊と称した。運送業である船頭も江戸初期盛んに塩を直売した。享保一九年（一七三四）に「船頭」一六人とされる。幕府は食塩確保のため問屋を育成するため、塩の振売商人を一五歳以下、五〇歳以上、または非健常者に限るとしたが棒手振は続いた。享保九年（一七二四）江戸町奉行大岡越前守は地廻塩問屋四七軒を公認し、棒手振と船頭の直売を禁止した。船頭は仲買として発展し、棒手振は禁止にもかかわらず明治になっても続き、同三八年（一九〇五）行徳の者一〇〇〜一五〇人を数えた。江戸時代でも行商人は行徳の古積塩と偽り生塩（苦汁があり目減りする）を売り訴訟にもなっていた（『市川市史』「棒手売取締り議定に調印を拒み候に付訴状」)。行徳塩は下総国を旅する人々の土産物に上げられている(『続江戸砂子巻之二』)。行徳塩は真塩であり、しかも目減りのない古積塩で珍しかったからである。一等塩は一升で重量二四〇匁、以下五等塩一升二八〇匁までの五等級があった。明治(一八六八~)になり、行徳塩は維新前よりも盛んになり、東京への輸送も三~四割増加し、同二九~三一年までの一カ年平均で東京市内の日用塩の約五〇%、一五万一二〇〇俵(三斗入り)を供給した。なお、魚市場用に本斉田塩(二斗二升入り、一万四六八五俵)と行徳塩(一笊三斗入り、三八五〇笊)、醤油味噌用にドイツ塩(一八万二〇〇〇斤)と赤穂塩(三斗二升入り、一万七八七五俵)、沢庵奈漬用に赤穂塩(一〇万八七七三俵)と大塩(四万八九五三俵)、工業用に新斉田塩(二斗入り、一五万二八八五俵)を使用。「古積塩」の項を参照。

行徳塩浜に吹く風【ぎょうとくしおはまにふくかぜ】 船橋方面から吹く東風をコチ、大森方面から吹く風をニシ、オキからオカに向かって吹く南風をミナミ、オカからオキへ向かって吹く北風をナレー、ナレエ、ナレイ、ナライ、木更津方面から吹く南東の風をイナサ、富士山の方から吹く西よりの風をサガ、サガニシ、サニシ(南西の風)などと呼ぶ。春はコチが吹く。爽やかだが雨になりやすく海が荒れた。五月頃のイナサは暖かい空気を運んでくるが海が荒れ大波が打ちつけた。大風雨になることがあり塩浜に被害が出る。夏のミナミは吹き始めると風向きが変わらず吹き続けて海が荒れ、黒い雲が出てショウテとかシオテと呼ばれる突風と豪雨が降る。夏は夕方にカンダチが多く雷、雹、雨、突風がある。だからショウテ雲やカンダチ雲を見たらそれが自分の頭の上に来るまでに急いで塩田の始末をする。秋はニシが多く、朝に吹き始め、昼間に強く吹き、日が落ちると止むがニシのショウテは雲が速く恐ろしかった。サニシは大風になりやすく何日も吹き続けてシケになった。台風のときは初めはコチが吹き、イナサからミナミ、サニシに変わる。これは富士山附近を北東方向に北上する行徳塩浜にとって最悪のコースの時の風であり、塩浜の被害（津波、洪水）は大体この辺りまでに生じる。風がニシになれば安心となる。冬はナレーやニシが吹き、寒中に吹く南西の冷たい風をフジオロシという。行徳塩浜にとって総じて南よりの風は大敵で、北よりの風は塩浜に影響しなかった。『海とともに─浦安市漁撈習俗調査報告書』『行徳歴史街道』を参照。

行徳塩浜開発手当金【ぎょうとくしおはまかいはつてあてきん】徳川家康・秀忠・家光三代にわたって、行徳塩浜開発のために投資された合計六〇〇〇両の下賜金。慶長八年に将軍となった家康は慶長一三年（一六〇八）金三〇〇〇両を下賜、元和二年家康没、元和三年（一六一七）秀忠金二〇〇〇両を下賜、元和九年（一六二三）に将軍となった家光は寛永五年（一六二八）金一〇〇〇両を下賜。時期と金額については諸説があり、家康金一〇〇〇両、天正一九年（一五九一）、秀忠金三〇〇〇両、文禄四年（一五九五）、家光金二〇〇〇両、元和元年（一六一五）の説もあるが、家康健在の時期でかつ秀忠・家光の下賜は将軍になる前であることから疑問がある（『下総行徳塩業史』）。

行徳新田【ぎょうとくしんでん】現在の市川市本塩。旧東葛飾郡行徳町大字新田。のち本行徳塩焼町。享保元年（一七一六）に本行徳村の新田として分ける。ただし年貢は本行徳村の内。「本行徳」の項参照。

行徳水郷【ぎょうとくすいごう】区画整理が実施されるまでの行徳・南行徳の農村地帯のこと。水郷とは、水辺にある里、沼沢・河川の美によって有名な地。大正六年（一九一七）一月一日当時の旧東葛飾郡下町村の一反歩当たりの地価、〔田〕最高行徳六六円二八銭、最低千代田四円一五銭、平均三〇円八〇銭、〔畑〕最高南行徳二〇円二八銭、最低七福一円二銭、平均八円八六銭、〔塩田〕最高行徳一三円、最低行徳一〇円、平均一二円七銭。実際の売買価格は地価の五～一〇倍。大正八年（一九一九）の東葛飾郡中の米の反収は平均一石九斗三合（約四・八俵強）。昭和一〇年（一九三五）頃までの南行徳村は全戸中農家は六〇〇、田三〇〇町歩、畑三〇町歩、ハス田五〇町歩、海苔、魚貝採集の副業と行商、出稼ぎ多く耕地の約四〇％は他町村の所有。昭和一一年頃の行徳町の作付面積は、米五二二町歩、ハス二八町歩、ネギ三〇町歩。昭和二五年（一九五〇）のハス栽培面積、南行徳町七・七六町歩、栽培農家数三六戸、行徳町四・六七町歩、五三戸。蓮根田の著しい減少の原因は、戦後の食糧増産政策下で米の供出割り当てに応ずるために、水稲田への転換を余儀なくされたため。区画整理前の行徳水郷の風景はこの時代のもの。昭和四一年（一九六六）の調査では、ハスの値段は米に比べて安定しないが儲けが大きく労力がかからないこと、地盤沈下により米から転作したことを上げる農家が多かった。域内には塩田経営の名残の江川が縦横に無数にあり、農業用水路として真水の供給、物資運搬の水路として使用されていた。釣りの名所。

行徳中央公園【ぎょうとくちゅうおうこうえん】

市川市富浜三丁目一〇番。区画整理によってできた公園。誕生の森祈念植樹、プール、市営テニスコート、行徳土地区画整理組合記念碑（別項）などがある。

行徳七浜【ぎょうとくななはま】稲荷木・大和田・田尻・高谷・河原・妙典・本行徳の七カ村。永禄七年（一五六四）の第二次国府台合戦後、小金城主高城氏の所領に加えられた塩浜。北条氏滅亡まで小田原へ船で年貢塩を運んでいた。この七浜は高谷と妙典の間を海峡とし、河原・大和田を奥入りとする、内海を囲むように展開していたと想像される。高谷はその昔満潮時に周囲が汐入となる島状の土地だった。現在の寺町通と妙典の旧市街地の道路（成田街道という）は江戸川の自然堤防の一部であり（『市川市史』）、満潮時に高谷と妙典を結ぶ砂嘴を超えて海水が内海に入り、干潮時には干潟となって通行できたと考えられる。七カ村以外の塩浜は、江戸時代初期に徳川幕府によって開発された新開浜。

行徳の市【ぎょうとくのいち】三、八といって月の内、三、八、一三、一八、二三、二八日に本行徳二丁目から三丁目の圦《いり》の所まで（現行徳三丁目バス停）の行徳街道に立った市。八の日よりも三の日の方が商人《あきんど》が多かった。大晦日の市がもっとも盛大で一丁目から四丁目まで道の両側いっぱいに出店した。江戸時代からあったかどうかは不明だが、明治・大正時代を通じて開かれていて大正一〇年〜昭和二、三年（一九二七、二八）頃がもっとも盛んだった。自動車の通行が激しくなってから中止になった。行徳街道の両端に向かい合って露店が出た。出店場所はそれぞれ決まっていた。古着屋が一番多く、端切れ屋、桶屋、飴屋、南行徳から来た糝粉屋《しんこや》は色々な形に菓子を細工し、蜜や餡も入れてくれた。朝鮮飴売りはカタカタと箱を鳴らして歩いていた。よかよか飴屋は頭に飯台を乗せて周りに旗を立てていた。下駄の歯入れ屋もいた。鋸屋は鋸の目立てだけでなくバリカンやハサミも研いでくれた。箕《み》直し、笊《ざる》直しもいた。よかよか飴屋は旅芸人で夜になると若衆宿や年寄りの集まる家に行って国定忠治、鈴木主水、義士伝、佐倉義民伝などをやり五銭、一〇銭と投げ銭をもらった。宿は三丁目の安宿で八銭か一〇銭で泊まっていた。二丁目の裏と河原、湊の渡しから篠崎や葛西の人が市を見にきた。八〇〇人ほどいた本州製紙の従業員も買出しにきた。八幡の市ほどではなかったがとても盛大だった。

行徳の関【ぎょうとくのせき】佐原市の香取神宮の知行関。市川市関ケ島の地にあったとの説が有力。別に香取一丁目の香取神社《かんどりじんじゃ》付近との説もある。『香取文書《かとりもんじょ》』に三件見られる。一、藤氏長者宣寫「香取大禰宜神主両職・常陸下総両国海夫并戸崎・大堺・行徳等關務、可令知行者、長者宣如此悉之以状　應安五年（一三七二）十一月九日　左中辨在御判　香取長房館」二、室町将軍御教書寫「香取社大禰宜長房申條々　一戸崎關務事　一大堺關務事　一行徳關務事　以前條々、自關白家就被執申所有吹嘘也、神訴異其他、早嚴密可被遵行之状、依仰執達如件、應安五年十二月十四日　武蔵守在判　上椙兵部少輔入道殿」三、大中臣長房譲状「ゆずりあたうる志もつさのくにかんとりの御神領ならひに所職おなしき志りやう田畠等事（中略）一かさはやの志やうのうちとかさきならひに大さかへ、志もかわへのうちひこなのせきつるかそねのせき、きやうとくのせき、合五ケせきの事（中略）しとく四年（一三八七）五月一日　香取大禰宜兼大宮司大中臣長房（花押）」

行徳の大火【ぎょうとくのたいか】明和六年（一七六九）二月一六日と明治一四年（一八八一）四月三日の二回の火災をいう。明和六年の大火は出火元が四丁目だったことから四丁目火事ともいう。旧暦二月一六日は新暦の三月中旬で、行徳街道沿いの本行徳の町並み東西一一〇間（約二〇〇m）、南北三九四間（約七一七m）家数三〇〇余軒（文化一〇年当時、一八一〇年）と下新宿村と川原村の表通りまでを焼失し、罹災棟数およそ三〇〇軒とされる大火（『葛飾誌略』）。神明宮は焼け残った。この大火後、村人は『塩浜由緒書』（別項）を提出して年貢減免が許された。明治一四年の大火は新暦四月三日午前三時ごろ、四丁目の新河岸に停泊中の蒸気船から出火、一丁目まで焼いて鎮火。ただし、行徳新田（本行徳塩焼町、現在の本塩）に飛び火して大半を焼失。『市川市史年表』では二七〇余戸焼失とされ、別に三〇〇戸以上との説もある。このときも神明宮は火災を免れた。大火の特徴は江戸川沿いに南西から北東方向に展開する本行徳の町並みが三月に発生する春一番などの南西の強風に煽られて被害が広がったこと。現在でも要注意の風向き。

行徳の堤防【ぎょうとくのていぼう】文化四年（一八〇七）勘定役中川瀬平が新井村から二俣村まで築いた塩浜海面囲堤は、長さ六八七四間（約一万二五一〇m）。文化九年（一八一二）代官竹植（垣）庄蔵は支配一九塩浜村地先およそ六〇〇〇間（約一万九二〇m）の塩浜堤を石垣で築き直すことを計画、本行徳村地先に五五〇間（約一〇〇〇m）を築いて頓挫。これらのことから、猫実村神明下から西海神村まではおよそ一〇〜一二㎞ほどの海岸堤防（潮除堤）が半腸の如く築かれていたと推定される。文化七年(一八一〇)当時の江戸川堤防の長さ、浦安の堀江村から関ケ島村まで三五五七間（約六四七三m)、下新宿村から川原村まで六〇〇間(約一〇九二m)、本行徳村は天明六年（一七八六）で居村下が三八八間(約七〇六m)、自性院下三八間(約六九m)。合計四五八三間（約八三四一m)。現在の旧江戸川堤防はおよそ一〇km超。平成七年（一九九五）の阪神淡路大震災を契機に旧江戸側堤防の耐震診断が実施され、浦安市のディズニーランド上流の見明川から上流へ七六七〇mの区間の耐震補強工事が必要とされ平成一三年現在、下流部の浦安市から高潮対策事業として耐震補強工事が実施されている。

行徳海苔【ぎょうとくのり】南行徳村初代村長川合七左衛門により明治三〇年以後海苔養殖の技術導入が図られ、明治三三年（一九〇〇）一二月、養殖に成功。明治三五年、行徳漁業組合、同三六年、南行徳漁業協同組合設立。明治四二年（一九〇九）一二月、南行徳漁業協同組合は浦安、船橋両漁業協同組合から七万坪の漁区を借受け、そのうちの三万坪で海苔養殖を始め今日に至る。昭和四六年（一九七一）浦安漁民一七〇〇名漁業権全面放棄、漁業協同組合解散。現在の海苔養殖は行徳・南行徳・船橋の漁民によって三番瀬で行われている。「南行徳浦・行徳浦両漁業組合へ漁場貸付契約書」の項を参照。

行徳南部公園【ぎょうとくなんぶこうえん】市川市幸二丁目四番。区画整理によってできた公園。広場、グラウンド、築山、行徳南部土地区画整理組合記念碑（別項）などがある。

行徳の花火【ぎょうとくのはなび】湊新田一丁目一一番の胡録神社の祭礼（七月一四日）に打ち上げた花火。住宅などが密集したため行徳駅前公園に移して実施していたが、近年は神事としての白煙玉を朝のうちに打ち上げるのみとし、花火は打ち上げられなくなった。胡録神社の土地は干潟に浮かぶ島だったため、行徳船津へ出入する船の航行の目標にされ、白煙玉は出入港の合図だったとされる。元禄（一六八八～）時代に潮除堤の一部になり、さらに享保（一七一六～）の時代には内陸になったので白煙玉は神事とされて伝承、それに花火が加わって村の祭りになった。『行徳郷土史事典』『行徳歴史街道』参照。

行徳の宿屋【ぎょうとくのやどや】江戸時代、行徳には一二軒の宿が許可され新河岸の南側に軒を連ねていた。大坂屋、亀屋、小松屋、信楽《しからき》、山田屋、角伊勢、銚子屋、桜屋、若松屋、松坂屋、淡雪、鹿島屋という。亀屋は僧侶宿で山口屋（山田屋か）は木賃宿、大坂屋は釣道具を預かり弁当の世話をする宿とある（『葛飾誌略』）。信楽に円山応挙が泊まった折に幽霊の図を描く。信楽が手放し、今徳願寺にあるものがその図とされる。

行徳橋【ぎょうとくばし】初代の橋は、大正一一年（一九二二）三月一八日に開橋祝賀式挙行、木橋。二代目の橋は、昭和三二年（一九五七）三月、可動堰とともに竣工、長さ四二〇m、幅五mの県道橋。平成一六年（二〇〇四）現在橋の架け替え計画がある。

行徳橋南詰め交番【ぎょうとくばしみなみづめこうばん】市川市河原四番の北側角。昭和三一年（一九五六）六月一日開設。この月に現在の行徳橋が完成し、可動堰の竣工と合わせて翌三二年三月、完成祝賀式を実施。この開通とともに交番が設置され現在に至る。

行徳札所【ぎょうとくふだしょ】札所とは三十

三カ所、または八十八ヶ所の霊場、巡拝者が参詣のしるしとして札を納める寺堂をいう。行徳札所は元禄三年（一六九〇）、行徳船津が新河岸に移されたのを機に徳願寺十世覚誉上人の奔走により実現、覚誉上人は三十三体の観音像を刻み諸寺へ納めた。のち長く中断していたが昭和五九年（一九八四）行徳郷土文化懇話会により復活、毎年四～五月に札所巡りを実施。三十三カ所の札所については「行徳・浦安三十三カ所観音霊場札所」の項を参照。

行徳船【ぎょうとくぶね】本行徳船津（のちに新河岸）から江戸日本橋小網町三丁目の行徳河岸までを往復した渡し船。客船。長渡し船（別項）。船頭一人の手漕ぎの船。七～二四人乗り。運行時間は午前六時から午後六時まで、三里八丁（一二・六㎞）の所要時間は約三～六時間、途中での乗り降り不可。他の一般の仕立て船、貨物船などは船奉行の極印を打ち税金を払わなければならないが、行徳船は極印は打ったが非課税。寛永九年（一六三二）関東郡代伊奈半十郎許可の独占航路権のもと、当初は一六艘、寛文一一年（一六七一）五三艘、嘉永年間（一八四八～一八五三）六二艘、明治一二年（一八七九）廃止。幕府公認の役船であり幕府御用の役人、大名諸侯らを輸送し、行徳川を通行する一般の船を監視する役目もあって番船《ばんぶね》（別項）とも称す。江戸川から中川へ常に水の流れがあり江戸からの船は陸から綱で引き船（手間賃当初一〇〇文、のち一二四文）をすることが多かった。川船である茶船（別項）が使われ、長さ二間二尺五寸、二間三尺五寸、二間五尺五寸、三間一尺五寸、三間三尺五寸、三間五尺五寸、四間一尺五寸、四間三尺五寸、五間五寸の九種類の大きさがあった。船代は、文化七年（一八一〇）では借切二五〇文、表給（表借切）一七二文、乗合一人につき二五文、艫借（友借）一二四文だった。なお、貨物船についてでは行徳からは小田原河岸に着け一艘三五〇文だったが生物《なまもの》は一艘七駄（一駄は約一五〇kgで七駄は約一トン）まで乗せた。河岸上げに一〇〇文、船頭に一〇八文、上げ銭として一一文、問屋銭として二九文が別にかかった。行徳での貨物船の船着場は祭礼河岸と呼ばれた行徳河岸だった。『行徳郷土史事典』を参照。

行徳船津【ぎょうとくふなづ】客船である行徳船が発着した河岸をいう。貨物船は祭礼河岸といわれた行徳河岸に着いたがいつからか行徳船が着く船津を行徳河岸と呼ぶようになった。江戸川が現在の流れに変更された寛永二年（一六二五）頃までに新規に設置されたと考えられ、海側の徳蔵寺裏手（関ケ島七番）から教信寺裏手の内匠堀跡の道路までの間にあったと推定される（『川と村と人』）。元禄三年（一六九〇）に江戸川筋に移されて新河岸と称される。本行徳三四番・三五番、関ケ島一番の一部を含む一帯。旅人改番所（別項）あり。文化九年（一八一二）常夜灯（別項）設置。「行徳河岸」「祭礼河岸」「日本橋小網町三丁目行徳河岸」の項を参照。

行徳まつり【ぎょうとくまつり】平成一六年（二〇〇四）一一月一四日、市川法人会青年部、青年会議所、青少年相談員、地元青年有志などで作る第一回行徳まつり実行委員会（青山純一実行委員長）主催の第一回行徳まつりが市川市立第七中学校校庭と行徳文化ホールi&iを中心に開催され約三万人が訪れ、模擬店、フリーマーケット、ステージショウ、行徳神輿、パトカー・白バイ展示、防犯フェスタなど多彩な催しを楽しんだ。

行徳道【ぎょうとくみち】 本行徳の地に向かう道。その一、利根川縁の木下から本行徳へ向かう旅人は木下街道を行徳道と呼んだ。国道一四号線までの道。「木下街道」「なま道」の項を参照。その二、浅草を起点とし隅田川を渡って直進し、平井の渡しで中川を渡って道なりに進み東小松川村、西一之江村、東一之江村を経て今井の渡しに達する直線道路を行徳道という。江戸時代以前よりあった道。都営地下鉄新宿線一之江駅から北方約一㎞、行徳道から北東へ最短距離約五〇〇mの地点に一之江天神山貝塚(現、一之江二丁目)がある。今井から浅草に向かう旅人は浅草道といった。今は途中に一之江駅があり今井街道の表示板がある。その三、小名木川沿岸から小名木村、中川渡船、船堀、二之江、今井渡船の道(『下総行徳塩業史』)。慶長一六年(一六一一)伊奈備前守奉り指揮。古くはこの街道を利用。

行徳領【ぎょうとくりょう】『市川市史』には行徳領の範囲についての記載はないが『葛飾誌略』(文化七年、一八一〇)によれば、およそ四〇余カ村で高およそ一万石余、塩浜反別およそ二〇〇町六反四畝七歩とし、次の村名をあげている。堀江・猫実・当代島・新井・欠真間・湊新田・湊・押切・伊勢宿・関ケ島・本行徳・新宿・川原・大和田・稲荷木・下妙典・上妙典・田尻・高谷・原木・二俣・西海神・船橋海神・九日市・五日市・漁師町・山野・印内・本郷・寺内・二子・小栗原・北方・中沢・八幡・平田・宮久保・曽谷・須和田・大野・市川村の四一カ村。栗原領として古作村、小金領として中山・高石神・鬼越・古八幡・菅野・貝塚・高塚・大町村の八カ村、総寧寺御朱印地として国府台村をあげる。なお、「安政三年(一八五六)六月、御代官竹垣三右衛門様御支配所下総国小金領村々高調帳」(『船橋市史』)によれば、右行徳領とされた村々のうち、小栗原・宮久保・曽谷・須和田村の四カ村が小金領とされている。

行徳領塩浜増築計画【ぎょうとくりょうしおはまぞうちくけいかく】 代官小宮山杢之進が享保一一年(一七二六)将軍吉宗に上申したもの。吉宗は朱印状を下付して堤防普請を幕府の定式御普請と定める。「享保一一年徳川八代吉宗将軍小金原牧狩の節、代官小宮山杢之進より塩浜増築計画を上申す、将軍はなはだ喜悦、神祖殖産の農政の遺伝を感じ、且つ本地は江戸府内緊要の地なりとし内洋開拓の念慮を起し、海面囲堤官定式普請と定め、将軍の意旨を以て朱印を下付し、大いに規画する所あらんとす」(『下総行徳塩業史』)。上申書は現存しない。「小宮山杢之進」の項を参照。

行徳領塩浜の由緒【ぎょうとくりょうしおはまのゆいしょ】『下総行徳塩業史』によれば、「家康、秀忠、家光三代にわたる全面的保護によって、ともかくもその基礎を確立することが出来た行徳塩田は、早くから冥加年貢として幕府に日々日用塩を納入した。『……冥加年貢として、城内本丸御数奇屋へ毎日一石の日用塩を笊入れにして納め、この一石のうち一斗を冥加年貢とし、残余の九斗は代価をもって、毎月勘定奉行より下付せられたるを、行徳領塩浜の由緒なりとす』(「改造古積塩の起源沿革成績書」)」とされる。「冥加年貢」の項を参照。

行徳歴史街道【ぎょうとくれきしかいどう】 鈴木和明著。二〇〇四年七月一五日刊行。資料として、「村方文書、本行徳村明細帳(天明六年)」(『市川市史』)を収録。行徳塩浜関連年表を掲載。項目は、行徳街道、新井今昔、今井橋と相之川、祭礼河岸と江戸の釣り客、記念碑と区画整理、洪水と行徳町、行徳塩浜今昔、行徳の駅と地名、山本周五郎と江戸川、行徳堤防の歴史、忠臣蔵と行徳塩、日露戦争と行徳海苔、本行徳村明細帳、行徳塩浜関連年表。

居村【きょそん】いむら。自分の居住している村。

金海法印【きんかいほういん】金海法印の名の初見は『葛飾誌略』。行徳へ出羽国金海法印という者が来て、天文一一年（一五四二）羽黒法漸寺末の行徳山金剛院を建立、御行屋敷という、とする。元禄三年（一六九〇）行徳札所設置の際第二番札所となるが、享保（一七一六～三五）年中に廃寺。『葛飾記』では、「総て行徳と名付けること、本行徳金剛院の開山行人よりして起こる、これも右のごとく昔の大船の地なることを惜しみての行者なるべし」とあり、文脈から行者は金海法印と思われるがその名はない。出羽国はもと東北地方の一国、今の山形・秋田両県の大部分。月山・羽黒山・湯殿山を出羽三山といい、修験道を中心とする信仰の山で羽黒山山頂に出羽神社がある。『葛飾誌略』は、「行徳という地名はその昔、徳長ける山伏この所に住す、諸人信仰し行徳といいしより、いつとなく郷名となれり」とする。ただし「行徳」といわれた「山伏」が出羽国から来たとはしていない。したがって『葛飾記』のいう「開山行人」は「金海法印」とは別の系統の人々とも考えられる。「万海」「行徳様」「行徳」の項参照。

禁忌【きんき】日時、方位、行為、言葉などについて障りあるもの、忌むべきものとして禁ずること。また、そのもの。行徳に入植、定着した里見系の家には禁忌野菜があった。「さや物」野菜は刀の鞘に通ずるとして作らなかった。八月一五日はススキや成り物を供えても決して月見団子は作らず、月見の行事はほとんどの家がしていなかった。千葉県唯一の戦国大名だった里見家は慶長一九年（一六一四）舅の大久保相模守忠隣の謀判事件に里見忠義が連座して伯耆の倉吉へ転封され、元和八年（一六二二）六月一九日没し、同年八月一九日、忠義の叔父正木時堯没す。そのため里見の遺臣は月見をしなかった。また、月見は国府台合戦のとき北条方に十五夜の晩に夜討ちをかけられて負けたからやらないのだともいう。里見の旧臣は欠真間、新井地域に多く住み塩浜開拓に働いたが墓所は先に入植して北条氏の旧臣が開山した源心寺にするしかなかった。「源心寺とは仇同士で死者を葬って貰っている」という里見系の古老の話もある。

金納【きんのう】租税、小作料などを金銭で納めること。行徳塩浜の塩浜年貢永は寛永六年（一六二九）の検地からは五分の四が金納、五分の一が正塩納（塩で物納）、元禄一五年（一七〇二）の検地からは四分の三を金納、四分の一を正塩納とされた。「塩浜年貢」の項参照。明治政府は明治六年（一八七三）七月、地租改正条例を発布し塩田に一般田畑と同じく地価を標準とする反当たりの地租を定めて課税した。

く

空襲被害調査【くうしゅうひがいちょうさ】昭和一九年（一九四四）一二月一五日夜間、南方海上から敵一機が侵入し、行徳町上空で多数の油脂焼夷弾を投下、火災が発生した。行徳地区警防団・隣組が初期消火にあたった。本行徳と塩焼町の被害は次の通り。《被害現場》勝田義比古氏所有物置に焼夷弾が落ち全焼。高田武雄方住宅中央座敷に焼夷弾が落下、直ちに庭先へ投げ出し事なきを得たが隣家勝田方物置からの延焼により台所を焼失。武内藤吉方の住居裏手の押入れに着弾、初期消火により鎮火したが物置にも被弾し発見が遅れ発火し半焼。中島勢一方木造倉庫に焼夷弾が落ち内部から燃え上がり戸締りが固く消火作業意に任せず遂に在庫品と共に全焼。平野春吉方二階建て住宅に被弾、一階に突き抜けたものは処置したが二階座敷は遂に火災となり二階部分を焼失。稲村徳三郎方は留守だったが命中弾があり住居・家財ともども全焼。田中堅蔵方の納屋に被弾、中にあった供出米二五俵と農具を焼失し納屋は半焼。平野浦蔵方の屋内と物置に着弾、主人は不在で防空壕に夫人と子ども四人がいて夫人はムシロに水をかけ屋内に落下した焼夷弾を叩き消したが物置を全焼、夫人は右足に火傷を負った。この他数十カ所に焼夷弾が着弾したが初期防火が成功し、不発弾も多数発見された（『市川市史』）。

区画整理【くかくせいり】 区画整理法に基づいて都市計画を立て土地の区画や道路などを改めて良好な住環境を作り出すこと。これに比し、良好な農地に整備することを耕地整理という。行徳、南行徳地域には八つの区画整理組合が設立され、昭和四〇〜五〇年代に実施、妙典を最後に平成一二年（二〇〇〇）に終り、合計五九九万九〇〇二㎡の区画整理を完了。詳細は「区画整理組合記念碑文」の項、『行徳郷土史事典』『行徳歴史街道』を参照。

苦汁【くじゅう】「にがり」の項を参照。

下り塩【くだりしお】 大阪から運ばれてくる十州塩（瀬戸内産、特に赤穂・才田塩）をいう。差塩（別項）。三斗入り。承応年間（一六五二〜五四）に江戸へ入った塩船二五〇〜三〇〇艘、約五〇万俵。享保一一年（一七二六）一六七万八八〇俵、江戸末期には三三〇艘、二一〇万俵。行徳塩は四万石、八〇〇〇俵であり、江戸市場を追われ、江戸川から利根川を遡り販売したが江戸市中の日用塩については供給した。下り塩は、日本橋の北新堀にある廻船下り塩問屋が取り仕切り、二一軒の仲買問屋と廻船の船頭と商談が成立すると、荷受後に問屋は口銭を差し引いて代金を渡す。多量の塩俵を蔵に保管したのは下り塩仲買で、南新堀・北新堀・小網・箱崎・南茅場町などの河岸に集中し、小売り人に売りさばいた。「赤穂塩」「古積塩」の項を参照。

下り塩問屋【くだりしおどんや】瀬戸内で生産された塩を江戸で荷受し保管する塩問屋。廻船問屋を兼ね、廻船下り塩問屋と称す。仲買に下ろすときの口銭が収入になる。四軒に限定。江戸初期は近藤、銭や、阿波や、三原屋で、文政二年（一八一九）では松本屋重三郎、長島屋松之助、渡辺屋熊次郎、秋田屋新助。寛永（一六二四〜四三）の頃に廻船問屋（当時五〇余人）が始まり、菱垣廻船問屋三名（大阪地方の仕立）、樽廻船問屋三名（大阪、池田、伊丹の仕立）、塩廻船問屋四名（赤穂、才田の仕立）、廻船問屋の四組に分ける。塩廻船問屋四名は特に廻船下り塩問屋と称し、尋常の廻船問屋と異なり塩問屋を兼業した。仲買八〇人余を持ち売り子（小売商人）に下ろした。

軍用第一【ぐんようだいいち】徳川幕府による行徳塩浜の位置付け。「権現様関八州御領地にまかり成り、東金へ御鷹野に成され候節、行徳領通行のみぎり塩焼候を御覧遊ばされ、はなはだ御悦喜遊ばされ、塩の儀は御軍用第一の事、御領地一番の宝と思し召され候」（『塩浜由緒書』）。

け

京成電車【けいせいでんしゃ】明治四二年（一九〇九）六月三〇日、京成電気軌道㈱発足、大正元年（一九一二）一一月三日、押上―江戸川間と支線の柴又間開業、同二年一〇月、柴又―金町間開通、同三年八月、江戸川―市川新田（現市川真間駅付近）間完成、同四年一一月、市川新田―中山間、同五年十二月、中山―船橋、同一〇年七月、船橋―千葉、同一五年、千葉―成田間営業開始。成田山参詣客を中核にした旅客輸送。市川では梅、桃、梨の花見客で賑わった。

慶長大地震【けいちょうだいじしん】慶長九年（一六〇四）一二月一六日（新暦二月三日）二回発生。午前の震源は南海道沖で、房総海岸は一里余も海水が引く。夜半の震源は房総沖で、房総沖合いがすさまじく鳴動して津波発生、房総丘陵の小山の中腹まで浸水。安房、上総、下総の沿岸四五カ村の漁家村民ことごとく押し流された。全国の死者約五〇〇〇人。マグニチュード七・九。津波三ｍ。堀江、猫実、当代島、新井、欠真間、湊周辺が隆起と推定。

元禄大地震【げんろくだいじしん】元禄一六年（一七〇三）一一月二三日（新暦一二月三一日）午前零時～二時頃に発生、千葉県野島崎沖三〇km（東経一三九・八度、北緯三四・七度）を震源としマグニチュード八・二。相模、伊豆、武蔵、安房、上総沿岸、波高四～八ｍの大津波により潰家二万軒、死者五二三三人。行徳塩浜は、地形ゆりくだけ、大津波、塩浜海面潮除堤崩れ荒浜となる（『塩浜由来書』）。東葛西領下平井村の堤は六〇〇間（一〇九二ｍ）にわたり沈下した。津波は三回あり、波高は江戸霊岸島、品川ともに二m、行徳も同様と推定される。現在の千葉県中南部から東京都東部（以上の範囲に行徳が含まれる）、神奈川県全域にかけて震度六を超し、御宿、湘南地域は震度七と推定。「御採浦」の項を参照。

こ

庚午年籍【こうごねんじゃく】 わが国最初の全国的な戸籍。天智天皇九年（六七〇）に造られ干支に因んで庚午年とされた。

庚申塔【こうしんとう】 庚申は干支の一。かのえさる。六〇日、六〇カ月、六〇年ごとにまわる。平安時代に中国から伝わり江戸時代が盛期。青面金剛像を刻んだものが多く、猿田彦大神、大日、阿弥陀その他があり江戸時代後期には文字だけのものが多くなる。板碑型、光背型、駒型、笠付型、自然石型などがある。ほとんどに「庚申」の文字があり日待、月待がある。行徳地域では、河原の春日神社、養福院、本行徳の神明社、豊受神社、押切のおかね塚、湊新田の胡録神社、湊の法伝寺、香取の香取神社、新井の新井寺、延命寺にある。六〇日目ごとにまわってくる庚申の夜、天帝の使いが天にのぼり人間の悪行を報告すると命が縮められるという道教の教えから、その夜は眠らず徹夜して言行を慎み健康長寿を祈念する信仰を庚申待という。転じて、室町時代には庚申待をする講が結ばれ、村の講中の者が徹夜で酒食をとることから村民の連帯につながった。月待講の供養塔造立が始まり。像の上部に日月、中央に青面金剛像など、右に造立目的、左に造立年月日、下部ににわとり、足で踏みつけているものは邪鬼、その下が見ざる、聞かざる、言わざるの三猿、最下部に造立者名などを刻むものが多いが文字だけのものもある。青面金剛神は病魔・悪鬼を払う神とされ、神使は猿で三猿を彫るのは謹慎態度を示すため。

公訴貝猟願成の塔【こうそかいりょうねがいなりのとう】浦安市の花蔵院にある。江戸時代中期、浦安漁民が船橋漁民と争って三番瀬漁場の入会権を獲得した記念碑。行徳も無関係ではない。《墓石》正面「権大僧都法印宥賢各霸」「准海□成信士」「慈眠恵成信士」右「華蔵院法流第六世俗名善三郎、長兵衛、長三郎」左「千時天明八戊申月日」「公訴貝猟願成塔」「明治廿二年十二月再刻之」下「施主　村中」。《説明板》「天明のはじめ船橋村の漁民は三番瀬（蛎内）は船橋村一帯の漁場であると代官所に訴え出た。これに対し堀江、猫実両村は三番瀬は他の村と両村の入会漁場であると主張して譲らず紛争が続き天明二年（一七八二）遂には評定所にまでおよぶ大事件になった。そこで堀江、猫実村では村民一体となって訴訟に勝つべく決意を固め、花蔵院住職権大僧都法印宥賢を中心に日夜その対策に苦慮したが適当な解決策がなく困っていた。当時、猫実村に長三郎、長兵衛、善三郎という三人の友達がいた。長三郎は難局を打開すべく単身代官所に乗り込み代官と交渉しようとしたが失敗、役人に捕えられ天明二年九月二日獄死した。友の死を知った長兵衛は幕府に直訴しようと江戸に上り老中田沼主殿頭に駕籠訴えをしたがその場で捕えられ投獄されたがその後釈放され迎えの船で帰る途中小名木川付近で突然血を吐き悲壮な最期を遂げた。次々と友を失った善三郎はこの上は神仏の力を借りるほかに方法はないと日頃信仰している成田の不動様に二十一日間の願をかけた。天明三年三月四日、善三郎はいつものように不動様に参拝し大雪の中を帰りはじめたが吹雪はますます激しくなり原木村付近に指しかかったとき、さしも剛毅な善三郎も気力が尽き果てその場に凍死してしまった。犠牲者が出ると漁民はますます結束し入会権獲得の悲願を果たすべく訴訟を続けた。この訴訟は足かけ七年にわたって続けられたが漁民の団結が功を奏し天明八年（一七八八）遂に入会権を獲得することができた。この石塔は漁民の幸せを願い村の発展に準じた三義人の冥福を祈りその業績を永く後世に伝えると共に公訴の勝利を記念すべく村人の浄財によって建立されたものである。平成二年（一九九〇）三月浦安市教育委員会」。

国府台合戦【こうのだいかっせん】小田原北条氏と里見氏との間で戦われた二度にわたる合戦。第一次国府台合戦は天文七年（一五三八）一〇月七日に行われ、北条氏綱が足利義明・里見義尭を破る。このとき、遠山丹波守直景は右翼に陣し、狩野氏は左翼に陣取った。狩野氏とは八王子城で討死した狩野一庵の一族であろう。一庵の息子が行徳へ来て内匠堀を開削したとされる浄天である。第二次国府台合戦は永禄七年（一五六四）一月七日と八日に戦われ、北条氏康・氏政は里見義弘を破る。『葛飾誌略』には『古戦記三考』に曰くとして「氏康軍議して（中略）ここに江戸の遠山丹波守直景・葛西の富永次郎左衛門政家は（中略）在り合ふ人数を引率し、遠山直景は行徳を押して行く。富永政家は小松川川辺まで駆け出でたり」とある。遠山・富永両大将は討死している。なお『関八州古戦録』（巻之六中）に「執物モ取敢ス在リ合フ人数ヲ打振テ、遠山ハ行徳筋、富永ハ小松川邊へ馳出ケルカ」とある。第二次国府台合戦は永禄六年（一五六三）正月と翌七年にわたって戦われ、遠山丹波守の討死は永禄六年正月の戦いである。

古検【こけん】寛永六年（一六二九）関東郡代伊奈半十郎忠治によって実施された行徳塩浜の検地をいう。このときは塩浜反別は確定せず塩浜年貢永のみ横折帳をもって書付け、年貢塩（正塩）は年貢永の五分の一納め、永一貫文につき塩四俵ずつを納め、五分の四は金納だった。寛永六年の行徳塩浜一六カ村の塩浜年貢永は合計六〇四貫八六七文で二四一九俵を正塩納めとした。各村の年貢永の内訳は本行徳村一七二貫九二一文、上下妙典村一二五貫三九二文、高谷村五三貫五八五文、欠真間村五二貫八九四文で四カ村だけで全体の六六・九％になる。その他は湊村三八貫三一七文、田尻村三四貫九八九文、押切村二九貫四〇〇文、河原村二〇貫六七七文、新井村一七貫六三一文、稲荷木村一六貫一九〇文、伊勢宿村一五貫五七〇文、関ケ島村一四貫一一五文、大和田村五貫七六四文、当代島村三貫八五〇文、前野村二貫二七一文、下新宿村一貫三〇一文。古検の節は原木村・二俣村は私領につき検地に含まれず、元禄一五年（一七〇二）の検地から課税。また、以前から塩を焼いていた堀江・猫実・二子・本郷・印内・寺内・山野・西海神の八カ村は荒浜になったとして塩浜永納免除とされた。

小作人【こさくにん】行徳では地主から土地を借り、小作料を払ってその土地で自ら塩焼きをした人をいう。田畑の小作兼営が多い。昭和四年（一九二九）に製塩が禁止されてからは農業小作人。幕末以来の塩田経営者の集中によって増加。明治以後開発された船橋以東の大規模塩田に多い。明治二四年（一八九一）の調査では小作人と地主の関係は、一、塩田一反歩につき小作料一カ年金五～一〇円、二、製塩産出高一割～一割六分を地主に支払う契約の二つ。釜屋は地主の貸与と小作人所有（地主所有多い）とあり、地主貸与は賃借料一カ年七～一〇円、修繕費は小作人持ち、製塩器具・器械は小作人が全部負担、小作料は年の豊凶、塩価の高低に関係なしとされた。塩浜囲堤破損については、大破でない限りは小作人が各自受け持ち場面を定めて、一坪五〇銭ずつの割合で費用負担をして修繕したが、小作人の経営を圧迫する原因であり地主との紛争が絶えなかった。また、燃料仕入れ資金を地主から借用し年一割二分で半年～二年で返済。昭和二一年（一九四六）一〇月二一日、自作農創設特別措置法公布、翌年から農地改革が実施され、小作人に小作地が譲渡され今日に至る。「塩垂百姓」の項を参照。

戸数千軒寺百軒【こすうせんけんてらひゃくけん】物事を誇張して例える言葉の一。行徳は江戸時代寺が多く戸数千軒寺百軒と呼ばれた地域。「行徳」は広大で行徳札所三十三カ所巡りも行われていた。なかでも本行徳は「行徳の母郷」とされ廃寺を含めて一九カ寺があった（「行徳・浦安三十三カ所観音霊場札所」の項参照）。『葛飾誌略』によれば、文化七年（一八一〇）当時の本行徳村は、家数三〇〇軒余、町並み、南北三九四間（約七一七m）、東西一一〇間（約二〇〇m）平均とされ、この狭い地域に一九カ寺もあり豊かな土地柄だったことがうかがえる。

コチ【こち】東風。「行徳塩浜に吹く風」の項を参照。

五智如来【ごちにょらい】密教で五智の各々を成就した五如来。金剛界五仏では大日（法界体性智―統合された智恵、他の四智として現われる）、阿閦（大円鏡智―現実世界の全てのものを映し出す智恵)、宝生(平等性智―現実世界の全てのものが平等であることを知る智恵)、阿弥陀(妙観察智―現実世界の全てのものを正しく見極める智恵)、不空成就(成所作智―現実世界の全てのものを活性化する智恵)の総称。胎蔵界五仏は大日如来を中心に宝幢如来(東)、開敷華王如来(南)、無量寿如来(西)、天鼓雷音如来(北)となる。金剛界大日如来は胸のところで智拳印(大衆を仏に組み込みその悩みを悟りに転じる有様)を結ぶ。胎蔵界大日如来は法界定印(膝の上で手のひらを上にして印を結ぶ。悟りの境地を示す)を結ぶ。縁者諸霊の供養のため石像を建立することがある。大日を中心に配置する。湊の善照寺の五智如来は当寺を寄進した青山四郎兵衛正貞の子息四郎兵衛吉貞により、万治元年(一六五八)二月一五日建立。向かって右から阿閦如来(東)、宝生如来(南)大日如来(中心)、阿弥陀如来(西)、不空成就如来(北)とされる。善照寺の五智如来像の先端が欠けているのは、賭博をするとき像のかけらを持っていると縁起がよい、とする迷信があったためという。『図説歴史散歩事典』(山川出版社)を参照。

御入用御普請【ごにゅうようごぶしん】 公儀御普請。徳川幕府が郷村の自普請のみではできない箇所を公費をもって経営する普請。当初は町人などの請負工事、享保(一七一六~)頃から関係する郷村の請負とされ、名主、年寄り(組頭)、百姓など村役人の監督に任せた。費用は全額公費の場合と一部を村方に負担させる場合とあった。「御普請」「自普請」の項、「行徳歴史年表」を参照。

五人組【ごにんぐみ】 江戸幕府がはじめは直轄領に、のちに全国の村々の百姓・町々の地主・家主に命じて作らせたもの。近隣の五戸を一組とし、火災・盗賊・浮浪人・キリシタン衆徒などの取締り、農地の耕作、行路死亡人の取扱い、火事喧嘩の際の処置、博打の禁止、犯罪人の摘発、使用人の召抱え、また婚姻・相続出願・貸借などの立会と連印の義務、納税・犯罪の連帯責任を負わせた。名主は五人組仕置帳という五人組の定めを書いたものを毎年二冊作り、仕置帳の末尾の各人の名前の下に印形を取り、そこへ名主、年寄り、百姓代が記名連印して代官所へ届け、一冊は名主が保管していた。名主は毎年仕置帳を村内の者に読み聞かせてその必要性を説き、これを守るように誓わせた。組員の中から組頭(村役人の組頭とは別)を選び代表とした。組頭は名主からの文書を組員に伝達した。

小林一茶【こばやしいっさ】 宝暦一三年～文政一〇年（一七六三～一八二七)。江戸後期の俳人。別号、俳諧寺。信濃柏原出身。一五歳で江戸へ出て、俳諧は二六庵竹阿に師事。句に俗語、方言を取り入れる。主観的、個性的な句は不幸な経歴からにじみ出たものとされる。郷里で逆境のうちに六五歳で没。著書『おらが春』『父の終焉日記』『七番日記』『我春集』など。行徳との関わりは、新井村名主鈴木清兵衛と交友し『七番日記』に記載がある。文化一二年（一八一五）一〇月四日曇り、新井村名主宅へ来てその日のうちに高谷村へ行く。同一三年一二月四日晴れ、新井村名主宅で一泊、翌日茨城県北相馬郡守屋町高野へ行く。清兵衛は餞別に金一片を贈る。清兵衛の俳号は金堤という。「行徳金堤」の項参照。

古浜【こはま】 五〇～六〇年使用して塩つきが悪くなった塩田をいう。地盤が凝固し、潮水の吸い上げが悪く、天気快晴の場合でも塩の結晶が砂につくのは午後二時頃になる。よって三～

五年ごとに塩田地盤を五～六寸ほど掘り返す。古浜の前面には新浜を開く。古浜としておよそ一〇～二〇年使用。「塩田は土に帰る」という言葉がある。また、江戸時代後期、行徳領のうち本行徳・河原・下新宿・新井・欠真間・湊・湊新田・押切・伊勢宿・関ケ島・上妙典・下妙典・高谷・田尻・原木・二俣の一六カ村を船橋、西海神の塩浜に対して古浜一六カ村という。これらの村々は新開当時自普請で拓かれても、その後は御入用御普請となり保護されていた。西海神などの塩浜は江戸時代後期に再度塩浜を拓いたが新開塩浜として幕府の保護（新開御取立）はなく自普請を行わねばならなかった。そのため西海神などの塩浜は行徳塩浜に列しようとしたがかなえられなかった。

御普請【ごぶしん】最大最重要のものを普請し、代官、勘定役などが指揮し、幕府の費用と責任で実施、人夫を近在から徴集し賃金を支払う。江戸時代初期は御普請で次第に御入用御普請と自普請が増えたが、享保一一年（一七二六）将軍吉宗が代官小宮山杢之進の行徳領塩浜増築計画の上申を受け入れて朱印状を下賜して定式御普請にもどる。しかし、安永年間（一七七二～八〇）に朱印状は召し上げられて定式御普請の指定は解除されてしまった。「御入用御普請」「自普請」の項、「行徳歴史年表」を参照。

小宮山公園【こみやまこうえん】市川市妙典五丁目一二番。小宮山とは塩場の名称であるとともに代官小宮山杢之進（別項）のこと。江戸時代中期の塩浜跡地。

小宮山土手【こみやまどて】小宮山堤。代官小宮山杢之進（別項）が在任中の享保六～一九年（一七二一～三四）に築いた潮除堤をいう。新井から妙典まで広範囲に及ぶ。区画整理前は妙典中学校敷地周辺に「小宮山」という字地があった。妙典五丁目に小宮山公園（別項）として今に名を留める。特に湊・湊新田・押切村の潮除堤は三度にわたって築き出され、以後幕末に至るまでその築堤方法は継承された。堤の外に波除けのための百足杭を打ち込み、堤防の斜面と百足杭との間には葭《よし》を植え、内堤には芝を植えて土が流れないよう補強した。成長した葭の群落は御立野（別項）として管理し塩焼燃料として村々に払い下げた。

小宮山杢之進【こみやまもくのしん】　農政の専門家。徳川吉宗により享保六年（一七二一）七月二十五日に行徳領塩浜付村々の代官に任ぜられる。享保一九年（一七三四）七月解任、宝暦九年（一七五九）八月五日隠居、安永二年（一七七三）没。この間、享保七年に塩浜御普請金一〇〇〇両を賜り、同年八月二七日の大嵐ののち金高二一〇〇両余を支出して堤防の大補修工事を実施、内堤に芝を植え、外堤には葭を植え、波除けのために百足杭を打ち込むなど、これまでにない斬新な工事だった。そのため至極丈夫な堤防となり在任中に築いた堤を小宮山土手または小宮山堤といい、昭和の時代まで旧跡を見ることができた。享保一〇年には十州塩の大量入荷による塩価の値下がりに対処するため、行徳塩浜の垣下で生塩を八三四二俵、四六五両二分と鐚《びた》六七〇文で買上げて価格調整を実施、以後先例となる。同一一年三月二七日、下総小金牧での鷹狩の節、杢之進は行徳塩浜増築計画を吉宗に上申、海面囲堤は幕府費用をもってする定式普請と定まり、このときその保証のため塩浜村々に吉宗の朱印状を下賜。明和六年（一七六九）八月、塩浜の由緒を記した「覚」を作成、これを『塩浜由緒書』という。由緒書きは災害などによる年貢減免申請、堤防工事などの際の有力な根拠として村々から幕府に提示され、明治に至るまで行徳塩浜の名主の重要引継文書として扱われた。李之進は行徳塩浜の人々にとって恩人といえる。「朱印状」「へび土手」の項を参照。

御猟場【ごりょうば】「新浜鴨場」の項を参照。

胡録公園【ころくこうえん】市川市湊新田一丁目一一番。区画整理によってできた公園。胡録神社境内隣接地。

権現道【ごんげんみち】東金での鷹狩の際に本行徳地域内の徳川家康が通った道をいう。仏・菩薩が衆生を救うために種々の姿をとって権《かり》に現われることを権現といい、徳川家康のことを権現様と尊称する。権現道の延長約六九〇m。一丁目に向かって右側に寺地が続き、寺の裏は海岸であり塩焼をしていた。江戸時代初期、本行徳村の幹線道路。江戸時代になる前の古くは潮除けのための堤跡と考えられる。寛永八年（一六三一）幕府により木下街道が整備され本行徳から木下まで六つの宿駅を置いたときに今の行徳街道に幹線道路の地位を譲る。入口は、教信寺南西角、本行徳三七番、同三八番、関ケ島六番、同七番にはさまれた十字路。出口は、本行徳八番、同九番、同二番にはさまれた丁字路。ここの道は現在寺町通りと称す一方通行路。権現道には江戸時代、教善寺・信行寺・信楽寺・本応寺・本久寺・正讃寺・浄閑寺・円頓寺・妙覚寺・法泉寺の一〇カ寺が並び、そこから二丁目道が延びて行徳新田の法善寺参道へ通ずることから合計一一カ寺を数える。教信寺は教善寺が信行寺と信楽寺を合併した寺。本応寺は本久寺に合併。したがって権現道に今は八カ寺のみ。「お成り道」の項を参照。

さ

柴屋軒宗長【さいおくけんそうちょう】 室町時代後期の連歌師。文安五年～享禄五年（一四四八～一五三二）八五歳で没。駿河国島田（静岡県島田市）の人。一八歳で剃髪、守護今川義忠の側近、義忠没後に禅門に入り、師はとんち話で有名な一休禅師。連歌の師は巨匠といわれた宗祇でその高弟。師の供で日本各地を旅する。師の没後に隠棲、柴屋軒と号す。連歌集『壁草』、著『宗長手記』、紀行文『東路の津登』。「東路の津登」「今井の渡し」「今井の津頭」の項を参照。

祭礼河岸【さいれいがし】 行徳河岸の別称。「弁天祠ありし故にといふと也。又、西連河岸といふは、西連といふ法師住みたる故にいふ」（『葛飾誌略』）とする。平成の時代（一九八九～）の今でも「セイレン」という屋号の家が押切にある。「行徳河岸」の項を参照。

逆井の渡し【さかさいのわたし】 元佐倉道にあった中川の渡し。江戸を両国橋で隅田川を渡り、少し下流にある竪川沿いの街道（現竪川通り、今は首都高速七号線の下の道）を直進、江東区亀戸九丁目一二番と対岸の江戸川区小松川二丁目二番に架かる逆井橋の上手に逆井の渡し跡がある。小松川三丁目二～七番は元は逆井一丁目で、かつての逆井村であることからの呼称。逆井の渡しからは直線で市川橋のたもとに出てやや上流で小岩・市川の渡しで江戸川を渡る。この街道を元佐倉道（旧千葉街道）という。逆井の渡しから市川へは二里半、今井の渡しまでは二里余。中川の川幅四〇間ばかり、舟二艘で渡し、一艘は亀戸村持ち、あと一艘は西小松川村で持つ（逆井村に以前あった渡し）。明治一二年（一八七九）逆井橋が架けられて渡し舟を廃止。

桜場公園【さくらばこうえん】市川市福栄一丁目四番。区画整理によってできた公園。桜場とは塩場の名称。江戸時代中期の塩浜跡地。

佐倉道【さくらみち】江戸から下総国佐倉に至る街道。時代により順路が異なる。その一、江戸初期、日本橋を発し吾妻橋付近にあった竹町渡しで隅田川を渡り、中ノ島、業平橋、亀戸を経て逆井渡しから市川の渡しへ達する。その二、竪川が掘られた後に竪川沿いに新道が造られ、日本橋を発し、両国橋、竪川通り、逆井渡し、市川の渡しの道が佐倉道となる。それまでは小松川に宿駅が置かれていた。その三、元禄一〇年（一六九七）道中奉行の直轄になり、日本橋から千住宿まで行き橋を渡って右折、新宿を通り小岩・市川の渡しから市川、八幡までを管轄した。従来の街道は廃されて元佐倉道（別項）と改称。

笹屋【ささや】仁兵衛。うどん店。いまは営業していない。本行徳四丁目。現存の建物は安政元年（一八五四）建築。笹屋の祖は寛永一三年（一六三六）没の飯塚三郎右衛門で、貞享二年（一六八五）没の飯塚仁兵衛が初めて仁兵衛を名乗り、以後代々襲名。明和（一七六四〜）、安永（一七七二〜）を下らないとされる源頼朝との故事を描いた六曲屏風に仁兵衛の名がある。絵師・作者不詳の六曲屏風は太田蜀山人の筆とされる「御膳ほしうんどん」の大看板とともに市立市川歴史博物館に展示。屏風の物語は作り話とされている。十辺舎一九の『房総道中記』（『諸国道中金の草鞋』中、「小湊参詣」）「行徳」の項に「江戸小網町行徳河岸より船に乗る。陸路をゆくには両国より本所竪川とほり、逆井の渡しをわたりて行徳にいたる。陸船路とも三里なり。

行徳に徳願寺といふ大寺あり。笹屋うどん名物。中山蒟蒻《こんにゃく》あり。これよりすぐに八幡、真間、国府台、木下への道なり。右の方は船橋、上総、房州道なり。狂歌『七夕の笹屋なるべし手ぎはよくつなぐ妹背《いもせ》のほしうどんとて』とある。また一九は『旅眼石《たびすずり》』で「行徳の里に到り笹屋といへるにやすらひはべる。この処はうんどんの名所にて、往来の人足を留め、うんどん、そば切りたべんことを、せちに乞ひあへれど、打つも切るもあるじひとり、未だそのこしらへ、はてしもあらず見へはべれば『御亭主の手打ちのうんどん待ち兼ねていづれも首を長く伸ばせり』」とある。塩と共にうどんは有名で他の紀行文などに「さあ船が出ますとうどんやへ知らせ」「行徳を下る小舟に干しうどん」「音のない滝は笹屋の門にあり」の川柳がある。笹屋については明和四年(一七六七)太田南畝『遊勝鹿記』、寛政二年(一七九〇)花屋久治郎『真間中山詣』、寛政一〇年(一七九八)立川焉馬『成田の道の記』、寛政一三年(一八〇一)十辺舎一九『旅眼石』、文化一〇年(一八一三)十方庵敬順『遊歴雑記』、文政一〇年(一八二七)十辺舎一九『金草鞋』、天保九年(一八三八)田丸健良『極楽道中記』、天保末年頃の深河元儁『房総三州漫録』などの紀行文と『江戸名所図会』に紹介されている。建物は、明和以前の大坂屋火事と明和六年(一七六九)の四丁目火事で焼失したが再建、明治一四年(一八八一)の大火では焼失を免れた。「饂飩」の項を参照。

差塩【さしじお】 苦味のある劣等塩。塩分六〇〜八〇%の粗悪塩。俵詰した一〇日後に二〇%の目減り公認。値段は安く農村部で好まれたが目減りが激しかった。関東奥地において瀬戸内塩は俵の裏にわずかに一握りの塊を残すだけに溶けてしまうことも多かった。差塩の製造法は、結晶塩をとる一五〜二〇分前頃、前に真塩をとるために滴下させた苦汁を集めておいたものを加える。加える量により全部差し（二割ほど目方が増える）、七分差し、三分差しと区別する。苦汁分が多いので、鹹度が強く、漬物用や魚の塩蔵用に最適。赤穂塩は、真塩三四％、差塩六六％で、真塩は大坂方面へ、差塩は江戸・浦賀方面へ送られた。下り塩（別項）は差塩。

サニシ【さにし】南西の風。富士山の方から吹く風。「行徳塩浜に吹く風」の項を参照。

撒砂【さんさ】塩田内の天然粘土（瀬戸内は荒目砂）に浸潤した潮水から塩の結晶を採るため塩田面に細砂を撒《ま》き、これに潮水を含ませ天日と風で乾燥し結晶させた。この散布する砂を撒砂という。撒砂はこの地固有のものを使うが、不足の場合は海中から掘り上げて使用した。散布量は一坪当たり最盛季で五升五合、目方にして二貫五百匁《もんめ》〜二貫九百五十匁、季節外で四升〜五升、一貫九百匁〜二貫四百匁。足し砂として一町歩につき一カ年七〜一〇坪分の砂を補充。撒砂は鍬を使用、数mを投げ均一に薄く散らす熟練作業。塩場師（別項）の脛《すね》には鍬でつけた傷があった。撒砂量が多ければ鹹水《かんすい》採取量が増えた。

更級日記【さらしなにっき】菅原孝標女《すがわらのたかすえのむすめ》の日記。寛仁四年（一〇二〇）九月、一三歳の時、父と上総国を出発し京都へ戻る道程と康平元年（一〇五八）夫橘俊通と死別した頃までの追憶。寛仁四年九月十八日、太井川の上流「まつさと」の渡し場に泊まる。同地で出産した乳母は残留することになり兄と見舞う。十九日、太井川を渡る。見送りの人々はここで分かれて上総へ帰る。

笊取法【ざるとりほう】 塩場笊、竹簀、塩場桶を使用した移動式の鹹水採取法。行徳塩田で江戸時代以前からの方法。台風、洪水、津波など気候条件のため固定式の沼井取法（別項）は採用されなかった。

三町畑公園【さんじょうばたこうえん】 市川市本塩二八番。区画整理によってできた公園。三町畑とは塩場の名称。江戸時代前期の中心的塩浜の一。

三千町【さんぜんちょう】 加藤新田という。明和五年（一七六八）近藤兵右衛門殿御改のときは「塩浜反別二町三反七畝三歩で一村持ち」（『葛飾誌略』）。本行徳下海面で近来まで磯馴松原だったが、南風高波で皆欠けてその跡も松もなし。「この辺より海神村下まで干潟おおよそ三千町と積もりし故、名とする。江戸横山町何某度々公儀へ出て、三千町の内ようやく三〇町程叶い、只今塩浜と成れり。しかれども、最初の積もりなれば、三千町と呼ぶ」（『葛飾記』）。

三太の渡し【さんたのわたし】 明治四〇年（一九〇七）の調査、所在地東葛飾郡行徳町大字本行徳。川幅一〇〇間、水幅六〇間、明治一二年（一八七九）一月六日許可、本行徳より篠崎村に至る。昭和四〇年（一九六五）廃止。本行徳一二番に本行徳公民館と市民プール・児童公園があり、以前は行徳支所がそこにあった。明治二七年（一八九四）行徳小学校がその場所に開校したが、そのすぐ裏手が江戸川堤防で渡し場があった。子供は片道一銭、向こう岸の製紙会社（本州製紙）に通勤する人、行商人などが利用した。一銭で煎餅二枚の時代。

三丁目道【さんちょうめみち】 塩場道の一。新開浜の展開に伴い開発された二丁目道に次ぐ二本目の道。本行徳二五番の八幡神社北側横の一方通行路。近くに三丁目バス停がある。行徳街道から下り権現道を突っ切ると一一〇mほどで三丁目圦からの水路跡の暗渠と合流する。北側に浄閑寺、南側に本久寺がある。さらに一〇〇mほどで内匠堀跡の道路に達する。この先が本塩であり行徳新田の塩浜があった。

三番瀬【さんばんぜ】行徳、船橋沖に広がる浅海域。魚の揺り籠といわれ産卵場であり稚魚の生息場。アサリ、海苔の養殖場。江戸時代、船橋と浦安（堀江・猫実・当代島の三カ村）とでその帰属をめぐって永く境界争いが続いてきた。江戸時代、行徳は塩浜稼ぎであり漁業権は持たなかった。「公訴貝猟願成の塔」の項を参照。

し

JR京葉線【じぇいあーるけいようせん】東京―蘇我間の全線開通と営業開始は平成二年（一九九〇）三月だが、その間昭和六三年（一九八八）一二月、市川塩浜駅が開設された。昭和三九年（一九六四）高度経済成長期の東京への一極集中対策として都心の貨物線混雑緩和を目的とする延長一〇五㎞に及ぶ貨物専用路線である京葉線（第二の山手線といわれた）の工事が着工され、東京湾岸沿いに昭和四八年（一九七三）一〇月、塩浜操車場―東京貨物ターミナル間（七・六㎞）が開通、昭和五〇年（一九七五）五月には蘇我―千葉貨物ターミナル間（六・五㎞）が開通したが貨物の鉄道離れが著しく建設が頓挫。そのため、旅客中心の見直しが行われ、昭和五三年（一九七八）蘇我―西船橋間の営業許可が下り、昭和五八年（一九八三）西船橋―新木場間の営業許可がされるとともに、新木場―東京（七・四㎞）のルートが追加された。旅客営業は昭和六一年（一九八六）に千葉みなと―西船橋間（一八・四㎞）が開業し、昭和六三年（一九八八）一二月、南船橋―新木場間（一八・六㎞）、西船橋―市川塩浜間の連絡線（五・九㎞）が開業し、新木場で営団地下鉄（現、東京メトロ）有楽町線と接続した。その後、平成二年（一九九〇）三月、新木場―東京（七・四㎞）が開業して東京駅乗り入れが実現した。京葉線は武蔵野線に直通するほか外房線勝浦駅、内房線上総湊駅、総武本線成東駅まで連絡し、総武線のバイパスとして機能している（浦安市文化財調査報告第九集「水に囲まれたまち―浦安市交通史調査報告書」）。

塩【しお】 塩化ナトリウムを主成分とする白色の結晶。一般に食塩を指す。塩類にはナトリウム、カリウム、カルシウムなどがあり、食塩は人体内に四～五％ほど含まれ、血液中には常時、〇・九％の濃度で食塩が含まれる。ふつう海水一リットル中に三三～三五グラムの塩分が含まれる。塩にはカロリーがなく、人間のエネルギー源にはならないが、細胞の浸透圧を適正に保つ人体機能の保全という代替品のない絶対的な生活必需品である。植物性食品はカリウムが多く含まれ排泄されるときにナトリウムを同時に体外に排泄する。したがって、戦国時代の「塩留め」（別項）は飢えよりもカリウム中毒によって兵士の生命を脅かすことに目的があった。一日における食塩必要量は、成人の場合で一三グラム内外とされる。戦国時代に戦に出る兵士のための兵糧は、一日に兵一人当たり米六合、塩〇・一合、味噌〇・二合である（『雑兵物語』）。徳川家康が行徳を直轄領とし、小名木川の突貫工事を命じ、行徳から冥加年貢として毎日一石の塩を江戸城に運ばせ、行徳塩浜を保護・育成したのはすべて「軍用第一」（別項）のためであった。

塩売捌商法書【しおうりさばきしょうほうしょ】明治五年（一八七二）新政府に提出された岩田家文書。以下『市川市史』より引用。

「商法書」（冊）

恐れながら書付を以て願上奉り候

一　私共義旧来下り塩並に行徳塩取扱い方仕来り罷り在り候処、近来打続き右品高直にて、小前末ゝまで甚々難渋仕り候、尤塩の義は、米穀同様日用第一の品に付、何方にも右品これ無く候ては差支えに相成り候所に御座候処、近来商人ども商法みだりに致し、勝手自儘の高利を貪り、諸式共元方高直の上弐割・三割宛の上口銭を取り、小前へ売渡候、尤相庭高下の模様もこれ有り候得共右躰自儘の商内仕り候に付、諸式共格外の高直に至り一同難渋少なからず、これにより、今般御支配所内運送宜鋪き場所五・六ケ所へ右塩売捌所相建て、浜方直買の直段割合を以て、極々薄口銭にて売捌方仕り候得ば、格別下直に売渡方に相成り候間、小前末々迄も相応の救助にも相成り申すべく義に御座候得共、何分薄口銭の義に付、多分の荷数金高商内仕らず候ては、入費に相掛り永続致し難く、これにより、私共御願い申上げ奉り候義は、御支配所内右塩売捌方取扱仰付下置かれ候得ば、その地身元相応の者壱人宛売捌方致すため、私共義は、元方仕入差支えこれ無き様、売捌所へ荷物運送差配仕り候、尤、右塩売方の義は、御支配所宿村役人共一同へ申談事多少に限らず、格別下直に売渡申すべく候間、その最寄の売捌所へ罷り越し買入方致すべき様、小前末々迄申し聞かせ候得ば、多分の荷数金高商内出来仕り候に付、自然永続仕り、小前一同の弁利救助筋にも相成り申すべき義と存じ奉り候間、右商法添え書き

差し上げ奉り候間、何卒格別の御仁恤を以て御
支配所内右塩売捌方私共へ御免許仰付下置かれ
候様、偏願い上げ奉り候、已上
明治五壬申年
行徳宿下妙典村名主　岩田藤左衛門
日本橋西川岸町　関山善助
小網町壱町目　江口半七
新治県　御役所
別書商法
行徳塩当時直段　但シ六升入
一金壱両に付　弐拾四桶替
此石壱石四斗四升
但シ四斗八升入壱俵致
金壱両に三俵也
右運賃口銭諸掛り割
金壱両に付
一銀三匁　行徳取扱所三ト口銭
一銀三匁　売捌所　三ト口銭
一六百文　縄明俵代
一百五拾文　人足手間代
一三百文　浜方より置場迄人足賃金
一壱〆弐百文　運送遠近凡平均見積
〆銀六匁弐貫弐百五拾文
（注、銭の合計が合わない）
合金壱両ト六匁　元直段諸掛り分
銭弐貫弐百五拾文
此銭拾四〆参百五拾文　但シ両に拾壱〆文割
一金壱両に付　六升入弐拾四桶分　壱石四斗四升
内壱斗四升四合　壱割升切引
引〆壱石弐斗九升六合
壱升に付代百拾文　小前へ売渡直段
一赤穂塩の割　三斗入　四俵八分
一才田塩の割　壱斗六升入　九俵
但シ両に弐拾四桶替の割

右塩運送口銭諸掛り引
売渡直段
一赤穂塩　　　　壱両に付　三俵八分弐厘
一才田塩　　　　同断　　　七俵弐分
右の通り御座候、以上
一新治懸御支配所御高凡六拾万石余
右家数凡拾万軒　但シ壱軒に付壱ヶ年
塩入用金壱両宛の見積此金高凡
金拾万両也
右売捌所
土浦　　　壱ヶ所
水海道　　壱ヶ所
竜ヶ崎　　壱ヶ所
佐原　　　壱ヶ所
銚子　　　壱ヶ所
右場所売捌所の義は、その地身元相応の仁へ
売捌方致すため売上ケ金高へ三ト口銭差し遣
わし候事
一金五千両也　　但シ元手金
右の内売捌所へ金千両宛両三度に荷物差し送
り、差支えこれ無き様、売捌方致すため、尤
多分の金高荷物差し送り置き候義に付、身元
金として壱軒に付、金三百両宛差出預かり置
くとして、右金子の義は、壱割弐分の利足金
年々相渡し申すべく候
一金千五百両也　但シ五軒分預り金
一壱ヶ年塩売上ケ金高凡拾万両に
見積此口銭
金六千両也　　　平均六ト口銭割
内金三千両也　　売捌人三ト口銭割
引残て金三千両
右の内
一金五百両也　　行徳取扱所
壱ヶ年諸入用凡見積り

一金百八拾両也　売捌人より預金壱ケ年利息
一金三百六拾両也　岩田関山江口月給拾両割
此金千四拾両也
引残金千九百六拾両也
内金百九拾六両也　取扱所臨時入用積金壱割分引
引残て内金千七百六拾四両也
右の通り御座候、以上
（岩田家文書）

塩会所【しおかいしょ】文化一〇年（一八一三）六月、本行徳村地先海面へ御手初めとして石垣堤普請を命じられた行徳領塩浜付一九カ村は、御普請金調達を名目に塩会所設置願いを提出、認められる。地廻塩問屋からの代金は塩会所へ支払われ、塩会所から浜方への支払いのときに一両につき二匁、仲買口銭を必要とする上納俵塩は三匁六分の口銭を徴収した。試算された文化一〇年の口銭は六五一両三分。同年の焚塩（生産高）は九万八〇九〇石、代金一万九六一八両、内訳、笊塩（地廻塩問屋向け）二万六四八四石三斗、代金五二九六両三分、駄付小売塩（近郷向け）二五五〇石、代金五一〇両、上納俵塩（北関東輸送塩）六万九〇五五石七斗、代金一万三八一一両。「石垣場」の項を参照。

塩買人【しおかいにん】行徳における塩の産地問屋に発展。塩屋。宝暦九年（一七五九）行徳上郷九カ村、塩相場の乱高下に対処し塩焼百姓を助成するものとして塩買人の名前五人を極め置かれるよう願い上げ、その節は、上郷九カ村漸引江川御普請所願い奉り候節には御目論見人足のうち三百人を塩買人共塩焼百姓共相願い、恐れながら相勤め申すべく候、などと嘆願。時期不明だが以後塩買人設置、問屋となり明治に至る。明治三年（一八七〇）の調査では「従来製塩者は自己の製造したる塩を直ちに製塩場に於て撒塩のまま、問屋又は仲買に売渡し、代金は前金又は現品授受の際支払を受くるも、借越しあるときは年末に於て決算するものとす、問屋にありては買受けし塩を倉庫に貯蔵し、古積塩となし注文に応じて、各地方に販売し、代金は荷為替又は現金を以て販売のときに受取るものとす、仲買は買受たる塩を東京市中地塩問屋に売渡し、地塩問屋は小売業者又は消費者に販売す、代金は何れも現金取引とす」（『下総行徳塩業史』）とされる。

塩釜【しおがま】 どがま。家康以来、土釜と称す。釜の材料は焼貝殻粉粘土、釜の形式は吊釜。底の厚さ一寸、縦二間、横二間または一間半、深さ三寸。底面一尺四方に一本の割りで吊鉄を植え数十本の吊鉄にそれぞれ縄をつけ釜上の梁に吊るした。製法はまず貝殻を焼き粉とし潮水あるいは苦汁で練り火があたる竈《かまど》側に敷いた板の上に厚さ五六分に平均に塗り釜の周囲に深さ四寸厚さ一寸の縁を作りそれらの上に萱を重ね湿った海草で覆う。これに火を点け四時間ほど焼く。これを一番焼きといい二番焼きは鹹水をそそぎ用いて徐々に下から茅を焚いて焼き固める。燃料を焚く竈は吊釜より大きく四隅の柱と梁で支えられた釜と相付着して離れないよう密着して造られる。煙が漏れないようにするためである。竈の両側に一箇所ずつ燃やし口がある。竈周辺には燃料・鹹水・その他の道具などがありその全体を竈屋という比較的大きな茅葺き屋根の建物で覆っていた。江戸時代の竈屋は排煙のための煙突がなく大正時代のものには煙突がある。明治二〇年（一八八七）頃には鉄釜に変わった。土釜の寿命は煎熬《せんごう》日数にして二～三〇日ほどだった。塩焼は一昼夜の作業だったから一〇回程度は使い回しができたことになる。一昼夜で四~五釜焚く。二週間ほどで釜が老い、三週間経つと壊れた。それまでに出來塩《できしお》一九〇石を得る。この結晶釜（塩焚釜）は一町歩につき一カ所平均必要だった。行徳塩浜はおよそ一五〇町歩以上だったから一五〇カ所以上の竃屋があり煙が立ち昇っていたことになる。明治二〇年頃（一八八七）には土釜は姿を消し鉄釜になった。鉄釜の寿命はは平均六~一〇年。

塩荘園【しおしょうえん】 貞観五年（八六三）頃には赤穂に東大寺の塩荘園が成立。これまでの塩焼の燃料を供給する塩山の囲い込みから塩浜を直接掌握する時代になった。製塩が一定の場所で継続して行われるようになったのだが、塩山が侵略されると製塩集落は離散してしまった。「塩浜」の項を参照。

塩専売法【しおせんばいほう】 明治三七年（一九〇四）第二〇回帝国議会に日露戦争の軍事財源として塩消費税法案を提出したが否決、代わる法案として同年一二月二七日第二一回帝国議会で塩専売法案可決、同三八年一月一日公布、同年六月実施。政府、政府の命ある者でなければ塩を輸入できず、製塩は政府許可、塩はすべて政府に納付し個人の所有・所持・譲渡・質入・販売の禁止となる。製塩業者—政府買上—販売業者へ払下。大蔵省主税局に専売事業課、専売技術課を設置、全国に塩務局二二カ所、出張所一六八カ所を配置、行徳塩田は東京塩務局所属となり行徳町に行徳出張所新設、大正二年（一九一三）船橋町に移転、行徳町には貯塩倉庫を残したが同六年一〇月の大津波により廃止。包装は明治四二年二月から統一され、叺《かます》は八〇斤《きん》入り（四八kg）、四〇斤入り、俵は四〇斤入り、二〇斤入りとされた。明治三九年度（一九〇六）の行徳塩田の製塩業者一一〇、製造場数一一二、反別二三六町八反六畝二二歩、結晶釜数一三〇、製造高一二三一万六九八斤（八〇斤入り叺で一五万三八八三叺）、大正元年度（一九一二）は製造業者六六、製造場数七二、反別一六四町七反二畝九歩、結晶釜数九四、製造高七一五万七七六四六斤（八〇斤入り叺で九万一三九四叺）と減少、特に行徳方面では規則づくめの窮屈を嫌って休業者が続出し、同一〇年度の行徳町の製塩業者一三、製造場数一七、反別四〇町歩、結晶釜数二二、製造高三六万六〇〇斤（八〇斤入り叺で四五〇七叺）と著しく減少したため、製塩業の中心は船橋町方面に移り、行徳塩が「船橋塩」と改称されるに至った。

塩垂百姓【しおだれびゃくしょう】 塩焼を本業とする農民の呼び名。塩浜年貢を納める。本百姓、小前百姓ともいう。年貢を納めない農民のことを水呑百姓といい、田畑を所有しない小作または日雇いの農民をいう。明治・大正の頃は塩垂百姓に雇われて働くこれらの人たちを塩場師（別項）と呼んだ。明和四年（一七六七）四月の『上妙典村明細帳』では家数合八八軒中、名主一人、大小百姓六五軒、借地水呑二三軒とあり、天明六年（一七八六）の『本行徳村明細帳』では家数合三七六軒、百姓一九二軒、水呑百姓一八三軒（合計合わず）とある。「小作人」の項を参照。

汐垂れ松【しおだれまつ】 しおたれ。塩田を囲む堤防に植えられた松。堤防補強のため。「汐垂れる」とは「しほた・る」であり「潮水に濡れてしずくが垂れる様子」をいい、転じて「涙で袖が濡れる」こと、泣くことを意味する。忌み言葉の「泣く」も「よく泣けば泣くほど塩も多々できる」（『葛飾誌略』）として行徳塩浜ではめでたい言葉。鹹水を煮詰めることを「塩を焼く」といい、鹹水を採取する過程で塩場桶の中に濃縮水が垂れる有様を「汐垂る」とか「泣く」という。汐垂れ松、塩焼の煙、沖に帆かける船、群れ飛ぶ千鳥は行徳塩浜の景物。現在、塩浜にちなんだ名称がつけられた公園に植えられている松は、汐垂れ松の名を後世に残すためのもの。『行徳郷土史事典』参照。

塩俵【しおたわら】 行徳塩浜の塩俵は近郷の農村で製造した。値段不詳。「俵は五つ角にして花梅に似たり」（『葛飾誌略』）。ただし、明治大正時代は、米俵・角俵一枚各六銭、叺一枚一〇銭、筇一個四銭。天保一四年（一八四三）、犢橋村の女の農間作業で塩俵を編み出し道法五里を行徳へ売り出していた。塩俵は立てて積み、三～五俵を縦積みとした。米俵は横積み。明治時代の在方（田舎、村）売りは四斗八升入り、遠国出しと東京出しは三斗入り、東京叺は四〇斤入り。

潮塚【しおづか】 うしおづか。本塩一番二五号の浄土真宗仏性山法善寺にある松尾芭蕉の句碑。地面からの高さ約一一〇㎝、幅最大約七五㎝、厚さ約一〇㎝。「宇たがふな潮の華も浦の春」とあり元禄二年（一六八九）関東・奥羽を旅した（『奥の細道』）芭蕉が伊勢二見浦に立ち寄って詠んだ句。芭蕉の百回忌にあたり行徳の俳人戸田麦丈・堀木以閑・及川鼠明らにより寛政九年（一七九七）建立。『行徳郷土史事典』を参照。

塩留め【しおどめ】 戦国時代、戦の前に塩の供給を止めて敵に対抗すること。「塩は米穀とともに位し、貴賤とも一日も欠いては身命を全くする事ならず。昔、永禄一〇年（一五六七）一〇月の頃、甲州家と北条家と楯鉾の時、小田原より甲州へ塩留めをせられければ、さすがの名将も難儀におよび、国中大きに苦しめりとぞ」と『葛飾誌略』にあり、また、「年貢塩相州小田原へ船廻しにて相納め候由これまた申し伝え候」と『塩浜由来書』にあることから、武田信玄に対する塩留めの塩は行徳塩とされている。なお、「行徳塩の事　一、神君、天正一八年（一五九〇）、御入国遊ばされ候、不日に、行徳の塩路浜へ、船路の通路早速に仰せ付けられ、掘通し申すべくむね仰せ付けられ、たちまち船路出来いたし申し候、これ今の高橋通りなり、これは、甲州武田信玄、ややもすれば、小田原より塩留に逢ひて、国中上下ともに難儀いたし候をもって、神君、迅速に、行徳の塩、江戸入り候よしをなさしめ給ふ」（『事跡合考』、『燕石十種（第二巻）』に所収、中央公論社）とある。「塩」の項を参照。

塩の運搬【しおのうんぱん】江戸時代、笊入れにして船に乗せて江戸その他へ運ぶ。十のもの九分は上州辺へ上がるという（『葛飾誌略』）。茶船または高瀬船を使用。陸送は俵詰めにして馬に乗せて運ぶ。明治大正時代は、海川にあっては笊入れとし、伝馬船または荷足船で三斗入り二〇〇個～三〇〇個を積載、陸送は叺詰めとし、荷馬車にて三斗六升入り二四個を積載。問屋から蔵出しするときは角俵に包装し、三斗入り一九六俵（六トン）～二二〇俵（七トン）にして、汽車または船で運搬した。群馬・長野県方面へ出荷するには行徳河岸より東京南千住の隅田川日本鉄道構内まで艀《はしけ》船で運び鉄道にて発送。山梨県方面へは行徳河岸より艀船で東京麹町区飯田河岸に運び、馬車で飯田町甲武鉄道構内へ持ち込み、鉄道輸送。東京市内は笊塩入れで行徳河岸より直接東京市内へ船積み輸送。五〇斤入り二〇〇俵、六トン貨車一車で一俵当たりの諸経費は、艀賃一銭五厘、俵装六銭、河岸水上料四厘二毛、同運送店手数料六厘、汽車賃五銭四厘、着駅運送店手数料六厘の合計一四銭五厘二毛であり、二〇〇俵では二九円四銭となる。馬車を使う山梨方面の場合は馬車賃が一俵当たり五厘、二〇〇俵で一円かかった。東京市内販売の艀賃は、一笊二斗五升入りで一笊三銭、一〇〇斤七銭五厘。「古積塩」の項を参照。

塩の貯蔵方法【しおのちょぞうほうほう】 倉庫に貯蔵。土蔵。包装せずにばらで積む。倉庫の構造は大きいもので三間四方、小さなもので間口二間半、奥行二間、木造瓦葺、荒壁を塗り、外部は下見板を張り、内部は四面を松の六分板を横に高さ六尺に張り、床は土台下一尺を掘り下げて川砂を布き、上に茅灰二寸を拡布し踏み固めて平坦とし、塩をばらのまま三尺～六尺に積み上げる。俵詰めなどの包装は販売のときにする。古積塩製造の場合は床灰を一カ月一回入れ替えし、塩積高さ四尺を超えないものを良好とする。真塩一年間の貯蔵歩減は、容量で二〇～二五%、重量で五%～八%。夏季と冬季の歩減比は二対一。「古積塩」の項参照。

塩の値段【しおのねだん】 寛永六年（一六二九）金一両につき平均一二石（五斗入りで二四俵）、享保一〇年（一七二五）同九石、明和八年（一七七一）同六石、文化一二年（一八一五）同一二石、文政年中（一八一八～二九）同一二石五斗、天保一四年（一八四三）三石。行徳塩相場は、古来月番行事と称する三名の者により赤穂塩相場を標準として月三回相場立てを行っていた。明治一七年（一八八四）頃には毎月六回五、一〇の日に相場立てをし、赤穂塩相場の二割高が行徳製塩場渡しの東京卸売り相場とされ、近在売りの小売相場は東京卸売り相場の三割高と定められていた。徳川幕府は米、味噌とともに日用重要商品として塩価の乱高下を防止するため地廻塩問屋組合を公認して配給組織を確立した。また、下り塩の大量入荷による暴落に対して行徳塩田保護のため製塩買上げによる価格調整を実施した。行徳塩の江戸府内販売は常に笊入れでされ、元和元年（一六一五）の記録で江戸初期から一桶六升入りとされ、この桶九杯三斗入りを江戸笊と称した。計算が合わないが、一桶六升入りというのは六升三合入りの升（これを六三判という）を五分切として六升に計算（これで合う）、地廻塩問屋も六升三合入りの桶升を使用した。各地での塩一升の値段、瀬戸内で五〜六文、東海・江戸で約一〇文、三陸海岸で約一五文、日本海岸・土佐で約一〇文、薩摩で約七文。内陸部での振売りは二里で二倍、三里で三倍。一両＝銭四〇〇〇文で行徳塩の値段を換算、寛永六年の一二石は一升三・三文、享保一〇年は同四・四文、明和八年は同六・六文、文化一二年は同三・三文、文政年中は同一六文、天保一四年は同一三・三文。明治三五年（一九〇二）の塩相場一石当たり二円一五銭五厘、小売相場一升当たり三銭五厘。『塩の日本史第二版』を参照。

塩の花公園【しおのはなこうえん】 市川市塩焼一丁目一三番。区画整理によってできた公園。潮の華。

塩浜【しおはま】 中世以来の揚浜式・入浜式の「塩田」を塩浜というが塩浜法の成立は奈良時代から平安時代初期とされる。塩浜法とは同一地盤で撒砂《さんさ》—乾燥—集砂—溶出—撒砂の作業を潮の干潮・満潮に影響されずに繰り返す採鹹《さいかん》方法。塩浜法以前の採鹹方法を塩尻法という。塩尻法では干潮時間に表面の砂を集めて、満潮時間でも海水の到達しない場所に積み上げる。満潮の海水を汲み上げて砂にかけ濃い塩水を採る。あるいは波が打ちつけた後の乾いた砂を集めて採鹹した。採鹹後の砂は放置して別の場所に移る。このように塩尻法は砂浜に対する所有権が発生していない時代に海浜を転々と移動して作業をした。この場合は塩焼の燃料を供給する山林(塩山・塩木山・取塩木山など)を支配することにより塩を得ていた。赤穂に東大寺の塩荘園(塩浜)が成立するのは貞観五年(八六三)頃とされる。千葉県の塩生産地としては承平(九三一~九三八)年中に撰進された『和名抄』に上総国市原郡海部郷とある。『塩浜由緒書』では、行徳の農民は上総国五井という所から往古より塩焼を習い覚え自家用として生産していたとする。その当時の生産様式は当初は揚浜式と推定されのちに古式入浜に転じた。古式入浜は入江や河口のデルタ、砂嘴《さし》で囲まれた干潟などを利用して自然堤防あるいは小規模で不完全な防潮堤で囲んで採鹹した。面積は二~三畝と小規模。行徳は地形的に洪水と津波にたびたび襲われたため江戸時代元禄(一六八八~)に至るまで揚浜式と古式入浜及び一部に入浜式が混在して存在したと思われる。本格的に入浜式に移行するのは元禄以後である。行徳塩田の一筆相当の面積は二反~五反。

塩浜検地【しおはまけんち】 寛永六年(一六二九)の検地を古検(別項)、元禄一五年(一七〇二)の検地を新検(別項)という。古検での塩浜付村々は一六カ村で塩浜年貢永と五分の一塩納、五分の四金納が定まったが塩浜反別のみ確定しなかった。新検では同じく一六カ村で塩浜反別を確定させ、新たな塩浜年貢永と四分の一塩納、四分の三金納と定まる。「塩浜反別」「塩浜年貢」の項を参照。

塩浜仕法書【しおはましほうがき】明治元年（一八六八）新政府に提出した古積塩の製造法、由来などを記した岩田家文書。文中の囲塩とは古積塩のこと。以下『市川市史』より。

「明治元辰年塩浜仕法書写」（冊）

下り塩仕法

相州浦賀・武州神奈川並に御府内より買入候下り塩の儀、是迄右御冥加として年々永三貫文宛上納仕り居り、尤下り塩買入候趣意は、当領浜方にて雨天続きの年柄は、御春屋上納塩にも差支候ては恐れ入り且つは徳川家御代々様深き思召しにて行徳領に囲置候ハヽ江戸城内にこれあり候も同様、左候上ハ下々万民も相助かり候儀と思召され在りとして、その方共村方において買入囲み置き申すべき段仰せ渡され、それぞれ手配仕り御差支えこれ無き様丹精仕り囲塩買入申し候内性合宜敷き品は、納め塩に除き置き残り塩の儀は売捌人と申す者は八軒相頼り利根川上筋へ売り渡し申し候、右下り塩買入候取調会所本行徳村へ建置き俵数百俵に付き銀三匁ツヽこれを請け取り、尤買入高平均年に三、四万俵これ有り、右口銭会所入用残金御支配御役所へ浜方非常手当に御預け申し置き候、しかるところ今般御一新の儀に付き右口銭銀三匁の内銀一匁五トツヽ恐れながら御益筋に上納仕りたく、残り半分は浜方会所入用又は非常手当てに積み置きたく存じ奉り候

但シ　年分四拾万俵見込にて

百俵に付壱匁五ト

右高金見積候は

金百両也

地塩仕法

当領中において塩焼立て候竃数およそ百枚平均これ有りといえども見積出来塩金高年分五万両

程焼立て申し候、右の内五六分過東京府地塩問屋と申す者へ積み送り性合よろしき分御上様御入用塩に囲置残り塩は川上筋へ下り塩同様に売捌き成され、尤領中出来塩金五万両と相認メ御座候御天気都合に寄り右金高より余分も出来雨天勝ちに御座候ハヽ不足に相成り申し候、かつ塩の儀は米穀に続き候御品に候処御府内塩問屋地廻り引受候もの四拾軒余御座候処、兎角〆売りなど致し、左候ハヽ御用の品一同買入難渋にも及び申す哉と存じ奉るに付御府内へも売渡し会所御取建遊ばされ右の者共又は手広く相捌き候ハヽ下々相助り候儀と愚案仕り候、尤右塩の儀当領外近在戸部大師原にても焼立て候分も残らず会所にて取扱候ハヽ年分余程の金高にも相成り右様御取建に相成り候ハヽ是又口銭を請取り御益筋にも仕りたく存じ奉り候、但シ当領塩浜の儀は徳川家御由緒を申すものも別紙の通り御座候、右認メ相添申上げ候

但シ　凡年分五六万両　内府内積入分

内右有高三万両見込壱分口銭取

金三百両に相成申候

当領外積入分

金二万両余見込壱分口銭取

金二百両に相成申候

金弐百五拾両非常の手当積置入用

右内差引金弐百五拾両は上納分

（岩田家文書）

塩浜反別【しおはまたんべつ】反別とは田畑を一反ごとに分けること、また田畑の面積のことをいう。塩浜反別とは塩浜の面積をいい、転じて反別を標準として賦課する租税をいう（反別割り）。行徳塩浜反別は元禄一五年（一七〇二）の検地で一九一町七反七畝二四歩、文化一二年（一八一五）では一八四町五反一五歩、明治一五

年（一八八二）で一八〇町七畝一七歩。寛永六年（一六二九）の検地での反別は不明で、元禄一五年の検地による塩浜年貢永五〇七貫四五三文一分と寛永六年の検地での塩浜年貢永六〇四貫八六七文の比較から換算すると、寛永六年の塩浜反別は二二八町五反余となる。「宝永四年（一七〇七）村方高反別銘細書上帳写書抜」（『市川市史』）によれば「慶長（一五九六〜）の頃はおよそ六〇〇釣、寛永御検地の際は四八〇釣相成る、元禄御検地の節は四一九釣相成る」とある。この釣で換算すると寛永六年の反別はおよそ二七六町六反余となる。元禄一五年の塩浜一六カ村の村別の反別の筆頭は本行徳村で三七町五反五畝八歩で一九・八％を占め、次いで欠真間村二八町六反一畝一二歩、下妙典村二〇町八反九畝一五歩、上妙典村一九町五反四畝二一歩となり四ケ村で全体の五五・五％になる。その他は押切村一三町三反九畝二五歩、高谷村一三町三反二畝一〇歩、湊村一二町三畝二歩、新井村九町三反一七歩、田尻村九町二反八畝一七歩、原木村六町九反八畝二九歩、湊新田村六町五反一畝二三歩、伊勢宿村四町一反二畝一七歩、二俣村四町六畝一二歩、関ケ島村三町一反三畝一一歩、河原村二町八反九畝一四歩、下新宿村一反歩（『塩浜由来書』）。

塩浜年貢【しおはまねんぐ】 塩浜は上々浜・上浜・中浜・下浜・下々浜の等級に分け一反歩当たりの永銭をもって課税した。元禄一五年（一七〇二）の検地後は二又・原木・高谷村は上々浜はなく、上浜は反永三〇〇文、中・下・下々までは五〇文下り、田尻村も上々浜なく、上浜反永三五〇文で以下は各五〇文下り、上妙典村より新井村までは上々浜反永四〇〇文で以下は各五〇文下り。寛永六年（一六二九）の検地（古検）での行徳塩浜一六カ村の塩浜年貢永は合計六〇四貫八六七文、元禄一五年（一七〇二）の検地（新検）では五〇七貫四五三文一分。古検は年貢永の内五分の一を現物の塩（正塩）で二四一九俵を納め、新検では四分の一とされ二五三七俵を正塩で納めた。塩俵一俵は五斗入り。永一貫＝金一両＝塩二〇俵の換算。金納については新検は三八〇貫五八九文八分が金納で換算すると金三八〇両二分と銭三五九文。寛永検地の際の行徳塩浜全体の生産量は約四万石＝八万俵とされ（『市川市史』）、塩浜年貢永をすべて塩俵に換算すると約一万二〇八〇俵であり税率は一五・一％になる。正塩の津出しは主に本行徳の船津から船積みし元禄以後には新井村・欠真間村・押切村などの大小の河岸から最寄りの村々が津出しをした。「正塩納」の項を参照。

塩浜由緒書【しおはまゆいしょがき】 下妙典村の名主岩田家伝来文書。明和六年（一七六九）八月に幕府へ提出した年貢減免願書。前書き部分と「覚」からなり、「覚」は元代官小宮山杢之進の作成になるもの。『市川市史第六巻史料近世上』に収録。『下総行徳塩業史』所収の関ケ島村の田中家伝来の「行徳領一四カ村塩浜起り一件覚書写」という文書も岩田家文書と同内容とされる。本文中に、塩焼は往古に上総国五井へ行って習い覚えたこと、権現様東金鷹狩お成りの節塩の儀は御軍用第一の事御領地一番の宝と思し召したこと、家康・秀忠・家光・吉宗らが塩浜開発手当金を支出したこと、塩浜の経営方法などを記している。年貢減免願いは聞き届けられたことを前書き部分で書いている。由緒書は名主の重要引継文書として扱われ、災害による年貢減免申請、堤防工事等の嘆願の際の有力な根拠として村々から幕府へ提示された。『行徳郷土史事典』に全文を再録。

塩浜由来書【しおはまゆらいしょ】差出人は行徳領本行徳村名主平蔵、宝暦六年（一七五六）一〇月付、辻源五郎様御役所宛。『市川市史第六巻史料近世上』に収録。同書には「塩浜由来書（宝暦六年成立）」「行徳領塩浜由来書　下総国葛飾郡欠真間村小川六左衛門所持」として「行徳領塩浜古来発起書留」とある。代官所からの塩浜発起についての調査に対する回答書である。何百年以前からの塩浜であること、小田原へ船で塩を納めていたこと、権現様お声掛りであり新塩浜開発御書付写があること、五分の一塩・五分の四金納が四分の一塩・四分の三金納になった訳、塩浜二六カ村の推移、寛永六年と元禄一五年の検地の内容、塩浜の災害とその対応策その他の証明書類を添付。『行徳郷土史事典』に再録。

塩焼中央公園【しおやきちゅうおうこうえん】市川市塩焼五丁目六番。区画整理によってできた公園。グラウンド、テニスコート、築山、「行徳中部土地区画整理組合記念碑」（別項）などがある。海抜一・一m。

潮除堤【しおよけづつみ】主に海岸にあって沖からの波浪、高潮などを防ぐための防潮堤。明治の頃の堤防幅八〜九間。堤の内側に塩田があった。水門があり圦樋が設けられて満潮時までに海水を堤内の潮廻しに取り入れて浜溝（江川）に満たした。潮廻しの溝は幅六間、浜溝は幅九尺、浜溝間の距離九間、浜溝の深さ一尺五寸、一町歩の塩田に浜溝二条を穿つ。堤防の高さ一二尺、馬踏平均六尺、堤防の幅八〜九間、一町歩の塩田を囲むのに長さ約七〇〇間。堤防は塩浜の命綱であり幕府に願い上げて御普請で築造・修復をしたが、天保年間（一八三〇〜）より修繕費用負担の割合は幕府七・村民三、万延元年（一八六〇）幕府六・村民四、明治新政府は「私堤」として自普請を命じたが、明治一八年（一八八五）千葉県庁三〜七分（全体を一〇分とする）補助。行徳の浜は粘土混じりの砂地であり、築堤にあたっては瀬戸内塩田同様に直径四〜五寸、長さ一〜二間の松丸太を地盤面に打ち込み、あるいは生松を台木として埋め込んだと思われる。行徳は石が取れなかったので堤防は海底の粘土を掘り上げて突き固めた。代官小宮山杢之進は享保七年（一七二二）の御普請で内堤には芝を植え、外堤には葭を植え、波除けとして堤外に百足杭を打ち込んで波浪に備えた。その方策は以後明治まで継承された。「入浜式」の項を参照。

四カ村落し【しかそんおとし】 南行徳四丁目二〇番と浦安市北栄四丁目九番の境界にあった農業用水の悪水の落し。今の猫実川の近くに水門があった。北栄は昔は当代島といった地域であり、新井村との境界の水路は、塩田に海水を導く潮引き江川だった。幕府御用の塩田に導水するための水路に真水を排水することは禁止され、当代島その他の浦安の村は江戸川へ排水していた。昭和四年（一九二九）九月三〇日、第二回製塩地整理により製塩が禁止され塩田の田畑への転換が計られた。そのときにこの江川に真水を排水することとなり、新井、当代島、欠真間（当代島と猫実の江戸川沿いにあった地名）、猫実の四カ村が管理する関を設けた。それを四カ村落しという。『行徳郷土史事典』参照。

自然堤防【しぜんていぼう】 河川の流路の両側に自然にできた堤防状の高まり。下流部によく発達し、高さは通常一mから数m。この上に集落が発達し畑地になっている場合が多い。行徳の自然堤防は江戸川沿いに見られ、一般的に行徳街道と呼ばれるバス通りがそれに該当し、江戸川堤防との距離はおよそ三〇～一〇〇m以下であり、相之川一丁目二三番地先の今井の渡し場跡で途切れる。今の広尾一、二丁目は江戸時代前期に洪水の際の遊水地として利用された湿地帯であり、当時までの自然堤防は新井一丁目のバス通りと通りから西側部分の幅六〇mほどの一帯を中心とする帯状の長さ約五〇〇mの地域である。行徳地域の集落は行徳街道の江戸川側（西側）部分に最初に生じ、海退と塩浜の前進とともに東側に発達した。

十州塩【じっしゅうえん】瀬戸内海で生産される塩の総称。文化年間（一八〇四～一四）の頃に全国年産五〇〇万石のうち四五〇万石を生産したとされる。当時の行徳塩は年産約四万石。十州地方とは、瀬戸内の播磨（兵庫県西南部）、備前（岡山県東南部）、備中（岡山県西部）、備後（広島県東部）、安芸（広島県西部）、周防（山口県東部）、長門（山口県西北部）、阿波（徳島県）、讃岐（香川県）、伊予（愛媛県）をいう。

十返舎一九【じっぺんしゃいっく】明和二年～天保二年（一七六五～一八三一）江戸後期の戯《げ》作《さく》者。駿府の人。大坂で近松余七と号して浄瑠璃作者となり、江戸で滑稽本を書く。『東海道中膝栗毛』『江之島土産』。行徳に関しては『南総紀行旅眼石』（別項）『房総道中記』がある。文政一〇年（一八二七）六三歳のときの刊、『房総道中記』には「行徳江戸小網町行徳河岸より船にのる。陸路《くがぢ》をゆくには両国より本所竪川とほり、逆井の渡しをわたりて行徳にいたる。陸船路とも三里なり。行徳に徳願寺といふ大寺あり。笹屋うどん名物。中山蒟蒻《こんにゃく》あり。これよりすぐに八幡、真間、国府台、木下への道なり。右之かたは船橋、上総、房州道なり。狂歌七夕の笹屋なるべし手ぎはよくつなぐ妹背《いもせ》のほしうどんとて」とある。

十方庵敬順【じっぽうあんけいじゅん】『遊歴雑記』を文化一一年（一八一四）刊行。釈敬順は本所南割下水で生まれ、二〇歳で住職となり、文化九年、五一歳で隠居、天保三年（一八三二）七一歳で没。文京区水道二丁目の浄土真宗高源山本法寺の地中寺の一つ廓然寺に住し、茶道具を持参して旅行をした。下総行徳についてはは『遊歴雑記初編1』の目次「初編之中弐拾九」に記載。別項を参照。

篠崎街道【しのざきかいどう】 今井の渡しを江戸川区側に渡ったところからのバス通りで小岩駅方面への道路をいう。江戸時代、今井から河原の渡しまでを市川道、河原の渡しから先を岩槻道と呼んだ。このバス道路は徳川幕府が築いた江戸川土手であり川除堤である。現在の東京都側のコンクリート堤防は外堤であり、そこから篠崎街道までは洪水調節用の遊水地であって、行徳塩浜を洪水から護るために、幕府は行徳の堤防より高く築くことを篠崎村に許さなかった。「本堤」の項を参照。

自普請【じぶしん】 村方一村または村々が組合を作り自らの費用をもって実施。自普請金不足の場合は幕府や江戸の町人からの借用でその場を凌いだ。幕府財政の窮迫とともに自普請が増えていった。「御普請」「御入用御普請」の項、「行徳歴史年表」を参照。

地廻塩問屋【じまわりしおどんや】 江戸表の笊塩問屋。江戸地廻塩問屋—東京地廻塩問屋。行徳塩、大師河原塩、上総塩を荷受する問屋。小売も行った。下り塩は受けない。行徳塩と大師河原塩は笊入りで運ばれた。享保九年（一七二四）町奉行大岡越前守により許可された行徳塩の販売をする江戸の塩問屋四七軒（七六軒あるいは八二軒との文書もある）。地廻塩問屋の前身は塩屋で、行商人の売れ残りの塩を預かることから始まった。製塩配給は製塩業者―（宝暦九年、一七五九年には行徳九カ村に塩買人といわれる産地問屋を取極めるよう請願、以後成立）―船頭―地廻塩問屋の経路となり棒手振は排除された。地廻塩問屋株は五〇両を最高とし一〇両、一五両を普通とした。明和六年（一七六九）七六軒となっていたが、天保十三年（一八四二）二月一七日水野越前守により問屋名廃絶、無統制となり、嘉永四年（一八五一）三月三一日、江戸町奉行遠山左衛門尉により再興。享保九年当時、北紺屋町家主金兵衛、南□馬町弐丁目伊兵衛店市郎兵衛、芝三田代地家持小左衛門、同所田町九町目甚兵衛店加兵衛、新泉町長左衛門店与兵衛、新乗物町市郎兵衛店弥七、牛込御箪笥町家主五兵衛、小日向水道町清兵衛店勘助、本所相生町三丁目清兵衛店次兵衛、同所花町吉右衛門店利右衛門の一〇名の名が見える。「行徳塩の販売」の項を参照。

下総行徳塩業史【しもうさぎょうとくえんぎょうし】 楫西光速著。昭和一六年（一九四一）一〇月三〇日発行。序論、徳川幕府の保護政策、明治前期の塩制、製塩方法、塩田経営、販売、塩専売法の実施とその影響、塩田の整理と再製塩の八章からなる行徳塩業に関する古典。

下総国【しもうさのくに】古くはしもつふさ、しもふさ。旧国名。千葉県北部、茨城県の一部。北総。古代、総（ふさ）と呼ばれ大化の改新後に上下に分かれる。都からの行旅三〇日。平安時代は平氏、中世は千葉氏が勢力を持ったが徳川氏により滅亡。康保四年（九六七）施行された延喜式により下総国は一一郡に分かれ、葛飾・千葉・印旛・匝瑳《そうさ》・海上《うなかみ》・香取・埴生《はにう》・相馬・猿《さ》島《しま》・結城・豊田があった。国府台に国府が置かれ、九〜一〇世紀段階で一八郡、九一郷、一二万六〇〇人、田数二万六四三二町歩とされ大・上・中・下国の大国だった。下総国における一二世紀前半の荘園はおよそ四〇、現在の市川市域では八幡庄があり市域の大部分を占めた。ただし国府台は国府であり、行徳には香取神宮の関があり私領である八幡庄に含まれなかった。下総国は、西の武蔵国とは住田川(現、隅田川)を国境とし、南の上総国とは東京湾側から村田川、栗山川を連ねた線がそれで、北方は安是湖といわれた旧時の広大な湖沼一帯の地(現、霞ヶ浦、北浦の数倍の広さ)と現在の鬼怒川、小貝川になっている旧毛野川で常陸国に接していた。下総国と武蔵国の国境は正徳三年(一七一三)江戸川を境とすることとされた。

下江戸川橋【しもえどがわばし】今井橋の前身。「今井橋」の項を参照。

下道公園【しもみちこうえん】市川市宝一丁目七番。区画整理でできた公園。下道とは塩場の名称。江戸時代中期の塩浜跡地。

朱印状【しゅいんじょう】花押の代わりに朱印を押した公文書で、江戸時代にあっては将軍のみが発行。享保一一年(一七二六)三月二七日、代官小宮山杢之進が行徳領塩浜増築計画を上申したときに塩浜堤の築造、修繕を幕府の定式普請と決定、それを保証するために吉宗は朱印状を下付。朱印状は寛延四年(宝暦元年、一七五一)六月二〇日の吉宗の死後、安永年間(一七七二〜八〇)の浦出入一件のとき奉行桑原伊豫守によって取り上げられてしまった。

じゅえむ【じゅえむ】「印内の重右衛門とて児童

の口つぎに残り、専ら噂すること也。しかれども、児童の云々するとは大いに相違せり。生得力量あり。また頓才もあり。元、葛西氏の臣下の家にて、良き百姓なりけるが、兎角に人を非にする癖あり。ある年、隣家の稲を盗みて公辺に及び、数十日間お咎め仰せ付けられ、事相済みたり。この理合いの事面白しと雖も、事長ければここに省略す。大岡越前守様の時分にて、およそ一五〇余年（文化七年当時から数えて）に及ぶ。近年の事のようにいえど左にあらず」（『葛飾誌略』）。『市川の伝承民話』『ぎょうとく昔がたり』などに民話として収録されている。

蒸気河岸【じょうきがし】 蒸気船が着いた河岸。二カ所あった。その一は、湊一〇番と同一九番の地境の道路の突き当たりの江戸川堤防の所。行徳街道のバス通り向かい側に湊青少年会館がある。湊の蒸気河岸は新浜鴨場へ来る軍人がよく利用した。湊の渡しがあった。その二は、本行徳一丁目蒸気河岸で今の本行徳一番と一〇番の地境を行徳街道から入った突き当たりの堤防際。堤防までの道を河岸通りといった。明治一四年（一八八一）の大火以後に蒸気船の誘致に成功したが、江戸川放水路の開削とともに大正初期に閉鎖。最盛期の明治三〇年代の河岸通りには桟橋を上がった左手に切符売り場と待合所、休み茶屋の朝日屋、廻漕店の竹ノ内、産婆、休み茶屋淡雪があり、右手には廻漕問屋二軒、すし屋の五関、土産と漬物屋の松原、街道沿いには旅館角伊勢と居酒屋などがひしめいていた。「吉野屋」「葛飾丸」の項参照。

蒸気船【じょうきせん】 水車を両舷側につけた外輪蒸気船。大正時代になってからは外輪を外した焼き玉エンジンによるポンポン蒸気といわれる船になった。明治四年（一八七一）一月、利根川丸会社により利根川丸が深川万年橋から新川、江戸川、関宿、利根川、奥州街道中田まで上り一一時間、下り六時間で就航。明治一〇年五月一日、内国通運㈱（後の日本通運）が深川高橋から下野生井村間に就航、通運丸は行徳にも寄港した。明治一二年一一月、行徳通船が蒸気船二艘で一二往復、一人金五銭、一二歳以下三銭、五歳以下無料、荷物一駄三六貫目まで金七銭、持荷三銭で営業を開始した。明治一六年、通運丸は深川高橋から行徳新河岸までの定期便を就航させ、浦安にも明治二七年から寄港することになり大いに賑わったが、大正八年（一九一九）一二月、東京通船㈱に航路と船を譲渡し撤退、通船は昭和二年（一九二七）七月一日当時、一〇路線、船舶数四五、従業員三八五人だったが戦争で燃料調達が困難になった昭和一九年(一九四四)に営業を中止した。蒸気船通運丸は明治一七年(一八八四)一二月当時で二六隻、最終的に三八隻が建造された。行徳へ寄港して三代目安藤広重画の「行徳新河岸の図」（『市川市史第二巻』）になったのは第一通運丸であり燃料は薪が使われていた。浦安付近で見かけられたのは第一八通運丸で、長さ六三尺、幅九・八尺、深さ一・八尺、一四トン、一六馬力、時速三里の船だった。外輪蒸気船は喫水が浅く平底の船で江戸川や利根川の浅瀬を自由に航行でき、発動機船と違って震動も少なく乗り心地はきわめて良好だった。明治四三年（一九一〇）四月当時の通運丸の寄港地、深川高橋―扇橋―大島―草屋―船堀―栗渡―三角―桑川―新川口―一軒屋―浦安―堀江―槇屋―湊―押切―行徳四丁目（新河岸）―行徳一丁目（蒸気河岸）。同年四月の通運丸の運賃は、高橋から一軒屋、堀江まで七銭、湊、押切、行徳まで九銭。米一升四～五銭の時代。四歳まで無賃、一二歳まで半額、上等は五割増、犬は一匹三〇銭。行徳、浦安への便は一日一一往復で朝は五時ごろから出船し、通船は三〇分おき、葛飾丸は二〇分おきに運行され高橋までは所要時間約一時間。乗降客数は行徳の記録はないが、浦安では昭和四年（一九二九）当時の浦安発着所の通船の乗客数四万一二一二人、降客数四万一〇〇〇人。浦安終着の葛飾丸の乗客数四万一五人、降客数三万九八〇〇人。大正八年一二月から内国通運から東京通船になり新川口から先の寄港地は次の通り、高橋―（中略）―新川口―長島―雷―浦安―一軒屋―相之川―欠真間―湊―行徳（新河岸のこと）。一丁目の蒸気河岸は大正初期に閉鎖、四丁目の新河岸への便は昭和一九年廃止。

ショウテ【しょうて】 シオテ。南風が吹いているとき黒い雲が出て突風が吹き雨が降ること。塩浜にとって大敵。「行徳塩浜に吹く風」の項を参照。

常夜燈【じょうやとう】 一晩中つけておく灯火のこと。船場に限らず神社仏閣、辻々など人が集まる場所に奉納されて建立された。行徳では新河岸（別項）の常夜燈が有名。高さ約四・五m。『葛飾誌略』に「笠石渡およそ五尺、火袋二尺余、総高一丈五尺の大灯籠」とある。碑文は、正面に「成田山　永代常夜燈　蔵屋鋪　□屋源助、□屋平七、三木屋清五郎、伊勢屋藤七、蛭子屋源兵衛、□原屋八右エ門、内海屋吉兵衛、高嶋屋又七、和泉屋儀右エ門、魚屋繁藏」とあり、右横には「日本橋　西河岸町　太田嘉兵衛、大黒屋吉兵衛、會津屋徳兵衛、和泉屋清左エ門、八万屋喜兵衛、大國屋伊助、相模屋彌吉、山田屋佐兵衛、相模屋藤兵衛、八万屋清吉、八万屋松治郎」、左横は「日本橋」のみで、裏には「文化九壬申年三月吉日建立」とある。文化九年は西暦一八一二年。天保五〜七年(一八三四〜三六)に刊行された『江戸名所図会』の「行徳船場の図」に常夜燈が一台描かれている。渡辺崋山『四州真景図巻』文政八年(一八二五)の「行徳の図」に大小二台、三代目安藤広重画「行徳新川岸の図」に蒸気船通運丸とともに大小二台が描かれていて、大正一二年(一九二三)の関東大震災までは三台あったともいわれる(『行徳物語』)。今は一台のみ。平成一四年(二〇〇二)一一月二日、エコ常夜灯プロジェクト実行委員会により太陽光発電を利用した明かりが点灯された。『行徳郷土史事典』を参照。

城山【じょうやま】新井二丁目一番と六番辺りにあった微高地を指す。区画整理が実施されるまでは畑で、その昔は塚のように周囲より小高かったが瓦を焼く粘土として土を売ってしまった。古老の伝承では昔、鎧兜が出土したとされる。中世武士の館跡とも考えられる。『勝鹿図志手繰舟』の吉田佐太郎陣屋跡の項に「寺より西の田畠を城山と云。愚老が住所に隣れり」とある。吉田佐太郎陣屋跡とは相之川一丁目の了善寺であり、愚老とは著者の新井村名主鈴木清兵衛(行徳金堤)であり、住所とは現広尾一丁目六番地先(昔の新井)になる。城山までは了善寺と名主宅からはともに約一五〇mほどの距離。『行徳郷土史事典』『行徳歴史街道』を参照。

除地【じょち】江戸時代、朱印地・見捨地以外で、租税を免除された土地。のぞきち。よけち(『広辞苑』)。見捨地とは、墓所、死馬捨場などをいう。

浄天堀【じょうてんぼり】「内匠堀」の項を参照。

塩場【しょば】しおば。塩浜。塩田。塩の産地。塩焼きをしている現場、場所。しおた。それぞれの塩場には独特の字名《あざ》が付けられた。一之浜、東浜、満世、桜場、南根通、潮田通、根場、上道、巽受、北江川縁などで区画整理により完成した公園名に多く命名されている。『市川市字名集覧』を参照。

塩場笊【しょばざる】 行徳塩浜で鹹水を採取するために使用した笊。江戸川区篠崎で生産されていた。一町歩あたりの塩場笊所要数は一一〇個。使用限度一年半。「製塩用具」の項参照。

塩場師【しょばし】 明治、大正の時代に塩田で働く男たちの呼称。農地を持たないか、持っていてもわずかな百姓あるいは水呑百姓で、塩田経営者である塩垂百姓に雇われて働いた。塩場の熟練労働者。雇い人はすべて行徳塩浜村々内の者に限られ決して他郷の人は雇わなかった。明治三一年（一八九八）では、五〜八町歩の塩田経営者は三〇人ほどを雇い、一町歩ほどの小経営者は五〜六人を雇う。年季雇は二五歳までの独身者、日雇いは所帯持ちの熟練者で冬場には東京その他で「土方」として行徳ぼそを使用して出稼ぎをした。穴掘りの名人。常雇は定期雇であり熟練者だった。元禄（一六八八〜一七〇三）頃の奉公人給金は上男三両、中男二両二分、下男一両、女はそれに準じ、日雇は男一〇〇文、女六四文。明治以後は、採鹹夫一日二〇銭、焚丁は日中一五銭、夜分一七銭とあり、別の記録では、採鹹夫一日、男大四五銭、同中三〇銭、女三〇銭、釜焚四〇銭、手伝四〇銭、明治三八年の塩専売以後は一日、口作り一円、水入れ七〇銭、砂寄せ五〇銭。給金は年季雇と常雇に対しては前貸しをして従属させた。口作りとは「チョク作り」ともいい、塩場笊の中の砂を凹形に作ることで相当の熟練を要し、人夫中の最熟練者の仕事だった。『下総行徳塩業史』を参照。

塩場寺【しょばでら】 浄土真宗仏性山法善寺の別称。市川市本塩一番二五号。「行徳・浦安三十三カ所観音霊場札所」の項参照。

白髭伝説【しらひげでんせつ】 上篠崎の白髭さま。現在は江戸川区上篠崎一丁目二二番三一号の浅間神社境内に白髭神社が合祀されている。伝説発祥の時代不詳。昔は江戸川の堤防が低かったので、嵐がきて大水になると村人は総出で堤防の決壊を防いだ。ところが対岸の行徳の人たちが手に手に鍬や鋤を持って篠崎側の堤防を壊しに押しかけようとしていた。老人や女たちは、村の鎮守へ行って一心に堤防の無事を祈ったところ、一匹の大きな白蛇が現われて対岸の行徳へ行って向こうの堤防に大きな穴をあけた。そのために篠崎村は助かった(『江戸川区史』)。この白髭伝説は江戸川の洪水が度々あったこと、行徳と篠崎の利害が相反することを示している。徳川幕府は行徳塩浜を軍用第一、御領地一番の宝として保護したときの方策の一つとして、篠崎村の堤防の高さを制限して行徳側の堤防よりも決して高くさせなかった。篠崎側の堤防は現在のバス通りである篠崎街道がそれである。『行徳歴史街道』を参照。

白妙公園【しろたえこうえん】 市川市富浜一丁目七番。区画整理によってできた公園。

新開塩浜お取り立て【しんかいしおはまおとりたて】 新開発の塩浜の生産が軌道に乗ると幕府は堤防の築造、修理などに補助金を出した。それをお取り立てという。安永四年(一七七五)、湊新田・加藤新田・原木村、同七年、儀兵衛新田、文政一二年(一八二九)、西海神村・二俣村・原木村・高谷村・田尻村・両妙典村、天保元年(一八三〇)、湊村・湊新田・欠真間村・新井村、同四年、二俣村・加藤新田・儀兵衛新田・本行徳村・押切村・湊村・湊新田地先嘉七郎請・欠真間村、同一〇年、上下妙典村・田尻村・高谷村。天保の時代に多いのは飢饉対策と思われる。

新河岸【しんがし】 新川岸。本行徳三四番、三五番、関ケ島一番の一部を含む地域。元禄三年(一六九〇)にこの場所へ行徳船津が移され新河岸と称す。行徳船の船着場で江戸往来の旅人などを乗せて発着。文化七年(一八一〇)当時旅籠が十余軒あり、本行徳の家数およそ三〇〇軒余。明和六年(一七六九)二月一六日と明治一四年(一八八一)四月三日に三〇〇軒余を焼く大火に見舞われて焼失。明治四年(一八七一)蒸気船利根川丸、明治一〇年(一八七七)通運丸の就航により乗船場になり賑わったが昭和一九年(一七四四)蒸気船の運行が中止され現在に至る。小林一茶・円山応挙・大田蜀山人・十辺舎一句・曲亭馬琴・仮名垣魯文・渡辺崋山・安藤広重・山本周五郎などが新河岸を利用。「常夜燈」「旅人改番所」「祭礼河岸」の項を参照。

新川【しんかわ】 寛永六年(一六二九)船堀川の(江戸川区)二之江村字三角渡し以東を開削し江戸川と直線で結んだ。三角渡しから江戸川までの旧川を古川とし開削した部分を新川としたがいつしか船堀川全体を新川と呼ぶようになった。小名木川を含めて行徳川(別項)という。川幅二〇間余。新川口から中川までおよそ一里二〇丁(約六一〇〇m)。現在は水門で閉鎖された遊歩道と公園になっていて岸からは釣りが出来る。

新川口【しんかわぐち】 江戸川区江戸川五丁目三〇番、東葛西一丁目四九番の間に赤い水門がある。新川口橋近くに新川口バス停がある。水門は妙見島のすぐ上流で市川市島尻の対岸。江戸時代、新川を航行する船が潮待ちのため川口外に待機、江戸川五丁目七番の熊野神社の下辺りまで岸に船を着けていた。陸には風呂屋、飯屋、茶屋などが並び繁盛した。

新行徳橋【しんぎょうとくばし】昭和四七年（一九七二）六月七日開通。有料橋で一〇〇円を徴収、現在は無料。県道市川・浦安バイパスの江戸川に架かる。大正一一年（一九二二）三月一一日完成の初代行徳橋のやや上流に架橋。

新検【しんけん】元禄一五年（一七〇二）代官平岡三郎右衛門・池田新兵衛・比企長左衛門らによって実施された行徳塩浜検地をいう。塩浜一六カ村の塩浜反別合計一九一町七反七畝二四歩（各村の内訳は「塩浜反別」の項に記載）。塩浜年貢永の合計五〇七貫四五三文一分、村別内訳は下妙典村一〇二貫六六一文二分・本行徳村一〇一貫六五〇文一分・欠真間村七七貫八三〇文・上妙典村五〇貫二四〇文七分で四カ村だけで六五・五%を占める。その他は、押切村三八貫六七六文・湊村三二貫七一四文・高谷村二八貫一三三文八分・新井村二四貫八七二文・田尻村二四貫八一七文・湊新田村一六貫七六六文・原木村一四貫六八〇文八分・伊勢宿村一三貫二七二文・関ケ島村九貫四六六文七分・二俣村八貫四七四文四分・河原村七貫九四二文九分・下新宿村三〇〇文。新検により現物の塩（正塩）納めは塩浜年貢永の四分の一と定められ永一貫文につき塩五俵を納めた。全体で五斗入り塩俵二五三七俵。新検により荒浜になったとして、当代島・大和田・稲荷木の三カ村が塩浜年貢永免除となり、前野村は葛西領となり不勝手のため湊新田分に含めるとして塩浜年貢永を免除。新検により新たに湊新田・原木・二俣の三カ村に塩浜年貢永が課せられ、妙典村が上妙典村と下妙典村に分かれ別々に課税。反永については、二又・原木・高谷三カ村は上々浜なく上浜反永三〇〇文、中・下・下々浜まで各五〇文下り、田尻村も上々浜なく上浜の反永三五〇文であとは各五〇文下り、上妙典より新井村までは上々浜反永四〇〇文より段々五〇文下りとされた。行徳塩浜付村々はこのときに計一六カ村で江戸川下流から新井・欠真間・湊新田・湊・押切・伊勢宿・関ケ島・本行徳・下新宿・河原・下妙典・上妙典・田尻・高谷・原木・二俣の各村（『塩浜由来書』）。

新塩浜開発御書付【しんしおはまかいはつおかきつけ】江戸時代初期、徳川幕府が塩の増産を図るため行徳塩浜に与えた年貢減免の書付。『塩浜由来書』に記された全文は次の通り。「権現様関八州御領地に罷《まか》り成り候《そうろう》以後百六拾年以前慶長元申年伊奈備前守様御支配の節吉田佐太郎様御掛にて新塩浜開発遊ばされ御取箇の義は五ケ年御免にて上納仕《つかまつ》るべき旨御書付下され置候

新塩浜開発御書付写

塩浜新開の義五ケ年の間諸役有る間敷《まじ》く候、其れ以後は十分の一の積りを以って御成ケ納所致すべく候、後日のため手形此如《かくのごと》し仍《よって》件《くだん》の如し

慶長元年申《さる》正月晦日《みそか》　吉田佐太郎書判

妙典村

治郎右衛門

図書　」

（読みやすいように仮名を入れ読み下しにした）

慶長元年は西暦一五九六年。

人車鉄道【じんしゃてつどう】明治四〇年（一九〇七）東葛人車鉄道㈱創立、同四二年九月二八日営業開始、大正七年（一九一八）一一月八日解散。路線は、行徳町河原から中山、法典、馬

込沢、鎌ヶ谷大仏までの延長三里四丁一一間（約一二・五㎞）の単線。運賃、鎌ヶ谷から馬込沢までが五銭、馬込沢から法典が五銭、法典から中山が一〇銭、中山から河原までが一〇銭、全区間通しの場合三〇銭。大正五年（一九一六）当時、客車六両、貨車七〇両、内陸から梨・米・サツマイモ・その他の産物、河原からは蒸気船で着いた肥料その他の荷物を載せ、個数二八万五六九五個、約一万トン超の実績。客車は畳一畳分の広さで八～九人乗り、男二人で押し坂道は馬で引く。単線なので向き合うと皆でどちらかを線路から外してやりすごした。客車の出発は二時間おきで、中山から鎌ヶ谷が八往復、中山から河原までが一二往復、所要時間は鎌ヶ谷から中山まで一時間半、中山から河原まで三〇分。河原での起点、河原の圦《いり》の上手の河岸で、行徳橋南詰交番の裏手から坂道を下った取水堀の近く。大正五年（一九一一）から始った江戸川放水路の開削工事のために分断され廃業（『人が汽車を押した頃』参照）。

新宿前公園【しんしゅくまえこうえん】 市川市河原九番。区画整理によってできた公園。新宿前とは塩場の名称。江戸時代前期の塩浜跡地。

新田圦河【しんでんいが】 欠真間地先の字東浜にあったことから欠真間三角の船溜りともいう。福栄四丁目一四番の福栄公園附近にあった船溜り。湊新田と欠真間の漁師が使用。新田圦河と呼ばれるのは、現在の行徳駅前公園のプールの北側の道路向かい付近にかつてはあって、その地域が湊新田だったため。湊新田の漁師がほぼ独占的に使用。塩田が禁止され水田に本格的に転換した昭和四年（一九二九）以後に海岸近くへ移転した。明治二〇年（一八八七）の船数は湊新田村一七艘、欠真間村二艘、新井村〇。

新中川【しんなかがわ】中川放水路。埼玉県の一部・足立・葛飾・江戸川区を洪水から守るため、中川綾瀬川芝川総合改修増補計画に基づいて昭和一三年（一九三八）開削工事に着手、第二次世界大戦により中断後、同二四年再開、同三八年(一九六三)三月完成。葛飾区の高砂・青戸間で蛇行する本流と分かれ直線的に南下して行徳道を断ち切って旧江戸川へ放水。江戸川区江戸川地先、都バス下今井バス停の上流で合流する。この付近は船堀川といわれた江戸時代初期の古川川口があり行徳船の出入の川口だった。新中川は延長八〇八九m、幅一四八m、土地四〇万坪が潰れた。

新浜【しんはま】塩田として新たに造成された土地。塩場《しょば》の名称として用いる場合は「しんはま」とする。例、巽沖通新浜《たつみおきどおりしんはま》、あるいは単に新浜《しんはま》。新浜とは新たに開拓された塩浜。地名・固有名詞・固有名詞の一部とする場合は「にいはま」とする。例、新浜《にいはま》一丁目、新浜《にいはま》小学校、新浜《にいはま》通り、新浜《にいはま》鴨場。新浜《しんはま》の造成にあたっては塩田地盤の築造が重要。瀬戸内塩田地盤は上層に細砂、下層に粗大砂粒、最下層が粘土であるのに対し行徳塩浜では粘土混じりの砂地で下層が天然粘土であり開発地の見立ては重要だった。粘土地は粗大砂粒に比して潮水の浸潤が不足するため近辺の荒目砂を粘土地盤の上に敷き、その上に細砂を散布した。毛細管現象が顕著なのはまず第一に荒目砂であり、砂が不足の場合は海中から掘り上げて地盤面に積み固めて使用した。したがって行徳での塩浜作業にあたっては細砂を塩田面に撒き、荒目砂に浸潤した潮水を細砂に付着・乾燥させる作業が欠かせなかった。人工地盤を造成する場合は、下層に粗大砂層約五寸、中層に荒砂層約四寸、上層に細砂層二寸、最上層に撒砂と同質の砂層約二寸を造成した（『塩の日本史第二版』）。行徳では洪水などが度々あり、泥水で塩田が埋まってしまうとその復旧が大変だった。復旧をあきらめて荒浜として放置されることも多かった。新浜での塩つきは生産が軌道に乗り天気快晴であれば午前一〇時には塩の結晶が砂に着いた。古浜の場合の塩つきは午後二時頃になる。

新場山公園【しんばやまこうえん】 市川市塩焼四丁目四番。区画整理でできた公園。新場とは大新場という塩場の名称。江戸時代中期以降の塩浜跡地。明治・大正の頃は狐が獲れた。新場山といわれた小高いところ。ねずみのテンプラをあげていると狐がたくさん出てきた話（『市川の伝承民話第一集』）。

新道【しんみち】 行徳から八幡までの道を新道と呼ぶこともあるが、徳川家康が命じて開かせた道は一本松から佐倉道（国道一四号線、千葉街道）までの直線道路。慶長年間（一五九六～一六一五）関東郡代伊奈備前守忠次が開く。約一五三〇m。一本松は現市川市稲荷木三丁目二二番の北側角、京葉道路橋脚脇で側に一本松バス停がある。ここに正徳三年（一七一三）一一月一六日建立の道標があり「これより右やわたとうり　これより左市川国分寺みち」とあり、この地点が新道の分岐点。一本松から佐倉道までの間は寛永～元禄にかけて行徳地域で最も早く水田耕作が開始された地域であり、新道の両側には万石の眺めといわれた穀倉地帯が広がっていた。また、寛永八年（一六三一）に銚子からの鮮魚を江戸へ運ぶための産業道路として、現在の木下街道を整備し新道を通って荷を本行徳まで馬で運んだ。「一本松」「なま道」の項を参照。

新湊村【しんみなとむら】湊新田。元禄（一六八八～一七〇三）年中、故あって一村となり公儀へ新湊村と書き上げた（『葛飾誌略』）が実態としては以前より存在したと思われる。元禄一五年の検地では湊新田村となっている。

神明社【しんめいしゃ】神明宮。神明神社。神明とは祭神としての天照大神《あまてらすおおみかみ》の特称。中世以降、伊勢神宮の神霊を祀った神社。本行徳一番にある神明神社（豊受神社）は大永七年（一五二七）に金海法印が伊勢内宮の土砂を本行徳中洲の地に運び勧請したものと伝える。寛永一二年（一六三五）塩浜一五カ村の寄進により現在地に遷す。行徳塩浜の総鎮守。四丁目と本塩の神明社（豊受神社）は御旅所。「行徳・南行徳の神社」の項を参照。

神輿公園【しんよこうえん】市川市塩焼三丁目一〇番。区画整理でできた公園。

す

水神祭り【すいじんまつり】市川市湊一番の北側角にある水神宮例祭。毎年六月三〇日の夕方から九時半頃まで湊自治会主催、六〇〇〇人以上の人出。舟運の繁栄と安全、水難防止祈願。水神様の世話人を昔から「火守り」という。水神宮は祭礼河岸（行徳河岸）跡地の一角にある。平成一六年（二〇〇四）からは六月の最終土曜日に変更。『行徳郷土史事典』『行徳歴史街道』を参照。

水道【すいどう】上水道。千葉県は昭和八年（一九三三）五月三一日、県営水道事業を可決、同年六月三〇日、創設水道事業（古ヶ崎浄水場、千葉浄水場）認可申請、同年一〇月、東葛飾郡市川町国府台水道組合と南行徳町所在の江戸川水

道㈱を買収（行徳、南行徳の一部地域は昭和初期に水道があった）、昭和一一年（一九三六）六月、給水装置工事開始、同一二年七月三〇日、南行徳業務所設置、給水始まる。一世帯一カ月の使用水量一〇㎥の基本水量料金は、給水管の口径一三㎜までは一円三〇銭。なお、当初の創設水道事業区域は、千葉市、松戸町、市川市、船橋市、津田沼町、幕張町、行徳町、南行徳町、浦安町だった。

水馬訓練【すいばくんれん】水馬とは乗馬で水を渡る法。馬を水中に乗り入れ、馬の脚が立たない深みでは兵もともに泳ぐ。訓練では鞍、鐙を外し手綱だけの裸馬にし兵もふんどし一つの裸で乗る。明治三四年（一九〇一）一〇月四日、国府台に駐屯していた習志野騎兵第一〇連隊付属分隊は、水馬訓練のため東葛飾郡新井村地先海岸万年屋の土手（現行徳高校、ハイタウン塩浜前の丸浜川の堤防付近）から下り干潮の干潟で突撃訓練を実施、行徳、浦安の漁民の漁場争いを未然に防ぐ。同三七年、日露戦争に出征。『行徳歴史街道』を参照。

鈴木金堤【すずききんてい】「行徳金堤」の項参照。

せ

製塩季節【せいえんきせつ】一～三月＝塩滴少なく、四～五月＝雨天などのため塩滴る暇なし、六～七月＝盛業、八～一〇月＝稲作取収め農業のため休業、一一～一二月＝塩滴少なし。元禄頃（一六八八～一七〇三）は四～八月まで五カ月間を製塩季節としていた。明治三八年（一九〇五）塩専売当時の調査では、一カ年の採鹹日数は、行徳一五〇日・赤穂二一〇日・三田尻二四〇日・味野三〇〇日。行徳塩田一町歩当たり月別鹹水採取量、季節外二〜三月＝一一四石、最盛季節四〜五月＝三一八石、同六〜七月＝四〇九石、同八〜九月＝三六三石、季節外一〇〜一二月＝一九六石、合計一四〇〇石。「鹹水」の項を参照。「塩の儀六月・七月暑気強く御座候節第一に相稼ぎ、八月・九月・一〇月頃は稲作の取収め百姓手隙もなく、一一月・一二月・正月・二月・三月は塩垂候事滴少なく漸々仕り当一はい位に罷り成り、四月・五月は例年雨天打ち続き塩垂百姓男女共に手を空く仕罷り在り候、塩の儀一日雨降候へば休み三四日照続き申さず候ては塩稼ぎ罷りならず候」（『塩浜由緒書』）。弘化二年（一八四五）の格外塩稼薄必至と難渋至極の年柄の七カ月の例「当巳年の儀は正月中より晴天稀の儀にて同月は塩干方仕り候日数五日塩垂日数二ならてはこれ無く、二月は砂干八日塩垂七日、三月は砂干八日塩垂六日、四月は砂干塩垂共九日ツヽ、塩稼肝要の五月は砂干四日塩垂二日、六月は砂干九日塩垂七日、七月は砂干塩垂共四日宛、右の通り正月より七月迄七ヶ月間砂干日数合四十七日、塩垂同三十七日、この七ヶ月平均壹ヶ月砂干六日塩垂五日余に相当……」（『下総行徳塩業史』）とあり。

製塩地整理【せいえんちせいり】明治三八年（一九〇五）一月一日の塩専売法公布後、新規の製塩を許可せず、さらに明治四三年（一九一〇）一一九二町歩余、同四四年、五七七町歩余の製塩地整理を断行、昭和四年（一九二九）九月三〇日、製塩が禁止された。行徳塩田はすでに専売法の実施と大正六年（一九一七）の大津波による被害で整理されるべきものほとんどなく、わずかに製塩業者五、製造場数五、反別一三町五反を残すのみだった。廃業あるいは整理された塩田は水田となるまでは一〇年の歳月を要し、水利に恵まれた本行徳方面では比較的早く水田となったが、海岸近くでは葦原や湿地帯として放置され、一部は養魚場となっていた。「塩専売法」「大正六年の大津波」の項を参照。

正塩納【せいえんのう】 現物の塩で塩浜年貢を納めること。行徳塩浜の塩浜年貢永は寛永六年（一六二九）の検地からは五分の四が金納、五分の一が正塩納（塩で物納）、元禄一五年（一七〇二）の検地からは四分の三を金納、四分の一を正塩納。寛永年中（一六二四〜四三）の取り決めで一両につき五斗入り俵二〇俵の積もりで上納、ただし、村方では六斗俵を斗立して五斗俵として上納し、この石は一二石となっていた。なお、換算比率としてはその村方の塩浜永一貫につき、五分の一塩納では四俵、四分の一塩納では五俵を乗ずれば正塩納の俵数が出る。行徳から納付された年貢塩は、最終的には代官屋敷で手付金として質金五〇両を納めれば、誰でも入札でき江戸市中に販売された。寛文一二年（一六七二）〜貞享四年（一六八七）までの一五年間で八回記録。寛文一二年正月二三日、同一三年五月二五日、延宝七年七月二三日、五年分一万二〇〇〇俵余、同九年一〇月三日、二四二四俵、天和二年閏五月一〇日、二年分三五二八俵、同三年一一月二日、貞享元年一一月二日、同四年一〇月二二日。「塩浜年貢」の項参照。

製塩用具【せいえんようぐ】 採鹹用具と煎熬用具がある。名称、①用途②一町歩当たり必要個数③保存期限は次の通り。巻末に絵図を示す。

一、採鹹《さいかん》用具

鍬《くわ》、ハマ鍬 ①場面に砂を投げ散らす②四 ③三年

鋤《すき》、行徳ボソ①場面に砂を投げ散らす、溝

を掘る②二③一年
タブ、タボ　①場面を平らに砂を挽きたてる②四③一年
砂干板、干板①まとめた砂を平らにする②三〇③一年
砂払竹、払竹①場面へ散らした砂を払い散らす②二〇③一年
玄蕃桶《げんばおけ》、玄蕃①溝より潮水を汲む②一③七年
カエギ、カイギ(柄杓)、コヅ柄杓①場面へ潮水をそそぐときに使う②三③一年
砂寄板、寄板(コマイ板)、大寄板(オオマイ板)①場面へ乾いた砂をまとめる②三〇③一年
桶、塩場桶　①塩水を砂ごしで取る②一一〇③五年
簀《すのこ》、サナ　①砂ごしにするとき桶の上に置く②一一〇③五年
垂笊、塩場笊①塩水を砂ごしにする②一一〇③一年半
掃板　①垂笊へ砂を盛る②二七③一年
釣瓶　①潮水を溝から汲みとり砂ごしするのに使う②二③一年半
水澄、スマシ、アテコ①潮水を砂に入れるとき、笊へ平らに水の廻るように使う②七③一年
荷桶、担ぎ桶①塩水を塩舟に運ぶ②六③五年

二、煎熬《せんごう》用具

結晶釜、塩焚釜①塩を焚いて製造②一③修繕しながら一〇年
苦汁釜　①苦汁中に残留する塩分を結晶させるため②一③修繕しながら五年
揚笊　①出来塩を盛り苦汁を取り去

るのに使う②五〇③一年

伊達笊　①出来塩を揚笊に入れる②二③半年

大掻取　①結晶した塩を釜の左右に掻き寄せる②二③半年

小掻取　①掻き寄せた塩を伊達笊に入れる②二③半年

こび掬　①煎熬中にこびを取る、鉄製②一③修繕しながら二年

こび剥　①煎熬中にこびを取る、鉄製②一③一年

泡取　①煎熬中に泡を取る、木製②二③一年

泡寄　①煎熬中に泡を取る、木製②二③一年

笊受簀　①揚笊を乗せ苦汁を取る②八③五年

笊受輪　①揚笊を乗せ苦汁を取る②八③五年

精密水準点【せいみつすいじゅんてん】　水準点とは、土地の高さを測る際に基準とする点。全国の主な道路に沿って約二㎞ごとに設け、ここに花崗岩の水準標石を埋設してある。精密水準点はさらに地域を限定して細かく測量するための水準点。市川市では地盤沈下を調査するため市内七〇地点の水準点で昭和三八年(一九六三)から測量を継続している。「地盤沈下」の項参照。

西連河岸【せいれんがし】　セイレン。貨物埠頭である行徳河岸(祭礼河岸)の別称。「西連河岸といふは、西連といふ法師住みたる故にいふと」と『葛飾誌略』にある。西連法師については不詳。大正時代(一九一二〜二六)、現在の押切排水機場の辺りの江戸川に面した場所で、上流側

に「セイレンの河岸」があり下肥船が着いて積替えをした。当時の押切水門はもっと奥で行徳街道から一〇mほどの場所にあり、肥やし船は行徳街道をくぐって内匠堀へ出て行った。押切水門の近くに「セイレン」「セイゾウ」などの屋号を持つ家があった。

煎熬【せんごう】 塩焼き。濃厚塩水(鹹水)を煮詰めて塩の結晶を抽出すること。松葉焚で一昼夜に四釜から五釜を焚き一釜で塩二石を得る。二週間で釜が老い水漏れが生じ三週間で破壊する。それまでに出來塩一九〇石を生産できる。一釜につき鹹水五石で塩一石一斗~一石八斗、一昼夜では鹹水二〇石より塩五石七斗一升四合を得る。また、塩田一町歩一カ年の平均煎熬日数一四〇日、製塩総量三九九石九斗八升であり一日あたり二石八斗五升であるから行徳塩浜全体の平均は一昼夜二釜焚と分かる。「鹹水《かんすい》」の項を参照。

銭湯【せんとう】 ふろや。湯屋。文化一〇年(一八一三)頃の本行徳には各丁目ごとに銭湯があり、多くは江戸川端にあった。上潮時の逆流を堰入れるので湯水ははなはだ潤沢でとても清かった。東武(江戸方面)の銭湯より抜群に増さり、湯銭は五銭だった。ただし、男女混浴だった。明治以後、キリップと呼ばれる石積みの堤が堤防から川中へ突き出ていた。それは堰の上手にあり、上潮で海水に押し戻されて海嘯となった真水を、キリップで受け止めて堰へ導いて屋内へ取り入れていた。

千本松【せんぼんまつ】 加藤新田、儀兵衛新田の潮除堤に植えられていた松(汐垂れ松)をいう。幸、宝地域にある中江川沿いにもたくさんの松があった。区画整理によってできた公園に植えられた松はその名残。「汐垂松」の項を参照。

そ

宗長【そうちょう】「柴屋軒《さいおくけん》宗長《そうちょう》」の項を参照。

総武鉄道【そうぶてつどう】明治二二年（一八八九）二月八日、総武鉄道㈱創立、同年四月一九日仮免状交付、本所から市川・船橋・千葉・佐倉・八街までの六二・八km。当初計画は本所・行徳・船橋の路線。小松川村、行徳町の協力得られず、また国府台に陸軍教導団屯営があったことから本所、市川、船橋の路線に変更。明治二七年（一八九四）七月二〇日、市川―佐倉間四〇・二kmが開通、十二月九日、本所―市川間一〇・五kmが開通。開業当時の駅、本所（錦糸町）・亀戸・市川・船橋・幕張・千葉・四街道・佐倉の八駅。運賃は上中下に分かれ下等で本所から市川までが八銭、船橋まで一四銭、千葉まで二七銭、佐倉までが四〇銭。明治三三年（一九〇〇）本所―両国間一・五km開通。明治四〇年八月、全線の複線化完了、九月一日、人員一〇六四名、車両四一九両ともに政府に買収され国鉄総武線となる。乗客数は、明治二七年、二〇万人、同二八年、一〇〇万人、同四三年、五一四万人。

外堤【そとつつみ】「本堤」の項を参照。

た

代官【だいかん】行徳領においては江戸幕府の役人で、幕府直轄地を支配し年貢収納その他民政をつかさどった。勘定奉行の配下。郡代は「関東郡代」の項を参照。代官は禄高二〇〇石～五〇〇石の旗本で中・下層の武士。代官の食禄（役高）は一五〇俵高が普通だった。村人にとっては最も権威ある支配者。多くは一代限りであり陣屋を構えた。はじめ五万石位の支配所が預けられ、成績により一〇万石以上を支配することもあった。代官の下には、手付（御家人から選抜）、手代（土着した地役人から選抜し代々世襲が多い）、書役（手代の子など、秀でたものは手代に昇格）がいた。行徳・南行徳地域の代官名と年次は次の通り（『市川市史』）。●【行徳領塩浜村々】伊奈半左衛門（延宝八年、一六八〇）、平岡三郎右衛門（元禄一六年・宝永元・二年、一七〇三～一七〇五）、南条金左衛門（宝永五・六・七年・正徳元年、一七〇八～一七一一）、松平九郎左衛門（正徳五年・享保二・五年、一七一五・一七一七・一七二〇）、小宮山杢之進（享保六～一〇、一三～一七年、一七二一～一七二五、一七二八～一七三二）、疋田庄九郎（享保一九年、一七三四）、伊奈半左衛門（享保二〇年・元文三年・寛保元・二年、一七三五・一七三八・一七四一・一七四二）、柴村藤右衛門（寛保三～寛延二年、一七四三～一七四九）、舟橋安右衛門（延享三・四年・寛延元・三年、一七四六～一七四八、一七五〇）、伊奈友之助（天保六・七年、一八三五・一八三六）、竹垣三右衛門（安政四年、一八五七）●【妙典】吉田佐太郎（慶長元年、一五九六）●【上妙典】小野田三郎右衛門（寛政八年、一七九六）、竹垣三右衛門（文化一〇年・安政三年、一八一三・一八五六）、荒井平兵衛（文政一二・一三年、一八二九・一八三〇）、伊奈友之助（天保四・七年、一八三三・一八三六）、青山録平（天保末年・嘉永二年、一八四三・一八四九）、斎藤嘉兵衛（嘉永四年、一八五一）、林部善太右衛門（安政六年、一八五九）●【下妙典】伊奈半左衛門（安永三年、一七七四）、小野田三

郎右衛門（寛政八年、一七九六）、中村八太夫（享和二年、一八〇二）、竹垣三右衛門（文化四・五・九・一〇・一一年・嘉永五年・安政二・三・四年、一八〇七・一八〇八・一八一二〜一八一四・一八五二・一八五五〜一八五七）、竹垣庄蔵（文化一二年、一八一五）、荒井平兵衛（文政一一・一二・一三年、一八二八〜一八三〇）、伊奈友之助（天保二・四・五・七・九・一一年、一八三一・一八三三・一八三四・一八三六・一八三八・一八四〇）、青山録平（天保末年・嘉永二年、一八四三・一八四九）、青山九八郎（弘化二・四年、一八四五、一八四七）、斎藤嘉兵衛（嘉永四年、一八五一）、林部善太左衛門（安政五・六年、一八五八・一八五九）●【河原】荒井平兵衛（文政一二年、一八二九）、青山録平（天保末年、一八四三）、竹垣三右衛門（安政三年、一八五六）●【下新宿】荒井平兵衛（文政一二年、一八二九）、伊奈友之助（天保四年、一八三三）、竹垣三右衛門（安政三年、一八五六）●【本行徳】伊奈半十郎（寛永六年、一六二九）、近山六左衛門・万年長十郎（天和元年、一六八一）、平岡三郎右衛門（元禄一五年、一七〇二）、竹垣三右衛門（文化一〇年・安政三年、一八一三・一八五六）、荒井平兵衛（文政一三年、一八三〇）、伊奈友之助（天保四年、一八三三）、青山九八郎（弘化二年、一八四五）、青山録平（嘉永二年、一八四九）、林部善太左衛門（万延元年、一八六〇）●【加藤新田】竹垣三右衛門（文化一〇年・安政三年、一八一三・一八五六）、青山九八郎（弘化二年、一八四五）、青山録平（嘉永二年、一八四九）●【儀兵衛新田】青山九八郎（弘化二年、一八四五）、青山録平（嘉永二年、一八四九）、竹垣三右衛門（安政三年、一八五六）●【関ケ島】竹垣三右衛門（文化一〇年・安政三年、一八一三・一八五六）、川崎平右衛門（文政一三年、一八三〇）、青山録平（嘉永二年、一八四九）●【伊勢宿】竹垣三右衛門（文化一〇年・安政三年、一八一三・一八五六）、川崎平右衛門（文政一三年、一八三〇）、青山九八郎（弘化二年、一八四五）、青山録平（嘉永二年、一八四九）●【押切】竹垣三右衛門（文化一〇年・安政三年、一八一三・一八五六）、荒井平兵衛（文政一三年、一八三〇）、青山録平（嘉永二年、一八四九）●【湊】竹垣三右衛門（文化一〇年・安政三年、一八一三・一八五六）、荒井平兵衛（文政一三年、一八三〇）、伊奈友之助（天保四年、一八三三）、青山録平（嘉永二年、一八四九）●【湊新田】竹垣三右衛門（文化一〇年・安政三年、一八一三・一八五六）、荒井平兵衛（文政一三年、一八三〇）、伊奈友之助（天保四年、一八三三）、青山録平（嘉永二年、一八四九）●【欠真間】竹垣三右衛門（文化一〇年・安政三年、一八一三・一八五六）、荒井平兵衛（文政一三年、一八三〇）、伊奈友之助（天保四年、一八三三）、青山九八郎（弘化二年、一八四五）、佐々井半十郎（慶応二年、一八六六）●【新井】荒井平兵衛（文政一三年、一八三〇）、伊奈友之助（天保四年、一八三三）、青山録平（嘉永二年、一八四九）、竹垣三右衛門（安政三年、一八五六）●【高谷】伊奈半十郎（寛永一四・一八年・正保三年、一六三七・一六四一・一六四六）、伊奈半左衛門、承応三年・明暦元年・寛文三年、一六五四・一六五五・一六六三）、伊奈左門（延宝二年、一六七四）、近山六左衛門・万年長十郎（天和三年、一六八三）、池田新兵衛（天和三年・貞享三年・元禄元年、一六八三・一六八六・一六八八）、平岡三郎右衛門（元禄二・三・四・五・八・一六年・宝永三年、一六八九〜一六九二・一六九五・一七〇三・一七〇六)、南条金左衛門(宝永六年・正徳二年、一七〇九・一七一二)、松平九郎左衛門(享保三年、一七一八)、小宮山杢之進(享保一一・一二・一三年、一七二六〜一七二八)、竹垣三右衛門(文化一〇年・安政三年、一八一三・一八五六)、荒井平兵衛(文政一三年、一八三〇)、伊奈友之助(天保四年、一八三三)、青山録平(天保末年・嘉永元・二年、一八四三・一八四八・一八四九)●【田尻】近山六左衛門・万年長十郎(天和元年、一六八一)、竹垣三右衛門(文化一〇年・安政三年、一八一三・一八五六)、荒井平兵衛(文政一二・一三年、一八三〇・一八三一)、伊奈友之助(天保四年、一八三三)、青山録平(天保末年・弘化五年・嘉永二年、一八四三・一八四八・一八四九)●【稲荷木】荒井平兵衛(文政一二年、一八二九)、伊奈友之助(天保四年、一八三三)、青山録平(天保末年、一八四三)、竹垣三右衛門(安政三年、一八五六)●【大和田】荒井平兵衛(文政一二年、一八二九)、伊奈友之助(天保四年、一八三三)、青山録平(天保末年、一八四三)、竹垣三右衛門(安政三年、一八五六)。

大正六年の大津波【たいしょうろくねんのおおつなみ】大正六年(一九一七)一〇月一日未明に襲来した津波。九月二四日、南洋パラオ群島に発生した台風は関東地方通過時に最低気圧七一四ミリバール、風速四三m、南の烈風が三時間にわたって吹き、利根川では二六日より豪雨が続き江戸川は洪水となり水位が高かった。一〇月一日、東京湾の海面は低気圧のため一尺九寸も盛り上がり、台風の北上とともに海水が吹き寄せられ三mを超す高さになり、遠浅の行徳沖に近づくと海嘯(海面が壁のようにそそり立つこと)となった。第一波の大津波は午前四時三五分、第二波は午前五時四五分に襲った。第一波では江戸川の洪水の水が逆流、海岸堤防と江戸川堤防を破壊、第二波では一年でもっとも潮位の高くなる大潮の満潮時間と重なり、行徳の海岸堤防は完全に乗り越えられて（総越しという）破壊された。本行徳の江戸川筋の最高水位、一〇月一日午前五時四〇分一二・九五尺（約三・九m）、浦安町同午前五時五分一三・五〇尺。堤防決壊、行徳町五四一間（約九四八m）、南行徳村一七二間（約三一三m）、浦安町一八三七間（約三三四三m）、浸水の高さ、行徳町役場床上約二尺、行徳小学校校舎床上二尺、本行徳堤防上三〜四尺、妙典・塩焼町（現本塩）方面床上約四尺五寸、南行徳村役場床上三尺、了善寺方丈床上約六尺、同本堂四尺、ただし同所における安政三年（一八五六）八月二五日の大津波は方丈床上二尺六七寸、明治四四年（一九一一）の大洪水では同一尺五六寸、浦安町小学校教員室床上四尺一寸、北教場床上四尺五寸、校庭約七尺、堀江の中位の地盤にて二階から舟に上がる。【行徳町の被害】死者一三、ケガ人一五、行方不明一、流出家屋七二、全壊三九、半壊三六一、床上浸水一二七七、床下浸水一〇二、学校全壊二、社寺半壊二【南行徳村の被害】死者六、ケガ人五、行方不明〇、流失家屋九、全壊三一、半壊一五三、床上浸水五八八、床下浸水五、学校半壊二、社寺工場流失一、同半壊一〇、船舶の損害、行徳町・南行徳村合計流失一、破損四【浦安町の被害】死者四四、ケガ人一一五、行方不明二、流失家屋三〇五、全壊七八、半壊六一、床上浸水一六八八、床下浸水一七、学校全壊一、社寺工場流失五、同全壊一一、半壊六、船舶流失一六八、破損二九七。浦安・南行徳・行徳からの流失家屋合計三九二は各所の耕地に散積したほか、現在のJR総武線のかつての土盛りした線路（浦安からの距離およそ一〇㎞）に流れ着くほどの惨状だった。三町村の水田の被害、収穫皆無及び五割以上の減収、行徳町六八〇〇石、南行徳村二五〇〇石、浦安町三二四〇石、畑作は三町村とも収穫皆無。海苔養殖の被害、海苔ヒビすべて流失、流失及び使用に耐えない海苔簀一一万五七七枚、流失干場用杉丸太三万四〇三本、同竹四万六三〇二本。製塩の被害甚大、塩田は泥水をかぶり泥濘沈澱、潮除堤決壊回復困難、塩竈屋その他諸道具流失。行徳・南行徳・船橋の製塩三町村の被害は、製塩九万四〇七四斤（一斤＝一六〇匁＝六〇〇グラム）、鹹水四四二五石、石炭五八万九一二〇斤、松葉六二五〇束、粗悪塩三一万七二六〇斤、苦汁三四〇九石、叺八一五九枚、縄七二七杷、塩場桶六二一〇個、塩場笊七四九二、鹹水溜六六四、アゲ場三四三、堤防二三七五間（官堤除く）、塩田地盤一四二町五反一歩、塩田溝渠二万六四〇〇間、苦汁桶一五三、煙突四三、製塩場四二、納屋八、被害見積価格合計一三万六五一〇円六銭、内行徳町のみで五万六〇〇〇円超だった。大津波前の大正五年における行徳町の製塩業者三六、製塩場数四〇、反別七四町二反四畝一九歩、結晶釜数四七、製造高二、五〇七、四四〇斤（八〇斤入り叺で三万一三四三叺）、同一〇年の製塩業者一三、製造場数一七、反別四〇町歩、結晶釜数二二、製造高三六〇、六〇〇斤（八〇斤入り叺で四五〇七叺）で製塩業を回復できず行徳塩田は昭和四年（一九二九）九月三〇日、第二回製塩地整理により消滅する。大津波後、罹災救助基金法、災害復旧のための義援金、皇室その他からの下賜金など多数あり、水害地復旧作業のため陸軍工兵第一大隊が出動し堤防復旧、小学校校舎の整理にあたった。この大惨事にあたり任侠挺身し危険を顧みず私財を投げ打ち漂流者その他の救助にあたり千葉県知事の調査により報賞された者は次の通り。《行徳町本行徳》萩原銀次郎、渡邉勘藏、勝田幸藏、村田淺次郎、野地周藏、片野榮太郎、松丸増治郎《行徳町妙典》石川常吉《同下妙典》篠田重四郎、篠田友吉、《南行徳村新井》宮崎繁太郎《南行徳村欠真間》吉田廣宜、矢嶋徳次郎、矢崎喜太郎、矢嶋勘吉、《南行徳村押切》片岡元吉、荒井岩吉、岩瀬金次郎。各町村とも役場吏員、消防組、軍人会その他の団体有志が出て炊き出し、片付け、飲料水確保、救助などにあたった。

太子講【たいしこう】聖徳太子を奉賛する講。江戸時代からは大工職人らの間で盛んになった。明福寺（江戸川区江戸川三丁目八番一号）に太子堂があり、親鸞聖人が所持したと伝える聖徳太子の僧形立像と毘沙門天と観音菩薩が安置されている。《堂額》「印　太子堂　深川三井親和書」「寄贈須賀善太郎」。三井親和は江戸末期の著名な書家。太子堂は明福寺が別当で太子は古来曲尺の師、職人の祖と崇められ、職方の講が小岩・葛西・浦安方面で続けられている。聖徳太子のご命日は二月二二日で月遅れの三月二二日に例祭がされたが現在は四月の第三土曜日と日曜日に勤められている。行徳では大工・畳屋・左官・表具師・鳶・瓦製造などの職人が集まり、相之川から神主を迎えて行われ、旅行なども実施している。聖徳太子の掛け軸は明福寺から安政四年（一八五七）に迎えたものという。

鷹狩【たかがり】飼い慣らした隼、大鷹などの鷹を使って鶴・雁《ガン》・鶉《ウズラ》・雉《キジ》などの鳥や小獣を捕える狩り。古く朝鮮から伝来、公家・武家の間で行われた冬の行事。徳川家康は生涯千回もの鷹狩をしたとされる。慶長一九年(一六一四)正月七日、大御所家康は小松川村（現在の江戸川区）を中心に狩りをし、葛西の青戸御殿（現在の葛飾区青戸）に止宿、翌八日、狩りをしながら今井の渡しで江戸川を越えて行徳を通過し船橋に至る。九～一六日まで東金で狩りをしながら滞在。一七日、葛西にて狩り。一八日、江戸へ戻る。鶴一一二、白鳥八を得る。船橋と東金に御殿を設置、東金には特に代官を置く。秀忠は元和三年（一六一七）～寛永八年（一六三一）までの間、東金へ六回、葛西へ三回来ている。家光は葛西の小松川村を中心に狩りをした。八代将軍吉宗は享保二年（一七一七）～寛延四年（一七五一）までの三五年間で、小松川村を中心に葛西領で七六回の狩りをした。

高潮【たかしお】強風や気圧の急変により海水面が異常に高まり、海水が陸上に浸入すること。海嘯。

高瀬船【たかせぶね】川船。舳先《へさき》が高く上がり底が平らな平底縦長の運送船。川を遡るときに風がないときは曳綱で人が曳いた。関宿から江戸川を下る高瀬船はおよそ四〇〇俵積み、船頭四人乗り、二四トン、長さ約四七尺(約一四m)、銚子—関宿—江戸川の約五〇里（二〇〇km）を順調に行って三日間で走った。長さ二五・五mの最大級の船でも空船なら三〇cm、五〇〇〇俵の米（三〇トン）を積んでも九五cmの水深があれば航行できた。高瀬船の寿命は一五～二〇年。高瀬船一艘で一町株と誇った好収入。馬で運ぶと馬一六〇頭分。利根川上流の上州倉賀野河岸からの享保九年（一七二四）頃の船積み実数は米にして三六〇〇トン、二万四〇〇〇石で、江戸からの便には行徳塩などが着き、馬の背に乗せて二万四〇〇〇駄を運んだ。流山からは松葉・松枝・薪などを高瀬船に積んで下り行徳河岸へ着けた。

高橋【たかばし】江東区高橋一番。隅田川から万年橋・高橋・西深川橋と続く小名木川に架かる二本目の橋。土地の名称。明治から昭和初期まで汽船原発場があり、高橋から行徳への汽船の起点として賑わう。行徳や浦安の行商人はここで下りた。原発場を管理した内国通運（のちの日本通運）深川支店は明治三二年（一八九九）頃には汽船二〇余隻、和船三〇余隻を所有した。通運丸は明治一〇年就航、外輪蒸気船。

高橋虫麻呂【たかはしのむしまろ】姓《かばね》は連《むらじ》。奈良時代中期の歌人。養老三年（七一九）常陸国主藤原《ふじはらの》朝臣《あそん》宇合《うまかい》に同行し常陸国《ひたちのくに》に駐在。勝鹿の真間娘子を詠む歌一首並びに短歌（ただし現代語訳）。わが国に昔あったという話として、今まで絶えず語り伝えて来ている、葛飾の真間の手児奈が、麻衣に青い襟をつけ、麻を裳に織って着て、髪の毛すらも掻きけずらず、はき物すらはかずに（粗末ななりをして）いるのだが、錦の綾の中につつんだ、大切にしている子供も、この手児奈にどうして及ぼうか。満月のように欠けるところのない顔だちで、花のようにほほえんで立っているので、夏虫が灯に入るように、湊に入ろうと舟を漕ぐように、寄り集まって求婚する人々があれこれと言い騒ぐときに、どれほども生きていることはなかろうに、何としてであろうか、手児奈は自分の身を思い知って、波の音のざわざわとする湊の墓に、（投身して）臥せっているという、昔の出来事が、昨日実際に見たように思われる。（反歌）万葉集巻九１８０８「勝鹿の真間の井見れば立ち平《なら》し水汲ましけむ手児奈し思ほゆ」（葛飾の真間の井を見ると、いつもここに立って水を汲んだという手児奈が思われる)。

内匠堀【たくみぼり】一名浄天堀。元和六年(一六二〇)狩野浄天・田中内匠、公に訴訟し免許を得てこれを開く。開削年代不詳。水源とされてきた鎌ヶ谷市囃水《はやしみず》(『葛飾誌略』は「下は当代島村より上は……道野辺村囃水の池にして続く」と記し、必ずしも囃水の池を水源とはしていないことを注記しておく)から八幡圦樋までが寛永までに、圦樋から稲荷木・田尻までが元禄までに、河原・妙典・本行徳辺から当代島までが元禄検地前後までの開削か。川幅二間(三・六m)、水深二〜三尺。全長約一五㎞。浦安市当代島から八幡圦樋(国道一四号線脇の市川東消防署付近)まで四三一四間(約七八五一m)。農業用水路。現在は暗渠になり道路と歩道。行徳の内匠堀は行徳橋と新行徳橋の間から始まり河原一三番で暗渠となり、徳願寺と妙応寺の間を通り長松寺・常運寺・法善寺・妙覚寺横を抜け、おかね塚・光林寺・法伝寺・源心寺の前を進み南行徳小学校横から了善寺裏を通って、新井から浦安市川市民病院前まで直進して当代島の船圦川緑道入口の信号に達する。実際の用水路は当代島からさらに延びて猫実から境川へ排水するように繋がっていた。囃水については「人寄りてはやせば、即水高く涌き出る也、甲斐なし、今少し、といへば、猶々高く沸き上ると也」(『葛飾記』)とある。

駄賃【だちん】馬に荷を乗せて運送したときの運び賃。馬一頭四〇貫(一五〇㎏)を積み本馬という。人が乗る場合は合計で四〇貫まで、軽尻(空尻)とは人が乗って荷をつけないもので五貫目までの荷は積める。人が乗らなくても二〇貫までの荷は軽尻といい、荷だけを荷軽尻、人が乗ったのを乗軽尻という。八幡宿の公定賃は次の通り。

定

一　八幡よりの駄賃並びに人足賃銭

小岩迄　荷物一駄　五十三文

乗掛荷人共　同断

軽尻馬一疋　三十七文

人足一人　二十八文

新宿迄　荷物一駄　八十九文

乗掛荷人共　同断

軽尻馬一疋　五十九文

人足一人　四十四文

船橋迄　荷物一駄　五十八文

乗掛荷人共　同断

軽尻馬一疋　三十七文

人足一人　二十九文

泊々木賃銭

主人一人　三十五文

召使一人　十七文

馬一疋　三十五文

右之通可取之、若相背は、可為曲事もの也、

正徳元年五月　日　奉行

正徳元年は西暦一七一一年。本行徳については明和六年（一七八六）の「本行徳村明細帳」（『行徳歴史街道』に収録）に次の記載がある。

本行徳より船橋まで道法二里八町

人足一人　四十一文

本馬一疋　八十二文

半馬一疋　六十八文

軽尻一疋　四十六文

本行徳より八幡まで道法一里

本馬一疋　四十五文

半馬一疋　三十四文

軽尻一疋　二十九文

人足一人　　二十三文

田中内匠【たなかたくみ】　田中重兵衛、十兵衛とも。善福寺の法篋印塔によれば慶安四年（一六五一）没の人物か。そうであれば九〇歳ほどと推定される。もっと早く二〇〜三〇年前の時代の人物とも思われる。年齢、出処不詳。鎌ヶ谷市の囃水から当代島の船圦川までの内匠堀を開削した人物とされるが不詳。北条氏の浪人と考えられ葛西領小岩村の名主の一人とされる。徳川氏による北条浪人取立て政策により代官吉田佐太郎の配下として行徳塩運送のための船路開削に活躍、のちに当代島の開拓を任されたと考えられる。田中内匠は当代島村草創の家柄である。かつて正保（一六四四〜四七）の頃、江戸川の対岸上流に當代島新田と呼ばれた葛西領当代島村があり、昭和二〇年（一九四五）以前の大正時代は「当代」と呼び当代橋という橋がある。明治時代は東京府南葛飾郡瑞穂村大字當代島村といった。今井橋の上流に位置し薪屋の渡しの渡し先である。この地約一四〜五町歩を開墾したのも田中内匠であり、農作業のための百姓渡しとして利用したのが今井の渡しで、古くからあったこの渡しの権利を内匠が正式に取得したらしく、文化七年（一八一〇）頃にも田中家へ渡し船持ちから上げ銭が支払われていた（『葛飾誌略』）。浦安市当代島の真言宗東海山善福寺を元和五年（一六一九）に田中内匠が建立したとされるが、寺歴では明暦二年（一六五六）興教大師の法孫栄祐の創立と伝える。「今井の渡しの権利譲渡証文」の項を参照。

旅人改番所【たびとあらためばんしょ】　川岸番所。同船会所。行徳船津に寛永九年（一六三二）関東郡代伊奈半十郎により設置される。番所とは江戸時代交通の要所に設けて通行人や船船などを見張り徴税などを行った所。寛永一一年（一六三四）戌《いぬ》九月一七日、三ツ橋十郎左衛門知行の下総国芝田村旅宿七郎兵衛方へ夜盗が入り、翌一八日の朝、当所船場にて二人が召し捕られた。関東郡代伊奈半左衛門（承応二年、一六五三年からの支配なので『葛飾誌略』の記載と合わない）により御褒美として銀三枚と三つ道具（指叉《さしまた》、袖搦《そでがら》み、突棒《つくぼう》）を賜り、以後幕末まで番所脇に三つ道具置場を設置して掲示し、さながら関所の如し。指叉は木製の長柄の先端に鋭い月形の金具がついていて喉頸にかけて取り押さえる道具、袖搦みは長柄の先に多くの鉄叉を上下につけ、袖などにからませて引き倒すための道具、突棒は長柄の先端にたくさんの歯がついたT字型の鉄製の金具が取りつけられ、喉元や胸元に押しつけて行動の自由を奪う道具。川岸番所は同時に船会所であり本行徳村の村役人が詰めている事務所で、江戸時代の商業・行政などの事務をとるための集会所。河原と今井の渡しには番所がないので、船会所から村役人が出張っていた。番所の脇には庇《ひさし》をかけた高札場があり柵がめぐらされていた。有名な高札は次の通り。

定

一、定船場の外、脇にてみだりに往還のもの渡すべからずの事。

一、女人、手負い、その外不審なる者、いずれの船場にても留め置き、早々に江戸に到りて申上げるべく候。但し、酒井備後守の手形これ有るにおいては異議なく通すべき事。

一、隣郷、里負い、苦しからずの者は、その所の給人又はその代官の手形をもって相通すべき事。

一、酒井備後守の手形これ有るといえども、本船場の外、女子、手負い又は不審なる者一切通すべからずの事。

一、すべて別して江戸へまかり越す者は断わるに及ばざる事。

右の條々に相背くやからにおいては厳科に処せらるるべきもの也。

元和二辰八月　日　対馬守

備後守

元和二年とは西暦一六一六年。幕末まで掲示。

反収【たんしゅう】塩浜一反当たりの生産量。元禄一五年（一七〇二）の塩浜反別一九一町七反七畝二四歩、文化一二年（一八一五）は一八四町五反一五歩、文化末年の塩の総生産高三万六八〇〇石とされ、元禄期の総生産高が文化期と大差ないものと換算すると元禄一五年の反収は約一九石一斗八升、文化一二年は約一九石九斗四升となる。宝永七年（一七一〇）の江戸での塩の値段は一石につき銀三八・三匁《もんめ》、米相場八〇・六匁、塩の生産者価格を江戸値段の半分の銀二〇匁として元禄一五年では一反当たり銀三八三匁（金六両と一朱）となる。同年の江戸での日雇の職人手間賃は一日銀一・五匁（銭一〇〇文）だから二五五日分の手間賃に相当する。行徳塩浜の元禄期の日雇賃金は一日で男一〇〇文、女六四文で塩浜稼ぎで年二五五日はとても働けなかったから（およそ六〇〜九〇日稼動）塩垂れ百姓としては天候にさえ恵まれれば十分に利益の出る仕事だった。

ち

地下鉄東西線【ちかてつとうざいせん】東西線は帝都高速度交通営団（略称営団、現、東京メトロ）により地下鉄第五号線として計画され、東陽町―西船橋間（一五・〇km）が建設された。昭和三七年（一九六二）一〇月一九日、中野―東陽町間（一五・八km）の工事着手、同四二年九月一四日、大手町―東陽町間の工事が完了し、中野―東陽町間を七両編成、五分間隔（混雑時は二分三〇秒）で運航開始。その間、昭和四〇年（一九六五）六月、東陽町―西船橋間の延長部分の営業免許を運輸大臣より取得、直ちに工事が開始され、同四四年（一九六九）三月二九日開業され南砂町・葛西・浦安・行徳・原木中山の五駅が開設された。南砂町―西船橋間（一三・八km）は地下鉄の地上高架路線としては最長であり、営業距離三〇・八kmは地下鉄では最長とされた。乗降客の増加に伴い西葛西駅が昭和五四年（一九七九）一〇月一日、南行徳駅が昭和五六年（一九八一）三月二七日、妙典駅が平成一二年（二〇〇〇）一月二〇日に開設された。この間に浦安市では土地改良事業、行徳・南行徳地区では土地区画整理事業を実施して営団の用地買収に応じた。東陽町―西船橋間における用地買収総面積は二二万五二〇六㎡、地権者数約七〇〇名、そのうち五万九六八〇㎡は行徳（下妙典）の車両基地用地であった。地下鉄東西線の開通によって、かつて水駅として栄えた行徳の地は陸駅として発展し、東京日本橋までわずか一七分で結ばれ、人口一五万数千人を擁する大都会となった。

地盤沈下【じばんちんか】昭和三八年（一九六三）～平成九年（一九九七）までの三四年間の地盤沈下累積量は、福栄公園（福栄四丁目一四番）でマイナス二〇一・五cm、源心寺（香取一丁目一六番二六号）でマイナス一〇七・二cm、東西線操車場（妙典六丁目一六番）でマイナス六四・八㎝、に達した。精密水準測量実施以前から顕著な地盤沈下が見られたため実際の沈下量はもっと大きいものと考えられている。昭和五六年（一九八一）から沈静化し現在は沈下は見られない。行徳街道は大きく波打ち、江戸川堤防に亀裂が生じ、鉄筋コンクリート造りの高層建物は階段を付け足し、源心寺では墓石が埋まり、田畑は沼のようになり、農民が区画整理を決断する原因の一つになった。

茶船【ちゃぶね】江戸時代、主として運送に使った一〇石積みの川船。塩俵であれば二〇俵、米俵では二五俵積み。平底船。屋根のある屋形茶船は川遊びに用いた。行徳船は茶船。その他、川遊びの船に飲食物を売りまわる小舟。うろうろ舟。用途別分類は弘化元年（一八四四）の制によると、猪牙船（快速船）と称える茶船、荷足船（貨物船）と称える茶船、伝馬造茶船の大形、中形、小形、茶船の大形、中形、小形があった。茶船の大きさ、運賃などは「行徳船」の項参照。

調【ちょう】みつぎ。律令制の現物納租税の一。大化の改新で田調（面積比）と戸調、七世紀からは成人男子（二一～六〇歳）の人頭税とした。貢納物は繊維製品、海産物、鉱産物などその土地の産物を徴収。下総国では牛の腸や胆などにできる一種の玉である牛黄《ごおう》やムラサキノリなどが運ばれた。下総国は、絹二〇〇疋《ひき》、紺布六〇端《たん》、縹《はなだ》布四〇端、黄布三〇端の外は大部分が麻布だった。絹は、六人分を合成して長さ五丈一尺で一疋、調庸布は、二人分を合成して長さ五丈二尺で一端とした。租庸調。租は、口分田・墾田などに課せられる税。水田一段（基準収穫量上田で稲五〇束、中田で四〇束、下田で三〇束）につき稲一束と五把であり、上田の租税率は三%である。庸《よう》は年に一〇日の労働（歳役）に従事する代わりに正丁一人当たり麻布二丈六尺を納める税。奈良・平安時代には半減されて布一丈四尺または米三斗を納めた。

町村合併【ちょうそんがっぺい】明治一一年（一八七八）当代島・新井・欠真間の三村と、湊新田・湊・押切・伊勢宿の四村は各別の戸長役場に属し、明治二二年（一八八九）の町村合併により行徳町と南行徳村が誕生。新井・欠真間・湊・湊新田・押切の五カ村を統合し南行徳村、伊勢宿・関ケ島・加藤新田・儀兵衛新田・本行徳・下新宿・河原・上妙典・下妙典・大和田・稲荷木・田尻・高谷・二又・原木の一五カ村を統合して行徳町となる。昭和一二年（一九三七）四月一日、南行徳町となる。昭和三〇年（一九五五）三月三一日、行徳町は市川市に合併編入。同三一年一〇月一日、南行徳町、市川市に編入。現在の行徳支所管轄区域は旧南行徳町全域と旧行徳町の内、伊勢宿・関ケ島・本行徳・下新宿・河原・上妙典・下妙典・加藤新田・儀兵衛新田の区域、埋立によって生じた地域、区画整理によって生じた行政区域。旧行徳町の内行徳支所管轄に属さない地域は、大和田・稲荷木・田尻・高谷・二又・原木・大洲（旧大字本行徳字内大洲・外大洲）の地域。

つ

通運丸【つううんまる】「蒸気船」の項参照。

通船【つうせん】「蒸気船」の項参照。

津出し【つだし】湊から荷船を出すこと。河岸までは馬で運ぶ。年貢の場合の舟賃と駄賃は村持ち。船橋河岸・市川河岸・行徳河岸があり近い河岸に運んだ。中山村は市川河岸か船橋河岸、宮久保村は市川河岸、鬼越村は行徳河岸など。

行徳南部は行徳河岸。年貢以外の米や野菜その他の津出しは行徳河岸が利用された。宮久保村は五穀以外の瓜・西瓜《すいか》・大根などの農産物を市川河岸または行徳河岸に出し、鬼越村・若宮村ももっぱら行徳河岸から船積みし、江戸の本所で少しずつ売った。

釣り宿【つりやど】現在の行徳地域の釣り宿は、伊藤遊船・栄達丸・大沢丸・大沢遊船所・大城丸・大城屋・落合遊船・金子丸・金子遊船・川島遊船・小島屋・佐野遊船・さわだ釣船店・渋谷遊船・鈴義丸・高常遊船・高津遊船・たかはし遊船・林遊船・増田丸・みさお丸・御代川丸・弥三郎丸・安田丸・やぶさき丸・ヤブサキ遊船・洋平丸。江戸時代の釣り宿に関しては十方庵敬順著『遊歴雑記初編』に「この行徳の川すじは、釣するによしとて、網・釣道具の類を旅店に預け置て、東武よりしげしげ逍遥しなぐさむ人あり、ここに大坂屋又八といえる旅籠屋ありて、彼の釣に来る人の道具を若干預り置て、弁当など世話しけり、又、二月の末より当処の海浜に逍遊して、蜊・蛤を拾ひてなぐさむ人あり、余処よりは格段大きければ也、予、文化十癸酉年二月廿七日成田不動へ独行し、一両日佐原に逍遊して、三月二日彼又八方へ旅泊しけるが、又八が案内によりて翌三日海上の干潟に遊び、大蛤三十七八をひろいひ、重くしてようやくに又八方へ持参し、舛にて量り見れば、拾壱づゝにして山盛壱舛ありけり(後略)」とあり。現在の行徳沖では蛤は採れない。

て

出開帳【でかいちょう】本尊など仏像類を他所へ移して公開すること。時候のよい春などに行うことが多い（『広辞苑（第四版）』）。本寺での開帳を居開帳という。成田山新勝寺の出開帳は元禄一六年（一七〇三）四月二七日から六月二七日まで深川永代寺の富岡八幡宮で行われたのが初めで、以後江戸時代を通じて合計一三回行われている。深川永代寺と深川八幡宮境内で一一回、葛飾平井の燈明寺で一回、八日市場市見徳寺で一回である。元禄一六年の最初の出開帳では成田村の男子は老人と乳飲み子を残して全員参加、総勢一一九人の行列を組み、馬一〇頭、幟をおし立て、金襴の覆いをした不動明王、両童子を奉安した厨子箱を担ぎ、長持四、香炉、賽銭箱大小四、輿台三、竹馬六荷、合羽籠五荷、提灯籠二荷、駕籠（侍四人、陸尺六人付き）、その他の荷物を所持した賑やかなものだった。行列は所々の寺院や名主宅に小休止してその地方の人を参詣させた。特筆すべきは船橋宿で二隊に分け、一隊は行徳へ向かい船を仕立てて小網町河岸に上がり、永代橋を渡って開帳場の永代寺へ入った。なお、このときは江戸城中に参入し将軍の生母桂昌院の参拝をうけた（『成田山新勝寺』）。道中は後年成田道と別称されるようになった佐倉道を往復四日の行程で行きも帰りも二隊に分けて一隊を船で行徳の新河岸を経由している。以後、行徳船を利用しての成田山詣がますます盛んになった。元禄一六年から九〇年後の寛政五年（一七九三）八月の『成田村明細書上帳』によれば、家数一四八軒、寺六カ寺、人数六四七人（男三一一、女三一九、僧六、道心一一）、馬数一八となっている。なお、『成田名所図会』（別名『成田参詣記』）に「成田山開帳行列の図」がある。

出作【でさく】 他村にある田畑に出向いて耕作すること。元禄検地（一七〇二）の頃の河原、下新宿、本行徳村などの村内には水耕地がほとんどなく、現在の京葉道路付近からJR総武線本八幡駅までの間に耕地があった。本行徳村の水田の合計は八四町三反八畝、その内、字「村廻り」と「河原境」で一町九畝二八歩（約一・三%）であり、残りは外大須、内大須、下沼、上沼、中須、外野など現江戸川（放水路）から北の京葉道路一帯、総武線との間に展開する字地にあった。大須は現大洲であり、中須は内大須と外大須の間、と考えられ、外野は現外野一帯、下沼は放水路と総武線本八幡駅の間であり、上沼は下沼周辺と推測される。以上は大字本行徳と大字下新宿の字地である。畑地の合計は二七町七反七畝二九歩で、中場道・沖場道・仲場通・沖場通・長嶋・沖場・根場・村廻り・河原境・根通・中通など本行徳村内の字で一三町三反七畝二四歩（四八・一%）を占める。また、耕地のほか九町二反五畝余の葭野があった。以上のことから、元禄期には海岸部に本行徳村の塩浜三七町余あり、その内陸に九町余の葭野（荒浜）が帯状に茂り、さらにその内陸に悪地下々畑九町余を中心とする畑地一三町余とわずか一町余の水田が居村付近から葭野原までの間に展開していたと推測できる。したがって、寛永から元禄までに開発された本行徳村の田畑の中心は現本行徳とは離れた地域にあったといえる。

出村【でむら】 本村から分かれた飛び地などにある村。分村。新在家。今の大洲地区はかつては本行徳村の飛び地で字本行徳といった。新井村はかつて欠真間村の出村で新村（にひむら）という。

寺町【てらまち】 近世、城下町などの外縁部に寺院が集められた一画をいう。行徳では今は①本行徳地域全体を寺町②あるいは徳願寺前の一方通行の道路（なりた道）沿いを寺町③または権現道沿いの地域を②と合わせて寺町と呼ぶ。地誌をみると、寺町とは本行徳一丁目横町をいう、とある（『葛飾誌略』）。現在の徳願寺前の一方通行の道は、昔、さくら道またはなりた道と呼ばれた街道であり主要道路だから「横町」の呼び名はふさわしくないが、その寺町に長さ八尺五寸（約二・五七m）、横幅一丈五寸（約三・一八m）の石橋が架けられていた。徳願寺手前の内匠堀にあった土橋を架け替えたもので、宝永七年（一七一〇）代官平岡三郎右衛門の手によるもの。横町の名にふさわしいのは権現道で、江戸時代中期にはすでに幹線道路の地位を現在の行徳街道（バス道路）に譲っていた。権現道沿いには江戸時代廃寺を含めて一一カ寺、なりた道沿いには六カ寺があった。したがって、今では徳願寺前の一方通行の道を寺町通り（塩場道としては一丁目道という）と呼び、かつて一一カ寺が並んだ横町を権現道と呼んでいる。なお、権現道が寺町通りに出た場所から行徳街道までの間には寺は一軒もない。

寺町公園【てらまちこうえん】 市川市本行徳四番。区画整理によってできた公園。寺町とは江戸時代から本行徳の別称。「行徳北部土地区画整理組合記念碑」（別項）がある。

照り正月【てりしょうがつ】 行徳塩浜では、晴天が連続六日続くと、塩田経営者は使用人に盛大に酒を振舞う風習があった。これを、「照り正月」という。初日の作業を「準備浜」、二日目の作業を「持浜」といい、四月～九月の盛夏では、二日単位で鹹水を採取し、二日目の夜または三日目の日中に塩を焼いた。連続六日の晴天は、鹹水採取を連続して三回転できるので、大量の塩を生産することができた。「鹹水採取作業」

「塩釜」「製塩季節」の項を参照。

伝次郎澪【でんじろうみお】現在地名の南行徳九番、二二番、二三番が伝次郎澪跡。今は送電鉄塔下に細い暗渠になり歩道があり市川市スポーツ広場が横にある。かつては川幅三〇mほどで万年屋の澪と合流していた。塩田があった頃の江川で南行徳中学校、福栄小学校（御手浜の東側に沿う）脇を抜けて南行徳小学校近くで内匠堀に通じていた。伝次郎とは相之川（昔の欠真間）の旧家小川家の屋号。幕府が開発した御手浜は荒浜になってから名主の伝次郎に払い下げられた。御手浜への潮引き江川に伝次郎の名を付けた。「御手浜」の項参照。

電灯【でんとう】明治四二年（一九〇九）一二月二〇日、京成電気軌道㈱は逓信大臣に対して市川・行徳・松戸・中山・二宮・船橋・津田沼一円の電灯供給兼営願いを提出、同四三年六月一〇日認可。同四四年七月二二日、市川発電所落成、市川・八幡・松戸地区に電灯供給開始、点火個数一三〇〇灯。同年九月二六日、船橋発電所落成、一一月三〇日には三九〇七灯に増加。大正二年（一九一三）五月、鬼怒川水力発電㈱と電力需給契約締結、市川市域にも供給が進み、大正六年一〇月一日未明の大津波のときには行徳地区の住民は、敷かれたばかりの屋内天井の電線につかまって難を逃れた。

伝馬船【てんません】てんまぶね。荷物などを運ぶ艀船《はしけぶね》。甲板のない木製の小船、幅が広く船尾は扁平。艪《ろ》または櫂《かい》で漕ぐ。

と

東海面公園【とうかいめんこうえん】市川市南行徳四丁目七番。区画整理によってできた公園。

東海面とは塩場の名称。グラウンド、築山、キャンプ場、「一之浜竜王宮」（別項）がある。周囲の松並木は汐垂松の由緒を残すため。

東京ディズニーランド【とうきょうでぃずにーらんど】昭和五五年（一九八〇）建設を開始、同五八年、オープン。建設費、一千五〇〇億円、遊園地一五万坪、駐車場一〇万坪。昭和三六年（一九六一）浦安埋立地に遊園地建設目的でオリエンタルランド社が設立され、同三九年埋立工事開始、同四五年完成。造成された土地のうち遊園地用地六三・八万坪、住宅用地四〇万坪の合計一〇三・八万坪の譲渡を受ける。オリエンタルランド社は米国ディズニー社とロイヤリティを入園料の五％、商品売上の一〇％を四五年間支払う契約を結んでいる。年間一千万人以上の入場客がある。なお、昭和四六年（一九七一）に浦安漁民一七〇〇名は漁業権全面放棄をし、四〇〇年以上続いた漁業の歴史に終止符を打った。

道標【どうひょう】今井の渡しを欠真間村（現相之川）へ上がった土手の降り口に二基あった。現在、市立市川歴史博物館所蔵。碑文は次の通り。

一、正面　東房総街道本行徳驛江廿五町廿二間
　欠真間村□　左側面　明治六年十二月

二、正面　南　距　堀江邨廿三町十二間三尺
　距　猫實邨廿町五十二間三尺　距　當代島邨十二町三十六間　距　新井邨六町三十六間　右側面　明治八年二月建之

明治六年は西暦一八七三年、一町＝約一〇九m、一間＝約一・八二m、一尺＝約〇・三m。『行徳郷土史事典』を参照。

時の鐘【ときのかね】時刻を知らせる鐘。ときがね。江戸時代、江戸で各戸から鐘役銭をとって時の鐘をつき鳴らす役を時の鐘役という。江

戸では上野の寛永寺と浅草の浅草寺、行徳では大徳寺、船橋では了源寺。大徳寺は増上寺三六世祐天大僧正を通じて幕府の公許を得た。行徳一番の大きさの鐘だったが昭和一八年（一九四三）暮、戦時中の供出で失い、拓本だけが残された。鐘供養の講があり、堀江・猫実・当代島・欠真間・行徳・河原・大和田・稲荷木・八幡・鬼越・船橋・大野・大柏・市川新田・平田・中小岩・下鎌田・上今井・下今井の各村の世話人が各戸から礼金を集めて大徳寺に納めていた。かなり遠方まで聞こえていたことが分かる。夜中の一二時から二時間おきに鐘を撞いていた。

徳川幕府【とくがわばくふ】江戸幕府。徳川家康が慶長八年（一六〇三）開いた幕府。慶応三年（一八六七）徳川慶喜の大政奉還まで一五代二六五年間続く。家康・秀忠・家光・家綱・綱吉・家宣・家継・吉宗・家重・家治・家斉・家慶・家定・家重・慶喜。

床固め堰【とこがためぜき】江戸川放水路の最初の堰。大正九年（一九二〇）竣工。床固めとは河川内に立つ橋脚が流れにより洗掘されないようにその周囲の地盤を強化することをいう。円錐状の石積みの堤防を築き、頂部を石張りにする。江戸川が増水するとオーバーフローして洪水は流下する。昭和三二年（一九五七）に完成した現在の行徳橋はこの床固め堰の上に造られている。「江戸川放水路」の項参照。

利根川改修計画【とねがわかいしゅうけいかく】明治四四年（一九一一）策定。同年より工事を開始して全体の工事が終了したのは昭和五年（一九三〇）だった。「江戸川放水路」の項参照。

土船【どぶね】土舟。塩船。舟。鹹水を貯蔵する長方形の器。粘土を積み上げて乾燥させて造る。大は面積三〇坪で長さ一二間、横二間半、深さ五尺、厚さ一尺五寸。小は面積四坪五合、長さ三間、横一間半、深さ三尺、厚さ七〜八寸。萱葺き屋根をかける。塩田中には間口二間、奥行三間、深さ四〜五尺ほどの土船（大小あり）が藁屋根小屋（一塩田に五〜六カ所）にあり中継地点となっていた。

な

中江川【なかえがわ】 中江川といわれる江川は二カ所ある。その一は、かつて南行徳三丁目にあり万年屋の澪《みお》から内陸に延びて海水を導くための水路だった。それを中澪と呼んだ。江川の先に「中江川添」という塩田があって、今は南行徳三丁目一一番に中江川添公園として名を残す。その二は、幸一丁目と宝一丁目、幸二丁目と宝二丁目の行政境の水路をいう。潮引き江川。行徳の漁師の船道。幸一、二丁目境は暗渠になっていて桜が植えられている。宝一、二丁目境は水路の両側の一方通行路が桜並木になっている。それぞれの一丁目地域はかつての加藤新田、二丁目地域は儀兵衛新田という塩田跡地。儀兵衛橋という名の橋がある。

中江川添公園【なかえがわぞいこうえん】 南行徳三丁目一一番。中江川添という塩田跡地付近に造られ区画整理事業により命名。「中江川」の項参照。

中川【なかがわ】 上流を古利根川（寛永以前の利根川の本流）と呼び途中元荒川と合流、水元・新宿・奥戸・平井を通って東京湾に達する。綾瀬川・竪川・小名木川を合わせる。川幅平均四一間。今の流れは八代将軍吉宗が享保一〇年（一七二五）から一四年にかけて川幅を広げ、池や沼をつなげたので九十九曲がりと呼ばれる曲がりくねった川になった。隅田川と江戸川の間を流れるので中川という。荒川放水路の開削により分断、放水路までの流れを中川という。放水路の底になり分断された西側部分は旧中川。洪水防止のため新中川を掘って江戸川に放水。「新中川」の項を参照。

中洲【なかす】かつて明治まで「本行徳中洲」と呼ばれた地。現在の江戸川区東篠崎、南篠崎五丁目附近。現江戸川堤防と篠崎街道のバス通りに挟まれた区域。葛西御厨篠崎郷に属し神明社が祀られていた。神明神社、徳願寺、長松寺、稲荷神社など中洲の地にあったとの言伝えのある社寺がある。

永井荷風【ながいかふう】小説家。東京生まれ。花柳界などの風俗を描く。『断腸亭日乗』「にぎり飯」「放水路」などに行徳を訪れた文がある。戦後、市川に住し昭和三四年（一九五九）四月三〇日市川市八幡三丁目二五番八号で死す。享年八〇歳。

《にぎり飯》「深川古石場町の警防団員だった荒物屋の佐藤は三月九日の空襲に、やっとのこと火の中を葛西橋近くまで逃げ延び（中略）『あの、もう一軒、行徳に心安いとこがあるんです。そこへ行って見やうかと思ってゐます。』『行徳なら歩いて行けますよ。この近辺の避難所なんかへ行くよりか、さうした方がよかアありませんか。わたしも市川に知った家がありますからね。（略）』（中略）『わたしも御覧の通りさ。行徳なら市川からは一またぎだ。好い商売があったら知らせて上げませうよ。番地は……。』『南行徳町□□の藤田ツていふ家です。八幡行のバスがあるんですよ。それに乗って相川ツて云ふ停留場で下りておきゝになればすぐ分ります。百姓してゐる家です。』（後略）」

《放水路》「荒川放水路は明治四十三年の八月、都下に未曾有の水害があった為、初めて計画せられたものであらう。（中略）大正九年の秋であった。一日深川の高橋から行徳へ通ふ小さな汚い乗合のモーター船に乗って、浦安の寒村に遊んだことがある（後略）」

《断腸亭日乗》「昭和七年六月念九。くもりて風涼し。午後丸の内に用事あり。久しく郊外を歩まざれば電車にて小松川に至り、放水路を横切り、再び電車にて江戸川今井の堤に至り、今井橋のほとりを歩む。浦安行徳あたりに通ふ乗合自動車過行く毎に砂塵濛濛たり。されど河岸には松榎の大木あり。蒹葭《おぎよし》の間より柳の茂りたる処あり。葭雀《よしきり》鳴きしきりて眼に入るもの皆青し（後略）。昭和二二年十月初八。晴。（中略）午食の後行徳の町を見むとて八幡よりバスに乗る。省線電車線路を越ゆれば一望豁然たる水田にして稲既に刈取られて日に曝られたり。路傍に筵を敷きて稲を打つ家もあり。右側に一古松の蟠《わだかま》れるあり。樹下に断碑二三片あれど何なるを知らず。忽にして行徳橋を渡る。放水路に架せられし木橋にして眺望ますます曠く水田の彼方に房州の山を見る。これより車は江戸川の堤に添ひたる行徳の町を走る。人家は大抵平家にして瓦屋根と茅葺と相半す。ところどころに雑貨を売る商店あり。通行人割合に多く、バスの停毎に乗降するもの数人あり。二三十分にして浦安町入口の終点に達す。（中略）帰途行徳橋にて車を下り放水路の関門を観て後堤上を歩む。農夫黒き牛数頭を放ちて草を食ましむ。来路を辿り八幡に出で野菜を購ひてかへれば夕陽既に低し」

長山【ながやま】 押切から伊勢宿、関ケ島にかけてあった江戸川の海側の締め切り土手跡。特に、区画整理まで光林寺の裏手にあった土手跡を指す。押切一二番の南部分から北の端のおかね塚までは湾曲しながら延長約一七〇ｍほど、高さ二ｍ、幅一〇ｍほどで樹齢三〇〇年を越す古木数本を含む松林だった。特におかね塚にあった松を、墓地の所有者の屋号をとって「からかさ松」と呼び、東京湾から戻る漁師が目標とした。おかね塚から伊勢宿八番、関ケ島九番に続く細長い締め切り跡地は「高畑《たかばたけ》」と呼ばれ、高さ一ｍほどの土手跡で畑になっていた。なお、長山の南の端に最初の祭礼河岸が造られた。

流作場【ながれさくば】作場とは耕作する場所、田畑をいい、河川敷などにある畑地などを流作場といった。無地租地。江戸時代、本行徳の対岸の篠崎村字本行徳中洲といった土地は流作場だった。現在は製紙会社、清掃工場、都営団地がある一帯。江戸川の洪水の際に導水する遊水地。

長渡船《ながわたしぶね》【ながわたしぶね】ながとせん。行徳船の別称。本行徳から江戸日本橋小網町三丁目の行徳河岸まで三里八丁（一二・六㎞）の渡船であり距離が長いことからの呼び名。「行徳船」の項参照。

なま道【なまみち】鮮魚街道のこと。鹿島道、銚子道、木下道とも。江戸へ上る旅人は行徳道、江戸道と呼んだ。木下街道の呼称は明治以降のもの。寛永八年（一六三一）に徳川幕府により整備され街道となる。銚子・利根川下流域・北浦・西浦・鹿島などから江戸日本橋の魚河岸までの鮮魚輸送のための産業道路として開発。年貢米の輸送にも利用。行徳から江戸へは船路。陸路は本行徳を起点とし、八幡・鎌ヶ谷・白井・大森・木下の六カ所に宿を置き全長約九里（三六㎞）。馬は各宿で引き継ぎ積み替えをして運んだ。荷はタイ・ヒラメ・スズキ・カツオ・サバなど。銚子を夕方船一艘に三〇〇籠（約四・五トン）で出船、明け方までに木下河岸に着き、馬一頭に一〇籠（約一五〇kg）を積み馬三〇頭で昼過ぎに本行徳着。ただちに祭礼河岸（行徳河岸）から貨物専用船（行徳船は渡し船であり旅人と携帯小荷物のみ）で日本橋の魚市場へ夕方から夜に到着。魚は活き締めにしたり、はらわたを抜き笹の葉に挟んで籠詰めや箱詰めにし、途中水をかけながら運んだ。天和元年（一六八一）頃には「なま道」の呼称があり、元禄（一六八八〜一七〇三）頃が最盛期。寛政二年（一七九〇）の年間輸送量は約二〇〇〇駄（約三〇〇トン）。

成田街道【なりたかいどう】成田道。成田山への参詣客が利用した街道。本行徳から妙典を通り原木、船橋を抜け成田に向かう街道をいう。本行徳の新河岸から船橋駅まで徒歩二里八丁（八・七km）、ここで一泊、船橋駅から大和田駅まで徒歩三里九丁（一二・七km）、大和田駅から臼井駅まで徒歩二里（七・八km）、臼井駅から酒々井駅まで徒歩一里二八丁（佐倉城下、六・九km）、酒々井駅から成田山台駅まで徒歩二里八丁（八・七km）、ここで二泊目。三日目の朝参詣を済ませて帰路船橋宿で三泊目。四日目は本行徳まで歩き行徳船で帰る。本行徳からの徒歩は片道合計一一里一七丁（四四・八km）。江戸日本橋小網町三丁目行徳河岸からの行徳船で本行徳まで船旅三里八丁（一二・六km）を加えると片道だけで一四里二五丁（五七・四km）。往復三泊四日の旅程。『江戸名所図会』の「行徳船場」の図には「八はた舟はし街道」、「行徳徳願寺」の図には「舟はし街道」とある。徳願寺の前の道は古くは佐倉道と呼ばれ、安永六年（一七七七）頃には「なりた道」と呼ばれた。成田街道の呼称は明治以後近年の呼び名。『行徳郷土史事典』を参照。

成田道中記【なりたどうちゅうき】幕末から明治にかけての戯作者・新聞記者、仮名垣魯文《かながきろぶん》作。安政三年（一八五六）魯文二八歳のときの滑稽本。別称『成田道中膝栗毛』とも。「（前略）かくて弥二喜多八の両人は、そのあけの朝、ゆっくりとおきいで、朝餉の仕度しまひ、そろそろと旅装をなし、わが家をたちいづるやいなや、生得旅のすきのことなれば、おもしろ狸の腹鼓をうって、ぶらぶらと道を歩み、まづ両国より本所なる竪川どふりをまっすぐに、逆井のわたしをうちすぎて、四軒茶屋のところよりわかれて、ぶらぶら行徳にさしかゝる。二兵衛で昼飯をくらひ、徳願寺へ参詣して、また例のむだごとをこじつける。○しんじんもとくのあまりのとくぐわん寺とちでしほやくからきうき世に（後略）」とある。

成田の道の記【なりたのみちのき】著者未詳。成田山詣の紀行文。寛政一〇年（一七九八）七月二六日の江戸出発から同二九日の帰宅までの三泊四日。「（前略）まづ竪川、すぐに一里八町を過ぎ、逆井の舟わたりを越え、直に四五町を行き、右の方に入る。これより小松川を通る。このほとり村々を過ぎ、およそ小二里もあらんと思ふ頃、今井の渡し場の茶店に休らひ、それよりこの渡しを越え、向ひの岸を左へ行く。これより道つゞきを四五町行きて、右の方へ行く。しるしより半町ほど行き、海手まで行かず。また左へ行く。少しありて、行徳宿笹屋に休らひ、うんどんなどしたゝめて立出で、しばしありて海浜に至る。左右に塩屋の煙立て、また砂地に汐を汲み上げて干す様もあり。その事業《ひとわざ》のいと繁きを思ひ続けて、『塩やきの手業を共にくみて見ればあま口ならぬ賎のいとなみ』とはかり侍りて、それより小半道を経、二股村、野道細く追分の如くなりて、その先にある村なれば、二股といふならんか、にある酒店に腰を休め、舟橋を問ふに、二十五町といふ。（中略）○江戸両国より一里八丁。○さかさゐより今井渡二里。○行徳汐浜一里三丁。二股二五町。（中略）両国より○行徳へ三里八丁。○舟橋へ五里。○大和田へ八里九丁。○碓井へ九里半九丁。○佐倉へ十里半九丁。○酒々井へ十一里半九丁。○成田山へ十四里九半（後略）。（『房総叢書第八巻』）

ナレー【なれー】北の風。「行徳塩浜に吹く風」の項を参照。

南総紀行旅眼石【なんそうきこうたびすずり】十返舎一九作。享和二年（一八〇二）、三八歳のときの刊行。「（前略）舟ぼりのわたりより、道づれになりたる人はおなじたはれ歌の道草くふ、厩の豆成といへる人のよし、これをかたり合つゝ行徳のさとにいたり、笹屋といへるにやすらひはべる。こゝはうどんの名所にて、ゆきゝの人、足をとゞめ、うどんそば切たうべんことを、せちに乞ひあへれど、うつもきるもあるじひとり、いまだそのこしらへ、はてしもあらず見えはべれば、

御ていしゅの手うちのうどんまちかねてい
づれも首をながくのばせし

さゝやのあるじ、あやしげなる色紙短冊を出して、予に歌かけよと乞ひはべるに、兼てよみ置たる、歌どもをかきとらせつゝ、其包たる紙のはしに、

歌かけと色紙《しきし》短冊《たんざく》出されしはこれ七夕《たなばた》の
さゝやなるかも

あるじまた、賛せよと出したる書に、

こんにゃくの玉柳とて花にとゞくえだは砂をもはらひこそすれ（後略）」

南総里見八犬伝【なんそうさとみはっけんでん】曲亭（滝沢）馬琴著。文化一一年（一八一四）から天保一三年（一八四二）まで二八年間を費やして完成させた長編伝奇小説。勧善懲悪を標榜。代表作『俊寛僧都島物語』『椿説弓張月』『近世説美少年録』など。天保一一年（一八四〇）失明、嘉永元年（一八四八）八二歳で没。「ここにまた下総国葛飾郡、行徳なる入江橋の梁麓に、古那屋文五兵衛といふものありけり。（中略）荘介と小文吾等はそがまま人馬をすすめて、この日行徳へ来ぬれども、あへて民の業を妨げず、又民屋を焼払はず、地の利によりて、塩浜に陣するに、南は左の方に当りて、ぼうぼうたる大洋なり。（後略）」（『第九輯巻之十二下、巻之三十五』）。

に

新浜鴨場【にいはまかもば】御猟場。市川市新浜二丁目五番。明治二六年（一八九三）に湊村字新浜《しんはま》九四七番地、一五町六反一畝九歩、湊新田村字新浜《しんはま》七七三番地、一七町一反三畝一〇歩の合計三二町七反四畝一九歩（約三二万四一八八㎡）を買上げて設置。当時は荒れて萱場になっていた。昭和五五年（一九八〇）八月二十二日埋立工事が完了し行徳近郊緑地特別保存地区、通称「野鳥の楽園」が鴨場地先に誕生。現在公開されているのは野鳥の楽園のみで鴨場は非公開。

新浜公園【にいはまこうえん】市川市福栄三丁目九番。区画整理でできた公園。新浜とは塩場の名称。江戸時代後期の塩浜跡地。

苦汁【にがり】くじゅう。苦塩水。苦塩＝にがしお。海水を煮詰めて塩を採った後に残る母液。また、こうして採った塩の貯蔵中に空気中の湿気を吸い、溶けて分離した苦味の強い液体状物質。樽詰めで出荷。豆腐の製造に使われ主成分は塩価マグネシウム。苦汁は製塩の工程で必ず生じ、寛永六年（一六二九）、年柄により難儀の村方に下し売りさばかせ、あるいは享保六年（一七二一）には入札により売りさばかせた。その際は行徳に請負人を定めて特権を与え、その代わり合力永として運上金を上納させた。請負人は天明八年（一七八八）本行徳村忠八、文化（一八〇四〜一七）の頃は欠真間村伝次郎と太左衛門、慶応二年（一八六六）欠真間村名主六郎左衛門。製塩場→請負人→〔明和五年（一七六八）当時〕江戸表仲買一六人→江戸地廻塩問屋と流れた。苦汁を結晶釜に隣接した苦汁釜に移し、結晶釜の余熱で自然結晶させたものを苦塩といい、鹹水に溶かして再使用した。出来塩は揚笊に盛り桶に苦汁が垂れるのを五〜六時間待ち、さらに石炭灰などの上に移して一昼夜経過、塩貯蔵所に入れ相当時間を過ぎてから納品した。明治時代の苦汁生産量は塩田一町歩につき一二二石、桶（二〇石〜三〇石入り）または箱（一〇石〜二〇石入り）を土中に埋没し茅葺き屋根を作って貯蔵。運搬は伝馬船に容量一〇石の桶または箱を据え付けて東京及び近在に販売し、一石当たり五銭だった。この当時、俵一枚六銭、笊一枚四銭、叺一枚一〇銭。

ニシ【にし】西風。「行徳塩浜に吹く風」の項を参照。

西浜公園【にしはまこうえん】市川市新浜《にいはま》一丁目四番。区画整理によってできた公園。西浜とは塩場の名称。江戸時代後期の塩浜跡地。

荷足船【にたりぶね】 茶船の一種。幅広で平底の川船、小形の貨物専用船。関東に多い。「茶船」の項参照。

二丁目道【にちょうめみち】 塩場道の一。行徳新田（本塩）に塩浜を造成するために開いた最初の塩場道。権現道と行徳街道の間に住む人々が行徳新田の新浜《しんはま》へ通う道。本行徳一四番と同一七番の間を行徳街道から約九五mほど進み、円頓寺前で右折しすぐに左折、一〇五mほどで十字路に出る。交差する道路はかつての内匠堀。ここを越すと塩浜が広がっていた。左折すれば法善寺の参道になる。江戸時代初期、法善寺付近の新浜《しんはま》へ通うために一丁目道を迂回して東側の海岸（のちに造成される下妙典の浜）に出なければならず、遠回りであるために開発された。なお、円頓寺山門脇まで内匠堀と繋がる水路が来ていて行き止まりになっていた。

日露戦争記念碑【にちろせんそうきねんひ】 日露戦争は明治三七、三八年戦役ともいう。日露戦争に従軍した市川出身の兵士四〇一名、戦病死者四一名、そのうち、南行徳村出身者七名、行徳町出身者九名。廃兵（傷痍軍人）は南行徳村三名、行徳町二名、大柏村二名、市川町二名の計九名。行徳地域は四カ所に碑があり次の通り（『行徳郷土史事典』より）。

一、熊野神社　所在地、新井一丁目九番。
碑文　日露戦争記念碑　元帥侯爵大山巖書　印印
明治卅九年五月　出征軍士　故中村安太郎於清國盛京省松樹山戦死、宮崎僖市、宮崎幸太郎、宮﨑鉄五郎、峰﨑由之助、鈴木健吉、田中豊吉、鞠子三吉、宮﨑平蔵、鞠子榮吉、中村清太郎、吉野仁助、峰﨑賢亮、鈴木浦藏、水野善太郎、及川菊松、宮﨑兼吉、峰﨑長四郎、山澤春吉、故宮﨑榮五郎日清戦役従軍帰郷後病死

新井部落建之　小川潤書渓川刻
二、源心寺　所在地、香取二丁目一六番二六号。
碑文　義勇奉公　希典書　國難紀念　殉難者
明治三十七年七月十九日於清國□家堡子戦死依
功賜功七級金鵄勲章及勲八等白色桐葉章陸軍一
等歩兵卒石田權次郎君、明治三十七年六月参加
清國□家堡子及大□勾附近ノ戦闘偶為ニ□同年
九月二十日没依功賜功七級金鵄勲章並勲八等白
色桐葉章陸軍歩兵一等卒田所虎次郎君、明治三
十七年一月二六日於清國旅順松樹山戦死依功賜
勲八等旭日章陸軍歩兵一等卒田所太四郎君、明
治三十七年十一月廿六日於清國旅順松樹山戦死
依功賜功七級金鵄勲章及勲七等青色桐葉章陸軍
歩兵勲八等淺田萬次郎君、明治三十七年十一月
廿六日於清國旅順松樹山戦死依功賜功七級金鵄
勲章及及勲八等白色桐葉章陸軍歩兵一等卒近藤
省三君、明治三十八年四月一日清國八家子戦死
陸軍歩兵二等卒小川與五郎君
明治卅七八戦役出征軍人　川合與七郎、
石田彌五郎、関口彦五郎、小川傳次郎、橋本熊造、
今井留蔵、秋山秋太郎、金子菊松、田中忠吉、
宮方嘉右衛門、田所要蔵、田中吉五郎、片岡元吉、
矢島定吉、遠藤豊吉、荒井又五郎、岡田久松、
小山島蔵、森川勘蔵、長谷川富次郎、齋藤君蔵、
瀧川清次郎、加納森蔵、青山留吉、齋藤寅吉、
齋藤藤八、竹内與助、秋元靍三郎、矢島喜太郎、
藤松音次郎、宮田辰五郎、遠藤長太郎、高橋粂松、
松原與七、田所吉蔵、永井包吉、近藤新次、
上田春吉、關口豊吉、堀木與三郎、松丸敏次郎、
篠澤三郎、田中松兵衛、關口與四郎、及川清七、
上田菊太郎、石田綱五郎、大野新之助、谷由太郎、
飯田文雄、植草兼吉、堀木六三郎
同年戦役召集在營軍人　川合正高、今井榮吉、
小川豊吉、高橋與助、平松峰三、小野田平吉、

倉林村蔵、平松奥次郎、青山勇蔵、藤松鉄太郎
明治三十九年五月十五日　押切　湊　湊新田
香取　欠真間　相之川　有志者建之
小川潤書　青湊喜刻
なお、川合與七郎については『行徳歴史街道』の「日露戦争と行徳海苔」を参照。
三、胡録神社　所在地、関ケ島五番一三号。
碑文　従軍記念　凛然万古存　丙□書　□□□□
立　日露戦役従軍者　田中六藏、澁谷伊之助、平田清藏、秋本新太郎、関口喜太郎、
宇田川三五郎、齋田石五郎、齋田峯次郎、
柴田善治郎、秋本慶次郎、鈴木辰五郎、澤路芳藏
聰代　関口仙次郎、田中六兵衞、柴田豊吉
幹事　関口安太郎、岩嵜留次郎、藤井重三、
谷榮吉、田中富吉、秋本太吉、植村吉五郎、
澁谷繁次郎　若者中外有志者　明治三十九年
四月建設　東條泰藏誌　青山喜和藏刻

四、八幡神社　所在地、妙典一丁目一一番一六号。
碑文　明治卅七八年戦役記念碑　希典書　請乃木陸軍大将之書□石以傳不朽　従軍者　奥田安五郎、本田丑藏、清水藤助、田島福太郎、高橋文吉、田島銀太郎、宍倉倉吉、石川常吉、藤原善吉、田島常吉、田島毎良、藤原正三郎、田島岩吉、及川篠吉、福原福太郎
明治三十九年六月建設　上妙典有志者

日本橋小網町三丁目行徳河岸【にほんばしこあみちょうさんちょうめぎょうとくがし】本行徳河岸からの行徳船が到着する江戸での河岸。現在は首都高速箱崎インターの下になっている。

天明六年（一七八六）の『本行徳村明細帳』に「一、御除地旅人荷物揚場　長拾六間横三間　江戸小網町三丁目川端に一ヶ所　是は寛永九申年（一六三二）船往還之儀被仰付候節江戸小網町三丁目川岸端に旅人送荷物揚場被仰付候、依之行

徳河岸と只今以相触申候」とある。

人間堤防【にんげんていぼう】 浦安町での防災活動を拙著『おばばと一郎3』で名付けたもの。明治二八年(一八九五)七月、江戸川が出水し、浦安堀江の孫新田と中瀬の圦樋《いりひ》が抜け出し、また江戸川の水が中瀬付近の堤防を全面にわたって乗越えてきて、今まさに堤防が決壊しようとしていた。このとき馳せ集まった人々は圦樋の抜けあとに土俵を投げ込み、数百人が堤防上に膝と膝を接してあぐらを組み、腕と腕とを組み合わせ、甲と乙との間には田圃から引き抜いた稲株を押し込み、川水の侵入を防いだ。その間に、他の者が急いで土俵を作り、あぐらをかいて座っている前に運び、かろうじて堤防の決壊を免れた(『浦安町誌』)。人間堤防の由来である。

ぬ

沼井取法【ぬいどりほう】 鹹砂の塩分を溶出するための装置を使う方法。粘土槽。固定式で大量生産に向く。行徳塩田は笊取法で移動式少量生産。沼井に海水を入れ、鹹砂を掻き込んで塩分を洗い取る方式。下部から滴下する濃厚海水(鹹水)を得る。

ね

ねね塚【ねねづか】 ねね塚と首切り地蔵については話が錯綜しているので考証を要する。ねね塚の初見は『葛飾誌略』(一八一〇年刊)であり「桀場《はりつけば》。この渡下一丁ばかりいま字のように成れり。この由緒を尋ぬるに、正保元甲申年(一六四四)、生実の城主森川半彌様御家来男女二人久三郎とイネ駆落ち、この川を舟越えす。船頭両人鎌田村某当村某、この両人法外の価を取り船を渡したり。もっとも渡船にては越さずといへども、渡し場見懲らしめのためお仕置き成され、男女両人船頭両人とも、ならびに当村某が女房、共に五人同罪になり、村方三人は菩提所へ引き取り葬る。両人はこの所へ埋む。印には石地蔵を立て、ね丶塚といへり。何れの頃か洪水に川へ埋れたりと、云々」とある。次いで『東葛飾郡誌』(一九二三年刊)では「ね丶塚　相之川にあり、下総小弓の城主森川半彌の臣久三郎が女人を伴ひ婦女禁制の江戸川を渡河せしにより船頭二人と共に四人が幕吏の為に磔刑に処せられしところ、のち里人この地に首と胴とを別ち得る石地蔵を建てその後世を弔ふ、その首石地蔵と呼ぶもの今なお存す」とし趣が少々異なる。現在、相之川にその旧跡の痕跡なし。新井の延命寺に「首切り地蔵」がある。かつて新井水門近くの新井川の土手に「今歳寛政七年(一七九五)乙卯七月十三日」「別当寺新井村延命寺」と銘のある石地蔵があり近隣の村人が願かけのとき首を取って草むらに入れ、願いがかなうと首を乗せた。そのため新井川に首がいくつも落ちていた。この石地蔵は寛政七年の十三回忌に延命寺の住職が建立した(『行徳物語』一九七七年刊)とされ、同書では処刑されたのは天明二年(一七八二)とし、『葛飾誌略』の年代と異なる説である。新井水門近くにあった地蔵は戦後に延命寺境内に移し、昭和六一年(一九八六)に再建し現在に至る(寛政七年の銘のある石地蔵は同寺の地中に埋設)。「延命寺地蔵尊記念碑改修工事碑文」では『行徳物語』の説をとり次の通り。「首切り地蔵　この地蔵は、もと江戸川堤防の新井水門わきにあり、ねね塚とよばれていた。ねね塚は、下総生実の藩主森川半弥の家臣、久三郎とイネが駆け落ちし、女人禁制の江戸川をわたろうとしたが、幕吏に捕えられ、みせしめのため男女両人と船頭二人とその女房五人がはりつけの刑に処せられた(天明二年)。船頭たちは、菩提所に引き取られたが両人はこの地に埋められた。後に村人がこれを哀れみ、石地蔵を立て後世を弔った。不思議なことに、この石地蔵は村人が通るとかならず首が落ちていた。何度セメントでつけても落ちてしまうので村人は首切り地蔵と呼ぶようになった。いまの地蔵は老朽化が甚だしく現住職及び総代世話人一同で再建したものである。

住職敬白　延命寺地蔵尊記念碑改修工事

鈴木晴夫、飯生竹太郎、及川秀雄、宮崎正一、鈴木安太郎、石井治、金子豊太郎、峰崎実太郎、吉野梅吉、宮崎鳥蔵、鞠子安太郎

昭和六十一年（一九八六）六月吉日竣工

延命寺第十七世賢教代

設計施工　梅澤石材店、明豊産業」とある。

新井の古老によれば、新井川の出口右手には「百本杭」があった。ここに水死体がときどき流れ着いた。石地蔵はその死人を弔うためのものであり自分の地所の中にあったのだが、いつしか延命寺に移されたという。百本杭とは、洪水の場合に水流をやわらげるため、普通には上潮のときに海水に押されて逆流してくる真水を新井川に取り込み農業用水とするための「棒出し」と考えられる。農民の智恵である。古老の話には続きがあって根拠がある。『葛飾誌略』に「天明三癸卯七月六日、七日、信州浅間山焼け崩れ、その音雷鳴の如く聞えて物凄かりけるが、九日、十日の頃は水血色にて、溺死の人馬夥しくこの川へ流れ来る。魚類己と浮かみ死したり。前代

未聞の変事なり」とあり、江戸川区の善養寺に「天明三年浅間山噴火横死者供養碑」（文化財）がある。このとき新井村の人々も新井川出口の百本杭に流れ着いたおびただしい犠牲者の収容に努め、手厚く葬ったものと考えられる。寛政七年はまさにその一三回忌である。延命寺と善養寺の住職はともに供養をしたと考えられる。『葛飾誌略』と延命寺の碑文とは年代（元和元年は一六四四年、天明二年は一七八二年）とねね塚の位置（一丁は一〇九ｍで新井水門までは六丁余）が一致せず、また、首切り地蔵といわれている寛政七年十三回忌建立の地蔵は、初めは浅間山噴火による犠牲者供養のものであり、のちには古老の話のように百本杭にときどき流れ着く水死人供養のための地蔵であったといえる。したがって、『葛飾誌略』初見のねね塚伝承の石地蔵は洪水に埋もれて行方不明であり、寛政七年（一七九五）に延命寺住職が建立した首切り地蔵とは別のものであろう。それは寛政七年の一五年後にあたる文化七年（一八一〇）に刊行された『葛飾誌略』に今井の渡しの六丁余下に建立された延命寺住職による石地蔵について何らの言及をしていないことからも裏付けられる。そしてはっきりと久三郎とイネを葬った目印の石地蔵は「何れの頃か洪水に川に埋もれた」と述べているのである。

年貢【ねんぐ】　年々貢租の意。荘園領主や大名が農民に課した租税。初めは物納でのちに金納化した。明治以後は小作料の称。行徳では米は物納、塩は年貢のうち、物納は初め五分の一、のち四分の一で残りが金納。《石高》村高。単に高ともいう。田・畑・屋敷地を米を生産するものとして、米の生産量で表す。田畑を検地し、土地に応じて上・中・下の位に分け、石盛（反当たりの収穫高予想）をきめ、それぞれの高を合計したものを石高という。石高に応じて年貢以外の諸役の負担がされる。石高制は太閤検地によって確定された。幕府領では五公五民の負担が原則。塩浜年貢（役）については別項。このほか諸雑税があり、小物成（海・山・川・原野などでの採取物、特産物への課税、塩浜村々にはこのほかに塩浜役があった）、運上冥加（酒造運上、質屋冥加永、醤油冥加永、油冥加永、酢造冥加永その他）、助郷、村入用（名主給、組頭給、定使給、筆・墨・紙代、河川・用水・悪水・川除・橋などの普請入用など）があった。この中で普請入用と助郷入用の負担が重かった。

念仏ばあさん【ねんぶつばあさん】 行徳、南行徳ではある年になると女性は「念仏ばあさん」という社会的地位を得る。葬式のときは長い数珠を車座になって回しお経を唱える。頼まれれば葬式の野辺送りに鉦をたたいて先導し、年忌の供養などもする。祭りや出産などに智恵と力を貸す。村の人たちは念仏ばあさんに小銭や下駄、豆その他手ごろな物を渡す。年寄りを尊敬しいたわり扶養する仕組み。現在はすたれた。

燃料【ねんりょう】 塩焼の燃料は塩木ともいわれ燃料を採取する山を塩木山という。江戸時代の行徳塩浜の燃料は主として松の枝葉を使用、これを松葉焚と称す。そのほかに葭、萱、篠笹などを用いた。松葉は値段は安いが塩が黒くなり下品だった。葭萱は格別に良品ができたが燃料代が高かった。行徳塩浜は幕府から山野村、柏井村の御用林が下付され、堤防強化のために植え付けた葭萱の払い下げを受け、幕府直轄の小金牧所属の小金原、下野牧での焚き木の刈り取りの特権を許されていた。享保一九年（一七三四）かつて堤防強化のために植えた野萱の払い下げ値段は一〇束につき代永八一文でその後漸次値上がりし寛保三年（一七四三）では同代永一〇五文だった。元禄（一六八八〜一七〇三）当時、昼夜塩竈焚木入用平均金一分二朱ほど。明治二三年（一八九〇）には松葉一把《わ》一銭三厘から一銭五厘。同二四年頃から石炭焚が普及し唐津粉炭一〇〇斤一八銭ほどが同二八年には三〇銭に値上がりした。そのため松葉焚も行われていた。同三九年、上総の赤松葉千束当たり小一束一二円五〇銭、下総の黒松葉大三〇円、小二五円。松葉・松枝・松薪は鎌ヶ谷方面からは馬の背に乗せて運び、江戸川上流の流山からは高瀬舟で下り、安房・上総からは木更津船で搬送した。瀬戸内塩田における松葉と松薪の使用量は一基の釜で小束ならば年間七万六八〇〇把《わ》、大束で八二八〇把と算出されており、元禄一五年（一七〇二）の行徳塩浜反別総計一九一町余、塩釜数約一三〇個として小束では九九八万四〇〇〇束、大束で一〇七万六四〇〇束を要する。ただし、明治三六年（一九〇三）の専売局調査では行徳塩田の一竈当たり生産量は、瀬戸内の赤穂町の三七％、香川県坂出町の三一％に過ぎず、前記の元禄一五年の試算を減じて考慮する必要がある。明治初期の調査では行徳塩田七反歩（一釜）での松枝使用量一日一六〇束、九〇日稼動で一万四四〇〇束、値段四〇束で一円。松林一反歩から松葉・松薪一〇〇把がとれるとすれば一釜で七七町歩、行徳ではその三〇％として二三町歩が必要となる。莫大な量の燃料は竈屋の近くに梯子を使って高く積み上げ必要量を上から投げ下ろして（投木、嘆き）使用した。「なげきこる山とし高くなりぬれば　つら杖のみぞまづつかれける」（『古今集』）、「蜑（あま）がつむなげきの中に塩垂れて　いつまで須磨の浦と眺めむ」（『源氏物語』）とある。

の

農間商い渡世の者名前取調書上帳【のうかんあきないとせいのものなまえとりしらべかきあげちょう】

天保七年（一八三六）申七月　日
葛飾郡行徳領下妙典村
　　　御料所
　　　　御代官
新地奉行掛無御座候　伊奈友之助
一煮売酒紙類刻煙草草履わらし　但間口四間
　　　　百姓五右衛門借地　甚五郎
一春米屋商ひ　但間口三間半　同　伊兵衛
一海苔せり売　但間口三間　同　源四郎
　　　但間口三間　同　茂右衛門
一煮売酒商ひ　但間口三間　同　吉右衛門
一飴水菓子商ひ　但間口三間　百姓　又右衛門
　　　同断　同　甚三郎
　　　同断　同　長右衛門
　　　同断　同　惣兵衛
　　　同断　同　八郎右衛門
　　　同断　同　佐平次
　　　同断　同　利左衛門
一塩物鰹ぶし荷商ひ　但間口三間　新三郎
　　　同断　七蔵
　　　同断　市兵衛
　　　同断　甚蔵
一髪結　百姓六郎左衛門地借　幸次郎
（『市川市史第六巻上』より）

野田醤油第一六工場【のだしょうゆだいじゅうろくこうじょう】現キッコーマン醤油。大正六年一二月、行徳町に開設。同年の生産高一万一八六〇石、一九万九八九〇円、人員男二五、女二三。昭和二三年（一九四八）醬油製造工場を閉鎖。現在は清涼飲料水の製造工場になっている。当地は寛保年間（一七四一～四三）戸澤長兵衛による酒造所が造られ、明治八年（一八七五）頃、升一、鶴谷などへ経営が移り、同二五年（一八九二）沢の鶴の石崎家が引き継いだ。同二九年、茂木房五郎が譲り受け、茂木啓三郎がミナカミ印醬油醸造工場を経営した。同三一年、業界初のボイラー設備を導入、同三三年、キッコーホマレ印醬油工場となる。大正六年（一九一七）茂木、高梨一族が野田醬油株式会社を設立、野田醬油第一六工場と改称、商標をキッコーマン印と変更。昭和一七年（一九四二）第一六工場を行徳工場と改称。同二三年工場閉鎖。同二四年に食パン酵母工場、同三七年（一九六二）株式会社小網が借り受け現在に至る（『私たちの行徳今昔史』『野田の醬油史』）。江戸川の水、行徳の塩が最適の原料の一つだったことは間違いがない。また、運送手段としての水運の要衝の地でもあった。野田醬油は江戸川を下り東京に醬油を供給していた。文政四年（一八二一）江戸への一カ年の醬油入込高はおよそ一二五万樽で大坂からの下り醬油は二万樽だったが、万延元年（一八六〇）の下り醬油はわずか二八〇樽のみに激減した。野田の江戸川岸の河岸問屋は二〇〇余隻の高瀬舟などを持ち、川辺には常に数十隻の舟が停泊して醬油樽を積み江戸川を上下したので雑踏を極めたという。

海苔ヒビ【のりひび】篊。ノリ養殖で胞子を付着させるため海中の干潟に立てる枝付きの粗朶《そだ》、竹、網など。現在は網を使用。秋の彼岸過ぎからヒビ立てが始る。

海苔拾い【のりひろい】南行徳の人たちは現在

の行徳高校付近、行徳や市川の人たちは現在の湾岸道路から野鳥の楽園までの間で海苔拾いをした。強風で海苔ヒビから千切れて海面を漂っている海苔を誰が拾ってもよかった。昔は裸足で寒中の寒いときに足を真っ赤にして採った。

海苔養殖【のりようしょく】 海苔は、漢名を紫菜と書く。平安時代まではムラサキノリの言葉をあてて紫菜《ムラサキノリ》としていた。しかし、古来の大和言葉はアマノリとされる。日本には二〇数種のアマノリ属があり、アマノリ属の一種で和名を「アサクサノリ」というノリがあり、また、アマノリ属中の数種を養殖して乾ノリに抄《す》き上げたものを「浅草海苔」と一般に呼んでいる。古来、葛西浦で貝殻や流木についたノリを採った。最古のノリ商正木家の初代は寛永の末（一六四三）に「葛西中川の辺で」カキ殻、流木などに付いたノリを掻き取り浅草へ運んで製品にした。元禄頃（一六八八～）品川沖でヒビ立て養殖が始まり、寛保二年（一七四二）八月一日の中川の氾濫で貝殻が埋まって生産が衰えていた名物葛西海苔は、文政一〇年（一八二七）以後ヒビ立て養殖に転換した。千葉県の海苔養殖は江戸四ツ谷の海苔商人近江屋甚兵衛が文化末頃（一八一七）、行徳浦を見てまわったが製塩が盛んで協力が得られず南下、君津郡人見村地先の小糸川河口付近で養殖に成功した。浦安町は明治一九年（一八八六）越中島地先海面（一万五〇〇〇坪）で海苔養殖を始め、明治三一年（一八九八）から浦安地先海面（五万坪）で養殖を開始、その後明治三五、三六、三七、四〇、四五年と拡張し、免許坪数合計一一二万六〇〇〇坪、養殖坪数三七万二六〇〇坪となった。南行徳村は初代村長川合七左衛門が自費で技術導入を図り、明治三三年（一九〇〇）一二月、南行徳地先海面で養殖に成功し、同四二年、南行徳漁業組合は浦安、船橋両漁業組合から七万坪の漁区を借り受けて、そのうちの三万坪で正式に海苔養殖を始めた。浦安漁民は漁業権全面放棄をしたため現在は行徳・南行徳漁民が三番瀬を中心に海苔養殖をしている。漁業期間は毎年九月一日から翌年三月三一日までの六カ月間、採取は一二月、一月が盛期で年間採取量の五〇％強を占める。海苔の採取も機械化が進み、海苔切り機、海苔すき機、脱水機、乾燥機などが自動化された。ただし、自然乾燥の海苔の味の方が勝るとされる。また、江戸川の水質が良好だった昭和三〇年代（一九五五～六四）までは、江戸川の水で加工した海苔が光沢もよく行徳海苔の中でも一番の高値がついた。「南行徳浦・行徳浦両漁業組合へ漁場貸付契約書」の項を参照。

は

排水機場【はいすいきじょう】 行徳・南行徳地域は雨水の自然排水が困難な地域であることから、新井・相之川・欠真間・香取・押切・本行徳・河原・妙典・中江川・湊・猫実の各排水機場から時間雨量五〇㎜を目安にポンプで自動排水している。新井・本行徳排水機場については「新井水門」「本行徳水門」の項を参照。他は掲示なし。

バクダン池【ばくだんいけ】 第二次世界大戦末期、アメリカのB―29爆撃機などの空襲により農耕地に生じた大きな深い穴に水が溜まり池になっていた。東西線南行徳駅前のロータリー付近に土地区画整理前までは水田の中にバクダン池があった。行徳地域各地に存在した。

馬頭観音【ばとうかんのん】 本行徳三八番の教

信寺〔宝永五年（一七〇八）造立〕、湊七番の法伝寺〔延宝四年（一六七六）造立〕、本行徳二三番の一角の祠〔嘉永七年（一八五四）二月七日造立〕の三基がある。頭上に馬頭をいただく異様な憤怒の相をした観音像。馬頭を直接頭にしているものもある。馬の保護神として江戸時代に広く信仰されたが、本来は人の無明の諸障害を突破するために宝馬が四方を駆け巡り猛進して煩悩や死などの四魔を打ち破る、とされる。六観音・七観音の一。本行徳二三番の祠のものは「馬頭観世音　嘉永七年甲寅二月七日　佐原飛脚問屋　吉田氏」とあり、他に正面に「史跡馬頭観世音　内匠堀」、裏面に「昭和四十九年十月吉日本行徳三丁目自治会役員連名　寄贈者自治会長安野保治、副会長村尾重雄、神社総代五関利吉、中台新太郎、竹内一郎、林胤雄、世話人田中新市、安野巌、中島廣、沼﨑正、伊藤正一、鈴木啓友、石工青山武、鳶職宮方要藏」の碑がある。湊の法伝寺のものは「□□□奉造立者□□□延宝四丙辰天八月□三日敬白　念仏講結衆新田爲女房方十九人現當□」とある。

ハゼ【はぜ】鯊。一般にマハゼを指す。淡水・海水・汽水域に生息、二〇cm前後になる。旧江戸川、江戸川、東京湾の浅瀬に生息、六～八月を夏ハゼ、九～一〇月を秋ハゼ、一一～一二月を落ちハゼと呼ぶ。区画整理前は行徳水郷に多数生息。ナゼ〔撫ぜる〕といって手づかみで捕れるほどだった。昭和四一年（一九六六）の市川地先海面で捕れた魚種（はぜ・うなぎ・かれい・ぼら・せいご・かに・まるた・こはだ）水揚げ高は合計七三万三六八六kgで、そのうちはぜが三〇万八四一一kg、かれいが一二万一九四六kgだった。はぜは竹筒・網漁、かれいは見突き・網漁。

八幡前公園【はちまんまえこうえん】市川市宝二丁目八番。区画整理によってできた公園。八幡前は塩場の名称。江戸時代中期以後の塩浜跡地。

ハマグリ【はまぐり】蛤。二枚貝。最長八㎝になる。江戸時代、行徳へ来た釣り客が貝拾いをして遊んだ。口紅などの容器として珍重。破損した堤防の修理のため貝殻を土とともに突き固めて補強した。浦安では貝灰工場があり漆喰《しっくい》の原料としてアサリの貝殻とともに利用し農耕地へ肥料としても利用。環境の変化に伴い近年はとれなくなった。

浜道公園【はまみちこうえん】市川市塩焼二丁目九番。区画整理でできた公園。

番船【ばんぶね】行徳船の別称。幕府の役船で行徳川を航行する船を監視する役目があった。番船御用留には、「船の儀は外と違ひ、ご公儀様より仰せ付けられ候お役船に御座候事」とあり幕府公認だった。「行徳船」の項参照。

ひ

東沖公園【ひがしおきこうえん】市川市末広一丁目四番。区画整理によってできた公園。東沖とは塩場の名称。江戸時代中期の塩浜跡地。

東葛飾郡誌【ひがしかつしかぐんし】『千葉県東葛飾郡誌』は編輯兼発行者千葉県東葛飾郡教育会、大正一二年（一九二三）六月五日発行。『千葉県東葛飾郡誌（復刻版）』千秋社、昭和六三年（一九八八）一〇月五日発行。現在は復刻版を市川市立図書館で閲覧できる。

東根公園【ひがしねこうえん】市川市行徳駅前四丁目四番。区画整理によってできた公園。東根とは塩場の名称。

東場公園【ひがしばこうえん】市川市福栄一丁目二〇番。区画整理によってできた公園。東場とは塩場の名称。江戸時代中期の塩浜跡地。

東浜公園【ひがしはまこうえん】市川市入船九番。区画整理によってできた公園。東浜とは塩場の名称。江戸時代後期の塩浜跡地。

干潟【ひがた】ひかた。遠浅の海で、潮が満ちてくれば隠れ、ひけば現われる所。泥干潟と砂干潟がある。行徳の浜は粘土混じりの泥干潟。江戸川上流から増水のたびに運ばれてくる土は、粒子が細かく川底や海底に沈澱した土は瓦を焼く粘土として最適だった。かつての行徳の畑の土は黒くてゴム長靴にベッタリとついてとれにくい土だった。ネギ栽培に最適の土。

引き船【ひきぶね】曳き舟。中川から江戸川へ出るには、江戸川からの水の流れが常にあったので、船に三間棹を立て五〇尋《ひろ》の長さのとも綱をかけて岸から引いた。雨が降ると水かさが増して逆巻いて流れた。曳船代は古来は公定賃一〇〇文、天保(一八三〇~)の頃で一二四文、江戸川へ出て上流の前野村まで曳くと二五〇文だった(『江戸川区史』)。

常陸の国【ひたちのくに】旧国名。常州。今の茨城県の大部分。

避病院【ひびょういん】浦安市川市民病院のかつての俗称。前身は大正元年(一九一二)一一月八日に完成した浦安町・南行徳村組合立伝染病舎で、昭和二六年(一九五一)六月に葛南病院と改称、現在の浦安市川市民病院となる。伝染病舎建設委員会、南行徳村助役田中稔、村議新井庄右衛門、近藤哲蔵、宮崎喜市、浦安町は町長吉田清一、助役大塚勘七、町議大塚嘉一郎、金子金二、福田源兵衛、飯塚為八。工事費、三七〇〇円、南行徳村一、浦安町二の割合。当代島と新井の境界に一〇八二㎡の田畑を買い上げ木造平屋建の事務室兼医務室一棟、患者室二棟、隔離室一棟、看護婦および役夫室一棟、消毒所一棟、物品交換所一棟、屍室一棟、し尿焼却場一棟の合計九棟三五五㎡を建築。建設地は無縁仏を埋葬する「ソトラントウ」という場所だったために普段から地元の人たちからは忌み嫌われていた所だった。ヒビョウイン（避病院）ではなく、シビョウイン（死病院）だと呼ばれていた。なお、地元ではヒとシが訛ることが多い。大正六年（一九一七）一〇月一日未明の大津波による濁流のため建設した九棟中隔離病棟など二棟流失。明治一九年、同二三年、同四〇年、大正元年などにコレラの大流行が襲い、町役場、村役場、学校、お寺、神社などの建物に収容し、浦安の境川の生水を飲むことを禁止し上流の新井地先から伝馬船で江戸川の水を運んで配給をしていた。また、患者の出た家の周囲には警察官が縄を張り、家族の外出を禁じ、人の出入を遮断して検便を実施、交通遮断は最低五日で長い場合は二〇日にも達した。その間、警察官が毎日二四時間の立ち番をして警戒した。行徳町は市川町、八幡町、中山村、葛飾村など五カ町村の組合立で行徳町上妙典と八幡との境に、大正三年（一九一四）三月二日に伝染病舎を建設した。「ソトラントウ」とは、当代島の地名で大字・小字とは違う俗称。浦安市川市民病院の場所は、昔無縁仏の墓地であり、昔は墓地のことを「らんと場」といい、お寺の外にあった無縁墓地を「ソトラントウ」「ソトラント」などといった。『行徳郷土史事典』参照。

平井の渡し【ひらいのわたし】 戦国時代からあった行徳道の要衝の渡し。船渡し三三間。墨田区葛西川村（現立花四丁目）と江戸川区下平井村（現平井六丁目一一番）の間を渡し、明治三二年（一八九九）に平井橋が架けられて廃止。渡し跡の位置は橋のやや下流。

広尾公園【ひろおこうえん】市川市広尾一丁目一一番。区画整理によってできた公園。広尾とは旧字名だが塩場の名称ではない。現在の広尾地域は塩田だったことはない。江戸時代前期元禄（一六八八～）に至るまでは江戸川の洪水の際の遊水地であり、元禄以後田畑に開墾された土地。区画整理までの二丁目地域は沼や池の続く湿地帯だった。

広尾防災公園【ひろおぼうさいこうえん】広尾二丁目の石原製鋼所跡地三・九ha（三万九〇〇〇㎡）を、約四七億円で市川市が取得し、国のまちづくり交付金制度から一〇分の四の補助を受ける。超党派で、行徳・南行徳地域の防災拠点作りの構想が練られている。

広尾二丁目の石原製鋼跡地取得の件
市川市議会平成一六年九月議会一般質問
質問者：松井努議員
質問：行徳・南行徳は人口一五万六千人を超える過密地帯であり、防災公園もなく、非常に不安である。消防署も一カ所ではこの地域をカバーするのは困難であり、市川市のバランスを考えるに、消防、集会、福祉等の複合施設を兼ね備えた都市公園を作るべきだと思うがどうか。又、今後のスケジュールはどうなるのか。
答弁：質問者の言われる通り、行徳地域の今後を考えると防災上不安もあり、又工場跡地にこれ以上のマンションが増えると、新井小学校に入学することも困難になる。よって大洲防災公園と同じように消防署、集会施設、デイサービスセンター等地元の皆さまのご要望を聞きながら計画していく。又、今後のスケジュールについては、建物取り壊し及び土地造成に約二年、その後、施設建設に三年、概ね四～五年と考えている。

（注）当該跡地は新井地区で残された最後の大規模工場跡地の一つである。かつては、沼、池が集中した湿地帯だった。

ふ

深川万年橋【ふかがわまんねんばし】万年橋。元番所橋。江東区常盤一丁目と清澄一丁目に架かる。隅田川から小名木川へ入り最初の橋。中川番所へ移される初めの番所が万年橋際に設けられた。深川芭蕉庵（芭蕉記念館）が近くにある。赤穂浪士が泉岳寺へ引き上げるときに万年橋を渡って永代橋へ行った。行徳船の通り道。

福栄公園【ふくえいこうえん】市川市福栄四丁目一四番。区画整理によってできた公園。かつて新田圦河《いが》と呼ばれた入り江で船溜り跡地。福栄とは区画整理で命名された新町名であり塩場名ではない。

富士講【ふじこう】不二。富士山を信仰する講社。先達・講元・世話人の三役により組織される。先達は富士信心の道に詳しく、富士登山七度以上の者、講元は講の財政を預かり、世話人は講員の勧誘と講金の集金役を務めた。講は五～七年の期間を限って立てられ、集めた講員から月掛けで費用を集め、毎年の夏、くじ引きで一定数の講員を登山させる。信徒は夏季に白衣を着て鈴を振り、六根清浄を唱えながら登山する。富士講の人たちが、富士山を模して築いた塚が富士塚で山開きも行った。相之川の浅間神社の富士講は「高瀬講」という。「不二」を紋とする。浦安、行徳、市川、船橋の各所に「不二浅間神社」と刻んだ富士塚がある。「高瀬」というのは、江戸時代に佐倉藩主から与えられた姓。

夫食を拝借【ぶじきをはいしゃく】 夫食とは農民の食糧とする米穀のことをいう。現物支給と現金支給があり、行徳塩浜の農民は幕府援助によりその場をしのいだ。江戸時代後期、幕府財政の窮乏とともに夫食拝借はできなくなった。

俘囚の乱【ふしゅうのらん】 俘囚とは八世紀から九世紀にかけて東北の蝦夷人を内地の各地に分散移住させて、その抵抗力を弱め、内地人化しようとしたもの。東国では上総と下総で集中的に乱が起こり、嘉祥元年（八四八）二月、上総国、貞観一二年(八七〇)一二月、上総国、貞観一七年(八七五)五月、下総国の乱がある。下総国の乱では官寺を焼き、良民を掠奪しているとの下総守文屋甘楽麻呂《からまろ》の急報が京都に届き、俘囚が国府台にまで侵入したと思われる。

普請【ふしん】 禅寺で大衆を集めること。また、あまねく大衆に請い堂塔の建築などの労役に従事してもらうこと。転じて一般に、建築・土木の工事。行徳では主に堤普請を指す。《御普請》幕府の費用と責任において実施。人夫を近在から徴集し賃金を払う。幕府の代官、普請奉行、勘定役などが指揮。上役は老中直属の勘定奉行。《御入用御普請》村方あるいは村々に普請をさせ、その費用の全額または一部分を幕府が負担する補助金制度。《自普請》村方あるいは村々が自らの費用で実施。少額の補助がでることもある。徳川三代による初期の行徳塩浜開発は御普請であり、以後、御入用御普請が増加し、自普請の場合も多かった。その後、享保改革の時期に代官小宮山杢之進の行徳塩浜増築計画の上申(一七二六)により堤普請を幕府の定式御普請とし吉宗は朱印状をもってこれを保証した。しかし、安永年間(一七七二〜一七八〇)、幕府は吉宗の朱印状を取り上げてしまい、定式御普請の保証は失われ、天保年間(一八三〇〜一八四三)以降は全く行われなくなり、御入用御普請の場合でも幕府六分、村方四分の負担とされ、自普請が増え、村方は費用負担に堪えられず、安政年間(一八五四〜一八五九)には商売敵の十州塩問屋の補助を受けるようになった。それは、安政三年八月の大海嘯により塩浜全部が洪浪に流され堤防破壊、塩田荒廃に帰し、製塩額すこぶる減少し、村民離散するの苦境に陥り、百方に塩業継続の方法を講じた結果、浦賀神奈川地方の塩問屋に交渉し、安政四年より三カ年間いわゆる下り塩と称する赤穂・才田塩などを同地より購入・販売し、塩百俵につき銀三匁ずつを積み立てることとし、一カ年の見積り金百両を当該問屋より補助することとなり辛くも塩業を継続することできた。

二見浦【ふたみのうら】三重県度会郡二見町の海岸。伊勢神宮で使用する御塩を生産する御塩浜。御塩焼所、御塩殿がある。行徳塩浜は葛西御厨篠崎郷内の神明社の御塩浜。松尾芭蕉は元禄二年(一六八九)関東・奥羽を旅したのち(『奥の細道』)伊勢二見浦に立ち寄り「うたがふな潮の華も浦の春」を詠む。芭蕉の百回忌にあたり行徳の俳人戸田麦丈・堀木以閑・及川鼠明らにより本塩の法善寺に句碑が建立され潮塚という。

太日川【ふといがわ】太井川、利根川とも。現在の江戸川。下総国・武蔵国の国境。今井の渡しと小岩・市川の渡しが設けられていた。承和二年(八三五)江戸川の渡し舟を二艘から四艘に増やしたときの太政官符に「下総国太日河四艘」とあり、康平元年(一〇五八)に著された『更級日記』には「その翌朝そこを立ちて下総の国と武蔵との境にてある太井川という川の上の瀬、まつさとの渡りの津にとまりて」とある。

船圦川【ふないりがわ】 浦安市当代島。全長五〇〇m弱、川幅一〇mほど。現在は緑道。江戸前期、元禄三年までの江戸と行徳を結ぶ塩の路や長渡し船の水路。以後は真水の流入を防ぐために善福寺近くの行徳街道脇に水門をつけて締め切った。

舟はし街道【ふなはしかいどう】 本行徳の新河岸から船橋に至る佐倉道をいう。『江戸名所図会』の「行徳船場」「行徳徳願寺」の図に見られる。

船堀川【ふなぼりがわ】 現江戸川区江戸川、船堀と東葛西、北葛西、宇喜田町の間を東西に横断する川。江戸時代は川の北を下今井、二之江、東船堀、西船堀村といい、南を桑川、西宇喜田村と呼んでいた（現荒川は大正時代前にはなかった川。現葛西も埋立地と地名変更で名付けられた地）。横川ともいう。慶長五年（一六〇〇）徳川家康は会津の上杉攻めから江戸城への帰途江戸川を下り船堀川を通過した。寛永六年（一六二九）通船の便を図るため二之江村字三角渡し以東から江戸川まで新川を開削した。以後、船堀川を新川と呼ぶ。

船宿千本【ふなやどせんぼん】「吉野屋」の項参照。

富美浜小学校【ふみはましょうがっこう】「学校」「御手浜」の項参照。御手浜のうち二三之浜の場所に建てられた学校で二三之浜を読み替えて富美浜と命名。この地域からは朝日と夕日に映える美しい富士山が見えたことも校名に由来する。

古川【ふるかわ】 船堀川の斜め北側から東北の方角、江戸川に通ずる曲がりくねった幅の狭い水路。この川は昔船堀川の本流だったが通船の便よろしからずとして、寛永六年(一六二九)二之江村字三角渡しから東へ江戸川まで幅二〇間の新川を開削、字三角渡しから江戸川までの狭い旧川を古川と称した。新川が掘られてからは江戸川口に圦樋《いりひ》を設けて水田の悪水落しに利用した。現在は江戸川区の親水公園になっている。

古積塩【ふるづみじお】方言で四ツ半という。囲塩。囲産。こづみ＝地古積、直シ古積。苦汁分を除いた目減りをしない塩。運送中、蔵積み中などに枡減なし。行徳での発明。江戸時代、生塩は一〇日に二〇%の目減りは公認。加工創始の年代不詳とされるが寛永〜元禄の間と思われる。目減りはするが大量生産、低価格の下り塩のため、行徳塩は江戸市場を追われたが、古積塩の発明により江戸川を遡り利根川上流域に販路を拡大し、江戸時代後期には十州塩を買い入れて古積塩に加工した(『上方下り塩買入れ相止め議定違変に付訴状』)。明治一七年(一八八四)頃、行徳塩を原料にした古積塩(地古積)は四万俵(一俵三斗一升入り)、十州塩を加工した古積塩(直シ古積)は一六〜一七万俵(一俵二斗九升入り)。古積塩一俵は六升三合桶四杯半(四ツ半)正味二斗九升入りを通常とし、二升を加えた三斗一升を上等と称した。古積塩の発明者は行徳の塩業者金子太郎右衛門(『下総行徳塩業史』)とされ、塩田に沿った埋め上げに深く穴を掘り藁筵《むしろ》を敷き、夏中焚き余った塩を囲い置き、その上に藁屋根を葺いて雨除けとし、夕顔またはカボチャの蔓を這わせて、その結実の季節に苦汁及び水分の除かれたものを俵装して出荷したのが始まりとされるが、『下総行徳塩業史』によれば古積塩加工の方法は次の通り。「蔵庫の土間をおよそ三尺掘り下げ、これに細砂を充たし、その上に塩釜の灰を厚さおよそ二、三寸程に積み、ここに殆ど食用に供すべからざる粗塩を敷き平均し置きてその上に俵より取出したる塩を堆積することおよそ五、六尺なりとす。但しかくのごとく堆積する時は高さ一尺の所より塩胆汁の抜け去るの割合は大率一〇日を要するの見積もりにて五〇日乃至六、七〇日間を置くものとす」「土蔵の大きさは一定せざるともその内部を深さ平均三尺掘り下げ下部一尺は大なる砂礫を埋め中部一尺は小なる砂礫を以ってし上部一尺は二層となし、下層五寸は粗砂を敷き固め上層五寸は木灰を均一平坦にして充分踏み固めて戸前口は二重の差し板にし、かくして食塩を俵より取り出し、あたかも深雪の積み高みたる如く桁行の上部まで堆積し塵灰をふるい去り、水分苦汁を除去せしむるため放置すること六〇日間を一定期とす。あるいは塩質により七、八〇日間を経て俵装するものあり。但し該塩の原料は十州塩田に産出する食塩中特に塩質の良好なるものを撰ぶものとす」。明治、大正時代は通常一〇〇日以上経過したものを指した。期間内の塩減歩率は容量で一五%～二〇%、重量で四%～六%。古積塩の販路は、古来行徳塩と越後直江津港及び駿州清水港を経た十州塩とが和田峠・碓氷峠・溝水峠などを分水嶺にして界限としていたが、それを打破し、善光寺・上田・松本・塩尻・鹿沼・阿久津・羽黒・白河・棚倉・北浦・鉾田など関東甲信越奥州にまで及ぶ。船と馬の背で約一五日の運送。「塩の運搬」の項を参照。

へ

平和の碑【へいわのひ】 いしぶみ。所在地、湊新田二丁目四番の行徳駅前公園内。第二次世界大戦で戦死した南行徳町の兵士一七六名の遺族が建立した戦没者追悼碑。碑文は次の通り。
平和之碑建設発起人　市川市戦没者遺族会第十五部会　部会長宮﨑荒吉、副部会長宮﨑国三、荒井清藏、世話人藤松ちゑ、山本すゐ、荒井旭、金子義雄、橋本末吉、田中信次、榎本惣次、中根みつ、竹内キヨ子、矢島まつ、片岡なか、横田きん、小川あき、清水うめ
一般有志の浄財により建之
昭和四十七年八月十五日
基礎工事　市川市八田建設八田守
石材工事　茨城県真壁町竹中石材店竹中順一
平和之碑　戦没者氏名　中村安太郎、榎本金太郎、堀木松五郎、金子秀吉、吉野武雄、長沢金一、松原新助、柳田浅夫、佐々間福松、坂巻徳七、峯﨑仁太郎、宮﨑三郎、及川正吉、宮﨑貫治、宮﨑仙太郎、鎌倉正雄、福田良太郎、飯生豊作、鞠子正雄、米本廣、宮﨑喜代治、宮﨑巖、三輪芳三郎、清水權次郎、及川忠治、長沢金蔵、杉田秋太郎、大塚兼吉、山本三郎、生田清、吉野倉次、藤村伊左エ門、高橋与三郎、宮﨑洋三、坂﨑利二、尾頭久道、沢田信一、山田喜作、野﨑茂助、野﨑﨑次郎、石田權次郎、近藤省三、矢島健蔵、石田勇、小川晃、小川好男、岡田留造、小川正太郎、片岡正一郎、斉藤留蔵、斉藤藤太郎、光田正雄、藤代巖、田中会之助、佐々木兵司、横田竹次郎、高橋敬治、中村祖二、増田源一、宮下敬吉、宇野良一、福田正治、増田稔、関口松次郎、斉藤由蔵、佐藤元、田沼利雄、矢島豊吉、田島丈平、吉田哲一、松原与一郎、竹内留吉、クスリヤ矢島春吉、矢島喜三郎、矢島市郎、矢島三次郎、矢島春吉、矢島芳太郎、狩野儀一、矢島安五郎、鈴木定吉、谷七郎、

田中政雄、今井国、吉田国由、永井富雄、邦島浦吉、榎本清美、丸山稔、佐藤源治、江幡徳之助、小出義男、高橋岩蔵、斉藤信義、中根伊助、浅田萬次郎、小川与五郎、田所太四郎、田所虎次郎、石井増造、石井与四郎、橋本伝造、橋本茂吉、小川潔、高橋初太郎、田中治、後藤栄二、関口巳之吉、関口仙之助、岩﨑次郎吉、渡辺文吾、亀田雅彦、芦田徳次、素宮新太郎、石井金次郎、石井肇、関口清、関口四郎、関口政吉、高橋賢次、堀木重夫、金子保、金子征右、長沢壽彦、中村春吉、山田倉吉、松原銀造、恵美須文夫、青山新太郎、青山勝次、栄八郎、岸本磯雄、宮田高士、水野冨士、織原平次郎、田中源太郎、中村仙太郎、宇田川房治、七條浅治、石田金光、宇田川正吉、矢作春吉、青山政雄、佐藤源治、北川喜之助、荒井周、岩瀬宗吉、飯田途吉、及川七造、田所弘、藪﨑家助、藤松達之助、福田定吉、吉野石五郎、長谷川正義、石井栄次郎、石井秋蔵、堀木三四郎、青山義勝、荒井高次郎、斉藤正明、平松良吉、永井隆次郎、萩原福二、眞壁竹次郎、田中平八、廣瀬友治、山本久仁雄、川久四郎、加納房吉、矢島芳次郎、田中台、橋本伝蔵、長沢嘉彦、河﨑久四郎、石田肇

べか舟【べかぶね】べカ浦安をはじめ東京湾全域に見られた一人乗りの海苔採取用の小型船。浦安では、海苔採り専用船（ノリべカ、ノリブネ）と腰マキ漁（貝採取など）との兼用船の二種類があり、昭和二〇年代からは兼用船が主流となった。シキ（底板）の長さ一二～一二・五尺（約三・六～三・八m）、全長一六尺（約四・八m）。特にノリべカはノリヒビから海苔を採取しやすいようにコロリと横に傾くように作られていた。「べか舟というのは一人乗りの平底舟

で、多く貝や海苔採りに使われ、笹の葉のような軽快なかたちをしてい、小さいながら中央に帆桁もあって、小さな三角帆を張ることができた」(『青べか物語』)。山本周五郎は青く塗ったべか舟で今井橋まで漕いできた。浦安は最盛期に一八〇〇艘以上のべか舟があったが昭和四六年(一七九一)漁業権全面放棄をし漁場を埋立てたためべか舟は消滅。行徳・南行徳地域のべか舟数は未詳。

へび土手【へびどて】 元禄(一六八八~一七〇三)頃に築造された潮除堤跡の呼称。特に新井、相之川の古老がそう呼んでいた。地域によっては蛇山ともいうが蛇山の方が土手跡一般を指すことが多い。へび土手のラインは次の通り。当代島の善福寺裏から始まり、浦安市川市民病院の敷地を抜け、新井二丁目の市川・浦安バイパスの信号機のある交差点まで斜めに進み、そこで曲がって折り返し、熊野神社から内匠堀跡の道路への丁字路の交差点まで来て、内匠堀跡の道路と平行に一七〇mほど進む。それから斜めにバイパス方向へ進んで相之川二丁目に入り、内匠堀跡の道路とバイパスの間を蛇行しながら延びて、南行徳小学校敷地の南東側部分を抜けて、香取一丁目でバイパスを越えて湊新田一丁目の胡録神社の敷地に至る。胡録神社から約三〇〇mを蛇行しながら行徳駅前二丁目の弁天公園に至る。公園からは斜めにバイパスを横切って、光林寺と押切公園の間にあった長山と呼ばれた土手跡の小高い土地に連なっていた。「今現に南行徳村新井より葛飾郡西海神に至る間延長二里半に亘り稲田を画して羊腸たる堤防の跡を見るはその旧跡たり。俚俗これを小宮山土手と称す」(「各国塩制調査書」『下総行徳塩業史』より)。小宮山土手は元禄よりあとの堤だが、いくつもあった堤防跡の古い時代のものをへび土手といった。『行徳郷土史事典』『行徳歴史街道』を参照。

蛇山【へびやま】 へび土手。潮除堤跡地。行徳の各所に蛇山といわれる野地があり、貝殻交じりの小高い土地だった。かつて連続する土手跡だったが、昭和の時代になり塩業が禁止されて、土手の土は瓦を焼く原料として使用されたため、切れ切れになり貝殻の多い部分のみが残されていた。貝殻が多いのは決壊した部分に貝殻を入れて補強したため。南行徳小学校敷地の南側部分にもあった。『行徳郷土史事典』『行徳歴史街道』を参照。

弁天公園【べんてんこうえん】 市川市行徳駅前二丁目一九番。区画整理によってできた公園。弁天山(弁財天)敷地を含む。《行徳弁天の森2 1》この弁天公園は「市川市南行徳第三土地区画整理組合」の事業で誕生したものです。この区画整理事業は昭和四一年八月に事業開始し、事業終了まで約一〇年を要しました。現在この地域は行徳の中心地となっておりますが、区画整理される以前は水田や蓮田の広がった寂しいところでした。そうした中にひときわ目立った森があり、その森の中に弁財天が祀られておりました。それを昔から『弁天山・弁天の森』と呼ばれ親しまれておりましたので、今日の『弁天公園』の名称が生まれたところです。江戸時代初めごろまでに、ここには立派な弁財天をお祀りしお宮があったと伝えられ、今では、この小祠のみが残っております。この森は、クス・タブ・エノキ・アカメガシワ・クロマツ等二〇種類、約九〇本の木が生えており、現在一番の古木はクスの木で樹齢一五〇年前後と推定されております。この様にこの森は『弁天さま』の鎮守の森として、先人の方々に敬愛・保護され、現在においては行徳地域の方々の『いこいの森・いこいの広場』となっております。つきましては、ここにこの森がこの地域の緑化のシンボル並びに末永くより地域の皆様に愛される森となりますことをお祈りいたしましてこの森を『弁天公園の森21』と命名いたします。平成六年（一九九四）九月吉日
主催行徳弁天復活フェスティバル運営委員会
市川市長高橋國雄。
《碑》表「行徳弁天の森21　市川市長高橋國雄」裏「行徳商店会連合会　行徳駅前商店会会長川上恵洋　ポニー共栄会会長五木田義男　行徳駅前中央商店会会長九鬼務　施行梅澤石材店」横「平成六年九月吉日命名」
《弁天祠》「奉納　大正二年二月　千葉縣本□□東京市　（以下五名の氏名あり）」（一九一三）
《弁財天の奥右にある小祠》「昭和拾五年八月之建不二世話人　遠藤豊吉、高橋與助、仝　豊吉、小池源太郎、金子三造、石井亀吉、金子芳松、川合與七　湊講社」（一九四〇）。《碑》「万歩塚葛飾八幡宮より一万歩地点　弁天の声か涼しき風渡る　中津攸子　平成九年九月廿九日　葛飾を歩く会　行徳弁天活性化委員会」（一九九七）
弁天山【べんてんやま】 行徳駅前二丁目一九番（旧湊村）の弁天公園の一部はかつて三〇〇㎡ほどの小高い丘で弁財天が祀られてありそこを弁天山といった。湊村の青山氏の祖が相州から移り江ノ島の弁財天を勧請したと伝える。安芸の厳島の明神と御同体。行徳船津への出入りの船の航行の目標。元禄（一六八八〜）までは干潟に浮かぶ島で元禄時代に潮除堤の一部となり陸化。享保三年（一七一八）に堂を建立、同年四月一日に遷宮とされる。拝殿があった。徳川幕

府は弁天山の厳島神社には神社の維持料のため弁天免として一石六升一合の除地を与えていた。『葛飾記』（一七四九）に「湊村竜神弁財天へ竜灯度々上がる。皆拝す。但し今はなし」「弁天山には近来まで小柴を立て祈る事ありし也（中略）その由緒故に弁天免とて御除きの田地あり」とある。『葛飾誌略』（一八一〇）には「弁天祠。昔は野中にあり。寛永年中此所（湊村の圓明院）へ遷す」とあり、『江戸名所図会』（一八三六）では「弁財天祠。昔は塩除堤の松林下にありしとなり。その旧地を弁天山と号して、石の小祠あり。今は圓明院に移す」とある。

ほ

宝永地震【ほうえいじしん】 宝永四年（一七〇七）一〇月四日午後二時頃、東海沖を震源としマグニチュード八・四、史上最大級の巨大地震。一時間後に津波が房総から九州にまで及ぶ。被害は伊勢湾沿岸、紀伊半島がもっともひどく、全体で死者三万人余、流失家屋二万余、潰家約六万、船の流失大破三〇〇〇以上、田畑の損害三〇万石以上とされる。この地震の特徴は四九日後に富士山大爆発を誘発したことである。同年一一月二三日午前一〇時～一一時頃、現宝永山付近で大爆発、偏西風に流された焼砂は須走村四m、御殿場一m、小田原九〇cm、秦野六〇cm、藤沢二五cm、江戸一五cmとされる。江戸での降灰は二三日夜から二六日まで続く。新井白石は「一一月二三日、午後、参るべき由を仰せ下さる。よべ地震ひ、此日の午時（昼十二時）雷の声す。家を出るに及びて、雪のふり下るがごとくなるをよく見るに、白灰の下れる也。西南の方を望むに、黒き雲起りて、雷の光しきりにす。西城に参りつきしにおよびては、白灰地を埋みて、草木もまた白くなりぬ。此日は大城に参らせ給ひ、未の半（午後三時）に還らせ給ひ、やがて御前に参るに、天甚だ暗かりければ、燭を挙げて講に侍る。戌の時（午後八時）ばかりに、灰下る事はやみしかど、或は地鳴り、或は地震ふ事は絶ず。二五日に、また天暗くして、雷の震するごとくなる声し、夜に入りぬれば、灰また下る事甚し。此日、富士山に火出て、焼ぬるによれりといふ事は聞えたりき。これよりのち、黒灰下る事やまずして、十二月の初におよび、九日の夜に至て雪降りぬ。此ほど、世の人咳嗽（気管支の病気）をうれへずといふものあらず。かくて年明けぬれば、戊子（宝永五年）正月元日、大雨よのつねならず」と『折たく柴の記』に記す。『船橋市史』によれば「宝永四年一一月二二日昼半より空曇り灰のごとく成ふり出し候。暮に掛り夜に入、墨（黒）砂降り申候。震動止事なく、昼夜のわけしらず、打続墨（黒）砂の降り候事極月（一二月）八日暮方に降止申候」（『青山貞長の記録』）「右砂此辺は少々と申ながら、壱坪に壱升之あり候」（『同記録』）とある。行徳塩浜での記録は特にないが降灰による被害があったものと考えられる。

報恩社【ほうおんしゃ】明治元年（一八六八）の戦禍と同二年の降雨による不作のため物価が高騰し人々の暮らしは困窮を極めた。そのため明治政府は貧民救済の布告を発し、これを受けて小菅県は同三年報恩社法を施行、広く一般の有志（富メル者、とある）から寄付を募り、金穀を蓄えて窮民を助成しようとした。具体的には県下三五六町村にその拠出を課し、六一二六人から米二九四石三斗二升、金六万九八一九両永三七文五分という多額の寄付があった。下総国葛飾郡は五一町村から金七一一〇両が拠出され、最高額は本行徳村の一二四二両、最低額は真間村と竹ケ鼻村の各六両だった。行徳地域は次の通り。本行徳村九五名〔一二四二両（塩問屋一軒の三〇〇両含む）〕、下妙典村一四名〔一九八両〕、新井村一四名〔一七三両〕、欠真間村二二名〔一七二両一分〕、伊勢宿村一〇名〔一五〇両〕、湊村八名〔八六両二分〕、上妙典村一三名〔七四両〕、下新宿村七名〔六五両一分〕、押切村一七名〔六五両〕、河原村六名〔六五両〕、関ケ島村五名〔五一両〕、湊新田村五名〔四八両二分〕。明治三年（一八七〇）春、金二万八五一六両、米一〇四石九斗が貸し出され、また、中国米八一〇石五斗八升を輸入、拠出分と合わせて正米一〇〇〇石を施行米として蓄えた。残金三万四八一八両一分永一四七文五分は施行金と名付けて大蔵省に預託し、年一割の利息をもって正米を購入し施行米の補充をした。報恩社法は、当時としては大きな組織をもった画期的な社会事業として全国での先駆的な役割を果たし、民心の安定に寄与するところが大きかった。

北条氏【ほうじょうし】 鎌倉時代の北条氏と戦国時代の後北条氏があり、行徳塩浜に関係するのは後北条氏。伊勢新九郎長氏（北条早雲）が明応四年（一四九五）小田原城に入り後北条五代の基を開く。早雲・氏綱・氏康・氏政・氏直。天正一八年（一五九〇）豊臣秀吉の小田原征伐により滅亡。行徳塩浜の村々には北条の浪人が多数移住した。

房総三州漫録【ぼうそうさんしゅうまんろく】 房総雑記とも。深河元儁《げんしゅん》著。天保（一八三〇〜四四）末、江戸から行徳を通り上総に至る見聞録。父は医師、元儁は国学・漢学・蘭学に通ずる博識だった。安政三年（一八五六）五月、四七歳で没。「この道中、酒のよきは行徳・船橋・千葉・八幡。人のよく馬に乗るは検見川・登戸の間。舟に乗るは浜野よし。登戸は慎みて舟にのるべからず。船橋にて駕籠にのるべからず。小網町より出船。舟借切は定価なし（余白でお定めは二四〇文とあり）。大卒六七百文位。乗合は一人六十四文位。さか三十二文。火縄は中川番所にて消える様にす。行徳より乗りたる時も同じ。（中略）中川御番所、トーリマンスといふ。総髪は断りあり。船堀川。此所より綱曳き、新川の口まで百二十四文なり（余白に、古来より百文で行徳までは引かず、とあり）。新川、利根川、東は猫実迄行徳、西は葛西。松佳し。しかれども大木なし。風強きによって木みな西に靡《なび》く。（中略）行徳。四丁目上り場なり。富士山見ゆ。制札あり。行徳船江戸に入る時、船頭むじんとて三十二文宛を乞ふ。利根川の水、汲み置きて孑孑を生ぜず。飯を炊くに饐《す》える事半日遅し。（中略）四丁目笹屋。頼朝卿の饂飩を食し給ふ古迹《こせき》とぞ。箱入り百文より。塩浜にて塩を焼く。近辺の山より松葉を売る。オマツたきでありとて価宜し」（『房総叢書第七巻』）

戊辰戦争【ぼしんせんそう】 明治元年（一八六八）から翌年まで行われた新政府軍と旧幕府軍との戦争。千葉県での戦いは市川、船橋において最も大規模に展開され、市川・船橋戦争ともいう。旧幕府軍の参謀「新撰組」副隊長土方歳三が率いる本隊が、千葉から宇都宮方面に移動したのちに、木更津の別働隊一八〇〇名が船橋に陣を張り、明治元年閏四月三日未明、八幡宿に駐屯していた官軍池田藩兵一〇〇名に対して切込みを敢行し、市川にいた官軍ともども小岩と行徳へ敗走させた。今井の渡しを通り香取《かんどり》神社境内に駐屯していた福岡の黒田藩兵は、三〇

○名が成田街道伝いに船橋へ進軍した。この間、行徳の住民は荷物を片付け、畳、建具を取り払い、空家にして逃げたが戦場にはならなかった。元幕臣の山岡鉄舟が官軍の幹部との交渉のため行徳を訪れていた。

本行徳水門【ほんぎょうとくすいもん】 行徳三丁目バス停奥にある。かつて江戸時代後期に掘られた水路であり、暗渠を辿ると権現道を突っ切って正讃寺脇で行徳街道からの三丁目道と一緒になる。内匠堀跡の道路に出たところに馬頭観音が祀られている。本行徳排水機場は本行徳、本塩地区流域面積四二・九二haの自然排水がほとんど不可能な低地域を時間雨量五〇㎜まで排水できる施設で水位により自動運転している。計画排水量毎秒四・四六四㎥、ポンプ三台が設置されている。

本堤【ほんてい】大囲堤《おおかこみづつみ》。江戸川の大洪水の際に江戸川の西岸の上下篠崎村、鎌田村その他の村落への浸水を防ぐために設けた堤防。現在のバス通り（京成バス）の篠崎街道がそれにあたる。徳川幕府は行徳塩浜を保護するため本堤の高さを制限し行徳側の堤防より高くはさせなかった。そのため篠崎村その他は本堤とは別に水田を含めて自村全体を土堤で囲んで防備した。本堤の規模は、高さ九尺から一丈二尺（二・七二〜三・六四m）、馬踏二間（三・六四m）、堤敷三丈〜三丈五尺（九・〇九〜一〇・六m）。本堤とは別に行徳側の堤防との間に外堤と呼ばれた川除堤があり、江戸川の洲に開拓された水田や畠を通常時の増水から護るためのもので本堤よりは低く小規模。伊奈氏の関東流の水防策で乗越堤、霞堤の一種。洪水のときは遊水地となり本堤の決壊を防ぐ。行徳側では広尾一〜二丁目地域が元禄（一六八八〜）まで遊水地として利用され、現在の広尾二丁目地先の江戸川堤防前の道路の位置が外堤であり、本堤は新井のバス通り（京成バストランジット）になっている自然堤防だった。

ま

薪屋の渡し【まきやのわたし】 槙屋の渡し。明治四〇年（一九〇七）の調査。所在地東葛飾郡南行徳村大字欠真間。川幅七六間（約一三八m）、水幅七六間、明治八年（一八七五）一二月四日許可。欠真間村より瑞穂村当代島に至る。明治四三年（一九一〇）の運賃、片道大人二銭、子供一銭、自転車三銭、小車四銭。幅広の底の平らな伝馬船を使用。船数不明。薪屋の兼さんという人が船渡をしたが、暇だったので瓦を焼いていた。現在の市川市欠真間一丁目一七番地先堤防下が渡し場で欠真間排水機場のやや上流。

まぐそ圦【まぐそいり】 まぐさ圦。大和田圦。稲荷木の一本松裏から江戸川へ通じていた掘割の出口の圦の名称。江戸期からの大和田村の圦で、葛西船が積んで来た下肥を下ろした。当時、下肥集めの業者は江戸の街中の馬糞を集めては一緒に積んできて、大和田圦の脇の江戸川の河原に捨てていった。そのためにまぐそ圦という。馬糞は小形の下肥船も入ることが出来ない高台の農家（野方とか在方という）が馬を引いて取りにきた。行徳地域は押切の祭礼河岸と河原の圦で下肥を受け入れた。

真塩【ましお】 ましお。煮詰めて苦塩をなくした塩。塩分約八〇～八五％の上質塩。都市部で好んで使われた。行徳塩は真塩。食用、醬油の醸造用に使用。差塩や真塩を原料として古積塩を製造。

松尾芭蕉【まつおばしょう】正保元年（一六四四）伊賀上野生まれ、元禄七年（一六九四）没。江戸時代前期の俳人。号は、はせを・桃青・泊船堂・釣月庵・風羅坊など。深川に芭蕉庵がある。貞享四年（一六八七）深川から船に乗り行徳船津に上陸、木下街道を辿り利根川縁の布佐から夜船で鹿島に吟行、『鹿島紀行』を著す。元禄二年（一六八九）奥の細道の旅の最後に伊勢二見浦に立ち寄り「宇たがふな潮の華も浦の春」を詠み、本塩の法善寺に句碑（潮塚）として残る。

真間の手児奈旧蹟【ままのてこなきゅうせき】市川市真間四丁目五番。手児奈の奥津城処《おくつきどころ》（墓所）と伝えられる。現在は手児奈霊堂が建っている。『江戸名所図会』に「真間の継橋より東の方、百歩ばかりにあり。手児奈が墓の跡なりといふ。後世祠を営みてこれを奉じ、手児奈明神と号す。婦人安産を祈り、小児疱瘡《ほうそう》を患《うれ》ふる類、立願して其奇特を得るといへり。祭日は九月九日なり。伝へ云ふ、文亀元年（一五〇一）辛酉九月九日、此神弘法寺の中興第七世日與《にちよ》上人に霊告あり。よってこゝに崇め奉るといへり。（中略）奥儀抄に云く、是は昔下総国勝鹿真間野の井に水汲む下女なり。あさましき麻衣を着て、はだしにて水を汲む。其容貌妙にして、貴女にも千倍せり。望月の如く、花の咲《ゑ》めるが如くにて立てるを見て、人々相競ふ事、夏の虫の火に入るが如く、湊入の船の如くなり。こゝに女思ひあつかひて、一生いくばくならぬよしを存じて、其身を湊に投ず（後略）」とあり。《石柱碑文》正面「真間娘子墓　真間井　在鈴木院之中」右「鈴長□立□□□」左「住持　上人日貞儀」裏面「元禄九丙子仲春」。

真間中山詣【ままなかやまもうで】寛政二年（一

七九〇）一〇月、書林、花屋久治郎から出された。「（前略）帰路は行徳より船を催し、塩竈など見歩行可申候。近世徳願寺といへる浄家の住侶は徳僧なりとて諸人渇仰し侍る。夫より当所名産笹屋の饂飩を調味して直さま乗船いたし、舟堀に入りて船を曳かせ候はば、淀のわたりのここ地やせむと可想像候。中川の関を越へ五本松をながめ、日高に候はば、此辺芭蕉翁の古庵有之よし、相尋ね、帰宅いたすべく候。猶、其みちすがら緩々御物語可申候」

真水押し【まみずおし】 塩田に真水が浸透して塩田の砂に塩の結晶が着かなくなってしまうこと。水田耕作のための真水の水路と塩田経営は近隣では成り立たなかった。享保三年（一七一八）二月、妙典・田尻・高谷・河原四カ村は上流の稲荷木・大和田・川原三カ村に対して「塩浜真水押しにまかりなる故水田開発仕らざる様申上」（『市川市史』）の訴えを代官所に提出。塩田と農耕地の間には荒浜に萱を植えた萱野畑がある。元禄一五年（一七〇二）の新検で塩浜年貢永免除となった右三カ村はその萱野畑を田畑に開墾しようとしたための訴訟。

丸浜養魚場【まるはまようぎょじょう】 現江戸川左岸流域下水道終末処理場、福栄老人いこいの家を含む福栄四丁目一七〜三二番の地域にあった養魚場。明治初期は塩田で、同三〇年（一八九七）頃にウナギやドジョウを養殖する養魚場になる。大正六年（一九一七）一〇月一日未明の大津波により全滅。一部が狩猟場、釣り堀池として存続したが、海面埋立と区画整理事業により閉鎖。行徳街道からの道を丸浜道または養魚場道（入口は欠真間一丁目一五番の野田屋呉服店前の十字路）といい、伝次郎澪に通じる水路沿いの道だった。区画整理が実施されるまではバス通りから車で海岸へ出られる道は鴨場道と丸浜道しかなかった。丸浜という呼称の由来不明。ウナギの病気予防に塩散布治療法がある。

円山応挙の幽霊画【まるやまおうきょのゆうれいが】 徳願寺所蔵。応挙（一七三三〜九五）が行徳新河岸の旅人宿「志からき」（『葛飾誌略』では信楽）に宿泊、幽霊画を描く。それを志からきから元前田侯爵、東京新川の酒商中井新右衛門、行徳の酒問屋遠州屋岩崎粂蔵家と持ち主が移る。のちに菩提所である徳願寺に預けられたもの。毎年一一月一六日のお十夜の日の午後三時から一般公開される。

万海【まんかい】 行人。道を行く人。旅人。使者。行者。寛延二年（一七四九）刊行の『葛飾記』に初見。行徳のうち湊村というのは海辺から大船が江戸川へ入る入口にある。そこに万海という行人の墳が海より川への入口の畑にあり、ここの字とされ一七四九年当時石仏があった。現在、行徳駅前公園に行人さまの祠がある。ここへ葬られたのは遺言であり、往古より大船や鎌倉往行の舟の通路の地であることを惜しんで、そのことを末世に伝えるためだった。寛永年中（一六二四〜四三）に江戸川を築留めたとき湊村の河尻跡に畑があった。湊村の村名はそのときの寺社地方御改御吟味のときに付けられた。万海という行人が行徳さまといわれた行人、あるいは、金海法印と同一の人たちの一員であったかどうかは未詳。「金海法印」「行徳さま」の項参照。

満世公園【まんせいこうえん】 まんぜ。市川市南行徳二丁目一六番。区画整理によってできた公園。満世とは塩場の名称。江戸時代後期の塩浜。標高〇・八m。

万年屋の澪【まんねんやのみお】南行徳四丁目二番、三番地先の三〇m道路脇の水門のある幅の広い排水路をいう。万年屋とは新井村の宮崎家の屋号。南行徳三、四丁目一帯は宮崎家が開発した塩浜であり塩田に海水を導くための江川に屋号が付けられていた。

万葉集【まんようしゅう】二〇巻。上代文学の代表的なもの。仁徳天皇時代から淳仁天皇時代(七五九)までの約三五〇年間の長歌・短歌・旋頭歌・連歌など約四五〇〇首を集めたもの。東歌・防人歌を含み大伴家持の編集とされる。詠み人知らず。万葉集巻第十四3349「葛飾の真間の浦廻《うらみ》を漕ぐ船の船人騒ぐ波立つらしも」(葛飾の真間の湾曲した入江をこぐ船の船人が騒ぐ。波が立つと見える)。同3384「葛飾の真間の手児奈をまことかも我に寄すとふ真間の手児奈を」(葛飾の真間の手児奈を、ほんとうであろうか、私と一つにするという。あの真間の手児奈を)。同3385「葛飾の真間の手児奈がありしかば真間の磯辺《おすひ》に波もとどろに」(葛飾の真間の手児奈がいたものだから、真間の海辺に波がとどろくほどに人が騒いだ)。同3386「鳰鳥《にほどり》の葛飾早稲を饗《にへ》すともその愛《かな》しきを外《と》に立てめやも」(葛飾の早稲を神に供える夜でも、あのいとしい人を外に立たせておかれようか)。同3387「足《あ》の音せず行かむ駒もが葛飾の真間の継橋《つぎはし》やまず通はむ」(足音を立てずに歩く駒がほしい。それなら葛飾の真間の継橋をやまずに通うものを)。

み

御影堂【みえいどう】狩野氏影堂。源心寺にあったが現在はなし。『葛飾誌略』より「当寺大旦那源正院心誉浄天居士、その外一族の影あり。今はなしといえども、その有りし時を記す。予、幼年の頃これを見しに、皆玉眼入りて彫刻するが如し。堂は室形造りにて美麗なり。四方の長押には三十六歌仙を描き、格天井に真中蟠竜あり。その四面天人の画なり。狩野友信画とぞ。その頃不審なることは、この近辺に時々竜が降るといふ事ありて、大風吹き立て、災い度々あり。諸人又源心寺の竜が出でたりと云ひ合へり。この蟠竜破れてより、この辺に左様の災いなし。奇なる事なり」。『勝鹿図志手繰舟』より「狩野家は小田原北条家の旗下にて豆州狩野の庄の砦の主将たりしが城破れて後、……北条家の亡霊かつは狩野家祖先の追悼のためにや、旧領の地狩野の庄より土石を運ばせ石の六地蔵並びに廟堂一宇を造営なす。甍《いらか》を磨き梁に丹朱を彩り七宝をちりばめ壮麗なる事云ばかりなし。里人これを御影堂と云。愚老若年の頃よりよく見おきたりしが廿年も前、破却して今は狩野家も衰微し苗裔かすかに残りてたゞ石の六地蔵のみ歴然たり」。「狩野浄天」「六地蔵」「内匠堀」の項参照。

南行徳尋常高等小学校附属幼稚園【みなみぎょうとくじんじょうこうとうしょうがっこうふぞくようちえん】 大正一四年(一九二五)四月一日開園。保育料一人一カ月九〇銭(茶菓子料三〇銭含む)、一家に二人以上の場合は最年長者のほかは七〇銭、満四歳から六歳までの者を全部入園させる方針だった。在園時間は他の幼稚園と異なり、小学校最高学年児童の始終時間に合わせ毎日五~六時間だった。《設備》砂場と小学校の普通教室二つを遊戯室と保育室にあてた。図書二〇冊、スベリ台一基、机腰掛六〇脚、積木(教師用一箱、児童用改良積木六〇組六〇人分)、ママ事道具五組五〇種、その他一八種。《保育時間》五時限で言語練習・積木・行儀・唱歌・遊戯・摺紙・説話・画方・板排・貼紙・数え方・紙織・紐結・童話・箸輪・粘土・紙廻・感官練習・豆細工ツナギ方など。四～七月は精神教育とし、四月言語・行儀、五月正直・孝行・友情・親切、六月規律・清潔・整理、七月忍耐、九～一二月は博物教育とし、九月電気・星・月、一〇月空気・草花・水、一一月岩・石・山・川・谷、一二月霜・雨・雪、一～三月は知的保育とし、一月発音・言語・感官練習、二月数え方・書き方、三月視察力・実物自然物保育とした。

澪【みお】 ミオ。みよ。水脈。水の緒の意。川や海の中で船の航行に適する底深い水路。江戸時代を通じて行徳には船の出入に使用したミオがあった。代表的なものは現在の福栄公園から行徳駅前公園脇を通っておかね塚横から伊勢宿、関ケ島、本行徳三八番地先へ達するもの。元禄三年（一六九〇）まで行徳船その他の船舶が利用。もう一本は幸二丁目四番の行徳南部公園脇の中江川排水機場から通ずる中江川跡の水路。辿っていくとバイパスを越して分譲マンション前で右折、三町畑公園に突きあたり、そこが昭和初期までの船溜りだった。公園は本塩（旧行徳新田）の南の端だが、江戸時代初期から元禄の頃までの中心的な塩場（別項）であり塩田に潮水を取り入れる江川でもあった。その頃の海岸線はバイパスがおおよその目安。「新田圦河」の項を参照。

身代わり観音【みがわりかんのん】 船橋市藤原三丁目の藤原観音堂にある。「藤原観音堂」の項を参照。《縁起》『元亨釈書』巻十七の身代わり観音のいわれの大意。京都の仏師感世は彫像のかたわら勤めて法華経を読む。普門品三十三篇を読む日課とす。丹波桑田郡の宇治宮成が観音像を刻ましむ。像なりて銭を与へて帰らしむ。宮成にわかに変心して大江山で感世を殺し財を奪ひて帰る。宮成、像を拝するに肩上割けそこから血流れ地に滴る。宮成恐れて人を洛に遣わして感世を見せしむるに更に変わりなし。宮成聞きて驚怖して急に感世の所に行き財を返し詳しく事を述ぶ。感世、その大慈尊、身代わりせしとて感涙にむせびその像を菩提所たる穴穂寺に安置す。時に応和二年(九六二)であった。『扶桑略記』巻六は、穴穂寺でこの事を検査せしに大師像は真に古仏であり同形二体を塑像したるといふを聞かず、穴穂仏は肩に刀痕あり、藤原仏は腰部に傷痕がある。身長三尺の立像。数回の修理を確認、一本彫り。平安末期の作か、複製に非ざるか、とする。『船橋市史』では、藤原観音堂にある身代わり観音像は、この穴穂寺の観音と同じ時に同じ木で感世が作ったものとし、万治二年(一六五九)行徳の富豪田中三左衛門が丹波見樹寺にあったものを徳願寺に納め、元禄三年(一六九〇)に徳願寺の寺領の地に堂を建てて安置した、とする。

三島由紀夫【みしまゆきお】小説家・劇作家。東京生まれ、東大法学部卒。憂国的心情から一九七〇年市谷自衛隊総監部で自裁。作品『仮面の告白』『金閣寺』『豊饒の海』など。行徳を舞台にして「遠乗会」がある。乗馬で市川橋~江戸川土手~旧行徳橋~行徳街道~鴨場道~御猟場に至り飲み物と昼食をとり、吹き寄せの名人の吹く千鳥の笛の音に聞き惚れた。

水呑百姓【みずのみびゃくしょう】地借。店借。田畑を所有しない貧しい小作または日雇いの農民。年貢が課税されない。「日雇」(塩浜・塩焼作業の日雇)「塩売」「棒手」などに従事、「当日軽き営み」をしていた。明和四年(一七六七)四月の『上妙典村明細帳』では家数八八軒中借地水呑二三軒とあり、天明六年（一七八六）の『本行徳村明細帳』では家数三七六軒中水呑百姓一八三軒とある。塩田経営者である塩垂百姓に雇われて働いた。塩焼の季節外は田畑耕作の雇われ人。

味噌【みそ】 朝鮮語の「蜜祖」からきた語。大豆・米・麦などを蒸してつき砕き、麹と塩をまぜて桶に入れ、発酵させたもの。昭和の時代になっても行徳の農家は自家製の味噌を作っていた。明治一七年（一九八四）関ケ島の関口家（丸忠みそ）、味噌作りを始める。妙典の篠田家、欠真間の竹沢家（ふじたけ味噌）など最盛期は二〇軒余の味噌屋があった。「丸忠」は合同して「共立味噌」となり戦後は「丸京味噌」となる。一時は千葉県一の生産量を誇った。リヤカーに味噌樽を二つ積み東京の酒屋、百貨店に運んだ。行徳味噌。

湊圦河【みなといが】 湊や押切の漁師が出入していた船溜りで、千鳥橋から行徳駅方面へ入った湊排水機場の溜め池付近にあたる。明治二〇年（一八八七）の船数は押切村六艘、湊村三一艘。

湊新田公園【みなとしんでんこうえん】 市川市福栄二丁目一四番。区画整理でできた公園。公園付近は湊新田の塩浜跡のため地名を命名。

湊の渡し【みなとのわたし】 明治四〇年（一九〇七）の調査によると、所在地東葛飾郡南行徳村大字湊。川幅七五間、水幅七五間、明治八年（一八七五）一二月四日許可。湊村より瑞穂村前野に至る。ただし、江戸時代からある百姓渡しで、前野村の百姓が塩稼ぎのために利用。湊新田が分村したときに前野村の塩浜年貢は湊新田村に含まれて課税。新検前（元禄一五年以前）は塩浜年貢永二貫二七一文を納めた。新検後、塩浜年貢永免除。文化七年（一八一〇）当時に湊村に前野分という場所があった。現在の市川市湊一〇番と一九番の行政境の路地を江戸川堤防に出たところに渡し場があった。バス通りの向側には湊青少年会館がある。明治一〇年（一八七七）五月、日本通運の前身の内国通運㈱が蒸気船「通運丸」を就航させ湊の渡し場にも立ち寄った。そのため蒸気河岸（別項）ともいう。

ミナミ【みなみ】 南の風。大風になると塩浜にとって大敵。「行徳塩浜に吹く風」の項を参照。

南沖児童交通公園【みなみおきじどうこうつうこうえん】 市川市行徳駅前三丁目四番。区画整理によってできた公園。南沖とは南沖通という塩場の名称。江戸時代中期の塩浜跡地。

南行徳浦・行徳浦両漁業組合へ漁場貸付契約書【みなみぎょうとくうら・ぎょうとくうらりょうぎょぎょうくみあいへぎょじょうかしつけけいやくしょ】

契約書

当浦安浦及船橋浦漁業組合共同シテ明治四十一年九月十四日付並当船橋浦漁業組合ニ於テ明治四十一年十一月十八日出願ニ係ル区画漁業ノ免許ヲ得タル上ハ浦安及船橋浦漁業組合ニ於テハ蠣内場ニ於テ六万坪又船橋浦漁業組合ニ於テハ三番瀬ニ於テ壱万坪合計七万坪ヲ左記ノ条件ニ依リ之ヲ行徳浦漁業組合並南行徳浦漁業組合ニ使用セシム各組合ハ此契約ヲ締結シ為後日本書四通ヲ作成シ各其丶領置スルモノナリ

明治四十二年七月二十日（一九〇九）

浦安浦漁業組合理事　高梨友行

船橋浦漁業組合理事　大野慶三郎

行徳浦漁業組合理事　岩田三七郎

南行徳浦漁業組合理事　小川六郎

一、使用セシムベキ海面中ニ於テハ海苔養殖ノ

外他ノ漁業ヲ為ササルコト
二、海苔養殖トシテ種育場ハ堅ク之ヲ建設スルコト但自家用ノモノハ此限リニ在ラズト柵数ハ九拾四柵株数ハ一柵ニ付弐百株以内トス
三、篊建設柵数ハ九百三十三柵ヲ限度トスルコト但株数ハ一柵ニ付四拾株以内トス
四、養殖業ニ対スル諸課税及公課ハ其ノ使用ヲ為ス組合ニ於テ負担シ毎年八月限リ納付スルコト
五、篊抜取掃除ハ毎年五月限リ之ヲ行フコト
六、本件海面使用中行徳浦及南行徳浦漁業組合ハ其ノ地先ニ於テ専用漁業又ハ区画漁業ノ免許ヲ出願セサルコト
七、前各項ニ違背シタルトキハ其ノ違背セシ組合ニ対シテハ本契約ヲ無効トスルコト

以上

《区画漁業権出願及び区画漁業権・海苔養殖場の行使に関する協定》

覚書

船橋漁業協同組合（以下甲ト称ス）浦安町漁業協同組合（以下乙ト称ス）南行徳町漁業協同組合（以下丙ト称ス）行徳町漁業協同組合（以下丁ト称ス）間ニ於テ区画漁業権出願及区画漁業権、海苔養殖場ノ行使ニ関シ左ノ通リ協定スルモノトス
一、甲乙丙丁ハ既ニ出願セル区画漁場、海苔養殖場、介類養殖場免許願書ニ各々同意スルモノトス但シ丙ノ出願海苔養殖場ハ黒鯛澪ノ両側（参百柵）トス
二、甲ハ丙ニ対シ西三番瀬海苔養殖場西部ニ於テ海苔柵参百柵ヲ貸与スルモノトス　但シ賃貸料ハ毎年甲丙間ニ於テ協議ノ上決定シ篊建前ニ之ヲ支払フモノトシ賃貸期間ハ該当漁業権ノ存続期間更新ノ際之ヲ協定スル

モノトス

三、甲並ニ乙ノ享有スル漁業権海苔養殖場ニ於テ各甲及乙組合員ノ使用セザル漁場アルトキハ丙又ハ丁ノ賃貸申込ニ協力スルモノトス

右後日ノ為覚書依而如件

昭和拾八年七月十日（一九四三）

保証責任　船橋漁業協同組合長理事　市原芳雄
保証責任　浦安町漁業協同組合仮理事　大野英太郎
保証責任　南行徳町漁業協同組合長理事　松岡隆衛
保証責任　行徳町漁業協同組合長理事　鳥飼弁蔵

南行徳駅【みなみぎょうとくえき】東京メトロ東西線の駅。区画整理により用地を確保、その一〇年後の昭和五六年（一九八一）三月開業。寛政三年（一七九一）に開発された御手浜と称した一之浜～七之浜までの新塩浜の西の端にあたる場所で当時の満潮時の海岸線の辺り。

南行徳公園【みなみぎょうとくこうえん】市川市相之川四丁目一番。区画整理によってできた公園。通称「七千坪」「エンピツ公園」など。プールとグランド、築山、遊歩道、「南行徳第一土地区画整理組合記念碑」（別項）がある。名称は旧南行徳村（町）の名を残すため。

南根公園【みなみねこうえん】市川市行徳駅前一丁目一五番。区画整理によってできた公園。南根とは南根通という塩場の名称。江戸時代中期の塩浜跡地。「南行徳第三土地区画整理組合記念碑」（別項）がある。

南場公園【みなみばこうえん】市川市末広二丁目六番。区画整理によってできた公園。南場とは塩場の名称。江戸時代中期の塩浜跡地。

南浜公園【みなんみはまこうえん】市川市日之出二番。区画整理でできた公園。南浜は塩場の名称。江戸時代後期の塩浜跡地。

宮本武蔵の供養塔【みやもとむさしのくようとう】徳願寺境内にある。「正徳二壬辰年七月二十四日」「単誉直心」。徳願寺第十五世水誉上人建立。正徳二年は一七一二年。『葛飾誌略』に「宮本武蔵の塚。これその頃妙典村五兵衛といへる者の所に止宿せしが、ふと病気づいて卒す。いつの頃にや、大洪水の節、押埋りてその跡いまは詳しからず。武蔵は武芸の士なりと」とある。水誉上人が再建したものと考えられる。《宮本武蔵》天正一二年~正保二年(一五八四~一六四五)江戸初期の剣客。名は玄信。播磨あるいは美作生まれ。二刀流を案出し、二天一流の祖。晩年は熊本に住み、水墨画を得意とした。兵法書『五輪書』を著す。

冥加年貢【みょうがねんぐ】江戸時代、行徳塩浜の農民が毎日一石(塩俵で二俵分)の日用塩を笊《ざる》入れにして江戸城内本丸御数寄屋へ納入した。そのうち一斗を無償で召し上げて冥加年貢と称し、特にそのことを御春屋上納という。冥加とはお礼、報恩の意。江戸時代、幕府御用の塩浜経営を許され、特別な保護を受けていることに対する献金の意味がある。徳川家康の江戸入府の翌年の天正一九年(一五九一)から始まり幕末(一八六七)まで続く。冥加年貢を積んだ行徳塩浜の農民の乗った船は、日本橋の行徳河岸と魚河岸を通過して江戸城のお堀から城内へ入った。なお、御数寄屋とは茶室・勝手・水屋などが一棟に備わった建物をいい、殿中の茶礼・茶器をつかさどり、数奇屋坊主がいた。若年寄支配。御春屋は穀物などを精製する場所や小舎。「行徳領塩浜の由緒」の項参照。

妙見島【みょうけんじま】東京都江戸川区東葛西三丁目一七番。かつては下総国に属し行徳領、明治時代は千葉県。享保六年(一七二〇)以後の代官小宮山杢之進支配のとき欠真間村の狩野氏が手代を勤め、その功績により妙見島を賜ったと伝える。狩野氏の先祖は内匠堀の開削に尽力した狩野浄天。

妙典公園【みょうでんこうえん】市川市妙典六丁目一番。区画整理によってできた公園。妙典とは地名。「妙典土地区画整理組合記念碑」（別項）がある。

妙典地蔵尊【みょうでんじぞうそん】所在地、市川市妙典一丁目一一番一〇号の日蓮宗妙栄山妙好寺境内。石柱。《碑文》正面「妙田地蔵尊」、裏面「大正六年九月三十一日沸暁突如トシテ関東地方ヲ襲ヒ来リシ大海嘯ニ依リ遭難セラレタル幾多ノ霊魂ヲ弔ヒ慰ム為ニ之ヲ建立ス　昭和十八年十月一日建立発起人　総代齋藤吉兵衛」。大正六年は西暦一九一七年、九月は小の月であり三〇日までしかないから九月三一日とは一〇月一日のこと、昭和十八年は西暦一九四三年。この大津波で行徳・南行徳・浦安の死者六三、けが人一三五、行方不明三。「大正六年の大津波」の項参照。

妙典橋【みょうでんばし】平成一六年（二〇〇四）九月定例県議会（本会議）における答弁要旨（質問：平成一六年一〇月五日）

質問者：近藤喜久夫議員、答弁者：県土整備部長

質問要旨（二）江戸川に架橋計画のある（仮称）妙典橋について　ア、詳細設計は終了していると思うが、進捗状況はどうなっているか。イ、今後の建設計画と完成時期はどうなっているのか。ウ、架橋後は原木インターチェンジまでの道路を新設する必要があると思うが、計画はどうなっているのか。

答弁要旨：アについて、一、（仮称）妙典橋につ

いては、国庫補助事業の新規採択が関東地区で四箇所と大変厳しい状況の中、外かんの関連道路として、採択されたところです。しかしながら、その採択にあたっては、厳しい財政状況のもと、今後、事業を進めるにあたり、大幅なコスト削減が必要である旨の指導を受けたところです。二、このため(千葉)県としましては、建設コストの大幅な縮減を図るため、橋梁形式などの構造について、再検討を行っているところです。イについて、一、今後、橋梁構造等の検討結果を踏まえ、河川管理者や鉄道事業者等関係機関との協議を進めるとともに、残る用地の取得を行い、その後、橋梁工事等に着手することとしております。二、県としては、外かんの整備状況を勘案しながら、事業の推進に努めてまいります。ウについて、一、原木インターチェンジまでの都市計画道路二俣高谷線につきましては、(仮称)妙典橋の取り付け道路として、市道〇一一二号線までの約六〇〇m間を本年度から事業着手したところです。二、残る、原木インターチェンジまでの約一三〇〇mの整備につきましては、事業の進捗状況等を勘案しながら、検討してまいります。

む

無縁様【むえんさま】 ムエンサマ。お大師様ともいう。市川市新井一丁目一五番所在。『市川の伝承民話第一集』(一九八〇年刊)に「無縁仏の話」(話者・稲毛ちよ)として収録されている。昭和七年(一九三二)の正月に病気になり熱が下がらず病院からリヤカーで家へ戻った。浦安のお滝の先達に伺うと、病ではなく仏が頼っているという。行き倒れや乞食の死人が埋まっている場所があり、そこは死人を洗った樽・うすべり・水を捨てて焼いた場所（「そらとんとう」という。(注)『浦安町誌』では「そとらんとう」とする）で藪になっていた。その中を捜すと戒名の分かる石が一一とかごに骨をいっぱい拾って祀った。一一人の無縁様の位牌を作ってみかん箱くらいの箱の中にお大師様を祀った。病も治った。いまだに線香をあげてからでないとご飯は食べない。新井のお大師様の石塔の刻字は次の通り。「□□□□□□□　寛文十一□□□」（一六七一年）、「天和四年□□五日□□」（天和四年は貞享元年で一六八四年）、「元禄二年十一月十七日」（一六八九年）、「元禄三□□年正月三日」（一六九〇年）、「正徳二□年正月□二日」（一七一二年）、「正徳二□七月拾八日」（一七一二年）、「□徳三癸巳□五月八日」（一七一三年）、「正徳四午天□□月淨西信士七月五日位」（一七一四年）、「享保四亥天六月三□□」（一七一九年）、「宝暦十庚辰天全冬成杲信士十二月十五日」（一七六〇年）「□□□□年十一月□□日」。以上のほかに二基あり。判読不明。なお、前記一一基のうち日付のみは戒名が判読不明のためである。

村役人【むらやくにん】村方三役。地方三役。江戸時代、郡代・代官の支配下にあって、幕府領各村の民政に従事した名主、組頭、百姓代の総称。《名主》なぬし。みょうしゅ。身分は百姓。関東地方では名主、関西では庄屋、北陸・東北では肝煎といった。年貢の小割・年貢の津出し・治安の維持など、末端支配と村政の運営に必要な事は何でもやった。《組頭》名主の補佐。村の事務をし書類作成をした。村内の組ごとに年貢を集めてまわった。《百姓代》百姓の代表で村政の監視役。名主・年寄り・組頭を批判することがある。《年寄り》名主の顧問役。組頭より地位は上。宝永元年（一七〇四）八月の『塩浜自普請金拝借手形』では一二カ村の名主・組頭が連名し、文化一〇年（一八一三）六月の『行徳領塩稼売捌仕訳帳取調並びに村々より会所願の控』では一七カ村の名主・年寄り・百姓代が連名、『安政三年辰年行徳領三拾三ケ村村役人名前書扣十月廿四日』では名主・年寄り・百姓代が連名している。このことから、塩浜付村々は四役があったと分かる。一般の百姓は村を越えて会合など許されなかったが、村方三役はそれができ、利益が一致すれば共同して代官所に請願をした。

め

明徳尋常小学校開校旧跡の碑【めいとくじんじょうしょうがっこうかいこうきゅうせきのひ】いしぶみ。市川市湊の法伝寺境内にあり。《碑文》「学制百年記念　明徳尋常小学校開校舊跡之碑　明徳友の会　□□書」「昭和五十年五月　発起人（氏名二三名）　第二十世性譽代」（一九七五）。

も

元佐倉道【もとさくらみち】元禄一〇年（一六九七）までの江戸から佐倉への公道。以後は元佐倉道と呼ばれ、明治八年（一八七五）千葉街道と改称、現在は旧千葉街道という。大正二年から始まり昭和六年（一九三一）に完成した荒川放水路により分断、現在に至る。日本橋を出て隅田川を渡り（両国橋が架かってからはこの橋を渡り）、本所竪川通りを東に進み、亀戸逆井の渡しを渡り、小松川村小名四ッ又（現荒川の川中）で平井の渡しからの行徳道と交差、ここを直進し北東へ進むと、江戸川沿いに北上してきた岩槻道（篠崎街道）と合流し、小岩・市川の関所に達する。

元新田公園【もとしんでんこうえん】市川市妙典一丁目一二番。区画整理によってできた公園。元新田とは塩場の名称。江戸時代前期の塩浜跡地。

や

屋敷地【やしきち】家屋の敷地。やしき。家屋を構えた一区域の地。家屋、田畑を含めることもある。農家の屋敷地には建物と庭があり、庭は農作業の場所である。元禄一五年（一七〇二）の本行徳村の検地帳によれば「六間、三〇間、屋敷、六畝歩、源左衛門」などとある。これはおよそ本行徳村の平均的な屋敷地になる。屋敷地所有一畝（三〇坪）以上七人、二畝以上一三人、三畝以上三二人、四畝以上二六人、五畝以上一二人、六畝以上二三人、七畝以上一七人、八畝以上五人、九畝以上七人、一反（三〇〇坪）以上七人、三反以上一人。

野鳥観察舎【やちょうかんさつしゃ】千葉県行徳野鳥観察舎。市川市福栄四丁目二二番。昭和五一年（一九七六）一月一日に開設、同五四年（一九七九）一二月二六日新観察舎落成。行徳近郊緑地特別保存地区、通称「野鳥の楽園」の周辺区域の埋立は昭和五五年（一九八〇）八月二二日完了。

八はた街道【やはたかいどう】本行徳の新河岸から八幡までの道。この街道名は『江戸名所図会』「行徳船場」「行徳徳願寺」の図に記載あり。

山部赤人【やまべのあかひと】姓《かばね》は宿禰《すくね》。奈良時代初期の万葉歌人で三十六歌仙の一。柿本人麻呂とともに歌聖と称される。宮廷に仕えていたようで行幸供奉の作が多い。優美で清澄な自然を詠んだ自然歌人。勝鹿の真間娘子の墓を過ぐる時、山部宿禰赤人の作る歌一首並びに短歌(現代語訳)。このあたりに昔いたという人が、倭文《しと》織《お》りの帯を解きかわして伏す、伏屋を作って妻問いしたという葛飾の真間の手児奈の墓はここだと聞くが、真木の葉が茂っているせいだろうか、松の根が永く延びているように時が永く経ったからであろうか、その墓は見えないが、手児奈の話だけでも、名まえだけでも、私はいつまでも忘れられないことであろう。(反歌)万葉集巻三432「われも見つ人にも告げむ葛飾の真間の手児奈が奥津城處《おくつきどころ》」(私も見た。人にも語って聞かせよう。葛飾の真間の手児奈の奥つ城どころを)。オクツキドコロとは墓所のこと。万葉集巻三433「葛飾の真間の入江にうちなびく玉藻刈りけむ手児奈し思ほゆ」(葛飾の真間の入江で、波にゆれる玉藻を刈ったという手児奈が、遥かにしたわしく思われる)。

山本周五郎【やまもとしゅうごろう】本名、清水三十六。小説家。代表作に『樅の木は残った』『青べか物語』。行徳へのいざないは『青べか日記』の中に綴られており、昭和三年(一九二八)一〇月一四日、蒸気船に乗って新河岸に着き、常夜灯・徳願寺・江戸川放水路などを見て浦安へ戻る。『行徳歴史街道』を参照。

八幡圦樋【やわたいりひ】市川市八幡一丁目一一番の市川・浦安バイパスと国道一四号(佐倉街道)との交差点周辺にあった内匠堀の圦樋。国道から先の内匠堀跡は道路になっている。平行して流れる真間川は大正時代の耕地整理により掘削された堀川で、明治まではなかった川。

国道一四号はかつての市川砂洲で、標高が高く北部の湿地帯の水を現在の鬼高・南八幡・東大和田・稲荷木・大和田・田尻方面へ供給するために砂洲を掘り割って灌漑用水路（内匠堀）を通した。圦樋は水量調節のためで普段は閉めてあった。

八幡庄【やわたのしょう】中世の庄園の一。平安時代末期、葛飾八幡宮の前身「葛餝別宮」の社領が庄園化したとされる。現在の市川市八幡、南八幡を中心とする市川市の北部と松戸市、鎌ヶ谷市の一部を含む。行徳は含まれていない。鎌倉時代、八幡庄に日蓮が訪れ、のちに中山法華経寺が成立、当地を支配した千葉氏が土地を寄進した。谷中郷・大野郷・曾谷郷・中沢郷などがあり、真間・柏井・奉免なども庄内で、若宮戸村・高石神村・秋山村・松丸村・北方村・宮窪村などがあった。

ゆ

郵便【ゆうびん】書状・はがきなどの信書その他所定の物品を国内・国外へ送達する通信制度。世界各国とも政府の独占事業。日本では平成一六年（二〇〇四）四月一日から公社化された。行徳での郵便は、明治五年（一八七二）七月一日、清酒・醤油卸業の岩崎粂蔵（二四歳）方の本行徳村一九一番地に設置された三等郵便役所。現在の市川市域では八幡町の酒造業兼質商の加藤代四郎方に設置されたほかは設置されなかった。路線は東京―行徳―八幡で分岐、木下街道で銚子まで、八幡―船橋―成田街道を通って―多古―八日市場―銚子、八幡から船橋―千葉で分岐、東金―銚子まで、千葉―浜野―木更津―館山の路線があった。差立ては月六回で二、六の日とか三、七の日など。最初の郵便切手は、四八文、一〇〇文、二〇〇文、五〇〇文の四種類。江戸時代は「飛脚を襲った賊は撃ち殺してもよい」との徳川家康の朱印状が飛脚問屋に与えられていたので、公許を受けた定飛脚などでも屈強な宰領をつけて守っていた。明治の郵便制度は保護がなく、盗賊に襲われる事件が続発し政府は明治六年（一八七三）一二月、郵便役所にピストル（郵便保護銃）を与えて郵便脚夫に携行させた。全国に少なくとも四二六挺が備えられた。郵便保護銃は明治・大正・昭和と郵便局の備品になっていたが、戦後米軍の進駐によって終止符が打たれた。明治一三年（一八八〇）当時の行徳郵便局の年間取扱数は郵便受信数一万五一〇〇通、発信数二万一八〇〇通。郵便物は行徳町・南行徳村・浦安町に配達、電信・電話はなく、船橋郵便局が電信を扱っていた。

遊歴雑記【ゆうれきざっき】十方庵敬順著。文化一一年（一八一四）刊行。下総行徳についてはは『遊歴雑記初編1』の目次「初編之中弐拾九」に記載。

一　下総国葛飾郡行徳の駅は東西の往還長流にそひて、直き事今井の渡しを越てより東の方凡壱里余あるべし、しかれども家居建つゞきて賑か成は、舟場近辺三四町に過べからず、彼世上もてはやす笹屋の干饂飩は舟場の突あたり南側にして、店尤広く笹屋仁兵衛の名は高けれども、風味粗悪にて、東武にていえる馬士《むまかた》そばやに似たり、依て食する人より、土産に干饂飩を買族のみぞ多し（中略）

一　此行徳の川すじは、釣するによしとて、網・釣道具の類を、旅店に預け置て、東武より繁々逍遙しなぐさむ人あり、ここに大坂屋又八といえる旅籠屋ありて、彼釣に来る人の道具を若干預り置て、弁当など世話しけり、又、二月の末より当処の海浜に逍遙して、蜊・蛤を拾ひてなぐさむ人あり、余処よりは格段大きければ也（中略）

一　当宿は一町々々に銭湯あり、その家居多くは川端にして、逆流を堰入たれば、湯水甚潤沢に尤清し、東武の銭湯より抜群増りて、五銭を以て浴す、但し男女混じて入湯せり（中略）

一　これより先々街道筋馬のみ多くして、更に竹輿なし、たまたまに才覚して駕籠に乗る事あれば、カキテ人不功者なれば支体を動かし、久しく乗れば頭痛を生じ、歩行には甚劣れり、これより汐除堤壱里半の路すがら、左りは程よく平山・耕地・村邑・茂林等の天然なるながめ、右は海浜の風色遥に房総の遠山を眺望す、その景色いふべき様もあらず、又所々の路傍には、塩竈いくつとなく四阿屋《あづまや》に作りて、男女の汐汲荷へる風情おもしろく、世上に行徳塩といふこれ也。或は老し者、幼ものは、蜊・蛤の類を拾ひ、又若き族は海草を刈、藻を荷ふ海浜のいとなみもめづらしく、総て遠近の一品と賞すべきおや。

よ

葭【よし】「葦《あし》」の項参照。

よしず屋【よしずや】葦簀・葭簀。よしずとは葦を編んで作った簀で日除けなどに使う。よしずだれ。よしずの製造販売を商売にしていた家。「葦」「萱」「御立野」の項を参照。

吉田佐太郎【よしださたろう】徳川家康の代官。慶長元年（一五九六）正月晦日付で妙典村治郎右衛門に新塩浜開発御書付を与えた。相之川の了善寺縁起に、嘉禄二年（一二二六）頃、親鸞聖人関東遊歴の際、下総国鎌田の庄吉田源五左エ門の家に泊宿、源五左エ門八代の孫吉田佐太郎が蓮如上人に帰依し出家得度（慈縁和尚）し応仁二年（一四六八）の開基、とある。代官と了善寺の吉田家との関係不明。ただし、同寺には吉田佐太郎が元足利氏の代官で、後、同寺を創建した慈縁であることを示す古文書があるとされる。『葛飾誌略』に、「当寺は、昔、吉田佐太郎といふ士の陣屋なりといふ、しかれども、吉田といふ士はいずれの軍臣にそうろうや、いまだ是をあきらかにせず」とある。『勝鹿図志手繰舟』では、「この寺児童のうちは吉田を名乗る、また、三十年も以前境内に井をうがちたりしに石櫃土中にあり、鏡・太刀おさめ置きたり、ことに鏡は明鏡たりるよし、什宝となす、鏡裏に文字あれども分明ならず、吉田家は小田原の旗下なりしと里人云い伝えるといへどもすべて軍記等に見へず、後人なお考べし」とある。『南行徳村史』には、「足利時代関東管領上杉氏が家臣吉田佐太郎を代官としてこの地を支配し、四方から移住するものあり、特に国府台合戦の折に真間付近の住民が戦乱を逃れて移住、この村を形成した」とする。同姓同名の別人が時代を超えて存在したと思える。

吉野屋【よしのや】関東一といわれる船宿。『青べか物語』の船宿千本。大正一〇年（一九二一）葛飾丸が深川高橋から浦安終着の便を就航させ吉野屋地先を発着場としたので別称蒸気河岸ともいう。浦安市猫実五丁目七番、東京メトロ東西線高架下。『行徳歴史街道』を参照。

四丁目道【よんちょうめみち】塩場道の一。別名お神輿道。入口角に浅子神輿店がある。四丁目バス停近く。本行徳三七番と関ケ島六番の間の路地を八〇ｍほど進むと権現道入口に達する。直進し九〇ｍで内匠堀跡の道路になり、その先は左側が行徳新田の塩浜、右側が関ケ島の塩場になる。権現道からここまでの右側（南西）一帯の地域に元禄三年（一七〇二）まで行徳船津があった。四丁目道は新河岸へ船津が移されるまで最も賑わった塩場道であり一丁目道と同時期に成立していたと考えられる。内匠堀跡の道路と交差する地点の右に関ケ島九番と伊勢宿八番の連続する幅九m前後の細長い土地がおかね塚前まで続く。これはかつての江戸川河口を締め切ったときの土手跡。明治・大正の頃は一～四丁目の道で一番さびしかった道。

ら

雷魚【らいぎょ】 ライギョ。カムルチイ（朝鮮語）。淡水魚。アジア大陸原産。最大八五cmになる。肉食で他の魚を食害する。日本へは朝鮮から移入されたといわれ北海道以外の全国に分布、行徳水郷でも繁殖し堀、川、沼、池などに生息。ドジョウ、カエルなどをエサにして太くて長い竹ざおを使って藻、葦などの間に垂らして釣った。

り

律令時代の租税【りつりょうじだいのそぜい】 租・庸・調は生産物、運搬・雑徭・仕丁・兵役などは労役。租以外は正丁（成年に達した男子）に課せられる。《租》大宝令（七〇一年実施）では田地一反につき二束二把。当時上田一反で五〇束の収穫があった。租は郡や国の倉庫に収められ飢饉などの非常用に備えた。《庸》年一〇日の歳役の代わりとして正丁一人あたり麻布二丈六尺を納めるものとされ、京へ運び、衛士や仕丁らの養料とした。《調》諸国の産物を納め、下総国はあしぎぬ・布・紺布・黄布など。《中男作物》下総国は麻・紙・紅花など。正丁の四分の一。《運搬》国司の指揮下で調・庸を都まで行路三〇日、帰路一五日で運送。食料自弁。行き倒れ多かった。《雑徭》国司の命ずる労役に従事、正丁一人六〇日。《仕丁》都の役所での雑役に従事、五〇戸につき正丁二人、三年間。《兵役》戸籍が編成された頃は一戸一兵士、大体四分の一ほどの割合。近くの軍団に服務する者、衛士として都に一年間上る者、防人として三年間大宰府へ赴く者がいた。《出挙》春に種を貸し付け、秋に五割(のち三割)の利息をつけて返済した。「調」の項を参照。

竜宮様【りゅうぐうさま】 竜とはインド神話で蛇を神格化したもの、人面蛇身の半神をいう。竜宮とは、深海の底にあって竜神が住むという宮殿をいう。八大竜王とは八竜王の総称、法華経の会座に列した護法の竜神をいい、水の神、雨乞いの神ともされる。転じて、行徳塩浜の地で竜宮様を祀るということは、洪水や津波、長雨などの天災を免れることを願うことを意味した。行徳地域には五カ所に祀られており次の通り。

一、一之浜竜王宮　所在地、南行徳四丁目七番の東海面公園内。新井や相之川の人は竜宮様と呼ぶ。昔は今の南行徳一丁目六番の南行徳駅寄りの一角にあり、その場所は「一之浜」という字地で江戸時代は「塩場」だった。区画整理事業により現在地に遷座。毎年六月一七日が祭日でその前後の休日を選んで催しをしている。竜王宮の石碑には寛政八辰年吉日(一七九六)と刻まれている。寛政三年(一七九一)、幕府は今の南行徳一丁目と二丁目の地域にあたる場所に一之浜から七之浜まで七つの塩浜を開発、御手浜と称して直轄の塩浜経営をした。その際に御手浜で働いた欠真間村と新井村の農民が祀ったもの。

二、しろへび様　所在地、湊新田二丁目四番の行徳駅前公園内。湊村の人々が祀ったもの。公園内のプールがある場所から東側の消防署に寄った道路付近にあり区画整理事業により現在地に遷座。湊村のしろへび様は、伊勢宿、おかね塚、光林寺の脇を抜けてきた江川が、今の行徳街道のバス通りから（入口は湊村）の鴨場道と交差する場所付近にあった。

三、南無八大龍王　所在地、本塩八番の個人の駐車場内。隣りに上道公園がある。石碑文に「南無八大龍王　天明二壬寅歳正月下浣八日」とあり西暦一七八二年正月二八日と読める。屋号を清蔵という高橋家が祭事を執り行っていて毎年二月一日の御奉謝には日蓮宗海近山圓頓寺の住職の読経がある。上道とは塩場の字で上道の一、二、三と続き、石垣場、東浜となる。洪水で流されてきた「いしぶみ」を祀ったのが始まりという。

四、上妙典竜宮様（八大龍王）　妙典六丁目七番の西側の一角、妙典公園の道路向かいの角地。平成一一年（一九九九）に完成した妙典の区画整理事業により妙典一、二丁目自治会により現在地に遷座。石碑文には「□王□□妙典村中」「安永三年午天」とあり、西暦一七七四年に建立され、願主は妙典村中と分かる。当時の妙好寺第一五世大寶院日賢上人が祀ったもの。上妙典の村人は「しろへび様」と呼ぶ。安永九年（一七八〇）二月一日から龍宮奉謝が始まり昭和三八年（一九六三）を最後に続けられてきたが今は龍宮奉謝の本尊は永代妙好寺預かりとし、上妙典婦人会の新年会に三寶奉謝のご本尊と共に祀る。
五、下妙典龍王宮（南無八大龍王）　所在地、妙典五丁目四番の一角。「区画整理に付き当地に再建す平成十年（一九九八）五月吉日市川市妙典三丁目自治会」と台座にあり、石碑文は「南無八大龍王」「寶暦二年壬申六月吉日」「下妙典村中造立之」とある。願主は下妙典村中であり西暦一七五二年の建立と分かる。下妙典の人たちは「くろへび様」「へび塚」などと呼ぶ。「八大龍王宮鳥居奉納者御芳名　平成十一年三月吉日」として一〇九名の名がある。
掲示板「下妙典龍王宮由来　碑文　南無八大龍王　宝暦二年土申吉下妙典村中造立之　往時の行徳（下妙典村）は葦に覆われた潮入りの原野と干潟であったが故に津波と洪水の力と戦う苛烈な土地であった。天正一八年徳川家康が入府をして当時行徳は塩焼を主とし年貢を塩で納めていた。米を作る田畑は殆どなかったので海を相手の為村人は自然の脅威から身を守るため海（水）の神として龍神を祭り安泰を祈ったのである。徳川家康はこの地を幕府直轄の天領として代官を置いて治めさせる。建立の時は宝暦二年、代官は旧田尻村誌を引用、戸田忠兵衛宝暦二年迄、佐々井新十郎宝暦二年～六年となっている。
宝永一年（一七〇四）江戸川出水塩田被害甚大
享保十四年（一七二九）江戸川出水塩浜ことごとく荒浜になる
平成十一年（一九九九）三月吉日発起人一同建之」
『行徳郷土史事典』を参照。

ろ

六地蔵【ろくじぞう】 香取の源心寺その他の寺院にある。六道において衆生の苦患を救うという六種の地蔵。地獄道は檀陀、餓鬼道は宝珠、畜生道は宝印、阿修羅道は持地、人間道は除蓋障、天道は日光が教化する。六地蔵の石仏は室町時代に始まり、別石六地蔵・舟形浮彫り六地蔵・六面幢六地蔵・一石六地蔵・一石二段六地蔵・一石三面六地蔵・舟形二段六地蔵・角柱六地蔵などがある。源心寺のものは舟形浮彫り別石六地蔵。石体総高一丈三、四尺。狩野氏、本国の伊豆から積み下ろしたとされる。「御影堂」「狩野浄天」「内匠堀」の項を参照。

わ

渡辺崋山【わたなべかざん】 幕末の文人・画家・洋学者。三河田原藩の家老。谷文晁の門下。西洋画法を取り入れる。幕府の攘夷策を責め郷国に蟄居となり自刃。四八歳。文政八年（一八二五）『四州真景図巻』で「行徳船場」の図を収録。同年六月二九日、午前六時、家を出て小網町三丁目行徳河岸から船賃五〇〇文で船を借り切り新河岸に着く。朝は曇っていたが行徳へ来たときには晴れていた。大坂屋で昼食をとりスケッチをする。その後、八幡の葛飾八幡宮をスケッチし、鎌ヶ谷の鹿島屋で夕食、白井の藤屋に宿泊した（『市川市史第四巻』）。

渡良瀬川【わたらせがわ】 今は利根川の支流。栃木・群馬、埼玉・千葉の県境を流れ、埼玉県栗橋の北で利根川に合流。全長一〇八㎞。徳川幕府の利根川東流工事前までは東京湾に流れ下流域を太日川《ふといがわ》（現江戸川）といった。

湾岸道路【わんがんどうろ】昭和四一年（一九六六）に建設開始、道路幅一〇〇m、一四車線の構想だったが、現在高速道路部分（首都高速湾岸線）が六車線、低速道路（国道三五七号線、別称東京湾岸道路）部分が四車線の合計一〇車線。市川市域を通過する高速道路部分の両脇に空地がある。昭和五三年（一九七八）一月、高速道路浦安—新木場間が開通、同時に低速道路として国道三五七号線の市川市高谷—浦安間が開通して高速道路部分の空白を埋めた。その後、昭和五七年（一九八二）になり最後の市川—浦安間の高速道路が開通して東関東自動車道に直接接続された。市川市域には千鳥町出入口、市川集約料金所、湾岸市川インターチェンジがある。なお、首都高速湾岸線と国道三五七号線に接続する東京外郭環状道路の建設計画が進められている。

行徳・南行徳の地名

江戸川以南、浦安市との行政境までの区域を現在「行徳」と呼ぶ(市川市行徳支所管内)。旧江戸川の下流から上流に向かって順に記し、区画整理地をその後に記す。
①地誌②行政区画の変更③地名の由来④史蹟

新井【あらい】①江戸時代、行徳領新井村。寛永六年(一六二九)の検地により新たに塩浜年貢永一七貫六三一文、元禄一五年(一七〇二)の検地で塩浜反別九町三反一七歩、塩浜年貢永二四貫八七二文、文化七年(一八一〇)頃の家数およそ八〇戸。②明治二二年(一八八九)町村合併により南行徳村大字新井、昭和一二年(一九三七)東葛飾郡南行徳町大字新井、昭和三一年(一九五六)一〇月、市川市新井。区画整理後の昭和五四年(一九七九)までの住居表示実施により、新井一~三丁目、南行徳三~四丁目及び同一丁目・相之川二~四丁目・広尾一~二丁目の一部に分かれる。③⑴江戸時代初期、欠真間村の出村で新村(にひむら)。ニヒはニイと発音し、古代に新井・新居とありニヒヰと訓注される。⑵新井寺(しんせいじ)開山能山和尚、観音菩薩に祈願、真水を掘り当てこの徳を記念しての村名。④お経塚、首切り地蔵、新井川。

島尻【しまじり】①江戸時代、行徳領欠真間村。②明治二二年(一八八九)町村合併により南行徳村大字欠真間字内島尻・外島尻、昭和一二年

（一九三七）東葛飾郡南行徳町大字欠真間字内島尻・外島尻、昭和三一年（一九五六）一〇月、市川市島尻。③不明。浦安市当代島は古来は島であり、その最北端に位置する。行政境に古くは海の澪《みお》だった船圦川があり、江戸時代前期以来船圦川を挟んで南北に分かれていた当代島の一方と接していた。江戸川の自然堤防状の三角州の一部。④一軒家の渡し、蒸気河岸。

広尾【ひろお】 ①江戸時代前期は洪水調節用の遊水地。元禄以後水田に開墾。もとは新井・相之川・当代島の飛び地。もとの字は広尾・船渡・船渡下・北出口・川前など。②区画整理後の昭和五四年（一九七九）までの住居表示実施により広尾一〜二丁目。③不明。

相之川【あいのかわ】 ①江戸時代、行徳領欠真間村。嘉永二年（一八四九）、相之川分家数六〇〜七〇軒、棒手売稼業五〇人余もあり、農業は勿論塩稼ぎいたし候者共これ無き様の成り行きに候、とある。渡し場船頭一〇人ほど。②明治二二年（一八八九）町村合併により南行徳村大字欠真間字相之川、昭和一二年（一九三七）東葛飾郡南行徳町大字欠真間字相之川、昭和三一年（一九五六）一〇月、市川市相之川。区画整理後の昭和五四年（一九七九）までの住居表示実施により欠真間の一部を併せ相之川一〜四丁目及び新井一丁目・広尾一〜二丁目・南行徳一丁目の一部に分かれる。③不明。「アヒカワ（相川）」は河川の合流地点。相之川の対岸には篠崎川、鎌田川などの川口がある。④今井の渡し跡地、お成り道、ねね塚伝承。

欠真間【かけまま】 ①江戸時代、行徳領欠真間村。寛永六年（一六二九）の検地により新たに塩浜年貢永五二貫八九四文、元禄一五年（一七〇二）の検地で塩浜反別二八町六反一畝一二歩、塩浜年貢永七七貫八三〇文、文化七年（一八一〇）頃の家数およそ二三〇軒（現、相之川と香取を含む）。②明治二二年（一八八九）町村合併により南行徳村大字欠真間、昭和一二年（一九三七）東葛飾郡南行徳町大字欠真間、昭和三一年（一九五六）一〇月、市川市欠真間。区画整理後の昭和五四年（一九七九）までの住居表示実施により欠真間一～二丁目及び香取一～二丁目・相之川一～四丁目・広尾一～二丁目・島尻・湊新田一～二丁目・福栄一丁目・同三～四丁目・南行徳一～二丁目の一部に分かれる。③(1)大洪水で真間（崖の意）が崩れて流されてできた土地。(2)国府台合戦の難を逃れた真間の人々が移住して開拓した。(3)江戸川の自然堤防のえぐれた崖状地（ママ）。④内匠堀《たくみぼり》（浄天堀）、槙（薪）屋の渡し、御手浜。

香取【かんどり】①江戸時代、行徳領欠真間村。②明治二二年（一八八九）町村合併により南行徳村大字欠真間字香取、昭和一二年（一九三七）東葛飾郡南行徳町大字欠真間字香取、昭和三一年（一九五六）一〇月、市川市香取。区画整理後の昭和五一年（一九七六）までの住居表示実施により香取一～二丁目及び欠真間・湊新田の一部に分かれる。③かんどりさまと親しまれる香取《かんどり》神社に由来。佐原の本宮香取神宮を勧請。本宮は「かとり」と称す。④香取神社、六地蔵。「香取神社」の項を参照。

湊新田【みなとしんでん】①江戸時代、行徳領。江戸時代前期は湊村、元禄年中故有りて一村となり新湊村と称す。元禄一五年（一七〇二）の検地から湊村とは別にして課税、塩浜反別六町五反一畝二三歩、塩浜年貢永一六貫七六六文、文化七年（一八一〇）頃の家数およそ五〇戸。②明治二二年（一八八九）町村合併により南行徳村大字湊新田、昭和一二年（一九三七）東葛飾郡南行徳町大字湊新田、昭和三一年（一九五六）一〇月、市川市湊新田。区画整理実施中の昭和四八年（一九七三）の住居表示実施により、湊新田、湊新田一～二丁目ができ、昭和五五年（一九八〇）までに現在丁目がない湊新田と湊新田一～二丁目を除く区域が、行徳駅前四丁目・福栄一～三丁目の一部に分かれる。③湊村からの分村。『葛飾誌略』では「実は新田にあらず」とする。④胡録神社の花火神事、鴨場道（元の入口は湊村）、行人さま。

湊【みなと】①江戸時代、行徳領湊村。寛永六年（一六二九）の検地により新たに塩浜年貢永三八貫三一七文、元禄一五年（一七〇二）の検地で塩浜反別一二町三畝二歩、塩浜年貢永三二貫七一四文、文化七年（一八一〇）頃の家数一〇〇余戸。②明治二二年（一八八九）町村合併により南行徳村大字湊、昭和一二年（一九三七）東葛飾郡南行徳町大字湊、昭和三一年（一九五六）一〇月、市川市湊。区画整理後の昭和五五年（一九八〇）までの住居表示実施により湊、新浜一～二丁目、押切・行徳駅前二～四丁目・入船・日之出の一部に分かれる。③船が出会う海上の常設の場所を湊といい、船上で売買をする。故に今の俗海船の湊口の名とす。陸上の村名は寛永年中（一六二四～四三）寺社地方御改め御吟味の節に名付けられる。④弁天山、前野渡し（湊の渡し）、しろへびさま、水神さま。

押切【おしきり】①江戸時代、行徳領押切村。寛永六年（一六二九）の検地により新たに塩浜年貢永二九貫四〇〇文、元禄一五年（一七〇二）の検地で塩浜反別一三町三反九畝二五歩、塩浜年貢永三八貫六七六文。②明治二二年（一八八九）町村合併により南行徳村大字押切、昭和一二年

（一九三七）東葛飾郡南行徳町大字押切、昭和三一年（一九五六）一〇月、市川市押切。区画整理後の昭和五〇年（一九七五）までの住居表示実施により、押切、伊勢宿・行徳駅前一〜三丁目・入船・日之出・福栄二丁目の一部に分かれる。③⑴江戸川が洪水のたびにこの地を押し切って流れを変えたため。⑵この地にあった江戸川河口を堤防で押し切って締め切り流れを変えたため。⑶対岸の鎌田村の住民が隣村の反対を押し切って移住したため。④祭礼（行徳）河岸跡地。

伊勢宿【いせじゅく】①江戸時代、行徳領伊勢宿村。寛永六年（一六二九）の検地により新たに塩浜年貢永一五貫五七〇文、元禄一五年（一七〇二）の検地で塩浜反別四町一反二畝一七歩、塩浜年貢永一三貫二七二文、文化七年（一八一〇）頃の家数およそ四〇余戸。②明治二二年（一八八九）町村合併により南行徳から分かれて東葛飾郡行徳町大字伊勢宿、昭和三〇年（一九五五）三月、市川市伊勢宿。区画整理後の昭和五三年（一九七八）までの住居表示実施により伊勢宿、押切・末広一丁目・富浜二〜三丁目の一部に分かれる。③⑴宿があり、伊勢神宮を勧請した豊受神社があるため。⑵新開の地で早くから伊勢商人が移住したため。

関ケ島【せきがしま】①江戸時代、行徳領関ケ島村。寛永六年（一六二九）の検地により新たに塩浜年貢永一四貫一一五文、元禄一五年（一七〇二）の検地で塩浜反別三町一反三畝一一歩、塩浜年貢永九貫四六六文七分。②明治二二年（一八八九）町村合併により東葛飾郡行徳町大字関ケ島、昭和三〇年（一九五五）三月、市川市関ケ島。区画整理後の昭和五三年（一九七八）までの住居表示実施により、関ケ島、末広一〜二丁目・富浜三丁目・塩焼三丁目の一部に分かれる。一時あった住吉は再度関ケ島の一部となる。③中世、佐原市にある香取神宮の社領として「行徳の関」がおかれたため。行徳関は香取付近との説もある。

本行徳【ほんぎょうとく】①戦国時代末期、小田原の北条氏へ塩浜年貢を納めた行徳七浜の一。江戸時代、行徳領本行徳村。寛永六年（一六二九）の検地で塩浜年貢永一七二貫九二一文、元禄一五年（一七〇二）の検地で塩浜反別三七町五反五畝八歩、塩浜年貢永一〇一貫六五〇文一分。天明六年（一七八六）家数三七六軒、人数一五六一人、行徳船五三艘、その他の船一一〇艘、文化七年（一八一〇）頃の町並み南北三九四間、東西一一〇間平均、家数およそ三〇〇余軒。②享保元年（一七一六）行徳新田（現本塩）を分ける。このとき町内を四丁に分ける。明治一八年（一八八五）本行徳駅と称す。明治二二年（一八八九）町村合併により東葛飾郡行徳町大字本行徳、昭和三〇年（一九五五）三月、市川市本行徳。バス停表示に行徳一〜四丁目とあり、自治会も分かれる。区画整理後の昭和五五年（一九八〇）までの住居表示実施により本行徳、本塩、富浜一〜三丁目・塩焼・関ケ島・末広一〜二丁目・入船・日之出・東大和田一〜二丁目・大和田二丁目・同五丁目に分かれる。現在東関東自動車道西側の行徳富士と呼ばれる残土の山がある一帯は本行徳飛び地。③土地の開発と人々の教化に訪れた人たち（行徳様と呼ばれた）を敬い呼んだ名前。「本」は行徳全体の母郷を示す。④新河岸跡地、常夜燈、権現道、行徳塩浜の総鎮守の神明社（豊受神社）、成田街道、なま道、寺町。

下新宿【しもしんしゅく】①江戸時代、行徳領下新宿村。新宿村とも文書にある。寛永六年（一六二九）の検地で新たに塩浜年貢永一貫三〇一文、元禄一五年（一七〇二）の検地で塩浜反別一反〇畝、塩浜年貢永三〇〇文、延享三年（一七四六）塩浜年貢永三三〇文、文化七年の『葛飾誌略』に新宿村塩浜反別一反畝とあるが文化一二年（一八一五）から塩浜年貢永なし。②明治二二年（一八八九）の町村合併により東葛飾郡行徳町大字下新宿、昭和三〇年(一九五五)三月、市川市下新宿。区画整理後の昭和五三年(一九七八)までの住居表示実施により、下新宿、本塩・大洲二丁目・富浜・新行徳の一部に分かれる。その後、新行徳の一部は下新宿と河原に編入され町名は今はない。③菅野の白幡天神社周辺は字中ノ割といいかつて新宿（あらしゅく）という聚落《しゅうらく》があった。「あらしゅく」は八幡から宮久保・曽谷・大野の台地へ抜ける足がかりの地の宿、本行徳から八幡へ抜ける足がかりの地が下新宿。本行徳村を出たところに新たに宿ができたから新宿であり、菅野の新宿（あらしゅく）と区別するために「下新宿」としたと考えられる。

河原【かわら】①戦国時代末期、小田原の北条氏へ塩浜年貢を納めた行徳七浜の一。江戸時代、行徳領河原村。寛永六年（一六二九）の検地で塩浜年貢永二〇貫六七七文、元禄一五年（一七〇二）の検地で塩浜反別二町八反九畝一四歩、塩浜年貢永七貫九四二文九分。②永禄七年（一五六四）第二次国府台合戦の戦功により篠田雅楽助清久恩賞として河原の地を賜る。翌年河原の地を分割、その一方を妙典と名付ける。明治二二年（一八八九）町村合併により東葛飾郡行徳町大字河原、昭和三〇年(一九五五)三月、市川市河原。区画整理後の昭和五三年(一九七八)

までの住居表示実施により河原、妙典一～二丁目・下新宿・大和田三～五丁目・新行徳の一部に分かれる。のち新行徳は河原と下新宿に編入され町名は今はない。③古代は今の江戸川（放水路）の辺りもいくつかあった河口の一つと考えられ、「川原」に堤防を築き真水を塞き止めて塩田を開いたと推察される。古文書には川原、河原などとあり、異なる集落があったものと思われる。④河原の渡し跡地、河原の圦、人車鉄道。

妙典【みょうでん】①戦国時代末期、小田原の北条氏へ塩浜年貢を納めた行徳七浜の一。江戸時代、行徳領妙典村。江戸時代中期上下妙典村に分かれる。寛永六年（一六二九）の検地で塩浜年貢永一二五貫三九二文、元禄一五年（一七〇二）の検地で上妙典村の塩浜反別一九町五反四畝二一歩、塩浜年貢永五〇貫二四〇文七分、下妙典村の塩浜反別二〇町八反九畝一五歩、塩浜年貢永一〇二貫六六一文二分。明和四年（一七六七）の『上妙典村明細帳』では名主一人、百姓六五軒、借地・水呑百姓二三軒、馬二匹、男二七〇人、女一三〇人、塩焼竈数二二軒、田畑不足で塩浜稼ぎのみで渡世。天保九年（一八三八）の『下妙典村明細帳』では家数八〇軒、男一六二人、女一七八人、馬二匹。②幕末に妙典村となり、明治初年頃改めて分村して上下妙典村、明治二二年（一八八九）町村合併により東葛飾郡行徳町大字上妙典村、同下妙典村、昭和三〇年（一九五五）三月、市川市上妙典、同下妙典。上妙典は昭和五〇～五三年（一九七五～七七）の住居表示実施により河原・新行徳の一部を編入して妙典一～二丁目、同じく下妙典は新行徳の一部を併せて妙典三丁目となる。平成一一年（一九九九）三月竣工の区画整理により妙典四～六丁目ができる。現在妙典少年野球場敷地周辺一帯は下妙典飛び地であり、江戸川向こうの市川市のクリーンセンター周辺地域に上妙典飛び地として残る。③永禄七年（一五六四）第二次国府台合戦の戦功により篠田雅楽助清久恩賞として河原の地を賜る。翌年河原の地を分割、日蓮宗妙栄山妙好寺を建立、法華経から妙典をあてる。妙は妙法、典は爾雅経（じがきょう）なり、と『葛飾誌略』にあり。

本塩【ほんしお】①江戸時代、行徳領本行徳村。享保元年（一七一六）本行徳村より分かれ行徳新田と称すが、塩浜反別と塩浜年貢永は本行徳村の内。②明治二二年（一八八九）町村合併により東葛飾郡行徳町大字本行徳字塩焼町、昭和三〇年（一九五五）三月、市川市本行徳塩焼町、区画整理実施後の昭和五三年（一九七八）の住居表示実施により住吉の一部を併せて市川市本塩。③本塩は「もとしお」であり、「本行徳塩焼町」の略でもある。徳川家康の支配になってから最初に大規模な塩浜開発がされた地域。本行徳と妙典の農民による新開地。いまでも地元の人は「しんでん」と呼ぶ。

富浜【とみはま】①江戸時代、行徳領本行徳村・下妙典村・関ケ島村の一部。②区画整理後の昭和五〇年（一九七五）の住居表示実施により富浜一～三丁目。③なし。区画整理によって名付けられた町名。塩浜に因む。

塩焼【しおやき】①江戸時代、行徳領本行徳村を中心に加藤新田・関ケ島村の一部。②区画整理後の昭和五四年（一九七九）の住居表示実施により塩焼一～五丁目。③江戸時代からの塩焼町の地名が本塩と変わったために、製塩地の由緒ある地名を残すために命名。

宝【たから】①江戸時代、行徳領加藤新田・儀兵衛新田の一部。文化一二年（一八一五）の加藤新田の塩浜反別二町三反七畝三歩、塩浜年貢永一貫一〇六文三分(文化末年)、儀兵衛新田の塩浜反別九反八畝九歩、塩浜年貢永不明。加藤新田は享保元年（一七一六）頃に最初の新浜を開いた。儀兵衛新田は寛保三年（一七四三）に最初の新浜を開く。②明治二二年(一八八九)の町村合併により東葛飾郡行徳町大字加藤新田、同儀兵衛新田、昭和三〇年(一九五五)三月、市川市加藤新田、同儀兵衛新田。区画整理実施後の昭和五二年（一九七七）の住居表示実施により、宝一～二丁目と加藤新田に分かれる。一丁目は旧加藤新田、二丁目は旧儀兵衛新田。③なし。区画整理によって名付けられた町名。

幸【さいわい】①江戸時代、行徳領加藤新田・儀兵衛新田の一部。塩浜反別と塩浜年貢永は「宝」の項を参照。②「宝」の項参照。区画整理実施後の昭和五二年（一九七七）の住居表示実施後に市川市幸一～二丁目。一丁目は旧加藤新田、二丁目は旧儀兵衛新田。③なし。区画整理により名付けられた町名。④中江川、儀兵衛橋

加藤新田【かとうしんでん】①江戸時代、行徳領加藤新田。享保元年（一七一六）江戸の升屋作兵衛（加藤氏）により開かれた新田。明治二年(一八六九)頃の塩浜反別二町三反二畝余、水池一町四反九畝一五歩、田畑五町五反五畝一八歩。「宝」の項参照。②明治二二年（一八八九）町村合併により東葛飾郡行徳町大字加藤新田、昭和三〇年(一九五五)三月、市川市加藤新田。昭和四三年（一九六八）大字加藤新田地先海面の埋立がされ加藤新田に編入。区画整理実施後の昭和五四年（一九七九）までの住居表示実施により埋立地の部分だけが加藤新田として残り、江戸時代からの加藤新田は塩焼・宝・幸のそれ

ぞれの一部となる。③新田を開いた加藤氏に因む。

末広【すえひろ】①江戸時代、行徳領本行徳村・関ケ島村・押切村・湊村の各一部。②この地域は昭和五〇年（一九七五）三月に終了した区画整理中の昭和四九年に住居表示が実施され、市川市末広一～二丁目となる。③なし。区画整理により名付けられた町名。④行徳支所、行徳図書館。

入船【いりふね】①江戸時代、行徳領押切村・湊村・本行徳村の一部。②この地域の区画整理は昭和五〇年（一九七五）に完成、昭和四九年と同五二年の住居表示実施により市川市入船町、昭和五四年、入船と町名変更。③なし。区画整理により名付けられた町名。区画整理前は湊圦河のオンドマリ付近に位置した。

日之出【ひので】①江戸時代、行徳領押切村・湊村・本行徳村の一部。②この地域の区画整理は昭和五〇年（一九七五）に完成、昭和四九年と同五一年の住居表示実施により市川市日の出町、昭和五四年、日之出と町名変更。③なし。区画整理により名付けられた町名。埋立前はこの地から三番瀬からのすばらしい日の出が見られた。

行徳駅前【ぎょうとくえきまえ】①江戸時代、行徳領押切村・湊村・湊新田村の各一部。②この地域の区画整理は昭和五〇年（一九七五）三月に完成。昭和四八年に行徳駅前とされ、昭和五九年（一九八四）までに実施された住居表示により行徳駅前一～四丁目。一丁目と三丁目は押切の字を中心に湊と湊新田、二丁目と四丁目は湊と湊新田を中心に押切の字があった。③区画整理中の昭和四四年（一九六九）地下鉄東西線行徳駅が設置されたことから名付けられた。④弁天公園、行徳駅前公園、平和の碑。

新浜【にいはま】①江戸時代、行徳領湊村・湊新田村の各一部。②この地域の区画整理は昭和五〇年（一九七五）三月に完成。新浜の町名は昭和四九年から。昭和五四年（一九七九）までの住居表示実施により市川市新浜一〜三丁目、昭和五五年に宮内庁新浜《にいはま》鴨場地先の干潟が三丁目となる。なお、町名にあたる地域の旧字名は一丁目は巽沖通《たつみおきどおり》古浜《こはま》・巽沖通亥・西浜・南沖通、二丁目は巽沖通新浜《しんはま》・新浜《しんはま》。③宮内庁新浜《にいはま》鴨場があること。なお、鴨場につけられた「新浜」とは、かつてこの場所が字新浜・字巽沖通新浜といわれた塩浜跡地であることからである。④宮内庁新浜鴨場、市川野鳥の楽園、野鳥観察舎。湊圦河

福栄【ふくえい】①ふくえ。江戸時代、行徳領欠真間村・湊新田村・押切村（飛び地）の各一部。②この地域の区画整理は昭和四九年（一九七四）に完成。福栄は昭和四八年にできた町名。昭和五九年（一九八四）までの住居表示実施により福栄一〜四丁目。③なし。区画整理によって名付けられた町名。④新田圦河

南行徳【みなみぎょうとく】①江戸時代、欠真間村・新井村の各一部。②区画整理実施後の昭和四八年（一九七三）の住居表示実施により南行徳一〜四丁目。一〜二丁目は主に欠真間の字地であり、三〜四丁目はほとんどが新井の字地にあたる。③東葛飾郡南行徳村の旧村名を残すため。④一之浜竜王宮。御手浜。

塩浜【しおはま】①江戸時代、行徳・南行徳地先の海面干潟。②昭和四四年（一九六九）三月、京葉港市川地区土地造成事業免許を千葉県が取得、委託事業として市川市が施工して本行徳字東浜、新井字墾之根地先の埋立を実施、昭和四八年（一九七三）塩浜一〜四丁目。最終工事完

了は昭和五九年（一九八四）。③行徳塩浜に因んだもの。④県立行徳高等学校、工場地帯。

千鳥町【ちどりちょう】①江戸時代、行徳・南行徳地先の海面干潟。②昭和三九年（一九六四）六月、市川市、公有水面埋立事業免許取得、儀兵衛新田字巽受・湊字東浜地先を埋め立てる。昭和四一年（一九六六）市川市千鳥町。なお、このときに本行徳字東浜も施工。③行徳塩浜の景観の一つに千鳥がある。『江戸名所図会』に「行徳衢《ちどり》」の図がある。④工場地帯。

高浜町【たかはままち】①江戸時代、行徳地先の海面干潟。②昭和四一年（一九六六）市川市、公有水面埋立事業の免許取得、本行徳字東浜・加藤新田字沖場地先を埋め立てる。昭和四三年（一九六八）七月、市川市高浜町。③なし。

＊以下は江戸川向こうに位置し現在の「行徳」の範疇には含まれない。行徳七浜の一であり記す。

高谷【こうや】①戦国時代末期、小田原の北条氏へ塩浜年貢を納めた行徳七浜の一。江戸時代、行徳領高谷村。寛永六年（一六二九）の検地で塩浜年貢永五三貫五八五文、元禄一五年（一七〇二）の検地では塩浜反別一三町三反二畝一〇歩、塩浜年貢永二八貫一三三文八分。高谷村は後背地に農地を持ちすでに寛永一四年の年貢割付で田一四町三反六畝八歩、畠二町八反四畝二四歩、屋敷二町四反七畝、米合三四石□斗三升二合、永合五貫五八四文が課せられている。②明治二二年（一八八九）の町村合併で東葛飾郡行徳町大字高谷、昭和三〇年（一九五五）三月、市川市高谷。昭和五一年（一九七六）住居表示実施により高谷一～三丁目と大字高谷に分かれる。③⑴寛永一四年の年貢割付では「高野」とあり古い名称。高野は周囲より一段と高い場所を指し、鎌倉時代の集落周辺は沖島とか浮島と呼ばれ、満潮時には村の背後に潮がまわる島だった。⑵コウヤは荒野で開発を進めるために免租にした開墾田を指す。興野も同義語。寛永一八年の年貢割付では高谷村となっているが、谷の字をあてた由来は不明。④小林一茶と安養寺。

田尻【たじり】 ①戦国時代、小田原の北条氏へ塩浜年貢を納めた行徳七浜の一。江戸時代、行徳領田尻村。寛永六年（一六二九）の検地で塩浜年貢永三四貫九八九文、元禄一五年（一七〇二）の検地では塩浜反別九町二反八畝一七歩、塩浜年貢永二四貫八一七文。②明治二二年（一八八九）の町村合併により東葛飾郡行徳町大字田尻。昭和三〇年（一九五五）三月、市川市田尻。昭和四八年（一九七三）住居表示実施により田尻一～五丁目と飛び地の字田尻に分かれる。このとき鬼高の京葉道路以南ほかを併せた。③田の端を意味する語。八幡方面から田畑に開墾されてきた様子が分かる。

大和田【おおわだ】 ①戦国時代、小田原の北条氏へ塩浜年貢を納めた行徳七浜の一。江戸時代、行徳領大和田村。寛永六年（一六二九）の検地で塩浜年貢永五貫七六四文。元禄一五年（一七〇二）の検地により大和田村の塩浜は荒浜として塩浜年貢永免除。以後農耕地。天保一三年（一八四二）五月の『大和田村明細帳』によれば元禄一五年には田畑屋鋪合二八町八反一畝二〇歩、萱畑合二町三反一九歩で分米合二一九石四斗九升五合。分米とは中世以降年貢として納める米。天保一三年では川除堤長さ延べ一一四〇間、隣村は東に田尻村、西に江戸川通、南は川原村、北は稲荷木村、田畑とも砂交じり真土、年貢米津出しは大和田村川岸より茶船で江戸浅草へ運ぶ。茶船は一四艘ある。農閑渡世に男は薪を拾い、女は木綿を織りまたは縄をなえる。幕府からの村の借金は一五両で残金が九両ある。人数は一七〇人、内男八二、女八八。②明治二二年（一八八九）町村合併により東葛飾郡行徳町大字大和田。昭和三〇年（一九五五）三月、市川市大和田。昭和四三年（一九六八）の住居表示実施により大和田一～五丁目と大字大和田に分かれ、昭和五三年までに大字大和田は他の町に併せられた。東大和田一～二丁目は本来の大和田とは関係がなく、もとは本行徳と稲荷木の一部。稲荷木村の南にあったもとの大和田村は、江戸川放水路の開削工事のため大正三年（一九一四）に現在地に集団移転。③大和田はオホワダで、神戸市兵庫区の和田岬は古くは大曲（オホワダ）と書き、のちに大和田。ワダとは川や海岸が曲がっているやや広い場所を指す。大和田の集落はまさに江戸川のオホワダ（大曲）にあったが集団移転。

稲荷木【とうかぎ】①戦国時代、小田原の北条氏へ塩浜年貢を納めた行徳七浜の一。江戸時代、行徳領稲荷木村。寛永六年（一六二九）の検地で塩浜年貢永一六貫一九〇文。元禄一五年（一七〇二）の検地により稲荷木村の塩浜は荒浜になったとして塩浜年貢永免除となる。以後農耕地。享保三年（一七一八）稲荷木村・大和田村・川原村三か村は萱畑を田畑に開墾する計画を立てたが水下の妙典・田尻・高谷・河原各村は真水押しになるとして反対、訴訟に及ぶ。文化七年（一八一〇）当時の村高二九五石二斗五升五合。②明治二二年（一八八九）の町村合併で東葛飾郡行徳町大字稲荷木。昭和三〇年（一九五五）三月、市川市稲荷木。昭和四十三年と四八年（一九七三）の住居表示実施により区域の変更があり現在の稲荷木一～三丁目に分かれる。
③不明。

行徳・南行徳の神社

旧江戸川下流から上流に向かって順に記す。
①所在地②祭神・祭日③由緒・沿革④史蹟

熊野神社【くまのじんじゃ】①市川市新井一丁目九番三号②イザナミノミコト。伊邪那美大神。伊弉冉尊《いざなみのみこと》。熊野《くまの》夫須美《ふすみ》大神。女神。一〇月一五日。③創建、元和年中（一六一五年頃）。境内摂社、素《もと》五社稲荷《ごしゃいなり》。本社は西向きにして人家に沿へり。年々一月一五日には五穀などを供へ以て例とせり。あるいは豊熟の年は神楽を奉ずる事あり。本社は素五社稲荷と称せしが、寛永年中（一六二四～四三）熊野神社と改称し、文政五年（一八二二）拝殿を再建せしという。明治二五年（一八九二）大改修。昭和五七年（一九八二）社屋の老朽著しく氏子有志奉賛会により再建され現在に至る。昭和五七年新築の際に「寛政十一年己未一月吉日」（一七九九）の銘のある鳥居を取り除いたが、現在本殿裏にある弁財天の支柱として使われている。かつての村祭りには山車を牽き旅役者一座の興業を打った。元別当延命寺。④《日露戦争記念碑》別項。《灯篭》「不二

献燈　高瀬　明治十一年　戊寅十月穀旦

鈴木七郎兵衛、鈴木治郎兵衛、峰崎権三郎、峰崎竹治郎」明治一一年は一八七八年。向かって左側面と裏面は風化のため読み取れず。

香取神社【かとりじんじゃ】①市川市相之川一丁目二六番七号②ふつぬしのかみ。経津主神。

佐原の香取神宮に祀られる刀剣の神。一〇月四日。③今井の渡しの水上安全祈願の祠。文化の頃(一八〇四〜一七)、渡し場九軒持ち。当初、上今井村香取社(江戸川区江戸川三丁目四四番八号、別当圓照寺)と上今井村が渡しの権益を持っていたが、正保元年(一六四四)の久三郎とイネの駆落ち事件以後、権益が欠真間村(相之川側)に移り香取社を分社(年不詳)して小祠を建てた。江戸時代後期には延命寺の管理下になった。香取社は西向きで、常に交番のある土手跡の通りから階段を下りて路地を歩いた。改築後南向きにされた。④《石仏》聖観音菩薩像。蓮華座から光背の頂きまで約九〇㎝、美しく優しい顔立ち。刻字「奉造立念仏講結衆寛文八年戊申」(一六六八)、「拾月廿日施主敬白」。願文と結衆の名は欠損が激しく判読不明。「ねね塚」「今井の渡しの権利譲渡証文」の項を参照。

日枝神社【ひえじんじゃ】①市川市相之川一丁目二番一九号②おおやまくいのかみ。大山咋神。スサノオの神の子孫で国土守護をつかさどる。一〇月一四日。③万治二年(一六五九)九月一〇日創建、宝暦七年(一七五七)再建、明治一六年(一八八三)改築。幕末まで別当は延命寺。日枝神社は江戸時代「山王社」で日吉山王のこと、明治初期に日枝と改める。日吉は「ひえ」で「山王」は滋賀県大津市坂本本町の日吉神社の別称。比叡山延暦寺の守護神「猿」を権現の使神とする。相之川の日枝神社は多村に誇れる氏神とされていた。開運、厄除け、安産、育児、学業成就、工場安全、交通安全守護神。本殿左に船霊宮、道祖神、馬頭観世音を祀り、右に相之川弁天、相徳稲荷を祀る。④《鳥居》「□□十未年十月□□」その他は読み取れず。《石柱》「日枝神社」「宮総代　今井定吉、永井富夫、

石田正吉、石井源一郎、小川武、近藤敏雄
宮司　秋山敬　平成五年五月吉日」(一九九三)。
《手水石》「奉献　松月書」「願主　了全」「文化三載丙寅九月一五日」(一八〇六)。《手水石》「奉納」「加藤　魚治」裏側は見えず。

香取神社【かんどりじんじゃ】かんどりさま。①市川市香取一丁目九番二三号②ふつぬしのみこと。経津主命。佐原の香取神宮に祀られる刀剣の神。一〇月一〇日。③創建、文和(一三五二～一五五)から至徳(一三八四～八六)の年代に佐原の香取神宮から勧請したとされる。『葛飾記』では「この社もとは利根川の端なり。香取の末枯松とて大木の松あり、水当り強きを以て、欠入りてこの木も河へ倒れ入り、その社地も今は河中なり。その後今の所へ遷宮す」とあり、『葛飾誌略』では、「社旧地、小洲。今、重兵衛といへる家の側にあり。大洪水の後、今の所へ移す」とする。欠真間、香取、湊新田、湊四カ村の鎮守。『葛飾記』によれば「毎年九月十一日(旧暦)祭礼あり。もっとも屋台四基を出す、先年は踟子《ねりこ》の祭りありしを凶年にひかれてその事止ぬ」とする。《「かんどり」の由来》『市川の町名』(市川市教育委員会)では「香取の地名はこの地内にある香取神社(かんどりじんじゃ)に由来しています。この神社は香取神宮を勧請していて本宮と区別するためにかんどりと読むことになっているそうです」。『千葉県の地名』(平凡社)では、『日本書紀』神代下の九段に斎主の神は「今東国の檝取(かんどり)の地に在す」とある。「檝」は「楫」で「かじ(かぢ)」舟をこぐ道具。かい。『香取文書』に「かんとり」「楫取」などと散見される。「香取」より「楫取」の方が古語。『広辞苑(第四版)』(岩波書店)では「楫取り」を「船の櫓や櫂を使って船を漕ぐ人。

船頭。かんどり。かとり」とする。したがって、香取神宮を勧請したときに本宮と区別するために古語の「かんどり」の読みをあてたと思われる。元別当圓明院。④《庚申塔》「奉造立庚□供養」「同行女人二十六人」「同行男十三人」「寛文五年□□九月十五日」「下総國葛飾郡八幡庄行徳香取村」縦一五五㎝、横五五㎝。寛文五年は一六六五年。《常夜灯》「奉納常夜燈」「本湊村願主宇田川平次郎」「法印信宮代」「嘉永二戊□□六月吉□日」。嘉永二年は一八四九年。《狛犬》「奉　松原□□」「(年月判読不明)」。《石柱》「香取神社」「奉納　昭和六十三年八月吉日　市川市香取二丁目　飯島傳」「坂本春堂書」昭和六三年は一九八八年。

胡録神社【ころくじんじゃ】①市川市湊新田一丁目一〇番二四号②おもだるのみこと。面足尊。七月一四日。③創建年代不詳。「第六天免という除地もあり(中略)第六天の魔王は天竺の神なり。わが朝にては天神七代のうち第六代面足尊、惶根尊《かしこねのみこと》の御事ぞ」(『葛飾記』)。除地、一石六升一合(旧高旧領取調帳)で神社維持料。「第六天祠。圓明院持。野中にあり。毎年六月(旧暦)花火神事あり」(『葛飾誌略』)。花火神事とは、祭礼の日の朝にかならず白煙玉が打ち上げられる神事のこと。鎌倉時代から続いた行徳船津への船の出入りの合図の狼煙に由来。「行徳の花火」の項を参照。④《庚申塔》「奉勒庚申供養二世安楽祈所」「寛文八戊申年九月中四日」「石井次郎左衛門、松原喜右衛門、関口次左衛門、村嶋与惣左衛門、橋本勘右衛門、橋本長右衛門、田中三郎右衛門、青山茂兵衛、堀木平左衛門」縦一〇五㎝、横四五㎝。寛文八年は一六六八年。《碑》「奉納」「境内地三百五十坪」「昭和十四年七月」「魚河岸」「大熊、萬重、網茂、萬爲」「氏

子総代小川浦次郎、松原愛之進、堀木治兵衛、発起人大野徳太郎、区長松原利之亮、副区長後藤嘉次郎、世話人田島力藏、井上政次郎、青山市五郎、小川與八、松原竹次郎」昭和一四年は一九三九年。《碑》「奉□　寛文四□甲辰□□神□者七□悲□應□□樂□□　□□□諸衆□□佛道普及□□□□□□　八月吉祥日」「(一三人の氏名読み取れず)」寛文四年は一六六四年。《碑》「風化のため読み取れず」《鳥居》「胡録神社」「湊新田睦会」「昭和十六年一月一日施工□臼倉□二」。昭和一六年は一九四一年。《手水石》「奉納」「松原純丈」「文政七□□秋九月」文政七年は一八二四年。《扁額》「印　胡録神社

印印　時大正九年七月祭日青年中」大正九年は一九一八年。《常夜灯》「奉」「納」「大正九年七月十四日」「湊新田　小川與右衛門」(一九一八)。《狛犬》「奉」「納」「奉昭和十四年七月吉日納　水田三百七十一坪　湊新田小川浦次郎」「明治四十四年七月十四日　湊新田廿一番地

小川與右衛門　石工青奏喜」昭和一四年は一九三九年、明治四四年は一九一一年。日付と人名が合わない。

稲荷神社【いなりじんじゃ】①市川市押切六番六号②うかのみたまのかみ。宇迦能御魂神。倉稲魂。稲魂。食物、殊に稲をつかさどる神。一〇月一八日。③慶長三年(一五九八)一〇月一六日創建。《由緒書》押切鎮守稲荷神社奥の院御神体は十一面観世音菩薩にして約七百五・六十年前建久己年三月京都東三条仏師の祖先とも云鎌足義政(又は義継とも云)一刀三礼の作にして大和国長谷寺御本尊の御写し御丈一尺二寸五分御身巾三寸五分舩後光高一尺六寸四分蓮華座九寸五分の御霊像なり。同家累代の什宝たりしがその後数百年を経て奥州白川在釜田村に御遷

座ましまし、明応六年（一四九七）三月廿二日総州山辺観音寺門中良永阿闍利御尊体を奉負阪東三十三番奉巡拝し終わって葛飾の里鎌田村に来たり。その当時押切は海中なりしを新開埋立一の土地を作り鎌田新田と号し御尊体を鎮守として奉安せしが、三百有余年前に三四度の海嘯（津波）に罹り、本殿は破壊せられ不得止鎌田の里長寿院に預け遂にそのまま今日に至れり。しかるに今回押切総代新井家十七代の主庄右エ門、奥の院御尊体空虚なるを日夜遺憾とし、ここに主任となり総代川崎佐治右エ門及び及川喜太郎氏並びに二重立ち図り、長寿院留守千田義勝氏に大正二年（一九一三）十一月当村へ返還の義申込みたる処、同院檀家総代新島彦次郎氏主任となり鎌田村議の結果、同年十二月十九日早朝御舟にて御迎ひ申上げ直に鎮守御本殿へ御還行なされありたり。しかるに太古仏像に付御尊体に御破損の個所ありたるによって大正三年（一九一四）一月八日、新井庄右エ門自宅において同人及び川崎佐治右エ門終日立会の上、行徳町仏師渋谷三吉御修復申上げ翌九日東京御嶽山新栄講先達磯貝菊次郎氏護摩修行し奉り紀州高野山御出現し給ひ、御開眼申上奉り、十日子の刻鎮守御本殿へ長に御安置申上げたり。御神勅により御開帳は当年より向七年毎に執行する事

大正三年一月

発起人総代　新井庄右エ門、川崎佐治右エ門、及川喜太郎

村世話人　新井熊次郎、田所重太郎、及川五平、堀木勘兵衛、荒井金次郎

関係者　光林寺住職三十九世滝川霊瑞、東京浜町すずや謹刻

昭和　年　月　日　原版写し堀木源太郎

平成九年（一九九七）四月十六日　二瓶清實書。④《鳥居》「稲荷神社」「明和六年龍集己丑二月吉日建之」「平成二年十月吉日再建」。明和六年は一七六九年、平成二年は一九九〇年。《常夜灯右》「照雄」「明治三十年三月大良辰」「前奉納者河崎幸右衛門」（一八九七）。《同左》「陽光」「昭和五十一年二月吉日再建」「奉納　及川留吉、河崎幸一」（一九七六）。《手水石》「奉納　明治四辛□年二月吉日　川原□　石工□兵□」建立者氏名は水道管の陰に隠れて見えず。明治四年は一八七一年。《狐》「田中幸之助、澁谷要三、川﨑 佐次右エ門、田所好次郎、及川喜八、水落初太郎、青山新太郎、中島半蔵、中村政雄、澁谷浦次郎　昭和卅二年二月初午」。昭和三二年は一九五七年。《保存樹林イチョウ》幹回り六・五m、高さ二〇・〇m、市川市保存樹林協定第十九号。平成一四年(二〇〇二)一一月協定。平成一六年（二〇〇四）一〇月一六日「千壽銀杏」と命名。

豊受神社【とようけじんじゃ】①市川市伊勢宿六番一一号②とようけのおおかみ。豊受大神。一〇月一四日。イザナギノミコトの孫。食物をつかさどる神。伊勢神宮の外宮の祭神。とようけのかみ。③神明社を豊受神社と改称。創建年代不明。④《鳥居》「文政二己卯歳二月吉日」「氏子中」「氏名判読不能」。文政二年は一八一九年。《灯篭》「御神燈」「建立年月日判読不能」「成田山新栄講東京新宿　行者永峰栄留　三代行者永峰斉象、角田吉五郎、　当村行者宮方修□」。《狛犬》「四代目宮方柳一郎、仝伊三郎、仝なを、仝松子、仝喜代子　昭和十七年」「宇都宮□□町木村石材店刻」。昭和一七年は一九四二年。《碑》「羽田徳力稲荷大善神　妙見大菩薩　妙威徳辨財天」「昭和四十九年甲寅歳九月吉日再勧請　伊勢

宿自治会一同」。昭和四九年は一九七四年。
胡録神社【ころくじんじゃ】①市川市関ケ島五番一三号②おもだるのみこと。面足尊。かしこねのみこと。惶根尊。一〇月一四日③創建年代不詳。天神七代のうち第六の神、ゆえに第六天神という。天神七代とは国常立尊《くにのとこたちのみこと》、国狭槌《くにのさつちの》尊《みこと》、豊斟渟尊《とよくむぬのみこと》、泥土煮尊《うひじにのみこと》・沙土煮尊《すひじにのみこと》、大戸《おおと》之道尊《のじのみこと》・大苫辺尊《おおとまべのみこと》、面足尊・惶根尊、伊弉諾《いざなぎの》尊《みこと》・伊弉冉尊《いざなみのみこと》をいう。④《日露戦争記念碑》別項。《扁額》「胡籙天神」「従一位勲一等□□久□建□八十七、□謹書　印印」。《手水石》「奉納寛政九丁□九月吉□」（一七九七）。

神明社【しんめいしゃ】①市川市本行徳一番一〇号②とようけおおかみ。豊受大神。食物をつかさどる神。伊勢神宮の外宮の祭神。とようけのかみ。一〇月一五日。③大永七年（一五二七）に金海法印なる山伏により伊勢内外両皇大神宮を勧請して大神宮と称し、本行徳の鎮守とする。当初は江戸川の西方、南葛飾郡篠崎村大字本行徳中洲に鎮座、かつて金海堀と称する堀があった。寛永一二年（一六三五）現在地に遷座。塩浜一五カ村の寄進により大社に造立、行徳の総鎮守。その時の本願主は田中嘉左衛門。明治まで別当自性院。また、この地を「金海の森」と称す（『江戸名所図会』）。現在は行徳五カ町の鎮守。三年ごとに氏子町内へ神輿渡御の行事があり、かつては山車屋台などを曳き出し殷賑《いんしん》を極めた。《境内摂社》金刀比羅社、道祖社、水神社、稲荷社。「金海法印」の項を参照。④《扁額》「豊受大神　明治二十三年冬　公爵二條實美　印印」。明治二三年は一八九〇年。《旧鳥居柱》「天明元」「渡邉源兵衛、野地甚右衛門、森忠八、田中傳次郎、堀木孫左衛門　石工久右衛門、久七」。二つに分かち地中に埋没してある。天明

元年は一七八一年。《碑》「猿田彦大神　壹町目講中」「嘉永元戊申秋九月」「八人の名あり」「川原石工治兵衛」。嘉永元年は一八四八年。《灯篭》「□時寛文元年辛丑九月十六日」。寛文元年は一六六一年。

《灯篭》「奉寄進」「文政二己卯歳九月吉日」「願主田中喜左衛門、小川權三郎」「願主渡邉源兵衛、宮崎嘉兵衛」「願主野地伊左衛門、田所長右衛門」「願主山田金三郎」。文政二年は一八一九年。

《力石》「五拾五貫」「行徳伊勢宿村及川与茂八、霊岸嶋東湊町大磯屋長七、東一之江村一丁大力之岩楯幸七、西浮田村土屋虎□」「誠持之」年号の記載なし。五拾五貫とは二〇六・二五kg。

豊受神社【とようけじんじゃ】①市川市本行徳三二番二二号②とようけのおおかみ。豊受大神。食物をつかさどる神。伊勢神宮の外宮の祭神。とようけのかみ。一〇月一五日。③創建年代不詳。四丁目の神明社。四丁目の鎮守。御旅所。神社の祭礼に神輿が本宮から渡御して仮に留まる所。おたびのみや。みこしやど。おたびどころ。④《境内摂社》稲荷神社、水神社、三峰山三神。《鳥居》「「神明宮　奉納」「西暦二千年記念　氏子中」「平成十二年十二月吉日建之」（二〇〇〇）。《扁額》「神明宮　明治己酉二月七十三翁山□隆書　印」明治己酉とは明治四二年（一九〇九）。《灯篭》「「御寳前」「安永七戊戌歳」「九月吉祥日」安永七年は一七七八年。《狛犬》「奉」「納」「文化二乙丑年九月吉日」文化二年は一八〇五年。《手水石》「奉納」「享和三□□九月吉日」享和三年は一八〇三年。《雨桶》左右一対あり。「奉納　四丁目青年会機関部」「幹事太田菊次郎、幹事野地□太郎、幹事御代川又七、幹事坂本勇御代川留吉、高橋憲吉、中村末吉、大熊伊之助、

竹村新之助、上坂丈雄、鶴ケ谷國蔵、中島吉太郎、太田誠、関口治信、富永消吉、野地真吾、矢作市太郎、矢路川留次郎、大□鐵次郎、鈴木森蔵、大塚一次、狩野仙太郎、小川繁蔵　昭和五年十月吉日　□□町　秋本□□」昭和五年は一九三〇年。「野地伊左衛門、□□鈴木隆藏、小□近藤重五郎、小□平野吉蔵、中島菊次郎、駒田慶治、田所□次郎、松丸三藏、中島銭太郎、野地良三、竹内良三、飯塚力藏、田所泉、大塚金吾、米井卯之助、太田岩夫、鈴木忠五郎、矢路川仁助、荒井藤助、浅井政雄、大野進、鈴木六郎、狩野浦太郎、高尾秀雄　昭和五年十月吉日　□□町　秋本□□」

八幡神社【はちまんじんじゃ】①市川市本行徳二五番二〇号②ほんだわけのみこと。誉田別命。ほむたわけ。第一五代応神天皇の名。一〇月一五日。③創建年代不詳。三丁目鎮守。明治まで別当自性院。《境内摂社》水神神社、八雲神社、道祖神社。④《天満天神の碑》「近藤先生号は有鄰堂名は徳基字は履郷通称は吉左衛門天保五年甲午正月五日当町に生る。幼年より学問書法に志し嘉永四年より明治三年まで二十一年の間自宅に於て私塾を開き数多の門弟を教育す。然るに明治の聖代に移り学校の設けあり。故に閉つ。其後東京府下今井小学校に勤務すること三年の間猶明治十七年より行徳小学校に従事し同三十五年まで十九年の間勤□怠りなく惜哉歳六十九にして病に罹り終に退職す。幸に先生存命中多年信仰せし菅公の一千年祭に遭遇せしを以て有志諸君旧門人等と相謀り先年多年の労を慰めんが為め爰に居村八幡神社の境内に菅神の碑を建て一千年祭を挙行し併せて先生の紀念とす　明治三十五年壬寅十月二十五日」台座に人名二五名余あるが樹木などのため読み取れず。明治三五年は一九〇二年。《手水石》「奉納」「平成十三年大祭　納主中臺實、中臺愛子」平成一三年は二〇〇一年。《保存樹林イチョウ》幹回り三・七五m、高さ一一・〇m、市川市保存樹林協定第十七号、平成一四年一一月協定(二〇〇二)。《保存樹林イチョウ》幹回り三・一m、高さ一二・〇m、市川市保存樹林協定第一八号、平成一四年一一月協定。

豊受神社【とようけじんじゃ】①市川市本塩一番一号②とようけのおおかみ。豊受大神。食物をつかさどる神。伊勢神宮の外宮の祭神。とようけのかみ。一〇月一五日。③創建年代不詳。一丁目の神明御旅所。行徳新田(現本塩)の鎮守。④《扁額》「豊受神社　池田花□書」。《賽銭箱》「奉納」「塩焼町秋元廣治」「昭和拾壹年拾月吉日」昭和一一年は一九三六年。塩焼町は現本塩。《鳥居》「明治四拾壹年五月建之」明治四一年は一九〇八年。《狛犬》「天保十一庚子年九月六日」その他判読できず、人名三六人あり。天保一一年は一八四〇年。《雨桶》「奉」「納」「在郷軍人」「明治四拾一年四月爲紀念献之」「荒井春藏、高橋勝藏、新井喜助、森川常吉、長谷川仙吉、新井喜八、河本靜夫、新井彦三郎、岩崎兵助、森川作藏、田島金太郎、田島兼吉、萩原五郎兵衛、河本倦龍書之」明治四一年は一九〇八年。

稲荷神社【いなりじんじゃ】①市川市下新宿二番六号②うがのみたまのかみ。宇迦能御魂神。うかたま。うけのみたま。倉稲魂。稲魂。食物、殊に稲をつかさどる神。一〇月九日。《境内摂社》水神社。③寛永一二年(一六三五)造立。明治まで養福院持ち。④《鳥居》「稲荷大神　印印」「文政元年戊寅六月吉日」「氏子中　世話人與兵衛、伊右衛門、金十郎」「河原村石工治兵衛」。文政元年は一八一八年。《狐》「平成七年十月吉

日　奉賛会」（一九九五）《狐の台座》「當村若者一同（合計二九名の名がある）明治四十三年二月廿二日」明治四三年は一九一〇年。《手水石》「文政十□九月」文政一〇年は一八二七年。

春日神社【かすがじんじゃ】①市川市河原六番二〇号②あめのこやねのみこと。天兒屋根命。中臣、藤原氏の祖神。天岩戸の前で祝詞を奏して天照大神の出現を祈り、のち、天孫に下った五部神《いつとものおのかみ》の一。その子孫は代々大和朝廷の祭祀をつかさどったという。例祭日一〇月二〇日。③大永七年（一五二七）造立。本社はもと行徳町大字河原五八番地西側に鎮座のところ、江戸川放水路工事のため、大正三年（一九一四）現在地に移転、鎮座す。《境内摂社》金毘羅社、三峰社。明治まで別当竜厳寺。④《鳥居》「弘化三丙午歳九月」（一八四六）「慶應三丁卯歳五月再建」（一八六七）。《河原圦之遺石の碑》別項。《句碑》「春日社は鹿と結はる紅葉の手　増田大東」「弘化三丙午□九月吉□」。弘化三年は一八四六年。大東は屋号。《句碑》「奉納　千金の重ミもかくや朝御久ら　七十一歳雄暁」「天保二卯年建之　中臺氏」。天保二年は一八三一年。《句碑》「寿司和りむかしを偲乃ぶ渡し舟」「平成八年五月小ばやし」平成八年は一九九六年。《灯籠》「明治百年紀念」「昭和四十三年十月」「還暦の砌　増田浦五郎、小林喜太郎納之」昭和四三年は一九六八年。《手水石》「湯殿山講中」「文化十一甲戌五月吉日　石工七□」文化一一年は一八一四年。《碑》「月山　湯殿山　羽黒山」「講中」「天下泰平　五穀成就　天保五甲辰稔六月吉日」天保五年は甲午で一八三四年。《碑》「羽黒山講中」「敷石寄進連名」以下七〇名の氏名あり。「明治十三辰年六月吉日」明治一三年は一八八〇年。《碑》「羽黒山　月山　湯殿山」「出羽三山宮参拝記念」「昭和五十一年十月」「金子伊太郎、小林喜太郎、奥山武、金子つね、早川つる、小林なつ、大和久たい」昭和五一年は一九七六年。

胡録神社【ころくじんじゃ】①市川市河原六番二〇号②おもだるのみこと。面足命。一〇月二〇日。③寛永一二年（一六三五）造立。《境内摂社》水神社。④《庚申塔》「元禄十丁丑九月七日」（一六九七）。《庚申塔》「享保十一丙午十一月吉日」（一七二六）。《鳥居》「胡録神社」「平成十二年十月吉日西暦二千年記念小林富男」（二〇〇〇）。《旧鳥居》「弘化四丁未年九月吉日」（一八四七）。

春日神社【かすがじんじゃ】市川市妙典三丁目六番一二号②あめのこやねのみこと。天兒屋根命。中臣、藤原氏の祖神。天岩戸の前で祝詞を奏して天照大神の出現を祈り、のち、天孫に下った五部神《いつとものおのかみ》の一。その子孫は代々大和朝廷の祭祀をつかさどったという。一〇月一八日。③古い記録は安政三年（一八五六）の当地を襲った大津波でことごとく流失、創建不明だが、名主藤左ヱ門が奈良の春日神社に詣で御分霊を勧請したと伝える。境内の灯籠に寛文一〇年（一六七一）の銘がありそれ以前の創建とされる。本殿の彫刻は大変手のこんだもので美術的価値からも注目される。下妙典村鎮守。④《鳥居》「春日神社」「平成四年十一月吉日奉納氏子中」（一九九二）。《扁額》「春日神社　雲嶺敬書　印印」《灯籠》「奉納御神燈」「文化四年」「卯十二月吉日」「氏子中」文化四年は一八〇七年。《力石》「さし石　三十五人目余　葛西平助　高谷村金二」年月の記載なし。《灯籠》「寛文十□□年九月吉祥日」（一六七〇）。《灯籠》「神燈」「氏子中」「氏子総代安川和三郎、志村岩次郎、

横川初太郎、狩野富藏、補助員小島良助、安川仁三郎、岩田三七郎、清水惣左ェ門　明治三十二年三月建之　石工治兵衛」「見延講世話人 発起人安川政吉、小島傳左ェ門、橋本惣藏、岩田六良左ェ門」明治三二年は一八九九年。

《天桶》「奉」「納」「□□□□当区田中兼藏、当区田中万吉、八幡町田中石造、葛飾村石井重吉　昭和三年十月」（一九二八）。《手水石》「奉納　願主志村□□安□□□□　天保十己亥年九月吉日」（一八三九）。

八幡神社【はちまんじんじゃ】①市川市妙典一丁目一一番一六号②ほんだわけのみこと。誉田別命。ほむたわけ。第一五代応神天皇の名。一〇月一四日。③上妙典村鎮守。元禄年間（一六八八～一七〇三）の創建と伝えられる。④《日露戦争記念碑》別項。《狛犬》「明治維新百年記念新造　納主氏子中　世話人田島清次、山口二男、田島英一、藤原喜太郎、板橋輝武　昭和四十三年十月吉辰」（一九六八）。《御手洗》「奉納」「文政二己卯年九月一五日」「板橋岩藏、中村作治郎、田嶋又七、田□藤五郎、篠田長左ェ門、□□文吉、大久保和助、本田平藏、大久保亀次郎、石川□良、高津長次郎、高橋彌太郎、宇田川要助、瀬水八十八　河原石工治兵衛」文政二年は一八一九年。

行徳・浦安三十三カ所
観音霊場札所案内図
（丸数字は札所。文中の第○番と対応、⑥と⑱は廃寺のためなし）

行徳・浦安三十三カ所観音霊場巡り「納経帳」より

行徳・浦安三十三カ所観音霊場札所

「法華経」普門品に説く観音の三十三身による三十三体の異形の観音を三十三観音という。一身一寺を納め霊場とする。【三十三観音】とは楊柳・竜頭・持経・円光・遊戯・白衣・蓮臥・滝見・施薬・魚籃・徳王・水月・一葉・青頸・威徳・延命・衆宝・岩戸・能静・阿耨・阿摩提・葉衣・瑠璃・多羅・蛤蜊・六時・普悲・馬郎婦・合掌・一如・不二・持蓮・灑水。観世音が衆生済度のため身を変ずるという【三十三身】とは仏・辟支仏・声聞・梵王・帝釈・自在天・大自在天・天大将軍・毘沙門・小王・長者・居士・宰官・婆羅門・比丘・比丘尼・優婆塞・優婆夷・長者婦女・居士婦女・宰官婦女・婆羅門婦女・童男・童女・天・竜・夜叉・乾闥婆・阿修羅・迦楼羅・緊那羅・摩睺羅迦・執金剛。【七観音】とは衆生済度のため身を七種に変幻した観音で、千手観音・馬頭観音・十一面観音・聖観音・如意輪観音・准胝観音・不空羂索観音をいう。行徳の札所は七観音。各札所には自分で写経したものを納め御朱印を押してもらう。または御朱印だけもらったり、ご詠歌を札に書いて納めたりする。札納め。札打ち。

①所在地②ご詠歌。(葛)は、寛延二年(一七四九)刊行の『葛飾記』所載のもの。(雙)は、雙輪寺に残るもの。明治四五年(一九一二)四月一〇日、南行徳村湊の森柳氏の作とされる。③観音④本尊、由緒、沿革、寺宝、「〇〇末」「開基〇〇」などは『葛飾誌略』を引用⑤史蹟

第一番　浄土宗海巌山徳願寺　①市川市本行徳五番二二号②（葛）後の世をねがふ心は有がたやまいる我が身の徳願寺かな（雙）西国を東にうつす観世音居ながら拝む徳願寺かな

③聖観音（俗称身代わり観音）④浄土宗武州鴻巣勝願寺末。慶長一五年（一六一〇）開山聡蓮社円誉不残上人、徳川家康の帰依により創建。慶長一九年との説もある。昔は普光院という草庵。徳川家と不残上人の本寺武州鴻巣の勝願寺にちなみ徳願寺とする。安政三年（一八五六）本堂焼失、大正五年（一九一六）本堂再建、平成三年（一九九一）現本堂に改修。七曜の紋は千葉氏、葵の紋は徳川氏。本尊、丈三尺二寸の阿弥陀如来。源頼朝の妻政子禅尼の霊夢により運慶の作、政子の念持仏。徳川秀忠の室崇源院にわたり、その死後寄進され、慶安元年（一六四八）、家光から本尊供養料一〇石の朱印。元禄三年（一六九〇）十世覚誉上人により行徳札所三十三カ所巡りが始められ、藤原観音堂を建てて身代わり観音を遷す。《山門と鐘楼》ともに安永四年（一七七五）の建築。鐘楼は袴腰。《仁王像》明治の廃仏毀釈の時に八幡の葛飾八幡宮から移されたもの。《経蔵》明治一九年（一八八六）建立。運慶作とされる丈八尺余の閻魔大王像、「正徳二壬辰（一七一二）七月二十四日　単誉直心」と刻した水誉上人建立の宮本武蔵の供養塔（別項）、宮本武蔵の落款のある書と達磨の絵、円山応挙が描いた幽霊の絵（別項）がある。寺宝公開日、お十夜にあたる毎年一一月一六日午後三時から一般公開。永代十夜は宝暦八年（一七五八）より始まる。かつて境内に百余種三千株といわれた菖蒲園があったが現在はない（『江戸名

所図会』にみえる)。明治四年（一八七一）十二月九日、印旛県庁を本堂に仮設、同六年二月一六日、行徳小学校が本堂を仮校舎として開校。昭和二〇年代（一九四五〜）に一時行徳中学校が敷地内にあった。⑤《永代橋水難横死者供養塔》別項。《聖観音像》「寛永一四年丁丑（一六三七）正月一四日」。《如意輪観音》。《門前の像》「毎日晨朝　入於請定　□化六道　抜苦與樂　願主法譽覺了」「一切施主　悉成佛道　彼我成佛□□一人　□不成佛　元文二戊午祀九月祥日」「下総國葛飾郡本行徳村海巖山徳願寺十五現住開眼道師水譽上人　敬白」「入諾地獄令離苦無佛世界□衆生　佛工　市兵衛　信受奉行」元文二年は一七三七年。《仁王門前の石塔》「南無阿弥陀仏」「恭敬建立即往□」「天保癸巳五月朔日」天保癸巳は天保四年で一八三三年。

第二番　行徳山金剛院→行徳山福泉寺（無住）

金剛院は本行徳にあったが享保年中（一七一六〜三五）に廃寺となり観世音菩薩は福泉寺に移された。①市川市二俣七丁目七番四号②(葛)かぎりなき法の教へはふくぜん寺つきぬ宝をとるこころせよ（雙）世の中の人をめぐみし末の代の行徳《おこなうとく》の本《もと》とこそなれ③聖観音④行徳山金剛院は天文一一年（一五四二）出羽国金海法印が来て建立、羽黒山法漸寺末となり御行屋敷と呼ばれた（『葛飾誌略』）。元禄三年（一六九〇）札所二番となったが享保年中（一七一六〜三五）に廃寺、福泉寺に観世音菩薩を移す。福泉寺は元々小庵で、旧寺の廃墟の跡にあって寺号ばかりが残されたもの。『江戸名所図会』では、金剛院の旧地は本行徳一丁目の神明宮境内で慶長一九年（一六一四）開創、金海の森という、とある。

第三番　臨済宗塩場山長松寺　①市川市本行徳

八番五号②（葛）長き夜のねぶりをさます松風のみてらへ参る身こそやすけれ（雙）座禅して夜すがら長き松風に無明のねむり覚るうれしさ③千手観音、聖観音④天文二三年（一五五四）本願主松原淡路守永正建立。禅宗馬橋万満寺末で溟山和尚の開基。本尊、釈迦如来。この寺の旧地は江戸川の中洲で、現在地は中世の頃からの本行徳の塩場の先端である。淡路守は大和田・平田辺りまでの領主。《聖徳太子作とされる薬師如来像》初め平田村にあり大和田村永正寺天文年中（一五三二～五四）建立の時移し、寛文元年（一六六一）永正寺大破の際に当寺へ移す。故に大薬師の開帳等には平田村、大和田村からの参詣、寄進が多かった。《塩釜明神》この寺草創のときよりの祠とされ、当社明神始めて塩を焼くとされる（『葛飾誌略』）。御除地二反五畝歩。⑤《石幢六地蔵》六面に天道、人道、修羅道、畜生道、餓鬼道、地獄道が彫られている。《如意輪観音》元禄一〇年（一六九七）建立。

第四番　真言宗神明山自性院　①市川市本行徳一番一〇号②（葛）我思ふ心の玉はみかゝしをたのむ仏のてらすなりけり（雙）雨水に心のあがるよもおちし自性をみがけ法の玉水③聖観音④葛西小岩村善養寺末。本尊、大日如来。開基法仙法印、天正一六年（一五八八）建立。本行徳一丁目の神明社の別当寺。御除地一反四畝二歩。⑤《熊谷伊助慰霊歌碑》勝安芳（海舟）筆。明治九年（一八七六）以降建立。伊助は松屋伊助、陸奥国松沢（岩手県千厩町）出身でアメリカ商館の番頭だった時、奉公した江戸の酒屋の縁で行徳出身の妻と結婚した。「よき友」とは伊助のこと（『幕末の市川』市立市川歴史博物館）。阿弥陀如来像、不動明王像、延命地蔵。

第五番　浄土宗十方山大徳寺　①市川市下新宿

五番一三号②（葛）たぐひなき仏の道の大徳じもらさですくふ誓ひたのもし（雙）たぐいなき仏の智恵の大徳寺伝へてしろむ法のしる人③如意輪観音④本尊、阿弥陀如来。開基光誉快山和尚、元和元年（一六一五）建立。浄土宗芝増上寺末。『葛飾記』には享保元年（一七一六）河原村道喜という人これを建立、として「時の鐘」を記す（別項）。先の大戦中に供出、今はない。《水子地蔵》。

第六番　浄土宗浄林寺（廃寺）　①市川市河原②（葛）あなたふと（尊）こゝに浄土のはやし寺風もみのりのひゞきなるらん（雙）極楽へ行きし心もかくあらむ浄き林の寺ぞ涼しき③不明④葛西上今井村浄土宗浄興寺末。開基□誉上人、慶長二年（一五九七）建立。本尊、海中出現。妙典村の人が奉持して、蛎殻がついたまま当寺へ納める。

第七番　浄土宗聖中山正源寺　①市川市河原三番六号②（葛）みなかみにたてればまさに源との流れをおくる寺のいにしへ（雙）御仏になやみをはこぶしるしなり後の世さだむみなもとの寺③如意輪観音④本尊、阿弥陀如来、行基菩薩作と伝える。浄土宗今井金蔵寺末、文安元年（一四四四）正源上人開基。『葛飾誌略』では宝徳元年（一四四九）信誉和尚開基とある。《弁天祠》別称「盲目弁天」。この弁天は開眼の記録なく御開帳をすると盲目になるとの言伝え。

第八番　真言宗不動山養福院　①市川市河原一六番二二号②（葛）頼みあるちかひは常にやしなひの参る心にさいはひの寺（雙）春風は花の父母きく法は我が気養う福《さいわい》の寺③不明、焼失か。④真言宗葛西小岩村善養寺末。本尊、阿弥陀如来。開基重海法印、天文一九年（一五五〇）建立。土地の人は「不動さん」と呼ぶ。明治時代に火事になり、不動明王を檀家のここへ移設。関東大震災で本堂が倒壊し建て直す。大正一四年（一九二五）増築、現在に至る。境内は狭く道祖神、地蔵尊等の石仏のほか檀家の墓は本行徳の自性院墓域にある。

第九番　真言宗竜灯山竜厳寺　**（福王寺と合併、雙輪寺となる）**　①市川市稲荷木三丁目一〇番二号②（葛）ふりくだる大ひの雨のりうごんじ世をあはれみの道のさまざま（雙）竜灯は庭に光し竜厳寺まよいの道を照す観音③雙輪寺に移転④船橋市古作にある真言宗明王院末。開基養誉法印、宝徳元年（一四四九）建立。江戸川放水路開削のため福王寺と合併移転。

第一〇番　真言宗稲荷山福王寺　**（竜厳寺と合併、雙輪寺となる）**　①市川市稲荷木三丁目一〇番二号②（葛）はるばるとはこぶこゝろは水かみにあまねきかとのふく王寺かな（雙）まづしきを此世をたのめ観世音未来にうくる福王寺かな③「雙輪寺」の項参照④船橋市の真言宗覚王寺末。開基康信僧都、永享三年（一四三一）建立。御除地二反八畝歩。

雙輪寺　①市川市稲荷木三丁目一〇番二号②（雙）たのみつつはるばる来たる雙輪寺まよひの道を照らす観音（これのみ中津攸子作）③三面八臂観音、千手観音、十一面観音。竜厳寺と福王寺が合併したため両寺のものがある。いずれがいずれのものかは不明。④大正五年（一九一六）に着手された江戸川放水路工事の準備として竜厳寺は大正元年から移転準備がされ、昭和一〇年頃(一九三五)福王寺敷地へ移転した。福王寺は竜厳寺の古材で庫裏を大きく建替え、寺名の雙輪寺は「双（雙）方の輪（和）の寺」の意である。本尊、大日如来。雙輪寺に伝わるご詠歌は、南行徳村湊の森柳氏が明治四五年（一九一二）四月一〇日に完成したものとされる（各寺の項を参照）。⑤《延命地蔵尊》「堅通三界横括九居等川原村」「元禄十四年（一七〇一）十月二十四日施主金子」「宝永五戊子天（一七〇八）壽幻童女九月十一日」「元禄十二卯天（一六九九）勝圓信士四月十六日」「正徳元卯天（一七一一）消雪童女十一月廿五日」。勝圓信士のために建立し、のちに二人追加したものと考えられる。《聖観音像》「庚申供養為二世安楽逆修也」「寛文四年（一六六四）今月吉日拾人施主敬白」、台座は隠れて読めず。《弘法大師一千年遠忌供養塔》「檀越聖靈無有無両縁」「一切□識同入阿字」「平時天保五甲午三月慈□正法印為範」「惣檀家」。《弘法大師一千百五十年遠忌供養塔》「昭和五十九年（一九八四）三月二十一日小林治兵衛　浩道代　建之」。

第一一番　浄土宗海中山了極寺　①市川市高谷二丁目一六番四号②（葛）さとり得てきわむる道をきくのりのたよりとなりてたのむ後のよ（雙）おろかなる人も仏のちかいにはあまねく了《さとり》極め行く国③阿弥陀三尊脇侍仏④本尊、阿弥陀如来。円空大師（法然上人）鏡の御影（別項）。浄土宗、船橋の浄勝寺末（『葛飾記』では浄性寺）。開基登誉和尚、元禄四年（一六九一）建立。当初は念仏堂。⑤《大塔婆》祐天僧正真筆。マラリヤその他の病気御符に諸人削る。《百万偏念仏の大数珠》。

第一二番　真言宗海岸山安養寺　①市川市高谷二丁目一六番三五号②（葛）目のまへにまゐりてたのむごくらくのしるべをこゝに安やうじかな（雙）極楽をつとむる身には遠からず目の前に見る安養寺かな③千手観音④当国井野村千手院末。本尊、阿弥陀如来。開基宥秀法印、天文三年（一五三四）建立。⑤《仏足跡》はだし大師。昭和四八年（一九七三）住職が寺の回廊に四国八十八カ所と紀州高野山を巡拝して勧請した霊石を敷き詰め、はだしで踏んでお参りするよう設置。《小林一茶止宿の地》『七番日記』など。当時の住職は「太乙」と号す俳人。文化一二年（一八一五）小林一茶、新井村の名主鈴木清兵衛（行徳金堤）を伴って止宿。

第一三番　浄土宗真宝山法泉寺　①市川市本行徳七番二二号②（葛）しなじなに仏ののりのいづみ寺つきぬや浜のまさごなるらん（雙）観音の教は浜の細砂《まさご》にてとくともつきじ法泉寺《のりいずみでら》③阿弥陀三尊脇侍仏、如意輪観音④浄土宗葛西上今井村浄興寺末、もとは芝増上寺末。本尊、阿弥陀如来。開基法誉上人、元亀元年（一五七〇）建立。御除地一反五畝歩。⑤《古金襴袈裟》《御免の観智尊師真筆》《徳川家康拝領の御茶碗御茶壷什物》いつの頃か紛失。《栗塚》「世の人の見つけぬ花や軒の栗」寛政六年（一七九四）十月、松尾芭蕉翁百回忌に建立。《権現堂》「神君（徳川家康）東金御成りの節、当寺小休の節、お入り遊ばされし堂也。当寺にて御小休宿遊ばされしは両三度也とぞ」（『葛飾誌略』）。本堂、権現堂、栗塚、今はなし。墓地のみ。伊勢宿の清岸寺管理。《法泉寺の逸話》「古老茶話に云ふ。ある時、至尊（家康）御尋ねに、坊主は田地にても持つやとの御意也。この時、住持その席に居合わせず。徳願寺和尚居合わせてお答へに、極貧にて一合も所持仕らず候と申上げ候ければ、寺号をお尋ねに付き、徳願寺と申上ぐ。神君お側衆へ命ありて、お墨付きを下されけり。いま徳願寺御朱印これ也と。その節に至り、その席に居合わせずよくよく不幸せ也。この一事、真偽詳しからずといえども、聞けるままに書す」（『葛飾誌略』）。江戸時代前期、栄えていた寺と思われる。

第一四番　浄土真宗西本願寺派仏性山法善寺

①市川市本塩一番二五号②（葛）法によく頼みをかけてひたすらにねがへば罪も消てこそゆけ（雙）一同に法善寺《のりよきてら》へ参りては半座をわけてなおす同行③聖観音④本尊、阿弥陀如来。浄土真宗江戸麻布善福寺末。開基権大僧都宗玄、慶長五年（一六〇〇）建立。御除地およそ六畝歩。宗玄和尚は関ケ原の戦いで敗れた豊臣方の落武者河本弥左衛門、元和元年（一六一五）大僧都、寛永一八年（一六四一）二月没。寺地は昔長松寺が中洲にあった頃の所有地で塩場。法善寺は別称塩場寺。⑤《潮塚》別項。

第一五番　浄土宗飯沢山浄閑寺　①市川市本行徳二三番三四号②（葛）こけの露かゞやく庭の浄がんじるりのいさごのひかりなりけり（雙）一筋に後の世願うを人はただ浄閑《きよくしずかな》てらにとどまる③阿弥陀三尊脇侍仏④浄土宗芝増上寺末。本尊、阿弥陀如来。開基鎮誉上人、寛永三年（一六二六）建立。《成田山不動尊開帳》寛政元酉年（一七八九）の事なり。これ深川よりお帰りの節なり。七昼夜開扉あり。この時、川原村より相の川までの村々残らず大のぼりを持ち、若々衆思ひ思ひの揃衣にて、お迎へに出でたり（『葛飾誌略』）。⑤《名号石》四方六面、高さ一丈ばかり。「南無阿弥陀仏」「地獄、餓鬼、畜生、修羅、人道、天道」。以上は「迷界」で六道といい六観音、六地蔵はこれに由来。悟道は四道で涅槃すなわち解脱に到達する道「加行道、無間道、解脱道、勝進道」。仏教では全世界を十界に分ける。《六地蔵》明暦の大火供養。《万霊塔》慶安三年（一六五〇）建立。《延命地蔵》慶安四年（一六五一）建立。

第一六番　浄土宗仏貼山信楽寺《しんげうじ》（教善寺と合

併、現在教信寺）　①市川市本行徳三八番一八号②（葛）ひとすじにまことをねがふ人はたゞ安く生る丶道とこそなれ（雙）いつわりと名利ふたつをはなれつつ信楽寺《まことねがうてら》は尊し③教善寺と合併④葛西上今井村浄興寺末。開基富誉順公、元亀元年（一五七〇）建立。御除地一反畝。昭和二〇年（一九四五）一月二八日、空襲で爆弾が落ち本堂が爆破され四ｍもの穴があく。同二七年に教善寺に合併。

第一七番　浄土宗正覚山教善寺　（信楽寺と合併、現在教信寺）　①市川市本行徳三八番一八号②（葛）おしなべてよきを教ゆるみ仏のちかひに誰も道はまよはじ（雙）教善寺《おしえよきてら》は浄土の案内にてふみはきはめし極楽の道④葛西上今井村浄興寺末。創建年代不詳。信楽寺と合併。

教信寺　①市川市本行徳三八番一八号②（雙）教え信じ名利ふたつをはなれゆく信《まこと》に善《よ》きは極楽の道③聖観音④本尊、阿弥陀如来。昭和二七年（一九五二）信楽寺と教善寺が合併して教信寺となる。⑤《馬頭観音》宝永五年（一七〇八）造立。起誉法師、塩浜の復興のため千日念仏講をたてる。

第一八番　医王山宝性寺　（徳蔵寺に吸収）　①市川市関ケ島八番一〇号②（葛）□□□□仏のたねをうへぬればくちぬ宝を身にぞおさむる（雙）金剛の体《たい》はかがやく月の玉身にはくちせぬ宝性《だましい》③徳蔵寺と合併④本尊、薬師如来。武蔵国小岩善養寺末、天正四年（一五七六）建立。《不動明王》嘉永五年（一八五二）七月建立、身丈二尺八寸。地元ではお不動さんと呼び徳蔵寺へ移す。真言宗小岩村善養寺末、開基権僧都覚順、天正四年（一五七六）建立。長い間無住で昭和四〇年代半ばに徳蔵寺に吸収。⑤《底なし井戸跡》。

第一九番　真言宗関東山徳蔵寺　（**宝性寺を吸収**）　①市川市関ケ島八番一〇号②（葛）よを秋のみのりのとくをおさめつ、ゆたかにのちのよをばすぐべし（雙）数ならぬ身をも千年のちかいにてもらさでめぐみ蔵《おさ》めぬるてら③如意輪観音④真言宗小岩善養寺末。本尊、阿弥陀如来。開基乗意法印、天正三年（一五七五）建立。不動明王。『葛飾誌略』では山号を「関島山」としている。平成一一年（一九九九）本堂補修工事、同一五年、山門新築。⑤《そろばん供養》一二月三一日。《お不動さま》縁日八月二八日。《行徳不動尊》毎月二八日、護摩修行。《底無し井戸》《円山応挙の幽霊画》

第二〇番　浄土宗松柏山清岸寺　①市川市伊勢宿四番八号②（葛）只たのめ誓ひのふねにのりをゑてやすくもいたる清がんじ哉（雙）彼岸にこよひの風の吹かざれば波しずかなる清岸寺かな③如意輪観音④浄土宗京都智恩院末。本尊、阿弥陀如来。開基徳願寺二世行誉上人、慶長一九年（一六一四）建立。御除地一反二五歩。江戸後期文化（一八〇四～）の頃は芝増上寺預り。『葛飾誌略』には山号が徳永山とある。

第二一番　浄土宗来迎山光林寺　①市川市押切一二番二〇号②（葛）みほとけにあゆみをはこぶ後のよはひかるはやしのむらさきの雲（雙）来迎に光林の寺の庭松にはかかる紫の雲③阿弥陀三尊脇侍仏④浄土宗葛西上今井村浄興寺末。本尊、阿弥陀如来。開基三誉尊了和尚、天文年中（一五三二～一五五四）建立。『葛飾誌略』には山号木迎山とある。御除地六反三畝歩。大正六年（一九一七）の大津波で古文書すべてを失う。内陣の天井に檀家の家紋。

第二二番　浄土宗仏法山法伝寺　①市川市湊七番一号②（葛）今よりはのちはまよはじ法のみ

ちつたふおてらへまいる身なれば（雙）師の教のぞみてふ惜身命の人には法を伝《つたふ》寺かな③関東大震災で地に埋没④浄土宗芝増上寺末。本尊、阿弥陀如来。開基観竜上人、天文二二年（一五五三）建立。『葛飾誌略』では天正二年（一五七四）建立とする。旧寺地は「圦の寺」と呼ばれ湊新田四番にあったとされる。大正一二年（一九二三）の関東大地震で本堂倒壊。昭和二年（一九二七）再建。平成一五年（二〇〇三）本堂、観音堂を建立・落慶。⑤《明徳尋常小学校開校旧跡之碑》別項。《馬頭観音》別項。《『勝鹿図誌手繰舟』の著者鈴木金堤の墓》別項。

第二三番　真言宗水奏山圓明院　①市川市湊一一番二一号②（葛）有りがたや月日の影ともろともに身は明かになるぞうれしき（雙）欲もなく心の月のくもりねば四智圓明の身とぞながむる③十一面観音④本尊、阿弥陀如来。永禄三年（一五六〇）覚厳和尚により創建。『葛飾誌略』は真言宗小岩村善養寺末、開基正誉上人、永禄五年（一五六二）建立とする。御除地二反五畝歩。子育て地蔵。縁結び地蔵。《弁財天祠》弁天祠、昔、野中にあり、寛永年中ここへ遷す（別項「弁天山」参照）。⑤《山門》江戸時代中期の元文三年（一七三八）六月建立、四脚門形式、総欅造り、漆塗りの本格的な山門。明治中期茅葺き屋根を瓦葺き屋根に葺替え、平成四年（一九九二）一二月一〇日大改修繕工事無魔終了。

第二四番　浄土宗青暘山善照寺　①市川市湊一八番二〇号②（葛）あはれみの大慈大悲のちかひにはもらさでよゝぞてらす寺かな（雙）光明はすがたに影のそうごとく直《すく》なる人を善照《よくてらす》てら③千手観音、十一面観音④本尊、阿弥陀如来。寺宝、聖観世音菩薩像（平安期慈覚大師円仁作、全国寺院名鑑では恵心作）、閻魔大王像（鎌倉期湛慶作）、大梵鐘（香取秀真作）、法然上人鑑御影。浄土宗芝増上寺末。開山覚誉潮随上人、寛永二年（一六二五）建立。潮随和尚は武州小松村の出といわれ元和七年（一六二一）法然上人自作の座像（鑑の御影）を負い関東に下ったとされる。大旦那青山家は小田原北条の落武者で、青山伊予守は法伝寺を起立、伊予守の子息四郎兵衛正貞の寄進により当寺を創立。なお『葛飾誌略』では元和七年建立とする。法然上人鑑御影、勢至菩薩、二十五菩薩来迎図。⑤《五智如来》（別項）。《青山文豹の墓》『葛飾記』の著者と推測される人物。俗名、青山藤左衛門英貞。佐文山の門弟で能書家。所々に筆跡残る。辞世「極楽も地獄もさきにあらばあれ心の外に道もなければ」。

第二五番　浄土宗西光山源心寺　①市川市香取一丁目一六番二六号②（葛）みなもとの清きながれをこゝろにてにごる我身もすみよかりけり（雙）源の心の水の清ければ濁るうき身をすみよかりけり③十一面観音④本尊、阿弥陀仏（行基作）。寺宝、十六羅漢遊戯図（唐禅月大師作）、如意輪観世音（奈良期作）、不動明王像（空海作）、五輪塔（狩野浄天作市文）、江戸詰各大名旗本上下屋敷図（享保三年須原屋茂兵衛版）、本丸御殿之図（寛政七年写）。昔、今井金蔵寺末の安楽院正念寺という天正初年（一五七三）創立とされる古い草庵があったが慶長一六年（一六一一）開基増上寺中興開山源譽上人観智国師、大旦那狩野新左衛門（『葛飾誌略』は新右衛門とする）の寄進により源心寺建立、そのため安楽院は地中となる。芝増上寺末、西光山安楽院と号す。御朱印六石（一〇〇石とも）。以後、天明年中（一七八一～八八）火災に遭い狩野家財産を投げ打って再建。明治一四年（一八八一）再び火災

に遭い各堂類焼（香取の大火）、明治三〇年本堂を再建。平成一一年（一九九九）本堂を改築。新左衛門は北条の落武者、浄天と号し内匠堀開削の免許を願い出る（「狩野浄天」「内匠堀」の項を参照）。明治六年（一八七三）三月一五日、行徳小学校欠真間分校開校（学校の項中「南行徳小学校」を参照）。⑤《六地蔵》（別項）。《日露戦争記念碑》（別項）。《不動堂》別称いぼとり地蔵。《昭和三五年（一九六〇）六月二七日欠真間山安楽院不動尊本殿改修寄付者芳名碑》四七人の名あり。《関東大震災供養碑》「南無阿弥陀仏」「為　大正十二年大震災遭難者　長吉□勇君、福田一郎君、田端清三君之霊位追悼紀念　大正十四年九月四日三回是日建之　当寺二十二世忍誉□□代」（一九二五）。《狩野氏御影堂（廟堂）》今はなし。《手水石》「奉納　泉沢氏□□　文化元年九月吉日」（一八〇四）。《石塔》「八十二番

よいのまのたへふるしものきへぬればあとこそかねのごんぎやうこえ　昭和二年三月新井及川源蔵」（一九二七）。

第二六番　浄土真宗親縁山了善寺　①市川市相之川二丁目一二番二八号②（葛）まよひにし心もはれてさとるべしよき教へぞとたのむ我身は（雙）法の声たえねば空も霊山《せん》の会座につらなる心地こそせむ③多臂十一面観音④開基慈縁和尚、応仁二年（一四六八）建立。本尊、阿弥陀如来。御除地四反三畝一二歩。《縁起》当親縁山了善寺は往昔、親鸞聖人関東御遊歴のみぎり、下総国鎌田の庄吉田源五左エ門易幹と云へね者ありてしばらくかの家にお足をとどめたまひ朝夕御法談あらせられし処、源五左エ門夫婦始め聖人に帰依する者数多ありしが、御年六十二才の時御帰洛を思ひ立たせられ既に折柳にのぞみし時、吉田夫婦の者共深く名残を惜しみ奉りしかば、

聖人親ら影像を刻み誓の一絶句を添へかの夫婦に与へ給ひし故、世にこれを鎌田のみ影と申し奉り代々秘蔵供養し奉り居りけり。

六環暫寄鎌田辺　晨少法談最宿縁

為作真容今与子　随身待我楽邦天

しかるに子孫の霊夢に託し、讃岐国屏風浦善通寺は弘法大師御誕生の霊地にして、我師法然上人はかの地に詣でて自ら逆修の塔を建立し、一度この霊地に詣でん輩は一仏浄土の友たるべしとの誓言あり。聖人又師の跡を慕ひ玉ひ、我在世中に彼の霊地に詣ずる能はず願はくは我像を彼の地に送り生前の願望を遂げしめよと遺命せられ、その後しばしば霊夢に託し早く善通寺に送れよとの御霊告ありしため、三代の孫吉田源次左エ門尉年幹なるもの彼像を送りまゐらせしところ、善通寺の僧正にも同じ夢告ありしかば、互いに語りあふにあたかも符節を合はすが如し。かくして彼の尊像は現在四国の善通寺境内親鸞堂にご安置奉り、数万の信徒衆がこれをねんごろに護持し御給仕申上げ居らるるものなり。しかして当寺にご安置奉る御真影は彼の御尊像を拝写せられたるものなれば、お流れを汲むお同行方にはかかる不思議のご因縁を偲び聖人ご在世の昔を追懐せられ謹んで参詣報謝いたさるべきものなり。因に当了善寺は源五左エ門八代の孫吉田佐太郎展幹蓮如上人に帰依し出家得度せられ開基となり、親縁山了善寺の号を賜はり浄土真宗に属し今日に及べり。南無阿弥陀仏

源五左エ門二十九代の孫　当山第十九世釈廣宣謹書　昭和四十六年(一九七一)十一月七日。⑤

《碑》「親鸞聖人御逗留旧跡　昭和四十六年十一月　親縁山了善寺第十九世釋廣宣」(一九七一)。

「吉田佐太郎」の項を参照。

第二七番　曹洞宗秋葉山新井寺《しんせいじ》　①市川市新井

一丁目九番一号②（葛）いさぎよきあらゐにやどる月かげの誓ひはいつもあらたなりけり（雙）浄　新井の水を汲あけて手向けになせば宿る月かげ③不明、流失か。④本尊、釈迦如来。『葛飾誌略』には山号普門山とある。禅宗栗原宝成寺末。開基不詳、ただし宝成寺の能山和尚との地名伝説あり。元和二年（一六一六）建立。⑤《お経塚》（別項）。山号でもある秋葉祠あり。火防の神。祭神、静岡県森町の可睡斎の秋葉三尺坊大権現。観音の化身。「そまつには踏むな秋葉の山の端にひかげいをもて散す紅葉に　金埒」（『葛飾誌略』）。

第二八番　真言宗宝珠山延命寺　①市川市新井一丁目九番二号②（葛）そのかみのそゝぎし菊のながれともはこぶかさしのゐん命じかな（雙）観音をたのめば福寿海無量御代も久しき延命寺かな③不明、流失か。記録伝承なし。④本尊、大日如来。寺宝、延命地蔵尊。真言宗小岩善養寺末。開基真誉法印、慶長元年（一五九六）建立。⑤《首切り地蔵》「ねね塚」の項を参照。《新井小学校旧跡》学校の項中「新井小学校」を参照。

第二九番　真言宗東海山善福寺　①浦安市当代島二丁目六番二七号②（葛）徳のもとむかしやうへしたねならむくちせぬはよきさいわひのてら（雙）諸々のおもきをやめて世の中の人にほどこす善福寺かな③流失（千手観音）④本尊、阿弥陀如来。和歌山県那賀郡岩出町根来の大傳院根来寺末。明暦二年（一六五六）興教大師の法孫、栄祐の創建。『葛飾誌略』では、元和五年（一六一九）田中内匠建立、小岩善養寺末とする。御除地二反四畝歩。大正六年（一九一七）の大津波で本堂流失、同九年再建。⑤田中内匠の墓とされる舟形墓石。田中内匠の没年を刻んだとされる法篋印塔、宝暦六年（一七五六）建立。「田中内匠」の項を参照。永井荷風原作・山本富士子主演「濹東奇譚」、山本周五郎原作・森繁久弥主演「青べか物語」などの映画撮影に善福寺を使用。

第三〇番　真言宗海照山花蔵院　①浦安市猫実三丁目一〇番三号②（葛）浪の花晴れておさまる海やまのながめはひろき此寺の庭（雙）桜咲く松の木陰の寺みればここそ花蔵世界なりけれ③子育観音④本尊、大日如来。真言宗小岩善養寺末。『浦安町誌』では、和歌山県那賀郡岩出町根来寺、永仁元年（一二九三）の大津波でことごとく流破して創建は詳しからず、天正元年（一五七三）再興とする。開基賢融阿舎利、天正元年（一五七三）建立。『葛飾記』は華蔵院とする。御除地一反六畝歩。安政二年（一八五五）の大地震で本堂倒壊、大正五年（一九一六）再建。《不動堂》本尊不動明王（賢融和尚勧請）、別名浪切不動尊。漁業者の守護本尊。《観音堂》本尊子盲観音。延宝三年（一六七五）信徒が勧請、毎月十七日が縁日。《庚申堂》本尊、青面金剛尊。正徳五年（一七一五）正月、賢教法印勧請。例月二五日が縁日。猫実の庚申様として有名。⑤《公訴貝猟願成の塔》（別項）。

第三一番　真言宗医王山東学寺　①浦安市堀江二丁目四番二七号②（葛）ふだらくや南のきしを見わたせば誓ひもうみもふかき浦なみ（雙）東学にまなぶちしきはただ仏心を広く体ゆたかなり③八所観音、流失か。④本尊、亀乗薬師如来。真言宗大和国（奈良県）長谷寺末。『葛飾誌略』では小岩善養寺末。開基常誉法師、元亀元年（一五七〇）建立。『浦安町誌』では永禄年間（一五五八～一五六九）としている。延宝八年（一六八〇）再興。明治一三年（一八八〇）本堂焼失、大正四年（一九一五）新築。《竜宮堂》中興の賢政上人創建、本尊難陀竜王。《地蔵堂》中興の賢政上人創建、本尊地蔵尊。《稲荷堂》創建不詳。《弘法大師の石仏》別称浦安大師。近くの境橋を「薬師様の橋」という。⑤《石塔》「弘法大師九百五拾遠忌供養塔」「天明四甲辰年三月正日東学寺寄□」(一七八四)。《亀乗薬師如来》『葛飾誌略』に「本尊亀乗薬師葛飾浦より出現す。一の大亀、尊像を背負ひ、海浜の清草に移し去る」とあり。元亀(一五七〇)の頃、堀江村の与八郎の老母が砂浜で人形のような物を拾い、家に持ち帰って玩具箱に入れておいた。武州木根川(埼玉県)の薬師如来は霊験あらたかなところから与八郎は家族の病気回復を祈願しようと参詣した。すると薬師の別当は「何も遠路はるばる来なくても貴方の家には尊い如来様があります」といわれ、探したところ玩具箱の中に亀の上にあらせられる薬師如来を発見した。仏壇に安置し香華と念仏を怠らなかったところ、家族の病気も全快した。後日与八郎は東学寺に奉納した。毎月八日と一二日が縁日だった(浦安市教育委員会説明板主旨)。

第三二番　真言宗清滝山宝城院　①浦安市堀江四丁目一四番一号②(葛)参り来て頼むたからのしろの寺木くさのいろも浄どなるらん(雙）夢の世にへつらふ人の言の葉を開耳あらふ清滝のみず③千手観音、十一面観音(弘法大師作、丈八寸、享保一三年(一七二八)芝増上寺第三九世学誉上人寄贈)、如意輪観音(満米上人作、丈七寸)④本尊、不動明王(春日作)。真言宗大和国(奈良県)長谷寺末。『葛飾誌略』には小岩善養寺末とあり。開基願行上人、建久七年(一一九六)建立。天正一五年(一五八七)七月、覚厳法印により再興。住職は権中僧都以上という格式。十五世宥宣法印、堀江字卯新田を開墾、海岸線に大堤を築き数十町歩の美田を開く。⑤《千葉県指定有形文化財宝城院の庚申塔》高さ約一m、幅約五〇㎝、元文元年（一七三六）一二月、住職賢宥法印建立。《賓頭盧明王》びんずる明王。おびんずる様。別名なで仏。文政七申年（一八二四）七月大仏師西山浄慶、同清八作。賓頭盧とは釈迦の弟子、十六羅漢の一。神通力をもてあそんだとして釈尊の叱責を受ける。涅槃に入れず終生衆生救済につとめた。日本では本堂の外陣に置きこれを撫でて病気の平癒を祈る。

第三三番　浄土宗光縁山大蓮寺　①浦安市堀江四丁目一四番二号②（葛）もちむかへ給ひしみねの大蓮寺花のうてなにやどるしゆんれい（雙）観世の御手に捧げし大蓮寺花のうてなに宿る順礼③阿弥陀三尊脇侍仏④本尊、阿弥陀如来。浄土宗芝増上寺末。開基覚誉上人、天文一三年（一五四四）建立。『葛飾誌略』では吉縁山とする。相州小田原の大蓮寺を移したとされる。覚誉和尚は旅の僧。《勢至堂》本尊勢至菩薩（行基大僧正作、丈一尺五寸）。《地蔵堂》本尊地蔵菩薩。⑤《久助稲荷》「裏門傍にあり。図鑑僧正（増上寺大僧正）は当村の産にて当寺の弟子なり。所化の頃、この稲荷はなはだ信仰にて、徳を積み智識となりなば、神位を願ひ献ずべしと誠心に祈り奉るに、空しからず大僧正となり給ふ。ある時、稲荷の影、方丈の障子に忽然と映る。僧正その怠りに驚き、早速神位をいただき、この稲荷へ献ぜしとなり。狐は稲荷の神使なり」（『葛飾誌略』）。「久助稲荷」の項を参照。《宇田川六郎兵衛の墓》中川番所にかけ合って浦安の漁師の船を無検査で通過できるようにした人物。「堀江何番船でござい」と声をかけ「通れ」といわれて通過、船には極印を打ち運上金を上納。これを「番船」と称したが行徳船の番船とは異な

るもの。《鐘楼》享保一九年（一七三四）建立、明治一〇年（一八七七）再築。《常念仏碑》「大蓮寺常念仏」「當寺十二世檀譽代」「延享四丁卯天龍集二月五日」「（読み取れず）」延享四年は一七四七年。《石塔》「南無阿弥陀仏　檀譽□　大蓮寺十二代再興」「當寺開基天文十三甲辰歳祖覺譽□人　寛保三癸亥歳七月五日」「（読み取れず）」寛保三年は一七四三年。

番外　浄土宗　藤原観音堂　①船橋市法典②（葛）たのもしやめぐりおさめてくわんぜおん二世あんらくといのるこころは（雙）行徳をみたび巡りて藤原に寺々観音と参り納める③秘仏④本尊、身代わり観音。三三年に一度の開帳。次回は二〇二七年になる。船橋市指定文化財有形彫刻木造観世音菩薩立像、昭和四二年（一九六六）二月二一日指定。像高九〇㎝、木造箔押し、寄木造り、感世作、鎌倉期作。万治二年（一六五九）行徳の富豪田中三左衛門御普請奉行として丹州の桂川へ出役の節、丹波見樹寺から請い受け行徳の徳願寺へ納めた。藤原新田の開発中元禄三年（一六九〇）徳願寺領のこの地に堂を建てて遷す。この年は札所三十三カ所巡りを企画発足させた年であり、徳願寺に本尊格としてあったものを藤原に遷して結願所としたと思われる。『葛飾記』より「観音堂、本行徳徳願寺持なり。これは行徳三十三カ所を三度順礼して、この一枚を入れて、合わせて百番となる結願所なり」。また『享和三年（一八〇三）閏正月、藤原新田銘細帳』（『船橋市史』）には「木仏立像一観音堂　観世ノ作　本行徳村海厳山浄土宗徳願寺持　是ハ縁起別紙之通御座候　五反六畝歩同寺請」とある。⑤《灯籠》「奉寄進燈□瀧上山新田請方」「元禄三年午四月八日」「敬白上山新田請方　松本八右衛門尉」「上山新田請方嶋田是心政勝」。「身代わり観音」の項参照。

＊観音札所以外の寺院　①所在地②由緒、沿革、寺宝、「〇〇末」「開基〇〇」など葛飾誌略を引用③史蹟。江戸川を北限として北から南へ下って順に寺院を挙げる。

日蓮宗妙栄山妙好寺　①市川市妙典一丁目一一番一〇号②永禄八年（一五六五）八月一五日本山中山法華経寺十一世日典上人の法孫、一乗阿闍梨日宣法印により開山創立、開基檀頭は千葉氏千田の子孫小田原北条家の家士篠田雅楽助清久。本尊、日蓮上人像。御除地一反一畝歩。以来上下妙典村は他宗一軒もなし、とされる。《本堂》延宝元年（一六七三）再建、大正一五年（一九二六）元本堂新築、昭和五三年（一九七八）銅版屋根を葺替え。《観音堂》真浄観世音菩薩、明治末期建立、昭和三〇年（一九五五）新築、平成七年（一九九五）新築。《奥之院観音堂》洗い仏の観音様。《万灯行列》一一月一一日宗祖御会式。③《山門》市川市指定有形文化財、昭和四三年（一九六八）二月二七日指定。宝暦一一年（一七六一）造立、平成九年（一九九七）三月、修復。《妙典地蔵尊》（別項）。《石塔》「南無妙法蓮華経二千部成誌」「一天四海皆妙法後五百歳廣宣流布」「天下泰平　家内安全　五穀成就　子孫長久」「天保十二辛子歳十月上旬八日　首題福満願主　守教院宗宣日顯　□教院妙宣日海」「早川」（一八四二）。《石塔》「南無妙□□□□□」「安政二乙卯年十月二日地□□□□□　安政三丙辰年八月二十五日回□水難横死□　追□」「□天四海皆皈妙法　□浮提内廣宣流布　妙榮山妙好寺」裏側は読めず。安政二年は一八五五年。塩浜付一五カ村の『塩役永上納御免願』（『市川市

史』）によれば「安政三年（一八五六）八月二五日夜の南大風雨、津波にて囲堤切所、洗切所等おびただしく出来、塩浜、新田、畑とも皆亡所に相成り、竈屋はもちろん潮溜船、潮垂道具まで残らず押し流れ候」とあり、多数の死者が出たものと考えられる。

日蓮宗顕本山清寿寺　①市川市妙典三丁目六番一二号②日蓮宗中山末。開基日開上人、元禄八年（一六九五）日蓮宗に改宗。本尊、釈迦如来・多宝如来・日蓮上人像。御除地二反五畝歩。安政三年（一八五六）の大津波で古文書すべてを流失。ぜんそく封じ加持、年一回、旧十五夜一日のみ。③《耳病守護七射霊神》「おちか」「昭和二十八年（一九五三）六月吉日建立」。《神猿おちか》「昔、その先祖が狩人として身持ちの猿を鉄砲で撃ち殺してしまい、その後その家では三代にわたり耳の聞えない長男が生まれ、占い師に見てもらった所、猿のたたりという事がわかり、親子七体の猿の姿を石に彫り、供養し、お祀りした後、たたりも無く以来耳病守護神猿おちかとして当山に依頼しこの所にお祀りす」。《門前の塔》「維持　安政四歳次□□初冬」安政四年は一八五七年。

日蓮宗正国山妙応寺　①市川市本行徳二番一八号②永禄二年（一五五九）日忍上人の創建。『葛飾誌略』には開基日忠上人、天正元年（一五七三）建立、除地五畝歩とある。本尊、釈迦如来。法華経寺末。境内に七福神を祀る。

日蓮宗真光山妙頂寺　①市川市本行徳二番八号②本尊、釈迦如来・多宝如来・日蓮上人像。弘法寺末。弘安元年（一二七八）日妙上人の創建、永禄四年（一五六一）日忍上人により現在地に移転。『葛飾誌略』は開基日忍上人、天正五年（一五七七）建立とする。《釈迦涅槃図》寛保二年（一

七四二）制作、畳一〇畳の大きさで八月二日の施餓鬼、一一月一三日のお会式に公開。大正三年（一九一四）大和田の安立寺を併合、同一二年墓石類の移転完了。大応山安立寺は長享二年（一四八八）建立、開基日住、日蓮宗中山末。③《百日紅《さるすべり》》二〇〇年以上の古木。《筆子塚》二十二世賢地院日彦上人（天保九年三月二六日寂）による寺子屋。

日蓮宗正永山常妙寺 ①寺町にあった。②日蓮宗中山末。開基日円上人。慶長三年（一五九八）建立。御除地二畝歩。常妙寺についての記載は『葛飾誌略』から転載。妙頂寺の隣地に寺地があったとされるが現在はない。その他未詳。

日蓮宗題目山常運寺 ①市川市本行徳六番三号②日蓮宗系単立。本尊、釈迦如来・日蓮上人像。小田原北条氏の家臣野地氏により元和二年（一六一六）建立。『葛飾誌略』には、日蓮宗中山末、開基日善上人、慶長二〇年（一六一五、元和元年）建立とある。本尊は「読経日蓮大菩薩像」、別称「枕返しのお祖師さま」と呼ばれる。『葛飾誌略』に「読経祖師。木像、中山三世日祐上人作」とある。中山法華経寺へ野地氏がお参りに行くと像から南無妙法蓮華経の声が聞こえ、私を祀れという声がした。大仏を奉納して日蓮上人像をいただき、当寺の本尊とした。病が治らない人が祈願すると、枕を返したように良くなったので、枕返しのお祖師さまと呼ばれるようになった。

日蓮宗正覚山妙覚寺 ①市川市本行徳一五番二〇号②中山法華経寺末。本尊、釈迦如来・多宝如来・日蓮上人像。天正一四年（一五八六）日通上人の創建。《キリシタン灯籠》織部灯籠。江戸初期または前期の頃の灯籠。中央下部に舟型の窪み彫りがあり、中にマントを着た神父が陽刻され、靴の部分が地中に埋められている。十字架に見える。

日蓮宗海近山円頓寺　①市川市本行徳一六番二〇号②中山法華経寺末。本尊、釈迦如来・多宝如来・日蓮上人像。天正一二年（一五八四）日円上人の開基。御除地七畝歩。明治一四年（一八八一）行徳町の大火で山門のみを残し本堂、庫裏を全焼、寺宝、寺史を焼失、大正六年（一九一七）一〇月一日の大津波により重ねて失われた。本堂は昭和五五年（一九八〇）夏完成。海近山の山号額、江戸末期の書家、市河米庵の筆。③《報恩塔》日蓮上人五〇〇年遠忌。

日蓮宗法順山正讃寺　①市川市本行徳二三番二九号②日蓮宗真間山弘法寺末。本尊、釈迦如来。天正三年（一五七五）創建、開基日乗上人。御除地八畝歩。③《石仏》大蛇のお告げで地中から出現。

日蓮宗照徳山本久寺　①市川市本行徳二四番一八号②日蓮宗中山法華経寺末。開基日能上人、元亀三年（一五七二）建立。御除地四畝歩。本尊、一塔両尊（南無妙法蓮華経の七文字を書いた塔と釈迦・多宝如来）。『葛飾誌略』（文化七年、一八一〇）によれば「祖師木像、見延山日朝上人作。隣寺の本応寺も中山末なりけるが、近年二カ寺を合わせて一カ寺とし、本応山本久寺といふ。本応寺御除地八畝歩也。天正六戊寅年（一五七八）建立。開基は実相院日応上人也」とある。本久寺の山号は初め浄延山といい、次に本応山、現在は照徳山という。本応寺の旧地は本行徳三一番の稲荷神社（通称横町稲荷）敷地周辺とされる。祖師本像は、眼病守護日蓮大菩薩として祀られている。見延山法主日朝上人作。本堂欄間、日蓮上人の一生を彫刻。大正六年（一九一七）一〇月一日の大津波で寺史資料を流失。

日蓮宗説江山正福寺　①浦安市堀江二丁目六番三五号②中山法華経寺末。本尊、法華経開顕久遠の釈尊一塔両尊四菩薩。文禄二年(一五九三)十乗院日詠律師開基。『葛飾誌略』では開基日永上人、天正元年(一五七三)建立、御除地一反四畝二歩とする。中興日迫律師堂宇再建、明治一三年(一八八〇)一月二三日の浦安の大火で類焼、大正一一年(一九二二)再び本堂再建。③《浄行堂》浄行菩薩を祀る。浄行様。洗い仏。縁日、毎月二日、二二日。明治二八年(一八九五)三月、十七、十八世住職顕妙院日心上人建立。《しなび地蔵尊》堀江の屋号「しなび」の人が江戸で行商中に焼け野原で首の欠けた地蔵尊を見つけて持ち帰り、修復することを約して病気平癒を祈ったところ霊験があった。首を刻んで修復し二四日を縁日としていたが昭和三八年(一九六三)十九世日忍上人により正福寺境内へ遷座。

行徳・南行徳地域の学校の沿革

明治四年（一八七一）七月十八日、文部省が設置され、同五年八月三日「村に不学の戸なく、家に不学の人なからしめんことを期す」とする太政官布告をもって学制が公布された。当時の市川市域では、私塾一〇、算学塾一があり、行徳七、中山一、八幡一、真間一、菅野一で南行徳地域の私塾（寺子屋など）を含めると総数はもっと多かった。太政官布告により小学校は人口約六〇〇人に一校とし、満六歳から一四歳まで上下四年ずつとされた。明治一九年（一八八六）三月、小学校令が公布され、尋常小学校四年を義務教育、高等小学校四年は希望入学とした。昭和二二年（一九四七）新制の六・三制の小中学校となる。行徳・南行徳地域は江戸時代を通じて教育先進地だった。当地域では行徳小学校が最も古く、次いで欠真間小学校・湊小学校・新井小学校が統合された南行徳小学校が歴史がある。戦後の新学制により行徳中学校、南行徳中学校が誕生した。現在の当地域の他の小中学校は行徳小・南行徳小・行徳中・南行徳中（中学校は一度第七中学校に統合されている）からの分離独立校である。

行徳小学校　明治六年（一八七三）二月一六日、徳願寺を仮校舎として開校、生徒数男八三名、女五五名、合計一三八名。同月、原木村妙行寺に原木分校設置、のち原木小学校として独立。

明治六年（一八七三）三月一五日、源心寺を仮教場として欠真間分校を設立、同年一〇月、分校は拡智小学校として独立。明治一八年（一八八五）二月、本行徳三四番付近の四丁目バス停近くの宿屋「山田屋」を購入し校舎とする。目の前に常夜灯があった。同一九年三月、行徳尋常小学校と改称、同二三年行徳高等小学校設立、同二七年行徳尋常高等小学校となる。大正五年（一九一六）四月一六日、稲荷木分教場設置。同六年一〇月一日、大津波が襲い校舎倒壊、多くの古記録を失う。同八年三月二二日、本行徳一二番に新校舎落成、児童数八六五名。大正一二年（一九二三）九月一日、関東大地震により校庭に割れ目ができる。昭和一六年（一九四一）四月、国民学校と改称、戦時中爆撃のため講堂半壊。昭和二二年（一九四七）四月、行徳町立行徳小学校と改称。同年一〇月、ＰＴＡ設立。同年、六・三制の新制中学として行徳町立行徳中学校開校。同二三年粉ミルク給食実施。同二六年、児童数一一九二名。同二七年四月〜三一年、現富浜一丁目一番の埋立と新校舎建設工事実施。同三〇年、町村合併により市川市立行徳小学校と改称。同三一年四月、稲荷木分校が独立、稲荷木小学校となる。同年一〇月、行徳小学校新校舎落成式挙行、児童数一〇五二名。同三七年特殊学級設置。同四七〜五五年、鉄筋校舎建築。同四八年（一九七三）二月一五日、創立一〇〇周年記念式典挙行。同五四年四月、幸小学校新設分離、児童数一四三名。同五六年四月、塩焼小学校新設分離、児童数二七一名。同五八年一一月、学校体育研究で千葉県より表彰、同五九年一一月、保健体育研究で文部省より表彰。平成三年（一九九一）一一月、体育指導研究で市川市より表彰。同一一年四月、妙典小学校新設分離、児童数一九四名。同一五年(二〇〇三)一月五日、〇三千葉県管弦打楽器ニューイヤーコンペティション小学アンサンブルの部で金賞・最優秀賞受賞。同年二月一五日、創立一三〇周年記念行事実施。古くから水陸両面の交通の中心として栄え、農漁業の盛んな土地柄だった。明治以降鉄道誘致が実現せず他の地域より開発が遅れたが昭和三〇年(一九五五)市川市へ合併、同四四年の営団地下鉄東西線の開通、土地区画整理の進行などにより急速に宅地化が進んだ。これに伴い人口の急増があり多くの分離校を設け現在に至る。平成一二年(二〇〇〇)には東西線妙典駅の開業によって交通量の増加、人の流れが著しく変化、年々、旧住民に対する新住民の割合が多くなってきている。旧地区に住む住民・保護者は郷土意識が強く、母校への思い入れも強く協力的である。神輿づくり、海苔づくりなど昔からの伝統工芸、産業が大切に守られている。数多くの神社、寺、常夜灯など地域の歴史、生活を学ぶことのできる学習素材が豊富に存在する。外国籍の児童の増加に伴い、日本語指導を中心としたワールドクラスが設置されている。《碑》「旧行徳小学校門柱　大正八年〜昭和二九年　平成一五年二月吉日　一三〇周年記念実行委員会」のプレートあり。所在地、本行徳公民館敷地内。(二〇〇三)。

南行徳小学校　明治六年(一八七三)三月一五日、行徳小学校欠真間分校として源心寺に開校、同年一〇月、拡智小学校として独立、明治七年(一八七四)一〇月、欠真間小学校(別項に沿革誌を記載)と改称、児童数男三五名、女一五名、合計五〇名。明治一一年(一八七八)六月、湊小学校・欠真間小学校・新井小学校を合併し欠真間小学校とし、湊と新井は分校として存続。同

一四年三月、香取の大火で校舎焼失、相之川の小川市兵衛家の塩蔵で授業継続、塩蔵学校といわれる。同二一年一一月、新校舎落成、同二三年三月、陽徳尋常小学校と改称、同時に湊分校は明徳尋常小学校と改称。大正六年(一九一七)一〇月一日の大津波で校舎破壊、同九年四月、陽徳、明徳両尋常小学校が合併し南行徳尋常小学校と改称、同一〇年三月三一日、南行徳尋常高等小学校となる。同一一年七月、現在地の欠真間一丁目六番に木造二階建て総建坪四五一坪の新校舎落成。昭和四年(一九二九)の尋常科卒業生一〇三名、昭和二二年(一九四七)四月、南行徳町立南行徳小学校と改称。同年五月一〇日、小学校敷地内に六・三制の新制中学として南行徳町立南行徳中学校開校。同二三年(一九四八)一〇月、学校給食開始。同二四年、PTA設立。同三一年一〇月一日、町村合併により市川市立南行徳小学校と改称。同四一~五六年にかけて第一~第四校舎棟等を建設。昭和四八年(一九七三)一〇月九日、創立一〇〇周年式典挙行。同五三年(一九七八)四月、富美浜小学校を新設分離。同五五年四月、新井小学校を新設分離。平成二年(一九九〇)体育館新築。平成五年(一九九三)一〇月九日、創立一二〇周年記念式典挙行。同九年、千葉県PTA連絡協議会より教育功労賞受賞。平成一五年(二〇〇三)一〇月二五日、創立一三〇周年記念式典挙行。

市川市の南部、旧南行徳町の諸地域に教場を持ち分離、統合を繰り返して現在に至る。昭和三一年(一九五六)一〇月に市川市となり、営団地下鉄東西線の開業により急激な市街化が始り人口が急増した。東は旧行徳町、西は浦安市、北は江戸川、南は東京湾に囲まれ、新浜小学校、富美浜小学校、新井小学校を分離し、地域的には縮小し、昭和五六年（一九八一）からは欠真間、香取、相之川の三地域のみを学区としている。江戸川べりや行徳街道沿いは古くからの住宅地として落ち着いた町並みである。区画整理地域には移住した住民が多く旧地域の住民とが自然な形で融合している。

欠真間小学校沿革誌　第二号（自明治九年七月至同一一年六月）『市川市史第七巻』より。（長文だが読者の便宜のためこれを記す。もって先人の篤志を知るべし）。

すでに前誌に載する所、明治九年（一八七六）五月の達により同七月より小学定制規則に従って授業す。同八月本校教員阿達知仙、葛飾郡駒木仮講習所に就き講習中他の事故によって一等授業生免ぜらる。のち四等準訓導松村正信なる者当校在勤命ぜらる。この際仮助教一名、生徒ほとほと七〇名なり。同一〇月、東京府管下武蔵国葛飾郡下鎌田村平民某の女一名入学を乞ふ。学制に照準これを許す。同月、鈴木平兵衛当二五番中学区取締命ぜらる。従前取締伊藤棟蔵と管理を分つ。同一二月、本校において定期大試験を行ふ。当校及び新井、猫実、堀江四校の生徒試験を要する者一七〇名就きもって試験を受く。当校六〇名の内及第する者五〇人、上等四級以下を卒業す。本日学務課近藤権少属及び師範学校仮教師某、学区取締鈴木平兵衛、学事分掌副戸長、各校事務掛等臨視す。当時本校生徒の進歩する事これを近隣数校に比すればはるかに優超。特に行徳一等学校と相頡頏《きつがん》せり。明治一〇年一月、本区内鈴木清兵衛、小川富次郎の両人当区学校事務掛を命ぜらる。同月より師範学校試験を経ざる者教授関与相成らざる旨の達あり。よって当校仮助教湖山謙二郎及び上等五級生大崎鳥之助なる者共に千葉師範学校の試験を経、当校助教を命ず。管下武蔵国葛飾郡下鎌田村平民某の子弟三名入学を乞ふ。即ち学制に照しこれを許す。同四月、当校教員松村正信、願いによって四等準訓導免務。同五月、四等準訓導駒井資勝なる者当校在勤命ぜらる。尋て当校旧教員阿達知仙、区内の情願によって千葉師範学校試験の上、二等準訓導をもって当校在勤命ぜらる。当校屢々《しばしば》教員の交代ありしより生徒稍《やや》退歩の色を顕《あらわ》せり。同月二五日、当校において定期大試験の挙あり。当校及び新井、猫実、堀江四校の試験を要する生徒計二〇〇名以上就きもって試験を受く。当校生徒五二名の内及第する者四〇人下等三級を卒業す。本日学務課九等属及び千葉師範学校教師大田忠恕、学区取締鈴木平兵衛、学事分掌副戸長、各事務掛等これに臨視す。同六月、当校四等準訓導駒井資勝願いによって国分小学校へ転勤す。同九月より虎列病流行に際し、校中予防法施行す。終始この患に感ずる者なし。同一〇月、試験法改正によって大試験を選延す。同一二月、四五両日吉川巡廻教師臨視授業を指揮せらる。同月、助教湖山謙二郎願いによって免務。明治一一年一月、県庁の都合により小学校等級を廃するの達あり。すなわち当校二等の称を除く。同月、東京府管下葛飾郡下鎌田村平民某の女入学を乞ふ。すなわちこれを許す。同年三月、本区学校事務掛鈴木、小川の両氏、勧業附属兼務を命ぜらる。同四月一日、行徳小学校において大試験を行ふ。同当校生徒五六名就てもって試験を受け、悉皆《ことごとく》及第、下等教科を卒業する者二人、同一級以下を卒業するもの五四人、二科以上を超進するもの一〇人、優等賞与を受くるもの四人。この日、学務課笹木御用掛、荒木師範教師、鈴木学区取締及び学事分掌副戸長、事務掛等臨視す。同月、これより先乙第七六号達に原き、定期大試験の後より小学定制増減規則に従て授業す。明治一一年四月二七日、欠真間、新井、湊公立小学三校舎併設立伺書県庁辞令下る。これより先き客歳一月二五日、県庁乙第二六四号公立小学校合併布達に原き、右三校学資寄附金各一千余円に過ざれば到底独立の目途無きの旨、区内一同協議相調ひ、一一年二月二五日に至り三校合併の具状書差出し、すでに□三月一八日に至りその旨聞置かれ、さらに設立伺書差出べき旨辞令ありたり。これにおいてまた区民協同地理の便否と黌舎《こうしゃ》の広狭とを測るに欠真間学校の位置、教場その適度を得るをもってこれを本校と定め、新井、湊の両校これが附属小学校とし、各学資寄附金三千余円もまた自然合してもって本属三校適宜の備と為し、永久維持の法方を評定し尋て、四月二一日、これが設立伺書を差出す。これに至って右合併設立の義伺いの通りとりはからうべき旨県命あり。自然六月下幹に至り合併設立全く成る。

抑《そも》該校の沿革誌はこれを近隣数校に比すれば記事すこぶる煩多錯雑せり。今その三大沿革と称すべきを挙げてもってこれを概論すれば、すなわち距今六年前その創設最も近校に先ち区民未だ学制の何たる教育の如何を知らざるが故にほとんど維持し難きの勢なりしが、旧区長加藤総右衛門、戸長小川六郎なる者及び二三の有志者之れを慨嘆憤然と□左袒《たん》し、漸次煽動、もってすこぶるその基礎を固くせり。而□当時艮《うしとら》は湊村を限り、坤《ひつじさる》は堀江を極め、数村の子弟有志入学一〇〇名に左右し、稍々普通教育の一面目を開けり。嗚呼創業の難き今に□想ふべし。しこうして漸次隣校の開設ありしより本校生徒甲に転入、乙に移学し、全員二分の一を減じ、教場すこぶる寂寥を覚ふ。これ当校の一大沿革なり。しかれども教育その宜きを得るの致す所が将村吏勧論の民情に通ずる故乎。ようやくもって旧観に復するのみならず府管下の子弟といえども往々入学を乞ふの見事あるに至る。これにおいて師弟相親み□勉従事し、すでに明治九年の定期試験においては生徒の進歩、上等三級に昇達するもの数名に及べり。蓋し当□隣校生徒の景況における未だ下等教科を卒業する者あるを聞かず。ただ行徳学校生徒の相伯仲するあるのみ。これ該校開設以降今に至る最盛とするに大沿革なり。すでに□而しばしば教員進退の挙ありしかば大に生徒の心志をして逡巡せしむるもの乎。俄然と□退学の者多く教場もって旧時の観なし。嗚呼守成の難きまたもって鑑すべきなり。しかれども自後教授の任に充つる者刻苦孜勉ようやくもって奨励せしかは稍復《しょうふく》進歩の色を顕すに至る。この際区内において一校合併設立の議起り今に至りて初めてその全成を告ぐるを聞く。これ本校の三大沿革なり。若夫自今本属三校教員吏民と同心協力孜□、もって生徒を誘導するときは父兄もまた倍々教育の欠くべからざるを知り、その子弟をして入学の期を誤らしめず、遂にもって頑童なく、家に猾児《かつじ》なきに至らんや必せり。しからばすなわち何ぞ守成の難きを憂んや。啻に往年最盛と称せしころのみならず焉そ其の開化進歩の極度を知らんや。

右明治九年七月より同一一年六月に至る全二ケ年間の該校沿革兼ねて三大沿革を記す。

欠真間、旧湊、旧新井の三小学校沿革誌明治九年七月より本年六月迄の分調整仕候に付別紙三通奉呈候也。

明治一一年八月三〇日

欠真間小学校助教　阿曽井大永　印

同二等準訓導　　阿達知仙　印
同五等訓導　　歌川源太郎　印
千葉県令柴原　和殿

（南行徳小学校文書）

明治一一年は一八七八年。「新井小学校沿革誌」は『市川市史』に収録されていない。未詳。

湊小学校　明治六年（一八七三）一二月一七日、湊村の法伝寺を仮教場として開校、児童数男三二名、女一六名、合計四八名。創設者は湊村の川合七左衛門（別項に沿革誌を記載）。同一一年六月、新井小学校と共に拡智小学校に合併され欠真間小学校と改称、仮教場は分校として存続、同二二年（一八八九）三月、分校は明徳尋常小学校と改称、大正九年（一九二〇）四月、陽徳尋常小学校（元の欠真間小学校）と統合されて南行徳尋常小学校と改称、同一一年七月、欠真間一丁目六番の現在地に新校舎が落成し仮教場から移転、以後は「南行徳小学校」の項参照、昭和五〇年（一九七五）五月、法伝寺境内に「学制一〇〇周年記念　明徳尋常小学校開校旧跡の碑　明徳友の会」（別項）と刻まれた記念碑建立される。

湊小学校沿革誌（明治九年）『市川市史第七巻』より。（長文だが読者の便宜のためこれを記す。もって先人の篤志を知るべし）。

維新以来、文運の化つとに施き所、在小学を設けんとするの秋に方り本校のごときもの戸数の制限に照らし、湊村及び湊新田の二村をもって当さに一校を設くべき当時管庁の懇論ありたりといえども、如何せん僻少《へきしょう》の地、その際教化いまだ全く洽《あまね》かざるや。土俗皆な彼の習字家者流のみを尊信するの陋習《ろうしゅう》を脱せずため既設校の景況も在らざりしが、独り当時副戸長河合七左エ門（川合カ）なる者あり。性篤志にして方今この小学の緊要なる事を信じ、終には本小学区内において一校を設けん事を期し、先だちてその子を隣学区欠真間校へ就かしめ百方他を勧奨したり。これにおいてやわずかに数月を出でずして就学する者ほとんど三〇名に及びたり。これ全く同氏の尽力にして設校の挙も盍《ごう》し、ここに源すといふべし。爾後《じご》益励精従事してあるいは甲に説き、あるいは乙に問ひ、もって設校の挙を促がし、切々ついに学区内をしてその議を決するに至らしめたり。しかれどもなお憾《うら》むべきは僻少の村体をもって一時あるいは学費の給する事能はざりしを。これにおいてや、これを当時学区取締加藤総右エ門に議り、近隣小学区すなわち第一大学区第二六番中学区内第二三番・第二四番・第二五番三小学区を連合して一校を設けん事を上申し、ついに開業に及びたり。実に明治六年一二月一七日にして湊村法伝寺をもって仮教場とせり。嗚呼この挙や首尾を全く河合氏の尽力にして将来誰れが豈《あに》にその功を謝せずんばある可くんや。

開業本月入校生員五〇有二名、男三六名、女一六名、教員静岡県士族水野清穀なり。明治七年一月、生員入校男六名、同年四月、水野清穀疾病によりて職を辞す。欠真間小学校授業生鈴木清記転校、代任す。同時、及川太郎右エ門習字助教たり。清記時々生員学業の進否を検し、その父兄をして大いに学事に精励せしめたり。同年六月、試験あり。学区取締加藤総右エ門立会い、下等八級卒業する者一〇名。同月、生員増、男七名、女四名。同年九月、学区取締加藤総右エ門辞職す。同年一〇月、各校名を改め及び等級を定むべき布達あり。時に本校は書器いまだ完全ならざるをもって当然三等校と定め、校名は位置、村名をもって号ふ。自然、官令に応ずるをもって更正せざる旨を上申せり。同年一二月、学校事務掛の任を置き諸般の事務を担当せしむべき旨をもって湊村々吏青山伊予太郎これを奉ず。同月、教員鈴木清記職を辞す。行徳小学校助教河本倦竜転校、代任す。この時に方ありて連学区内の人心やや小学校の必要たる事を暁知し、自今一層勉励して学費を増出するの方法を設け、もって良教師を遒挙《しゅうきょ》し、小学をして益盛大ならしめん事を議定したり。しこうして、この議の主張者は湊村河合七左エ門、同宇田川重左エ門、湊新田村望月良輔等なり。尋ねて一等授業生稲川与謙教員たり。明治八年二月、生員増、男一名。同月、安川新作、学区取締に拝命の旨をもって巡回せり。同月、小学資本金として各区内において各自若干ずつを寄附すべき旨告諭ありたり。よりて協議し自今五ケ年間に金壱千円を集積すべく、かつ、その方法等を上申せり。同年三月、試験あり。時に、下等六級、七級、八級を卒業する者、共に四六名。同年六月、試験を行なはる。下等六級以下各級を卒業する者一〇名。同月、生員増、男四名、減、男四名。同年八月、学区取締安川新作職を辞す。八木原五右エ門所部兼務の旨をもって巡回せり。同年一一月、第二六番中学区を改め、更に第二五番中学区となすべき旨布達ありたり。同月、権参事及び学務課官員派出、行徳小学校にて近傍各校優等生の試業を行なはる時に本校生員七名出頭、皆な賞あり。同年一二月、試験あり。下等第五級以下昇級生共に四七名。同月生員増、女一名、減、男六名、女一名。明治九年一月、小学区番号を改正し本校はすなわち第一四五番・第四六番・第四七番連区小学校たるべき旨布達ありたり。同年三月、加藤総右エ門学区取締に復職す。同年四月一五日、試験あり。本日昇級する者下等四級七名のみ。同月、教員稲川与謙眼病によりて職を辞す。同氏奉職以来すこぶる勉強にして一時大いに生員をして鼓舞せしめたり。同年六月一五日、四等訓導飯嶋為直、同中学区内金杉小学校より転校、在勤せり。同時、永岡太亮なる者助教たり。同月、生徒現員六三名、男四二名、女二一名。

明治六年一二月開校より同九年六月まですでに二年七ヶ月を経過し、漸次隆盛の徴あるを覚へたり。□□す。

明治九年六月　　湊小学校

四等訓導　飯嶋為直　印

（南行徳小学校文書）

明治九年は一八七六年。

新井小学校　明治七年（一八七四）新井村延命寺内に新井小学校設立、児童数男三四名、女一三名、合計四七名、教員一名、「お寺の学校」といわれた。創設者は新井村で代々名主を務めてきた鈴木清兵衛。同一一年六月、湊小学校と共に拡智小学校に合併され欠真間小学校と改称、新井分校として存続、同二二年三月、陽徳尋常小学校と改称、以後は「南行徳小学校」の項を参照（注）「新井小学校沿革史」なる文書は『市川市史』に収録されていない）。昭和五五年（一九八〇）四月一日、新井一丁目一八番の現在地に南行徳小学校と富美浜小学校から新設分離開校、校名復活、普通教室二四、特別教室・管理室七、全一七クラス、児童数六三九名、教員三〇名。同五六年、ＰＴＡ設立。同五七年、校舎増築（一一教室）。平成元年（一九八九）一一月一一日、創立一〇周年記念式典挙行。同一一年、創立二〇周年記念式典挙行。同一三年、五年児童が読書感想文文部科学大臣賞最優秀賞受賞、ＰＴＡ市団体賞受賞。同一五年二月五日、プルタブ約一六〇万個を集めて市川市社会福祉協議会へ車いす二台増呈。同年五月一日現在、児童数六六四名、二一学級、教員二九名、講師四名。同一六年一二月二二日、プルタブ約一八〇万個を集めて市川社会福祉協議会へ車いす一台贈呈（第二回目）。学区は市川市の南に位置し、浦安市当代島と隣接している。東西線の開通や南行徳駅の新設に伴い年々住宅が増加し、ますます発展の様相を呈している。市川市から浦安市に至るバイパスを境にして西側は地元の住民が多く、東側は新しい住宅地である。校地の西側は工場が並んでいるが、マンション建設が進んでおり児童の増加傾向が見られる。

新浜小学校　所在地、市川市行徳駅前四丁目五番一号。昭和五〇年（一九七五）四月、南行徳小学校より分離新設。同五二年、体育館完成。同五三年四月、富美浜小学校を新設分離。同年、校舎増築、開校記念日として二月一〇日を制定。同五四年四月、幸小学校を新設分離。同年、プール完成。同五五年四月、南新浜小学校を新設分離。平成元年（一九八九）、ランチルーム開設。同五年、知的障害児学級（かるがも学級）開設。同六年、日本語指導教室（さくら学級）開設。同一〇年、情緒障害児通級指導教室開設。同一二年、ビオトープの一環として校庭森林化。同一四年、児童数八七二名、通常学級二五、その他学級四、教員数三九名、職員数一〇名、臨時職員七名。第九回東関東吹奏楽コンクール金賞受賞、平成一五年度こども音楽コンクール東日本優秀演奏発表会最優秀賞受賞、第九回東日本アンサンブルコンテスト金賞受賞。

幸小学校　所在地、市川市幸一丁目一一番七号。昭和五四年（一九七九）四月、行徳小学校、新浜小学校から分離独立し、本行徳一六番地のプ

レハブの仮校舎にて発足。同五五年一月、現在地の鉄筋コンクリート四階建て新校舎へ移転。同五六年四月、塩焼小学校を新設分離、児童一四〇名分離。同五九年三月、給食室完成。同六二年三月、鉄筋コンクリート四階建て一〇室完成。同六三年六月、幸水族館開設。同年一一月、社会科自主公開研究会開催。平成元年（一九八九）一月、創立一〇周年記念式典挙行。同五年一二月、第一五回全国道徳特別活動研究大会会場校となり授業を公開。同六年一月、ランチルームなどの活動により千葉県学校健康教育優良校。同一一年（一九九九）二月、創立二〇周年記念祝典「はなとゆめ」を実施。

塩焼小学校　所在地、市川市塩焼五丁目九番。昭和五六年（一九八一）四月一日、行徳小学校、幸小学校から分離新設、児童数四〇五名、学級数一五。同年一〇月八日、市民図書室開館。同五七年二月一〇日、この日を開校記念日と制定。同年四月二四日、PTA設立。同五八年一一月六日、第一回塩焼まつり実施。同五九年三月一四日、フィールドアスレチック完成、三月二九日、すもう場完成、六月、塩焼山造成。同六一年一月一日、市川市教育功労賞学校賞受賞。同六三年二月一四日、読書教育授業公開。平成二年（一九九〇）二月九日、創立一〇周年記念式典挙行。同三年一一月二日、第三五回市川市PTA研究大会会場校。同一二年二月二五日、ビオトープとしての池完成。同年一〇月二一日、創立二〇周年記念行事。平成一四年（二〇〇二）四月、全クラスインターネット接続。学校図書館資源共有型モデル校指定、児童数八六六名、学級数二五、教職員五四名。

富美浜小学校　所在地、市川市南行徳二丁目三番一号。昭和五三年（一九七八）四月、南行徳

小学校、新浜小学校より分離設立、児童数七五九名、学級数二〇、年度中二三学級、同五四年四月、三〇学級。同五五年四月、新井小学校、南新浜小学校を設立分離、プレハブ校舎増設三二学級。同五六年四月、塩浜小学校を設立分離、増築校舎完成、三五学級。同五七年四月、三七学級、同五九年四月、三八学級。同六〇年四月、福栄小学校を設立分離、二六学級、ミニアスレチック完成。同六二年四月、特殊学級「かぜのこ」新設。同六三年五月、創立一〇周年記念式典挙行。平成九年（一九九七）四月、日本語指導学級「コスモス」新設。同一〇年二月、創立二〇周年記念式典挙行。平成一五年（二〇〇三）五月一日、児童数八二二名、普通学級二四、特殊学級二、日本語指導学級一。学区は葛南地域埋立地に造成された住宅地で、一般住宅とマンションが混在している。多くの家庭が他地域からの転入者であり、都内へ通勤している人が多い。保護者の教育的関心は高いが考え方は多様である。新開地のため地域のまとまりはやや薄い。当地域におけるマンションや商業ビルの建設は依然活発であるが、児童数は減少傾向を示している。このような中で外国人児童の増加が顕著である。また、これまでに新井小学校、南新浜小学校、塩浜小学校、福栄小学校を分離した。平成一五年（二〇〇四）第三二回マーチングバンド・バトントワリング千葉県大会金賞受賞。

南新浜小学校　所在地、市川市新浜一丁目二六番一号。昭和五五年（一九八〇）四月一日、新浜小学校、富美浜小学校より分離設立、児童数五一一名、教職員三二名、四月七日、第一回入学式、新入生一八二名、合計七二〇名、一九学級。同五六年一〇月二〇日、市内陸上競技大会

で男子優勝、総合準優勝。同五七年五月一六日、PTA設立。同年一〇月二九日、第一回公開研究発表会（国語・算数）。同五八年三月一五日、新校舎（第三、四校舎）完成。同五九年一一月五日、市川市教育功労者賞学校賞受賞。同六一年四月一日、三二学級、一二四七名。平成元年（一九八九）一〇月二八日、創立一〇周年記念式典挙行、一一月三十日、第四回公開研究発表会（情操教育）。同三年一一月二〇日、市内小学校サッカー大会優勝。同四年八月五日、市内小学校水泳大会総合優勝。同五年八月六日、市内小学校水泳大会二年連続総合優勝。一一月一六日、市内小学校サッカー大会優勝。同六年四月一日、帰国子女学級開設(日本語指導学級)、一〇月二八日、市内小学校陸上競技大会総合優勝。同七年六月二五日、相撲土俵場完成、平成一一年(一九九九）一〇月三〇日、創立二〇周年記念式典挙行。同一二年六月一八日、市内小学校バスケットボール大会優勝。同一三年四月一日、二三学級、児童数七九〇名。同一五年六月三〇日、校庭芝生果樹園「ひかりひろば」竣工記念式典挙行。同一六年一月、プルタブやアルミ缶を集めて地元の病院へ車椅子を贈る。同一一月二八日、創立三〇周年記念式典挙行。宮内庁新浜鴨場と野鳥観察舎に隣接した自然環境に恵まれた地域である。区画整理に伴い住宅地に変貌し、地下鉄東西線開通により急速に人口が増加したが近年の児童数は減少傾向にある。保護者の多くは他地域からの転入者であり、東京方面へ通勤する人が多い。また、近年は帰国児童や外国籍児童の転入が増加している。

塩浜小学校　所在地、市川市塩浜四丁目五番一号。昭和五六年（一九八一）四月一日、富美浜小学校より分離設立、児童数九七名、教職員一

五名。同年九月一七日、「保護者の会」設立。同五七年三月二五日、校地内全域に植栽工事完成、塩浜の松その他二七種類、一〇二〇本。同五八年三月一七日、第一回卒業生三四名。同五九年四月二八日、PTA設立。平成二年（一九九〇）一一月一七日、創立一〇周年記念式典挙行。同八年一一月七日、「生活科・総合的学習」自主公開研究会開催。同一一年一〇月三一日、ランチルーム二教室、自然園完成。同一二年（二〇〇〇）一一月二五日、開校二〇周年記念式典挙行。同一四年四月一日、学校図書館共有型モデル校指定、鉄筋四階建て一部三階校舎、普通教室二五、特別教室八。市川市最南端西部に位置し、かつての遠浅の干潟を埋め立てた造成地である。マンション団地群に囲まれ人口が急増したが近年の児童数は減少傾向にある。周囲は県立行徳高校、塩浜中学校とともに学園地域を成している。児童の保護者は全国から集まっており教育的関心は比較的高い。

福栄小学校　所在地、市川市南行徳二丁目二番一号。昭和六〇年（一九八五）四月、富美浜小学校より分離設立、児童数四一八名、一五学級、教職員数二四名。一〇月、市民図書館開館、PTA発足。同六二年四月、児童数七一〇名、一八学級、教職員数二八名。七月、公開研究会開催。同六三年二月、岩石園、流水実験場完成。平成六年（一九九四）四月、児童数五八三名、一八学級、教職員数二九名。六月、公開研究会開催。一一月、千葉県教育功労賞団体賞受賞。同七年二月、創立一〇周年記念式典開催。同一一～一三年、新創意と活力ある学校づくり推進校。平成一五年（二〇〇三）四月、児童数三五〇名、一二学級、教職員数二五名。

妙典小学校　所在地、市川市妙典二丁目一四番。

平成一一年（一九九九）四月一日、行徳小学校より分離設立、一二学級。平成一五年五月一日、児童数八九一名、二九学級。平成一六年（二〇〇四）四月、新校舎増築。

第七中学校　所在地、市川市末広一丁目一番四八号。昭和三七年（一九六二）四月、行徳中学校、南行徳中学校を統合して設立。同三八年九月一四日、統合校舎落成、開校。同三十九年一〇月一日、完全給食開始。同四〇年三月八日、職業指導優良校として千葉県表彰受賞。同四一年四月一日、特殊学級設置。同四四年三月三一日、池の埋立完了。八月一一日、プール完成。同四九年一一月一日、市政四〇周年記念校庭植樹。同五一年（一九七六）八月二五日、増築校舎B棟竣工。同五三年四月一日、難聴学級設置、同月、プレハブ校舎（一〇教室）設置。同五四年四月一日、福栄中学校を新設分離。同五七年三月、増築校舎及び職員室拡張工事竣工（C棟）、六月一〇日、創立二〇周年記念式典挙行。同五八年九月、A棟へ特殊教室、放送室、校長室、事務室移転。同六一年四月一日、妙典中学校を新設分離。同六三年七月、特殊学級用菜園設置。平成二年（一九九〇）八月、テニス、バレーコート設置。同三年一月一日、千葉県教育功労賞（団体）受賞。同四年創立三〇周年記念式典挙行、記念植樹。同五年一〇月二九日、市指定保健体育公開研究発表会開催。同年一一月一八日、千葉県学校体育優良学校賞受賞。同八～一〇年度、千葉県生徒指導特別指定校に指定。同八～九年度、千葉県教育委員会特殊教育課題実践校に指定。同一一年四月、研究指定「新・創意と活力ある学校づくり」「外国人子女等教育推進地域研究事業」。同一四年三月、A棟仮設校舎設置、移転。同一五年、第四三回全国水泳競技大会女子四百

ｍメドレーリレー三位入賞。同一六年（二〇〇四）一〇月、新校舎落成。

福栄中学校　所在地、市川市福栄三丁目四番一号。昭和五四年（一九七九）四月一日、第七中学校より分離新設、生徒数三六二名、教職員三一名、四月七日、第一回入学式、新入生三五七名。一一月一〇日、PTA発足。同五六年四月一五日、給食室完成。同五七年三月三一日、新校舎完成。同五七年四月一日、塩浜中学校を設立分離。同六〇年四月一日、南行徳中学校を設立分離。同年一〇月二六日、北海道根室支庁標津町立標津中学校と姉妹校締結、調印。同六二年五月、昭和六一、六二年度中学校教育課程研究成果報告会開催。同年一一月二日、千葉県教育委員会より学校教育功労賞受賞。同六三年三月一二日、開校一〇周年記念式典挙行、記念碑「考える葦」設置。同年一一月一一日、千葉県教育委員会より「中学校体育優良校」として表彰。平成二年（一九九〇）学習センター公開。同五年一一月四日、創立一五周年記念植樹（こぶし他）。同一〇年五月三〇日、創立二〇周年記念式典挙行、記念植樹（藤）。

塩浜中学校　所在地、市川市塩浜四丁目六番一号。昭和五七年（一九八二）四月一日、福栄中学校より分離設立、生徒数四八名、教職員二六名、四月七日、入学式、新入生七九名。同六三年一〇月二六日、「学校安全」の公開研究実施。平成元年（一九八九）一月二七日、県より安全教育優良校として表彰。同二年九月三〇日、関東管区警察局長及び関東管区交通安全協会会長より、安全教育活動推進校として表彰。同三年一〇月五日、創立一〇周年記念式典挙行。同四年一月二一日、第三二回交通安全国民中央大会で交通安全優良校として全国表彰受賞。一〇月

二三日、「学校安全」の公開研究を実施。一二月一七日、第三一回交通安全全国民大会で「交通安全教育」推進校として県知事表彰受賞。同九年三月一〇日、塩浜庭園完成。同一〇年八月一九日、第二九回全国中学校サッカー大会出場。同一五年一一月一〇日、創立二〇周年記念式典挙行。第三二回千葉県中学校新人体育大会サッカー競技優勝。全日本合唱コンクール関東大会金賞受賞、平成一五年度こども音楽コンクール東日本優秀演奏発表会優秀賞受賞。

南行徳中学校　昭和二二年（一九四七）六・三制の新制中学として誕生。昭和三七年（一九六二）四月、第七中学校へ統合。統合までの校舎は現南行徳小学校敷地内にあり、国府台高等学校の夜間部と共同使用していた。国府台高校夜間部は行徳高校として発展。現中学校所在地、市川市南行徳二丁目二番二号。昭和六〇年（一九八五）四月一日、福栄中学校より分離設立、校名復活。生徒数二八一名、教職員三三名。四月七日、入学式、新入生三一二名。六月二九日、PTA設立。平成元年（一九八九）一一月、第二八回全国学校体育研究発表大会会場校。同二年四月二〇日、中国楽山市教育使節団来校。一〇月四日、市指定保健体育公開研究発表。同四年一一月一日、全日本合唱コンクール全国大会金賞受賞。平成六年一〇月、創立一〇周年記念式典挙行。同九年一月一二日、千葉県合唱連盟アンサンブルコンテスト金賞受賞。同一二～一三年度、千葉県生徒指導特別指定校、千葉県校内適応指導教室推進校指定。同一五年四月、市福祉教育推進指定校、生徒数五六二名、一七学級。同一六年一一月一四日、創立二〇周年記念式典挙行。

妙典中学校　所在地、市川市妙典五丁目二二番

一号。昭和六一年（一九八六）四月一日、第七中学校より分離設立、生徒数二六四名、六学級、教職員一七名、市川市入船一二番一号のプレハブ仮校舎にて開校。同六三年四月二日、現在地の新校舎落成式。平成二年（一九九〇）一〇月一三日、創立五周年記念式典挙行、一一月一五日、図書館教育公開研究会、一一月二二日、生徒指導の実践と図書館教育の研究で市川市から教育功労賞を受賞。同三年三月三〇日、第八回全国中学生親善ハンドボール交流大会全国優勝。同四年一一月一〇日、図書館教育公開研究会。同五年一月二三日、ハンドボール部市川市スポーツ優秀団体賞受賞。同六年三月二六日、第一一回全国中学生親善ハンドボール交流大会第三位、一〇月七日、創立一〇周年記念式典挙行。同一〇年一〇月二七日、東部地区学校図書館活用フォーラム分科会場、一一月二一日、「福祉教育」自主公開研究会。同一二年八月二〇日、第三一回全国中学生卓球大会優秀校受賞（卓球部男子団体）。同一四年二月二八日、太陽光発電システム装置設置、一一月一日、千葉県教育委員会より教育功労賞学校表彰受賞。同一五年度全日本合唱コンクール関東大会金賞受賞。

行徳中学校　昭和二二年（一九四七）六・三制の新制中学として誕生。昭和三七年（一九六二）四月、第七中学校へ統合、現在に至る。開校後、徳願寺境内の現在会館のある位置に校舎があり、七中へ統合後の敷地には行徳図書館が置かれ、その後、清涼飲料水の製造工場になり、現在の徳願寺の会館になった。

県立行徳高等学校　所在地、市川市塩浜四丁目一番一号。昭和四八年（一九七三）一一月二八日、千葉県教育委員会で行徳高校設置可決。同四九年四月一日、学校開設。同五〇年四月七日、普通教室棟完成。同五一年六月一日、体育館完成。同五二年三月三一日、管理、特別教室棟完成。同五三年四月一日、定時制（普通科）設置、九月一三日、武道館、部室棟、定時制給食室完成。平成一五年（二〇〇三）五月一日、普通科五八六名、定時制普通科一二五名。

資料　土地区画整理組合記念碑文

行徳・南行徳地区の八つの区画整理組合の業績を永く後世に伝えるために碑文の全文を書き写して収録した。

①記念碑所在地②組合員個人の氏名及びその他の名称の筆数と合計③碑文。㈲人名その他の文字は適宜当用漢字に改め句読点なども付した。破損などによる不鮮明部分がある。

市川市南行徳第一土地区画整理組合記念碑

①南行徳公園②個人七三五、法人七七、官公署関係一五、工事請負業者二一、合計八四八

③記念碑文

先つ人の護り来し
土地を整えて
新しき道の夢を拓かむ
理事長　今井定吉詩
市川市長　富川　進書

理事長今井定吉
副理事長及川助雄、副理事長（会計）近藤喜次
理事田中廉次郎、同富澤梅藏、同佐藤榮太郎、
同近藤治作、同飯生竹太郎、同増田福造、
同田中卯之吉、同吉野義夫、同加藤定雄、
同永井政太郎、同金子市太郎
監事永井勇、同篠沢榮一郎、同鈴木安太郎
元理事宮崎睦、同宮崎荒吉、同宮崎敬

市川市長富川進、市川市助役高橋國雄
市川市都市部長渡辺弘、同土木部長嶋田三郎、
同区画整理課長齊藤浩、同係長三沢史夫、
同係長小野宗輔、同土木課長石井剛、
同開発課長高橋光男、同公園緑地課長梅澤一彦、
同主幹鈴木義昌、組合職員小川国三、同田中孝子

市川市南行徳第一土地区画整理組合事業の経過

設立準備委員会発足までの経過

昭和三十五年二月、南行徳農業協同組合の総会において旧南行徳一帯の土地改良を行うことについて意見の一致をみる。三十六年九月、市の指導のもとに土地改良より土地区画整理事業を行うことに決定、なお南行徳地区を三地区に分けて施工することも決定する。

準備委員会設立後の経過

昭和三十七年四月、新井、相之川、欠真間地区一七八万三九〇平方米を施工区域とし市川市南行徳第一土地区画整理申合せ組合として発足、準備委員十八名を選出する。三十九年、帝都高速度交通営団による地下鉄東西線が地区内の中央を通り国鉄西船橋駅より東陽町まで建設すべく用地買収の交渉にはいる。

施工地区編入承認について

市道編入
昭和四十年四月三日申請
同　　　　四月八日承認
国有地編入
昭和四十年四月三日申請
同　四十一年七月二十二日承認
市川市農業委員会承認
昭和四十年四月三日申請
同　四十五年五月十四日承認
千葉県農業会議

昭和四十一年二月三日審査

組合設立認可申請

申請者

市川市欠真間　永井政太郎　加藤定雄

近藤喜次　篠沢栄一郎

同　相之川　今井定吉　増田福造

近藤熊太郎　近藤栄喜

同　新井　及川助雄　宮崎　睦

金子市太郎　飯生竹太郎

田中卯之吉　鈴木安太郎

田中廉次郎　宮﨑荒吉

東京都江戸川区東小松川　佐藤栄太郎

同　一之江　富沢梅蔵

申請　昭和四十年六月二十一日

認可　昭和四十一年八月十二日

（千葉県指令第二二四六号）

認可告示　昭和四十一年八月十九日

組合設立総会　昭和四十一年八月二十六日

換地計画

昭和四十三年三月より先に日本技術開発株式会社に委託してあった換地計画の素案を評価委員に附議慎重審議の結果、同年七月に原案がまとまる。同年八月、換地委員会に原案を提出、充分な審議を経て十月に換地計画原案承認、昭和四十四年二月、役員、評価委員、換地委員の合同会議において換地計画の原案決定となる。四十五年五月、仮換地指定の組合員に対する説明会を江戸川農業協同組合大会議室、新井会館、相之川会館、市川市南行徳連絡所において行う。同十月、再度説明を行う。昭和四十五年七月二十五日仮換地指定通知書を組合員に送付する。

工事

市川市都市計画課の技術指導により昭和四十二年二月六日道路築造工事入札、同月二十日築造

現場において起工式を行う。四十三年四月、地下鉄東西線の東南部七七万四二五九平方米を海砂をもって埋立を行う。その土量は百二十万立方米。なお工事本数二〇八件、協力建設会社二十社、総工事費二八四、六〇〇万円、所要年数六年三カ月。
昭和四十四年三月二十九日、地下鉄東西線開通、なお、当整理地区中央部に組合と帝都高速度交通営団との間に将来駅の設置が取り決められる。

保留地処分

昭和四十五年十月二十六日、保留地の第一回売り出しを行い、引き続き毎月二十六日を決め二十二回で終了。

登記事務

昭和四十七年十二月二十七日、法務局市川出張所を閉鎖、換地計画にもとずく登記事務に入る。四十八年二月二十七日、換地計画にもとずく登記完了、同年三月二日、保留地所有権登記完了。

組合の解散

昭和四十八年六月二十五日

今井澄水書

工事請負業者

株式会社青山組、板橋建設株式会社、
株式会社臼倉組、株式会社大宮組、
株木建設株式会社、上條建設株式会社、
大都工業株式会社、武内建設株式会社、
株式会社高橋組、千葉建設株式会社、
千葉建設工業株式会社、東亜港湾工業株式会社、
株式会社中里建設、八田建設株式会社、
フジタ工業株式会社、株式会社保戸田組、
三井不動産株式会社、株式会社宮崎組、
高橋道路土木株式会社、
設計　日本技術開発株式会社、
測量　株式会社協立コンサルタンツ

〈記念碑の左側（北）にある石柱の碑文〉

頂上部分　N↑＋

正面　換地　紀念杭

右側面　北緯三五度四〇分二〇秒二二九
　東経一三九度五四分二一秒九三四

左側面　市川市南行徳
　第一土地区画整理組合

裏面　昭和四十四年十二月二十四日

評価委員

狩野茂、近藤榮喜、田中由藏、八武﨑榮一、
田中國雄、田中勝男、福田賛次、和田一郎、
平林鉄次、宮﨑一郎、小川明、石田武俊、
石田兼一、鞠子保太郎、篠沢壽一、井上多三郎、
磯貝清徳、吉野正、鹿野爲吉、大野一男

換地委員
田中壽一、宮﨑鳥藏、佐久間源次、宮﨑文雄、
稲毛梅吉、宮﨑太三郎、金子源吉、小山熊吉、
永井冨夫、石井治、小鷹伊勢吉、野﨑傳兵衛、
矢島万之助、矢島米吉、矢島種五郎、秋山秋藏、
小泉市郎、富沢正巳、彦田健司、渡辺鉄五郎、
高津正三郎、石井義夫

総代

荒井竹次郎、青野理三郎、今井廣吉、岩楯政雄、
宇田川佐一、及川六三、大野房之助、小川良二、
小林銀太郎、斉藤禧好、鈴木金藏、関口惣兵衛、
田中貞雄、永井新一郎、松原与一、松原明行、
峰﨑武次、峰﨑戍吉、宮﨑良雄、水野龍助、
森田道義、矢島武雄、矢島信春、吉橋文七、
吉野正夫、青野孝、池田春吉、岩田靜雄、
宇田川愛要、内山辰太郎、大野勝次郎、
大場弥次郎、小山高吉、近藤熊太郎、須賀明、
関栄一、田中八久、中村正造、永井和夫、

増田末吉、峰﨑純一、宮﨑繁喜、宮﨑芳三代、
森金吾、矢島茂、矢島傳一、矢島米吉、
渡辺初太郎

組合員

阿部直吉、阿部和夫、安部信一、青山和子、
青山伸雅、青山力蔵、青柳ゆき江、秋本秋五郎、
秋本喜一、秋本栄次郎、秋本権太郎、秋本是清、
秋本房雄、秋元芳夫、秋山三吉、秋山原吉、
秋山広、秋山孝夫、曙油糧㈱、浅倉りき、
㈲愛宕屋、相沢ナミ、アクツ商事㈱、赤堀正雄、
大蔵省、市川市、伊藤銀三、伊藤千恵子、伊藤謙、
岩田辰一、大塚健治、稲毛靜子、稲毛五四郎、
稲毛明、稲垣豊次郎、井上正身、井上つや、
井上庸三、井上力也、井上信一、井落秋子、
今井宏、今井正市、今井やす、今井文子、
岩楯繁治、岩楯高之助、岩楯欽市、岩楯一郎、
岩淵きむ、岩尾高市、伊藤政利、岩切倪喜、
臼倉甚吉、臼倉八十吉、宇田川吉重、宇田川嘉男、
宇田川浩次、宇田川芳雄、宇田川武昭、
宇田川和雄、宇田川和利、宇田川くに、
宇田川一枝、宇田川花、宇田川文子、吉田貞治、
吉岡利雄、宇田川満恵、宇田川清志、宇井嘉吉、
内山重喜、潮田商事㈱、梅原常平、梅澤竹次郎、
㈱ウエスタンレーン、海老原愛之助、榎本茂、
榎本宏、榎本吉松、榎本丑太郎、遠藤春男、
遠藤弥太郎、エスエス眼鏡㈱、及川丑蔵、
及川正次、及川まさ、及川大千、及川とし、
及川留吉、及川連太郎、沖山雄、小沢昌彦、
小沢尹雄、小沢延年、小井川勇一郎、小野田綾子、
小川睦夫、小川市兵衛、小川午吉、岡田新之助、
岡﨑酉雄、奥村良夫、奥村章、折本市太郎、
落合重蔵、大高忠、大久保博、吉田宏子、
吉田善太郎、大林健太郎、大林仁、大場虎吉、
大場邦男、大淵良平、大塚あさ、大塚正秋、

大塚竹次、大塚秋蔵、大塚林蔵、大塚美津子、
大塚新十郎、大野義彦、大野忠一、大野武雄、
太田金一郎、太田昭吉、尾頭徳久、尾頭正清、
尾辻行弘、荻島イチ、㈱カワブチ、貝瀬二郎、
鹿島田春幸、加納長治郎、加納いね、加科稔、
加持五郎、加藤又吉、加藤正雄、加藤義行、
加藤富次郎、金子照子、金子太吉、金子ふさ、
金子留五郎、金児勉、梶山直一郎、狩野政吉、
神谷長明、吉田稔、森淑夫、㈱狩野組、川橋則夫、
川橋勉、川橋三郎、富田治子、田村操、
川嶋清之助、川﨑不動産㈱、川上商事㈱、韓貞斗、
苛原康夫、柿原林材工業㈱、掛端明光、
㈲亀山工務店、菊地久夫、小川とみ子、清沢幸知、
木熊銀之助、木村茂雄、栗林節夫、木瀬通、
共仲不動産㈱、首代勝次郎、熊川勝次郎、
倉橋千治、桑原光雄、桑原貞夫、久野スミ子、
栗原繁、啓東産業㈱、㈱鴻池組、江東運送㈱、
光正不動産㈱、小林久子、小山みさ江、高浜玉枝、
小林チヅ、小林英治、小林健二、小林章男、
吉田弘宣、吉田幸三、小泉登士雄、小山高吉、
小山よね、小山錠之助、小島昭男、小鷹清和、
小鷹戸三郎、小関文七、小関章、小地木材㈱、
小久保福太郎、小牟田陽一、国府田重雄、
後上文雄、中島清、後藤民治郎、後藤正弘、
後藤仁彦、後藤甲、㈲後藤製作所、越塚栄三、
近藤繁、近藤喜一、近藤勝、渡辺和夫、近藤秀夫、
近藤源次郎、近藤きみ子、近藤志な、近藤きく、
近藤豊、近藤さき、桜井運送㈱、桜井信友、
桜井一栄、土谷真平、庄司修、佐藤節、佐藤直、
佐藤英雄、米川光子、米本金吾、佐藤三造、
伴野春吉、佐藤弘、星野勇、佐藤達児、
佐久間政夫、佐久間民平、佐々木茂、佐々木真、
佐々木幹夫、佐々木修、笹木登起夫、佐野登、
斉藤直美、斉藤友紀雄、坂田鐐司、坂本正雄、

酒井せき、沢地保治、三共油化工業㈱、
㈱三共ビル、㈱山葉建設、三東木材㈱、塩脇辰也、
白子一、下條松三郎、周藤卓郎、島田実三、
島村幸雄、島矢清、鹿野房之助、鹿野武雄、
鹿野吉雄、繁田孝蔵、篠原源、篠原コン、
大山ツル子、篠沢勇平、篠沢肖明、篠沢源太郎、
和田稔、了善寺、篠沢常吉、篠沢郷左衛門、
清水富太郎、清水頼吉、清水小右エ門、清水清吉、
清水浩、庄司健次、中村忠、昭和電機㈱、
浄洋工業㈱、志田市作、椎橋正康、須賀芳之助、
須賀三郎、須賀秀太郎、須賀貞次郎、須賀慶、
須賀進、須賀誠一郎、須賀武男、須賀喜三郎、
須賀英男、須賀恵子、須賀善一、杉田正治、
杉山商事㈱、相尾亀次郎、鈴木一郎、鈴木市郎、
鈴木浦蔵、鈴木栄蔵、鈴木和明、鈴木佐太治、
鈴木庄吉、鈴木新一郎、鈴木新太郎、鈴木鉄三、
鈴木留雄、鈴木なか、渡辺兼吉、渡辺米三郎、
鈴木定吉、鈴木利三郎、鈴木まさ子、鈴木長之助、
鈴木壽美子、鈴保水産㈱、菅谷義人、関口作次郎、
関口弘、関口晴雄、関口喜太郎、銑光商事㈱、
相馬きん、相馬賢二、㈱大栄殖産、㈲大平不動産、
大喜木材㈱、㈱美濃企業、北村珠代、拓進工業㈱、
竹沢慎治、㈱高輪自動車工業、高津興四郎、
高橋五郎、高橋トキ、高橋岩夫、高橋吉蔵、
高橋進、高橋太三郎、高橋房子、高橋一郎、
高橋トメヨ、高畑勇、高林政得、高林政彦、
高梨進、高虎運輸㈱、武井順、武井壮三、
武井一郎、渡辺珍雄、渡辺卯之吉、竹内友義、
竹内照雄、竹内照子、竹内守、竹内いち、橘光儀、
丹野宗貞、田沢兵蔵、田島義信、田島壽一、
田口明、田村みつ、田村光雄、田中正治郎、
田中彦太郎、田中益夫、田中清蔵、田中三好、
田中銀次郎、田中猛男、田中トリ子、田中金吾、
田中俊、田中正雄、田中勝造、田中福松、田中鐐、

田中初子、田中信次、田中謹一、田中勝昭、
田中正和、饒村丈夫、西条啓男、田中治夫、
田中清、㈱田中不動産、谷三吉、谷昇、谷上初江、
渡辺マサ江、渡辺千代次、龍谷孝男、龍谷秀夫、
醍醐勝雄、津幡栄、土屋宗一、伊藤将雄、
布施保雄、土屋幸康、塚越克良、塚原七五郎、
鶴谷初太郎、辻一郎、辻田正弘、寺本佳展、
㈱トミー、東電不動産㈱、東京電力㈱、
東京中央建材㈱、東葉開発㈱、東海不動産㈱、
戸田巳喜雄、登倉実、登洋瓦工業㈱、土井百合子、
㈱土井工務店、豊田甚吉、富里博、淀川義正、
富沢秀男、永井たけ、長沢万吉、長島とく、
長島定雄、長山高、宇田川清志、本間優、
小林英治、永山和子、永瀬外喜子、永井つる、
永井常次郎、永井太三郎、中里重隆、中里浜次郎、
中里仙之助、大野武雄、中里初江、中里治男、
中島善、中島秀雄、中島はま、渡辺るい、
成島寿美子、中島興業㈲、中代美就、中田美代、
中野良輔、中野正雄、中迫明、中村君子、
中村正男、中村勝五郎、中村正造、中村由蔵、
中村五助、中村利弥、中村亀太郎、鳴島豊保、
鳴島貞夫、鳴島銀蔵、西野平蔵、新見一雄、
新村正吾、二郷英一、二ノ宮石油㈱、西尾逸子、
西野博、西野興三、西脇道太郎、日邦事務機㈱、
根橋俊雄、野崎きん、野崎やす、野崎よし、
野田保男、野村欣司、萩原イノ、林国雄、林一夫、
橋本啓次、橋本敏勝、橋本孝吉、橋本泰之、
橋本勇、橋本儀信、浜井巌、長谷川銀造、
長谷川福太郎、㈱長谷川商事、長谷川俊雄、
㈱長谷川パイプ商会、原シャリング㈱、針生一男、
針生恵美子、針谷章一、花﨑國清、㈱早坂工務店、
初沢卓、㈱万工製作所、彦田彦太郎、彦田金次郎、
平野興助、平野仁太郎、日向文雄、
㈱日乃本不動産、深川広美、舩木勇、福田民之助、

福地春雄、藤井一雄、藤井清、藤森智、藤丸利夫、
古川はる、遠藤貞、古川照雄、㈱フクシン、
星野留吉、星谷徳太郎、堀木さだ、堀木敦夫、
堀越四郎、松井栄、早川博敏、石井宣之、本間優、
豊国産業㈱、前島敏治、前島すみ、前島吉一、
前島仁吉、前島新吉、斉藤幸治郎、前田順吉、
松井宏夫、松浦清、松本せつ子、松本盛重、
松本金次郎、松本幸雄、㈲松本油店、松野末吉、
松原勘蔵、松原新之助、増田建設㈱、増田隈雄、
増田実、増田仙吉、増田俊夫、増田至功、
鞠子秋蔵、鞠子隆司、鞠子吉男、鞠子英夫、
㈱丸一北海屋、丸一繊維㈱、㈲丸岡ミシン商会、
㈲丸林商店、マルヨ㈲、㈲マルコ繊維、馬籠厳、
牧野清繁、三沢竹次郎、水野せい、水野武、
水野富五郎、水野ちよ、水野昌次、水野晉伍、
水野花子、水沼木材㈱、溝口家作、峰﨑実太郎、
峰﨑はる子、宮内悦子、梅原温子、峯﨑はな、

峯﨑すゑ、峯崎いわ、峯﨑繁造、峯﨑健一、
南行徳町病院組合、宮金蔵、宮兼光、宮﨑賢次郎、
宮﨑清右エ門、宮崎せい、宮﨑正一、宮﨑睦、
宮崎一五郎、宮﨑つぎ、宮﨑庄吉、宮崎貞治、
宮﨑秀雄、宮﨑熊吉、宮﨑荒吉、宮崎いそ、
宮﨑美智子、宮﨑長蔵、宮﨑新吉、宮﨑弥一、
宮﨑いつ、宮﨑宗治郎、宮本武雄、三浦益男、
三沢テル、㈱緑屋、㈱瑞江商事、村井アサ、
村松馨、村松静江、㈱向井組、㈱明光堂鉄工所、
㈱明工務店、森田千治、森田旭雄、森田勝男、
森田菊蔵、㈱森田製作所、森谷茂男、茂呂藤太郎、
守弘商事㈱、安尾節子、八木健守、八武﨑英子、
山崎倉蔵、山添勝夫、㈲山本商事、中塩棟達、
渡辺寿恵子、田口雅子、山田茂、山田芙美子、
山岡元光、山岡藤吉、山沢藤一、山沢吉蔵、
山沢勇、山沢りゃう、若林さい、山沢峰吉、
山沢タキ、遠藤やま、山本勇、山秀商事㈱、

㈲山本商事、矢作春雄、矢島高光、矢島忠雄、矢島英夫、矢島又吉、矢島安太郎、矢島米吉、矢島喜一郎、矢島貞夫、矢島八重子、矢島権次郎、矢島つぎ、矢島けい、矢島初太郎、矢島又信、矢島彰、吉野喜三郎、矢島喜美江、横川福蔵、吉野梅吉、吉野兼利、吉野有、吉橋敏男、吉岡隆嘉、荒井岩一郎、荒井義太郎、新井光春、高橋定丸、土橋満男、渡辺良治、鈴木四郎、印南栄治、古内利喜、斉藤裕司、田沢国、有沢忠利、安藤太仁、安藤光雄、近藤靖、安藤トヨ、阿久津幸平、阿久津邦造、雨宮益治郎、飯島きよ子、飯島洋三、萩原俊昭、飯塚寅吉、飯塚作次郎、池下正、㈱池大建設、石原道夫、㈱石原製鋼所、石井勲、石井兼雄、石田輝三、石田茂、石田和男、泉沢義明、泉沢実、泉沢弘之、泉沢竹男、磯貝市之助、市川実、五十嵐真伍、若築建設㈱、若林幸吉

市川市南行徳第二土地区画整理組合記念碑

①行徳駅前公園②組合員名の記載なし

③記念碑文

区画整理事業概要

位置　市川市の中心部（国鉄本八幡駅）より南西へ約六・五㎞、江戸川と東京湾に挟まれ、南行徳第一土地区画整理組合地区と南行徳第三土地区画整理組合地区が両側に接している長方形の平坦な地形で、附近には有名な野鳥の楽園、宮内庁の新浜御猟場がある。

面積　八七〇、五三〇・六〇㎡

減歩率　一八・五六％

総事業費　二、三一一、〇〇〇、〇〇〇円

組合設立認可　昭和四十三年三月

工事着工　昭和四十三年六月

工事竣工　昭和四十八年七月
換地処分　昭和四十八年十一月
換地登記　昭和四十八年十二月
解散　昭和四十九年三月
市川市南行徳第二土地区画整理組合理事長泉沢実

(注)右碑文は平成一三年(二〇〇一)八月二〇日採録のものを収録した。「大地」の文字を刻んだ男性裸像の彫像の台座に碑文が刻印されたプレートが取り付けられてあったが、今は失われている。

役員
理事長泉沢実、常任理事木村正孝、同榎本忠治、同八武崎浜治、同青山健一郎、同矢島仁助
理事高橋孝次、同小川長寿、同青山敏雄、同篠沢寿一、同郁島菊次郎、同彦田譽雄、同関口惣兵衛、同石井正晴
監事前島敏治、同竹内新蔵、同臼倉与三次
元高橋仁助、元小川与一(故)、元吉野正(故)
総代
秋本菊次郎、秋元政芳、石井力三、今井賢次郎、岩村菊次郎、榎本茂、中根保男、松崎政雄、宇田川佐一、篠沢源太郎、永井和夫、矢島種五郎、矢島米吉、矢島正義、矢島伝一、矢島信春、矢島武雄、青山末治郎、青山吉五郎、川合勝喜、金子義雄、木村忠雄、監物八五郎、高橋兼吉、田所保寿、宮田兼松、石井市郎、小川与助、小川武男、関口忠治、関口庸喬、松原庄吉、松原三郎、村島作太郎、村島久雄、小宮善太郎、小原吉太郎、後関久吉、須賀善一、篠原繁太郎、吉野俊男、渡辺亀吉、渡辺次郎、渡辺鉄五郎、榎本由治郎(故)
評価委員
委員長青山喜一、副委員長遠藤正吉

松原喜一、宮田金八郎、小川与一、関口政次、丸山文太郎、榎本保、高橋丑蔵、秋山秋蔵、矢島七郎、井上多三郎、岩楯善太郎、彦田武之助

㈱右氏名は南行徳第二土地区画整理組合昭和四九年(一九七四)三月二七日発行『記念誌区画整理のあゆみ』より引用した。

市川市南行徳第三土地区画整理組合記念碑

①南根公園②個人四三七、法人八一、官公署一二、工事請負業者一五、合計五四五

③記念碑文

区画整理記念之碑

この地域はその昔江戸川の流れに副った小高い自然の堤防を形造った土地に人々が住居を営み東京湾に面した湿地を耕していた。その頃の東京湾は、魚貝類に富むばかりでなく本場浅草海苔の産地としても知られ、又古代より塩田として開発され、江戸時代より大正の中頃までは関東屈指の塩の産地として栄えたものである。徳川時代には、水運の要衝として江戸川を上下する物資輸送の船や、特に江戸日本橋から舟便による成田詣の旅人が此処で船をすて佐倉街道を辿る順路としての船着場があり宿場を形成して賑わいを呈し、今もその名残りの常夜灯が船着場跡にあって市川市の文化財として当時を彷彿させている。こうしてこの地に住む人々はなんらの不満も持たず心豊かにひたすらなごやかな半農半漁の生活を守り続けていたのである。時は流れて明治に至りこの地域唯一の景勝の地である新浜に宮内省(現宮内庁)御猟場が造られ、主として皇族や外国使臣招待の場として古式による鴨猟が盛んに行われたが、それはこの地が野鳥の楽園として、又渡り鳥の休息地として何万種かの鳥類が四季を通じ飛来集散していたか

らであろう。このような環境を誇るこの地も明治を過ぎ大正に至り、更に昭和三十年を過ぎる頃から時代の変遷や世相の流れによる変化の波が押し寄せ、半農半漁に甘んじていた生活様式は年を追って厳しくなり、このような傾向は生計要式の転機となり心ある人々はその対策に苦慮しはじめたがこれと時を同じうして昭和三十八年頃になり地下鉄東西線通過の計画や東京葛西橋開通に伴う交通対策として早急に県道バイパス建築等が伝えられ、この地域が急速に発展することが明らかとなった。それより前既に首都圏整備計画による影響を受け、工場の進出、住宅の建設が無秩序に進められていたのでこのまま放置すれば将来必ず悔いを残すことが痛感され、そこでこの地域の農家を主体とした土地所有者の有志は自らの手によってこの重大時期を乗切り千載一遇の好機を捉え、将来に備えて抜本的対策につき協議検討をはじめたのである。この対策樹立については市の都市計画に則り当局の力強い指導があったことは言うまでもないが、その先頭に立ち日夜を分たず開発構想につき意見統一を図り推進力となった故田中幸之助氏を忘れることはできない。同氏は組合設立後理事長の要職につき、行徳駅誘致をはじめ幾多の顕著な功績をおさめながら惜しくも中途で他界されたことは返すがえすも残念なことであった。かくてこの開発計画を検討した結果、総論を得たのは土地区画整理法に基づく組合組織の土地区画整理事業であった。この事業は公共施設の整備改善と土地の宅地化を図り公共福祉の増進と更には厳しい時代の波を乗切り積極的に繁栄を図る唯一無二の方途と信じたからである。かくして昭和四十一年八月、千葉県知事の認可より誕生した当組合は幾多の言い知れぬ難関に逢着しながらも強固な団結と普段の努力とが実を結びここに十年の歳月を閲して全事業の完成を見たのである。今ここに立ち往時を顧みれば万感胸にせまり言うべき言葉を知らない。ここに事業の完成を記念しその成果を永く後世に伝えるために記念碑を建立する次第である。

今井澄水書　印

理事長岩田福次郎
副理事長青山祐治、副理事長河﨑幸一
理事（会計）大野勝次郎、
理事（会計）藪崎新太郎、
理事浅岡正一、理事岩崎君太郎、理事梅澤時治、
理事遠藤敏太郎、理事及川宇之吉、理事染井實、
理事田所辨蔵、理事高橋直吉、理事水野武、
理事村松隆治、理事山邊正義、理事吉岡利雄
前理事長田中幸之助、前理事荒井清蔵、
前理事小川善五郎、前理事平野良蔵
監事今岡正道、監事及川留吉、監事川﨑秋太郎、
評価委員水落初太郎、評価委員石川金作、
評価委員鵜澤弘吉、評価委員遠藤喜三郎、
評価委員早川幸一、評価委員中川武雄

指導機関
市川市長鈴木忠兵衛、市川市都市部長渡邉弘、
同土木部長嶋田三郎、同区画整理課長皆川金二、
同区画整理課係長小野宗輔、
同現農水産課長齊藤浩、
同現工事検査課長黒田忠重、
連合会事務局長鵜澤弘吉、組合職員小林淑子、
同安田悦子、同鈴木義雄

組合設立認可　昭和四十一年八月二十二日
施工面積　一、〇四三、三五三平方米

組合員数　設立認可時　二八八名
　　　　　換地処分時　五四五名
総事業費　五十二億円
工事着工　昭和四十一年十月一日
完成　　　昭和五十年三月三十日

工事施工業者
換地設計　日本技術開発㈱
測量　㈱協立コンサルタンツ、（アイウエオ順）
工事　㈱青山組、板橋建設㈱、㈱臼倉組、
浦安興業㈱、上條建設㈱、㈱篠茂商事、
大都工業㈱、千葉建設㈱、㈱保戸田組、
松丸建設興業㈱、㈱宮崎組
水道工事　千葉県水道局、瓦斯工事　㈱京葉瓦斯
　昭和五十年三月　建立
市川市南行徳第三土地区画整理組合
　　　　　理事長　岩田福次郎

青山實、青山旭、青山正、青山登、青山進、
青山武、青山廣、青山はま、青山はる、青山あき、
青山はつ、青山文男、青山達雄、青山留蔵、
青山知子、青山雄八、青山行雄、青山喜一、
青山みつ江、青山幸三、青山知二、青山健一郎、
青山竹次郎、青山新太郎、青山良之助、青木斤央、
青木文子、青柳信太郎、青柳ミサヨ、荒井旭、
荒井紀、荒井実、荒井實、荒井光、荒井留蔵、
荒井三造、荒井浅次郎、荒川多一郎、芦田要、
芦田直治、芦田のぶ、阿部隆、阿久津幸平、
芥川健一、會田徳治、、雨宮靈明、秋葉寛、
秋庭小夜、秋山孝夫、秋本仙太郎、浅井政雄、
浅井やい、浅見登、㈱浅川組、㈱あづま商事、
石井勲、石井弘次、石井秀明、石井寛子、
石井源一、石井修三、石井利一、石井新之助、
石井時次郎、石井浅次郎、石井初太郎、
石井善太郎、石毛東平、石川洋二、石川隆、

石橋金蔵、石原博雄、岩崎正雄、岩崎信輔、
岩崎一、岩田孝一、岩田眞一、岩楯作次郎、
岩渕富治、岩瀬敬次、井上勝、井上阿さ、
井上敏男、井上敏治、㈱井関銘木工業、
㈱井田製壜所、今村善次、伊藤博、伊藤壽男、
五十嵐ハナ、飯村照香、飯塚作次郎、飯田敏、
池田ミエ、市川則章、市川豊重、㈱市川精錬所、
上野商事㈱、宇田川ふく、宇田川妙子、
宇田川かね、宇田川敬蔵、宇田川藤隆、
宇田川満恵、宇田川政二、宇田川亀雄、
宇田川雅士、宇田川一之介、宇田川志津子、
宇田川和晴、浦島観光㈱、梅澤初太郎、鵜飼弘子、
鵜殿ひで子、植木忠一、内田勇夫、内山武雄、
内山辰太郎、牛尾種次郎、浦野紀久男、榎本宏、
榎本玉子、榎本一男、榎本孝次、榎本勝次、
榎本丑太郎、江村千里、鋭光産業㈱、遠藤正吉、
遠藤治男、遠藤光、及川直吉、及川アキ、
及川かね、及川正雄、及川喜久、及川達郎、
及川清一、及川岩蔵、及川義造、及川忠雄、
及川啓次郎、及川久佐衛門、小川たい、小川實男、
小川長壽、小川康雄、小川松蔵、小川暢弘、
小川孝治、小川福三郎、小笠原秀雄、
小田急建設㈱、大川久敏、大坂萬蔵、大割健司、
大場達夫、大場泉、大栄盛光、大宮利一、
大宮庄介、大貫三郎、大貫松次郎、大久保金祐、
大塚啓四郎、大橋真二郎、太田ちか、荻金三郎、
恩田英夫、押切村中持、金子實、金子はな、
金子とめ、金子定吉、金子一男、金子芳松、
金子義雄、金子国康、金子三蔵外百八名、河﨑孝、
金柱栄一、河﨑録雄、川崎久子、川崎佐次右衛門、
河合政明、根目沢操、川合廣子、川合善七、
川合勝喜、川合正明、川上商事㈱、川上八郎、
川本清隆、亀山武史、片岡八五郎、神野孝四郎、
加藤逸郎、㈱加藤不動産商会、門上チエ子、

柿沢正義、門永武彦、㈱葛南電気工業所、
環境開発㈱、神戸洋夫、菊地豊、菊地千代明、
菊田新吉、清澤幸知、北野孝正、北見キクエ、
木村洋三、木村すず子、木村本治、
木村建設工業㈱、㈲京梅商店、㈱旭洋、
㈱岐阜相互銀行、木村忠雄、車相禮、九鬼務、
黒田稔、黒田裕之、黒柳安五郎、久保庭喜十郎、
郡是不動産㈱、クボタハウス㈱、監物八五郎、
ケン興業㈱、小泉忠義、小泉雄二、小勝健児、
小島八蔵、小島志津子、小出豊平、小久保義雄、
小林不動産㈱、近藤秀夫、越富貴子、榊原峯吉、
榊原不動産㈱、佐久間彬、佐久間春吉、斉藤幸雄、
佐藤次夫、佐伯初男、坂田正雄、酒川孝、
酒井康吉、澤倉睦子、サンハウス㈱、㈱サイン、
㈱三和リアルエステート、三和土木工業㈱、
三立開発㈱、三東木材㈱、渋谷与助、渋谷六之助、
㈱渋谷商店、渋谷瀧太郎、渋谷浦次郎、
渋谷和太郎、塩谷六郎、塩谷菊枝、篠田喜義、
篠澤政信、柴﨑清次、島田重昭、清水誠次、
清水徳雄、㈱島村商店、下村勇、下村喜平、
下村亀吉、白井達也、昭和石油㈱、秀和㈱、
㈱秀和ハウジングセンター、陣屋橋不動産㈱、
㈱城東不動産、㈱仁幸建設、杉山商事㈱、
住友開発㈱、菅波圭子、㈱菅波、須賀善一、
須賀常吉、須賀庄市、須賀三郎、須藤栄一、
須藤茂樹、鈴木徳平、鈴木義三郎、鈴木正太郎、
善照寺、製鉄運輸㈱、金栄春、関口晴雄、
関口圓蔵、全国信用不動産㈱、全国名産㈱、
㈱創和、㈱相武商会、田島博、田島壽一、
田島新太郎、田所功、田所務、田所勲、田所保壽、
田所きく、田所あき、田所はな、田所忠蔵、
田所三郎、田所太一郎、田所長太郎、高橋政吉、
高橋正男、高橋仁助、高橋たけ、高橋兼吉、
高橋浦蔵、高橋重治、高橋伸介、高橋きぬ子、

高橋二郎、高橋孝一、高橋房次郎、高橋常兵衛、
高橋種五郎、高橋英男、高橋欣二、高野恵市郎、
高見吉一郎、田中一雄、田中金吾、田中俊勝、
田中昭二、田中健次郎、田中乙、田中三嘉、
武居豊子、武義一、武田潤三、竹内辰志、
竹内芳雄、竹内秀夫、谷亨、谷口清吉、
多田井哲雄、瀧川卓郎、瀧澤しず子、瀧澤邦雄、
㈱大進商事、㈲大平不動産、大都建設㈱、
田端さと、千葉玉、辻岡木材㈱、㈱築地江戸銀、
塚脇貞一、露木和夫、鶴田国雄、
帝都高速交通営団、帝石不動産㈱、東京都江東区、
東京電力㈱、東京帽子㈱、東洋ハウジング㈱、
東西開発㈱、東海不動産㈱、㈱十川ゴム製造所、
東喜企業㈱、富永守、富沢梅蔵、中村政雄、
中村勇蔵、中村浦吉、中澤力、中澤金吾、中島善、
中島重喜、中島敏夫、中里勝利、中里治男、
中井喜太郎、仲谷末吉、内湾開発㈱、難波七郎、
永瀬清、西村義継、西川好文、西田和夫、
新見喜一、野崎忠三郎、㈱日交開発、
日生土地住宅㈱、日栄住宅資材㈱、野崎修、
野崎延太郎、野地清次郎、早川武、早川秋蔵、
早川美一、早川こと、早川勝夫、畠山京子、
橋本春夫、橋本光雄、初瀬庄二、萩原俊昭、
長谷川信、原誠治、㈱白水社、平松とく、
平松なみ、平松金生、平松俊治、平田いね、
平川肇、平塚杢之助、平塚喜代、平野健次郎、
平澤元吉、彦田健司、平野喜一、福田秋蔵、
福田頼蔵、藤田恭子、藤田達夫、藤本輝子、
藤松ちゑ、藤松甚一郎、㈱藤屋不動産、藤城盛一、
藤波傳、深澤廣一、文會堂、堀木優、堀木七郎、
堀木潤、堀木隆、堀木末春、堀木正弘、堀木いち、
堀木倉吉、堀木惟孝、堀木徳太郎、堀木新太郎、
堀木惣太郎、堀木正太郎、堀木林太郎、㈱牧和、
松原章、松原喜一、松原利治、松原惣治、

松原信雄、松原菊枝、松原甲二郎、松本文也、松本万五郎、松井憲孝、松田良平、松田建設工業㈱、松丸千秋、松丸藤助、松丸貝蔵、松丸市太郎、増田實、増田光司、増田富一郎、真壁辰五郎、真利子三治、丸善石油㈱、前原正作、㈱前田工務店、㈱前田不動産、宮信江、宮田兼松、宮田金八郎、宮崎明伯、水野久雄、宮内康夫、水落博、水落たい、水落利夫、㈲水森産業、ミナト地所㈱、三橋力太郎、峯岸久三郎、村上実業㈱、村上富美子、村上泰三、室田千恵子、室橋泰輔、明和証券㈱、森昭、森利明、森岩蔵、森金吾、森田一行、森田正一、森要三郎、柳樂四郎、安野勲、矢島喜一郎、矢島武雄、矢ケ﨑正義、藪洋子、藪﨑水白、藪﨑保治、藪崎すぎ、藪﨑崎太郎、ヤマコ飼料㈱、㈱山貴興産、山形文雄、山形屋興業㈱、㈱山崎ストア、山崎裕、山﨑弥一郎、山口冨正、山本才一、山邊冨壽、山邊健一、山邊和子、山邊なつ子、山邊亀久保、八嶋興業㈱、郵政省共済組合、湯原竹夫、横井多加吉、吉田攻、吉田信吉、吉田清次郎、吉野すゞ子、吉野治夫、吉野物産㈱、吉野千代、吉野作次郎、吉原浅太郎、㈱陽栄、渡辺明夫、渡辺武次、渡邉鉄五郎

市川市行徳土地区画整理組合記念碑　①行徳中央公園②個人三一五、法人三〇、官公署関係七、工事請負業者一四、金融機関三、合計三六九

③記念碑文

区画整理之碑

行徳は古代より塩田として開発され、江戸時代より大正の中頃までは関東屈指の塩場として栄え、又水運の要衝としても賑わい、成田詣の旅人はここで船を捨て佐倉街道を辿ったといわれ、その名残として今も常夜燈が保存されている。

これより東方約五〇〇m、この地は標高〇・五m—〇・一〇mで大部分が水田で占められ、ところどころに畑が点在する低湿地帯で農家は主として水稲、蓮根、葱等を栽培しその生計を維持していた。しかしながら時代や世相の変化に加えて地盤沈下とゆう悪条件に見舞われ生産は年々低下の一途を辿り農家経営の危機がひそかに感じ始められた折柄、地下鉄東西線の延長計画並に県道バイパス工事計画等が伝へられこの地域の急速な発展は一目瞭然となり、しかもこの時既に無秩序な住宅造りが各所で進められておったので、このまま放置すれば近い将来必ず悔を残すことを察知した農家を主とする土地所有者は、この地域の起死回生を真剣に考え、公共施設及び環境の整備をなし、住宅地としての将来に備えるべく関係機関の指導の許、一年有余に亘り協議を重ねた結果、組合を組織し土地区画整理法に基く区画整理を施工することになったのである。そして、実に六カ年有余組合員の団結と不断の努力の成果が実りここに事業の完成を見たのであるが、今往時を顧みる時その感懐は筆舌につくし難いものがある。ここに事業の完成を記念し後世に伝へる為この碑を建立するものである。

市川市行徳土地区画整理組合

市川市長鈴木忠兵衛
土木部長嶋田三郎、都市部長渡辺弘、
区画整理課長齊藤浩、区画整理第一係長三次史雄、
連合会事務局長鵜沢弘吉、組合書記渡辺トミ

設立認可　昭和四十三年六月十二日
組合設立　昭和四十三年七月十日
組合員数　　　　　　　　名

施工面積　　五十三万一千二百四十平方米
総事業費　　十七億一千万円
完成　　　　昭和五十年三月十日
換地設計者　日本技術開発
測量全般　　協立コンサルタンツ
金融機関　　市川市農協
　　　　　　市川東葛信用金庫
　　　　　　千葉銀行
関係施工業者
　青山組、篠茂商事、板橋建設、千葉建設、
臼倉組、千東建設、宇田川工業、宮﨑組、
上條建設、信洋開発、石勘石材店、新里土木
理事長　秋本久三郎、副理事長　梅沢初太郎、
理事　新井松之助、岩﨑榮三、梅﨑秋蔵、
大久保泰次郎、鈴木鉄次郎、鶴ケ谷国蔵、
中島富五郎、長谷川豊作、平松正義、松原邦利、
松原悦郎
代表監事　長谷川喜善
監事　小宮喜太郎、野地健（故）
評価委員長　下村喜平、副評価委員長　平野幹夫、
評価委員　大熊榮作、金子安次郎、木村次郎太郎、
志村富蔵、森山竹次郎、渋谷福太郎（故）
　総代
浅岡武、浅沼由之助、秋本清一郎、秋本光太郎、
荒井倉吉、新井武雄、石井浩次郎、泉沢光治、
伊藤喜代次、岩﨑藤吉、岩﨑秀利、岩田福次郎、
臼倉孫太郎、梅沢時治、金子兼松、金子兼蔵、
渋谷和夫、渋谷正夫(故)、清水清、須賀繁太郎、
鈴木定吉、鈴木要蔵、関口敏（故）、高橋浦蔵、
田中弘一、中島清一郎、中島留雄、萩原今次郎、
萩原常吉、早川美一、藤城金蔵、松岡富蔵、

増田健蔵、森川孝、渡辺貞夫

組合員

青山留蔵、青山祐治、秋本英次、秋本勝五郎、秋本勝次郎、秋本一雄、秋本金一、秋本満男、秋本仙之助、秋本光秋、秋本勇次、秋本兼吉、秋本芳良、秋本勝介、秋本周蔵、秋元四郎、秋元留吉、安達福太郎、新井一正、新井三四郎、新井福太郎、穐本貞治、有賀富雄、青山ツギ子、青木高次郎、浅上船運倉庫㈱、㈱荒井商店、赤木印刷㈱、㈱アース商会、飯塚喜六助、飯塚三郎、飯塚作次郎、飯塚末吉、飯塚恒治、飯田岩太郎、飯野邦夫、池田茂、石井孝三郎、石井喜太郎、石井浅次郎、石井靖司、石戸弥一郎、石橋信一、磯野いつ、伊藤正一、伊藤正男、猪狩佐一、猪瀬孝、岩楯欽市、岩楯政雄、岩田計介、石井慎一、岩崎五郎、岩崎昭一、市川凱子、㈲一篠、今泉美代子、植草佐一、植草五郎、浮ケ谷ヨウコ、臼倉与三次、宇田川満恵、内山祟、梅澤勇、榎本保、円頓寺、榎本光江、及川宇之吉、大久保金祐、大久保徳五郎、大野保夫、大野ふく、大塚紙器㈱、大場己国、大場重夫、大橋信子、小川三吉、小川幸太郎、小川静江、小野忠義、大場誠一、大場二郎、小川清重、大橋一雄、金子一男、金子金弥、唐沢隆夫、狩野万二、加藤竹男、狩野いく子、狩野富雄、敦井産業㈱、片岡肇、川島まさ、協和木材㈱、共伸不動産㈱、熊川啓次郎、棄島好夫、河野善福、小島一郎、児島きみ、児島忠義、児島三郎、近藤こと、後関直五郎、児島満、児島恭治、小林政江、近藤安次、小島春雄、小島ろく、小島晰、澤木勘一、澤木勘七、澤路謙太郎、佐藤陽子、篠田ゑみ、篠田喜義、篠田志を、篠塚安吉、渋谷キセ、渋谷三郎、渋谷節夫、渋谷利治、

清水貞夫、清水しず、清水武助、志村正雄、
志村義光、渋谷栄司、渋谷きみ子、渋谷茂、
渋谷勝久、渋谷美和子、㈱渋谷商店、白岩正男、
茂野庄治、㈱人豊、塩谷正、渋谷雄里子、
須賀三郎、須賀庄市、須賀正一、須賀良英、
須賀芳之助、杉田せい子、鈴江俊二、鈴木一郎、
鈴木清、鈴木慶蔵、鈴木義三郎、鈴木重行、
鈴木徳平、鈴木政吉、須藤愛子、関口荘、
関口延次郎、関口忠一郎、関口喜一郎、関口誠司、
関口八重子、関口はる、相馬いち、高石治平、
高橋清、高橋きん、高橋源蔵、高橋泰治、
高橋敏子、高橋福松、高橋孫太郎、高橋正之、
高橋優、高橋雪次郎、竹内義男、田島粂蔵、
田島てつ、田島春吉、田島弥太郎、田所弘、
田所此助、田中謙吉、田中耕一、田中重三、
田中武雄、田中福雄、大東亀吉、高橋房次郎、
田島みよ、田島冨子、㈱田中不動産、高缶製作所、

大信建設㈱、田辺輝行、大洞力造、
月島食品工業㈱、鶴ケ谷粂吉、㈲土谷不動産、
徳蔵寺、利根コカコーラボトリング㈱、
戸張五月女、富永光雄、中島満、永妻重三、
長野静子、並木和一、内藤光雄、永田ミツ子、
中島水産㈱、中島政雄、七篠八重子、西野次枝、
日本メタルプリント㈱、二宮寅雄、野沢正憲、
野地松雄、野地□み、野地康弘、野地寿二、
萩原あさ、萩原市太郎、萩原恵二、萩原七郎、
萩原仙太郎、萩原滝蔵、萩原長次郎、萩原藤一郎、
萩原龍之助、萩原勇二、萩原りん、橋本馨、
八田義則、花見はる、花見薫、濱田一郎、
早川常吉、早川佐善、萩原和明、萩原幾枝、
林つね、橋野驍、橋野潔、早川潔、早川重隆、
早川四郎、早川な□、長谷工不動産㈱、
羽田野保夫、樋口光雄、平田うめ、広田正男、
㈱藤波不動産、豊栄倉庫運輸㈱、本田正夫、

本田忠雄、松井金義、松原義人、前島さかえ、正永商事㈲、牧野倉司、牧野文子、丸宮殖産㈱、宮方仁助、宮崎鈴江、三井土地㈱、ミツヤゴルフ㈱、御代川ハツ、宮兼光、室町不動産㈱、村田初三、村田伝兵衛、茂呂喜重、安川清次郎、安田四郎、藪崎末蔵、藪崎正、山崎正吉、山村正雄、㈱山貴興産、吉田信吉、吉田芳男、吉田春吉、吉岡利雄、横川正治、吉野治男、ロイヤルウッド㈱

市川市行徳北部土地区画整理組合記念碑　①寺町公園②個人九三、法人二、官公署関係九、金融機関一、工事施工業者八、合計一一三

③記念碑文

記念碑

市川市行徳北部土地区画整理組合

事業完成記念碑　　碑文

この地域は、その昔、江戸川の流れに沿い自然の堤防を形造ったところに人々が住みつき、漸次村落を形成したものと言われ、人々は、東京湾につづく湿地を耕す一方、江戸川や東京湾に出漁して、半農半漁のおだやかな生活を送っていた。本場浅草海苔の産地としても知られ、又、古代より塩田として開発され、江戸時代から大正の中頃までは、関東屈指の塩の生産地として栄えていた。

時は流れ、明治となり大正を過ぎ昭和の時代を迎えるに及び、この地も例外にもれず時代の変遷や世相の流れによる変化の波が徐々に押し寄せ、既に首都圏整備計画による影響を受け始めた隣接地区には工場の進出、住宅の建設が無秩序に進められていた。ここにおいて、積極的な土地利用計画について有志相寄り検討を始め、指導機関の協力を得て、法に基づく組合組織によ

る土地区画整理事業を施工することに決定した。

かくして、昭和四十四年十二月、千葉県知事の認可を得て誕生した当組合は、その後、幾多の難関に逢着しつつも、組合員一同強固な団結と、不断の努力とが実を結び、実に六カ年に及ぶ歳月を費やして全事業の完成を見た次第である。

今、ここに立ち、まぶたを閉じて往時を回想するとき今昔の感禁じ難く万感胸に迫り言うべき言葉を知らない。

ここに、この事業の完成を記念し、その成果を後世に伝えるため記念碑を建立するものである。

昭和五十年十月吉日

市川市行徳北部土地区画整理組合

千葉県知事川上紀一
市川市長鈴木忠兵衛
都市部長渡辺弘、土木部長島田三郎、
区画整理課長皆川金二、第二係長安藤典夫、
管理係長安藤勝恵
金融機関　市川市農業協同組合
施工業者　換地設計者日本技術開発株式会社、
測量全般　協立コンサルタンツ、
一般工事　板橋建設株式会社、株式会社宮崎組、
有限会社山田工務店、高橋道路土木株式会社、
松丸建設興業株式会社

設立認可　昭和四十四年十二月十八日
組合設立　昭和四十五年一月二十三日
組合員数　九五名
施工面積　一八一、六四二平方米
総事業費　七億弐阡萬円
完　　成　昭和五十年十月吉日

組合役員
理事長田島金次、副理事長稲本孝三、

会計理事田中寅造
理事　中臺専之助、吉岡茂十郎、田島彌太郎、秋本茂、小嶋行雄、臼倉房継、鈴木正治（故）、田島力藏（故）、
監事　高橋昇、藤原喜太郎
評価委員長伊東喜代次
評価委員関口一郎、吉岡種一、大久保利次、吉岡こと、志村操
元局長鵜沢弘吉、組合書記島野きよ子

組合員

本行徳　赤井瑞巌（故）、狩野万二、高石治平、田島熊吉、田島多美、田島辰五郎、鶴ケ谷国蔵、萩原藤一郎、萩原勇二、長谷川喜善、松原穂、松原邦利、田島義一、杉山勇
下新宿　秋本錢太郎、海老原岩吉、海老原岩男、鎌倉宏、矢吹福松、清野武夫、竹田かめの
河原　及川新太郎（故）、大和久實、小倉常次、鹿倉信夫、早川厳之助、早川喜次（故）、本多みよ、増田一郎、増田浦五郎（故）、増田實、増田義男、安田四郎
上妙典　秋本昇、秋本操、石井倉吉、板橋輝武、板橋寅吉（故）、板橋やす外二名、臼倉吉五郎、臼倉博夫、臼倉ふみ、及川己之吉、大久保徳五郎、大久保敏雄、奥田豊次郎、後関吉五郎、宍倉きん、宍倉兼光、島津島之助、関口ゆき、高橋矢三郎、田島邦忠、田島とし、中村正吉（故）、藤原豊一（故）、藤原博外一名、本多金次郎、妙行寺、藪崎あさ外八名、藪崎利夫、渡辺一郎、渡邉勝義
下妙典　秋本福太郎、飯田岩太郎、志村貞一郎、清寿寺、高橋優、中島政雄、長田テル子
伊勢宿　大橋一雄
関ケ島　関口忠一郎
北方町　栗原いき
南四丁目　高橋なみ枝外一名

東京都　岡田粲太郎、竹内安藏
施工　小林石材店

市川市行徳中部土地区画整理組合記念碑　①塩焼中央公園②個人四三六、法人四七、官公署関係四、合計四八七

③記念碑文

記念碑

市川市行徳中部土地区画整理組合

認可年月日　昭和四十六年十二月一日
創立年月日　昭和四十六年十二月十七日
面　　積　七一五、六二一・〇七平方米
総事業費　三八億五、一九〇万円
事業完成年月日　昭和五十四年九月

役員氏名

理事長秋本金一、副理事長萩原藤一郎
理事　浅井政雄、岩楯政雄、伊東喜代次、木村次郎太郎、鈴木鉄次郎、中台昇治、萩原今次郎、山辺正義
監事　秋本勘次郎、八武崎濱治

市関係職員氏名

市川市長高橋国雄
都市部長三橋一夫、区画整理課管理係長安藤勝恵、工事係長安藤典夫

組合員氏名

総代　新井福太郎、秋元清一郎、秋元元実、秋本英次、秋本芳雄、青山健一郎、岩田福次郎、岩楯繁治、板橋普一、泉沢光治、梅崎林治、梅沢時治、宇田川堅作、大和久実、川崎秋太郎、川上恵洋、金子堅蔵、金子鶴吉、金子朝治、志村義光、篠田重郎、鈴木春吉、須賀信太郎、関口忠一郎、関口誠司、関口治信、田中弘一、田中兼吉、田島熊吉、高石治平、富沢梅蔵、

中里重隆、中代啓吉、難波七郎、萩原栄太郎、
萩原広司、萩原三郎、萩原良蔵、藤田三平、
増田一郎、森川孝、森川精一、安田敏夫、安川寿、
山田清、吉田常次郎、吉田大五郎
評価委員　荒井稔次郎、浅沼文太郎、岩崎仙太郎、
大野房之助、鈴木利夫、田島房雄、萩原勝政、
萩原長作、早川美一、増田健蔵

青木朝子、青木勝太郎、青木武、秋本専一、
秋元専之助、秋元銭太郎、秋元秀雄、秋元博治、
秋本勝次郎、秋本久三郎、秋本金七、秋本久米子、
秋本健三、秋本貞次郎、秋本秋五郎、秋本仁三郎、
秋本つね、秋本照江、秋本昇、秋本登志、
秋本春江、秋本宏、秋本久一、秋本豊、
穐本源之助、阿久津喜平、阿部和夫、阿部正武、
浅井郁夫、浅岡こと、浅沼キチ、浅沼勝、
芦田兼吉、安達福太郎、敦井産業、あづま商事、
東トタン株式会社、荒井幸吉、荒井實、
新井松之助、新井實、有澤鈴子、東正造、
天城建設㈱、アクツ商事、飯田三三夫、飯塚博、
飯塚文江、飯塚商事、五十嵐徹、井川とめ子、
池田松栄、伊坂一夫、伊東紃一、伊藤權一、
伊藤憲吉、石井亀六、石井愼市、石井真平、
石井弘文、石井婦み、石黒雅昭、石黒安廣、
石坂英夫、石塚勇蔵、石出政吉、泉うめ、
板橋きよ、一氏俊彌、一條㈲、一條恭次、
㈱糸一商店、井熊三男、井上慶子、猪瀬孝、
今井茂、今村桂一郎、岩嵜きみ、岩嵜利男、
岩嵜政夫、岩田眞一、岩田光昭、岩田もん、
岩楯三五郎、岩村喜一、インペリアル、
㈱イスコ建築事務所、植松英明、鵜沢勇、
碓井義廣、臼倉博夫、宇田川銈造、宇田川浩以、
宇田川秋太郎、宇田川政一、宇田川満恵、
宇田川商店、梅崎秋藏、梅澤隆彦、江口順、

江戸川農協、エナージエンジニアリング、
遠藤明徳、遠藤正、及川喜代、大木昭一郎、
大久保利次、大崎元夫、大塚てつ、大塚保造、
大場己国、大田明子、小川浤一、小川政次、
小川福三郎、小川元一、小倉昇、小沢一吉、
小野田幸一、奥山秀市、尾崎保彦、
オーベルニット、解良知己、垣沼久英、
柿原林材工業、柏木眞二、片山勝、加藤竹男、
金子順一、金子孝嗣、金子光成、金子福保、
狩野いく子、関東自動車交通、河瀬敏郎、
川村金一郎、菊田新吾、木村誠、木村みさお、
木村不動産、共栄工業、協和組、草野勝夫、
草薙正憲、久保博和、久保田重夫、熊川啓次郎、
倉島ふみ、黒沢博充、熊谷純一、光莫大小工業、
越永重四郎、越永利一、兒島壮三、兒島幸太郎、
兒島秋藏、兒島富貴子、児玉郁男、小林金保、
小林隆起、小林直、小林正力、小林商店、
小柴ヒサ、小宮敦子、小宮常弘、小山田忠男、
込尾彰、近藤謙一、斉藤博、斉藤志げ子、
斉藤豊子、三祐産業㈱、三正住建㈱、三枝健二、
坂井章、坂口源次、佐藤尭子、佐藤嘉三郎、
佐藤俊子、佐藤陸郎、澤木さき、椎橋忠治、
茂原恒雄、芝田スイ、渋□勘藏、島田隆子、
嶋村喜一郎、嶋本壽彦、清水あい、清水康江、
清水久男、清水芳和、志村商店、下條松三郎、
下條竹二、正永商事㈲、白石輝夫、信誠商事、
須賀三郎、須賀信、杉山商事、杉浦明、杉浦重男、
杉本文示、鈴木勇夫、鈴木憲司、鈴木コノ、
鈴木仙之助、鈴木政吉、鈴木裕基子、須藤昌平、
関口銀市、関口しづ、関口正治、関口敏、
関口啓継、関口良吉、芹口九彦、金広商事、
㈲創世、曽賀貞夫、谷正夫、大進建設、大成商事、
高石義雄、高梨正子、高野暉二、高橋利雄、
高橋敏子、高橋孫太郎、高橋まつ、高村栄、

高山明雄、瀧淳、滝瀧保明、竹中洪二、竹本弘身、
田島邦忠、田島幸之助、田島新太郎、田島多美、
田島藤蔵、田島とみ、田島弘一、田島みよ、
田島勢ツ、田所キエ、田中愛子、田中喜美子、
田中栄一、田中冨蔵、田中とい、田中福雄、
田中癸、田部三夫、田宮守信、第一ハウジング、
塚田功、鶴岡敏夫、鶴ケ谷国藏、恒川三喜男、
椿産業、東京製糖、東京電力、東洋エステート、
富沢康平、富永清美、富永幹男、豊田甚吉、
豊田博、道解一男、ナウスギウラ、中川てる、
中里恵勇、中嶌大作、中島富五郎、中島満、
中村春二、中村孝、中村秀雄、中村正次、
中村正俊、中村三四子、長崎正宣、並木久吉、
難波靜代、南和商事、新村正吉、西村健次郎、
仁多見建設、熊重真太郎、野沢正三、野地康廣、
野中壽成、野本進二、野崎忠壽郎、萩原和雄、
萩原恵二、萩原兼吉、萩原建次、萩原収二、
萩原春吉、萩原清一、萩原孝子、萩原廣延、
萩原勇二、萩原英明、萩原誓、橋野はつ、
長谷川喜善、長谷川豊作、長谷川貴美子、
畑中正夫、羽生恭子、早川武、早川婦久、林つね、
林正男、林田きよの、原誠治、彦田喜一、
彦田重蔵、彦田陽之助、平岩堅一、平野まつ子、
平野幹夫、平沢運輸、深町隆司、福島敬治、
福島力藏、福地つよ、藤城きく、藤城金藏、
藤田智英、藤田由藏、藤波不動産、布施助八、
双葉商事㈱、船橋隆康、古川シヅエ、古澤一江、
北陸土地開発、細田清典、堀木武重、前田不動産、
牧野信二、増田きみ、増田春吉、増田建夫、
増田チヅ、増田富一郎、松岡専之助、松岡長吉、
松澤京子、松田守道、松村浩志、松村雄一、
松本たか、松本幸雄、間藤けい、マドモアゼル、
鞠子錠之助、丸共産業、丸茶、丸山さだ、
三浦増衛、三木常夫、水本博、ミツワ電機、

宮兼光、宮崎一郎、宮田由郎、村上久、
村島ひさ子、室橋昭三郎、本谷満、森武義、
森川憲次、森川修三郎、森川勢喜子、森川とよ、
森川まさ、森谷和代、モリ企画、安井次郎、
薮崎辰五郎、藪崎政吉、藪崎幸吉、矢部純男、
山口桂治郎、山口とき、山形屋商事㈱、山野博章、
山本律、湯上哲夫、横内道子、横田一男、
吉井孫輔、吉岡幸五郎、吉川實、吉澤美代子、
吉田勝、吉沼そよ、吉野きみ、吉野美佐、
米澤清次、米山章夫、倫理研究所、若木英夫、
鷲田信子、渡邉泉、渡邉義明、渡邉榮

市川市行徳南部土地区画整理組合記念碑

①行徳南部公園②個人一二四、法人一五、官公署関係一一、施工業者二七、合計一七七

③記念碑文

市川市行徳南部土地区画整理組合事業完成記念碑

曙光

理事長猪瀬勝和詩

心を一つに

新生の地を拓く

未来の栄に向かって

翼け

村之四郎□

市川市行徳南部土地区画整理組合

事業経過内容

本地区はそのむかし塩田として製塩業が盛んであったが、時代の推移と共に大正の初期より農耕地として大部分は水稲田、蓮根田であって一部葦の茂れる原野などが点在していた湿地帯であった。昭和四十四年地下鉄東西線の開通と相俟って、その周辺より開発(土地区画整理事業)が始まり且つ、又新都市計画法の施工により土

地利用の増進のため、昭和四十三年地元有志により土地区画整理事業計画の発起人会を結成、昭和四十四年各地区より準備員を選出し市川市南部土地区画整理組合準備員会を設立、昭和四十五年十月二十二日千葉県指令第二〇八八号をもって本事業の設立認可を得、四年余の歳月を費やしてこの事業を完成する。

総面積　三八・九五ヘクタール
総事業費　二五億八阡万円
組合員数　設立認可時　一一〇名
　仮換地指定時　一三九名
埋立土量　約八五萬立方メートル
行政技術指導者　市川市区画整理課

役員
理事長猪瀬勝和、副理事長小川松蔵
理事（会計）秋元四郎、理事鈴木義三郎、同須賀金次、同藤田三平、同榎本三郎、同岩楯繁治
監事田中実、同平野幹夫

行政技術指導者
市川市長鈴木忠兵衛、市川市都市部長渡辺弘、土木部長嶋田三郎、区画整理課長石原庄一、同斉藤浩、同皆川金二、同係長小野宗輔、同職員組合職員山辺弘子、
市川市土地区画整理組合連合会事務局長鵜沢弘吉、同職員飯塚敏子

総代（アイウエオ順）
秋本金次、浅井政雄、飯塚助一、猪瀬友二、今村桂一郎、岩崎六蔵、岩崎君太郎、宇田川政一、宇田川久春、加藤元彦、金子一男、川上恵洋、川崎秋太郎、児島秋蔵、嶋村喜一郎、武井一郎、

田端茂太郎、中島敏夫、武藤俊雄、山辺正義、
山野一男、吉田常次郎

評価員

大野房之助、首代武男、藤田由蔵、児島満、
田中金吾

組合員

秋本伊之助、秋本喜一郎、㈱アサヒエステート、
秋元健治、・秋元周蔵、秋元銀蔵、浅沼仙太郎、
石田栄一、泉沢光治、市川市、岩楯丑松、
岩楯康好、岩楯欽市、岩崎秀利、猪瀬孝、
伊藤よし子外一名、臼倉甚吉、宇田川浩以、
梅沢信次郎、及川武次、及川とみ、大蔵省、
大高栄一、大立興業㈱、大場己国、岡本栄外二名、
小川喜弘外三名、小川弘外三名、小野信雄、
兼友産業㈱、金森寅善、鈴木三郎、京急興業㈱、
児島恭治、小林喜代司、小松原康之助、
佐藤俊子外三名、沢木勘一、榊原峯吉、榊原勇、
榊原稔雄、桜井裕、渋谷六之助、清水高次郎、
庄司俊雄、白木とみ、塩野健、新橋石油㈱、
種村鉄治、須藤淳、鈴木博、関口忠一郎、
関口誠司、田中耕一、田村秀雄、田端こと、
田所幸親外一名、高梨忠一、高橋房次郎、
高松和一外三名、谷田匡祥、醍醐總一郎、
大生興産㈱、津元光雄外一名、東京電力㈱、
中島一郎、中島勢一、中島聰一、日本化学工業㈱、
沼生和也外一名、農林省、早川こと、早川秋蔵、
早川婦久、萩原広司、萩原七郎、原政通、
原孝太郎、平野吉蔵、堀木倉吉、堀口芳郎、
㈲堀口酸素工業所、堀口芳英、増田光司、
松本藤儀外二名、鞠子錠之助、松島孝一郎、
前田順吉、前田晋、宮方吉雄、室橋昭三郎、
森川くま、森富太郎、望月護、安井幸、山野米作、

この公園は土地区画整理事業の記念として行徳南部組合が造園したものである。
昭和四十九年十二月吉日完成

市川市妙典土地区画整理組合記念碑
①妙典公園②個人三五四、法人三八、合計三九二

③記念碑文
完成記念之碑
市川市妙典土地区画整理組合

市川市妙典土地区画整理事業
事業認可　平成元年一月二十四日
組合設立　平成元年二月九日
施工面積　五〇〇、四八三平方米
総事業費　一八九億一千四百万円
竣　　工　平成一一年三月

㈱山崎ストアー、八武崎浜治、横田隆儀外三名、吉川組運輸㈱、和賀建設㈱外一名、猪瀬孝外七名

施工業者
設計者　日本技術開発㈱
測量者　㈱協立コンサルタンツ
土木関係者（アイウエオ順）
㈱青山組、㈱磯部組、板橋建設㈱、岩楯建設㈱、㈱臼倉組、宇田川工業㈱、大西建設㈱、上条建設㈱、大都工業㈱、千葉建設㈱、㈱中里建設、㈱保戸田組、丸七建設㈱、松丸建設興業㈱、㈱宮崎組、㈲山田工務店、造園植林　㈱吉村造林設計事務所、東光園緑化㈱、㈱飯塚種苗園、㈱前田商事
ガス・水道　京葉瓦斯㈱、千葉県水道局、栄立工業㈱

組合員氏名

理事長初代藤田邦次、二代篠田英一、
三代篠田喜義、副理事長佐倉稔夫、関口衛
理事　秋山秋蔵、飯田利光、板橋静夫、奥田馨、
木村文明、篠田重郎、志村森重、高橋多喜男、
藤原一郎、大久保盛成、奥田照雄、椎名友一
監事　大久保金祐、中村和市、山口眞一、
折本雅昭、高橋優
総代　秋本民蔵、浅井松夫、石川勇、井上敏男、
岩田稔、臼倉房継、宇田川一男、大久保利次、
小川福三郎、狩野晋介、倉島馨、清水智義、
志村一雄、志村吉朗、志村操、鈴木菊雄、
鈴木友治、関口光子、高橋秀雄、田島友行、
田島房雄、田中憲吉、中島満、難波常久、
西野平藏、平松明、藤原孝夫、本多義孝、
松丸善次、水落利夫、武藤悦雄、安川輝久、
安川又良、藪崎和雄、山口勝、横川正治、
渡辺力太郎、板橋栄、奥田忠蔵、日下部二郎、
倉島保行、佐野泰一、高橋秀行、田島邦雄、
田島光雄、野地とみ、本多もと、安田四郎

青山登、青山まつ、秋元セツ、秋本克巳、秋本茂、
秋本輝彦、秋本操、秋本陽子、荒井きく、
荒井孝雄、荒井礼子、荒井一雄、荒井忠夫、
荒井豊、荒井きぬ子、有福光雄、飯田啓子、
飯田隆、飯田多市、飯田よね、飯塚と久、
石井秋蔵、石井宏、石井幹行、石井甚一、
石川美代子、石川保、石川徹正、石川満、
石黒一男、石黒由紀子、石出政吉、石戸弥一郎、
石原千鶴子、和泉京子、磯辺利夫、板橋喜代子、
板橋俊雅、板橋博雅、板橋尊明、井手俊文、
伊藤石松、伊藤かつ江、伊藤清超、伊東喜代次、
井上正身、井上つや、井上町子、今関登美江、
岩崎喜太郎、岩崎秀二、岩田きわ、岩田勝壽、

岩田壽太郎、岩田壽満子、岩田隆夫、植草雪江、
植村初三、植村成典、鵜澤正之、臼倉さく、
臼倉勝久、宇田川國雄、宇田川浩以、梅澤隆彦、
遠藤利幸、及川源、及川美枝子、及川直彦、
及川知二、及川英夫、大久保一三、大久保さだ子、
大久保好雄、大久保保馨、大久保廣義、
大久保昌代、大野時弘、大部恵美子、小川きよ子、
小川秀夫、奥田茂、奥田隆、奥矢啓一、
小高美恵子、笠原敏敬、梶原信孝、片山秀夫、
勝本啓三郎、勝本美津枝、加藤章、加藤憲一、
加藤定治、門倉和平、門倉愛子、金子英二、
金子義雄、神長洋子、神長正樹、狩野いく子、
狩野悦子、狩野富蔵、川口浩一、川野安道、
川野照長、河村歌子、菊地正子、岸田智恵子、
北川礼子、久保田重夫、熊田妙子、黒﨑克、
桑嶋好夫、桒田友子、桑名貴美子、五木田初江、
小島温子、小島銀次、小瀧千代、後藤修、
後藤千代子、後藤勇一、小西禮子、小山光子、
齋藤たけよ、榊原稔雄、坂田泰隆、坂田基彦、
佐久間幸子、佐久間正道、佐倉努、佐倉正信、
櫻庭佐吉、佐藤要、佐藤政行、宍倉兼光、
宍倉きく、宍倉倉吉、宍倉信雄、宍倉廣、
篠崎邦夫、篠田燿久、篠田たけ、篠田ゑみ、
篠田てる、篠田啓子、篠田重四郎、篠田道男、
柴田靜子、島田富滋、島村節子、清水信哉、
清水暉子、志村貞一郎、杉浦悦夫、鈴木勝、
鈴木真由美、鈴木美千代、関口裕次、善養寺マス、
善養寺忠孝、善養寺政子、高橋勝利、高橋きん、
高橋満、高橋敏子、高橋矢三郎、高橋雄三、
田島明美、田島新太郎、田島壽美江、田島清次、
田島と志、田島雅彦、田島与四郎、田島政行、
田島令子、田中卯之吉、田中一雄、田中淳一郎、
田中節子、田中まさ子、田中好、玉野広宗、
田村きぬ、長南光子、津賀國男、塚原檀、

戸部英男、中島聰一、中島勉、中島資晧、
中村かしく、中村和夫、中村常之、難波潤、
野口忠雄、野﨑栄五郎、野﨑恵美子、野﨑園美、
野﨑武文、野﨑利江、野﨑信幸、野﨑久江、
野﨑信、野﨑まさえ、野﨑満宏、野﨑友里、
野﨑芳明、野澤正三、野澤清、槗本強、
長谷川みち子、畑岸利雄、畠千恵子、羽田義照、
服部史朗、花形公枝、早川喜美子、春山三郎、
平沼光子、平松敦子、福原くら、福原紀雄、
福原薫、福原敏子、藤田輝夫、藤原眞、
藤原八重子、保坂美知代、星野玉枝、保田明男、
本多愛子、本多一之、本多嘉代子、本多暁、
本多幸夫、本多智幸、本多香恵、本多進、
本多輝夫、本多登、本藤幸子、増子きよ子、
松尾圭介、松尾サタ子、松尾洋治郎、松田健二、
松丸茂、松丸千代、真利子芳江、三槗新之助、
宮崎太三郎、宮﨑俊雄、御代川栄子、村上光世、
村上吉央、森井弘子、森一行、森島清枝、
安川静江、安川日出男、安川昭次、安川まつ、
藪嵜さよ、藪嵜久江、山口八重子、山崎みよ、
山田靜枝、横川武男、横川由美子、吉野はま子、
米本松雄、若梅清、渡辺貞夫、渡部哲、渡部裕子、
渡部眞美、渡部美香、㈱青山造園土木、
赤木商事㈱、アクツ商事㈱、伊藤忠商事㈱、
医療法人友康会、㈱大竹商事、大野屋建築資材㈱、
京葉瓦斯㈱、山晃ハウジング㈱、新日本製鐵㈱、
金広商事㈱、㈱大進工業、㈲大徳、大都工業㈱、
㈱ダイニチ、㈱千葉銀行、
㈱千葉土地区画整理協会、敦井産業㈱、㈱天宝社、
東京電力㈱、東洋不動産㈱、藤和不動産㈱、
常盤興業㈱、㈱トモエ総業、中野建材興業㈱、
西松建設㈱、㈲ヴィラ企画、
㈲フォーチュンアゲイン、福助興業㈱、
フジサキテキスタイル㈱、㈱フジタ、

㈱ベルテックス、丸紅㈱、㈱丸美、上妙典、下妙典
顧問　吉峯啓晴、鷹野保雄
評価員　阿多真人、北沢義博、永嶋正和
指導機関　市川市建設局都市整備部都市整備課
業務代行者　株式会社フジタ

『妙典』～変遷と地名の由来～

その昔、江戸川が形成した河原の土地は、永禄七年（一五六四）の国府台合戦に北条氏の配下として戦功を立てた篠田清久に与えられました。清久は広大な敷地に館を構え、当時、海浜でつくっていた塩を年貢として北条氏の本拠地である小田原に送っていました。

天正十八年（一五九〇）豊臣秀吉の小田原征伐で北条氏は滅亡し、徳川家康が北条氏の旧領を治めることになると、清久の子宗久は恭順の意を表して館を壊し、中山法華経寺から日宣を招いて妙好寺を建立しました。以後、その教えである法華経は、妙なる経典と崇められたところから『妙典』の名が起こったといわれます。

家康が天下をとると、行徳の地域を天領にして塩田開発を奨励しました。三代宗清は製塩事業の拡張を図り、塩田が海に向かって広がると、妙典の地域は上妙典・下妙典村として、共に明治に至るまで製塩業の盛んな地域になりました。

時代が移り、埋立て事業や交通機関の発展など、地域の様相が一変した今日、妙典は未来に向けた新しい街として、ここに生まれ変わることになったのです。

＊江戸名所図会「行徳塩浜の図」の掲示版あり。
＊江戸名所図会「行徳衙の図」の掲示版あり。

江戸の行徳河岸（日本橋小網町）『市川市史』より

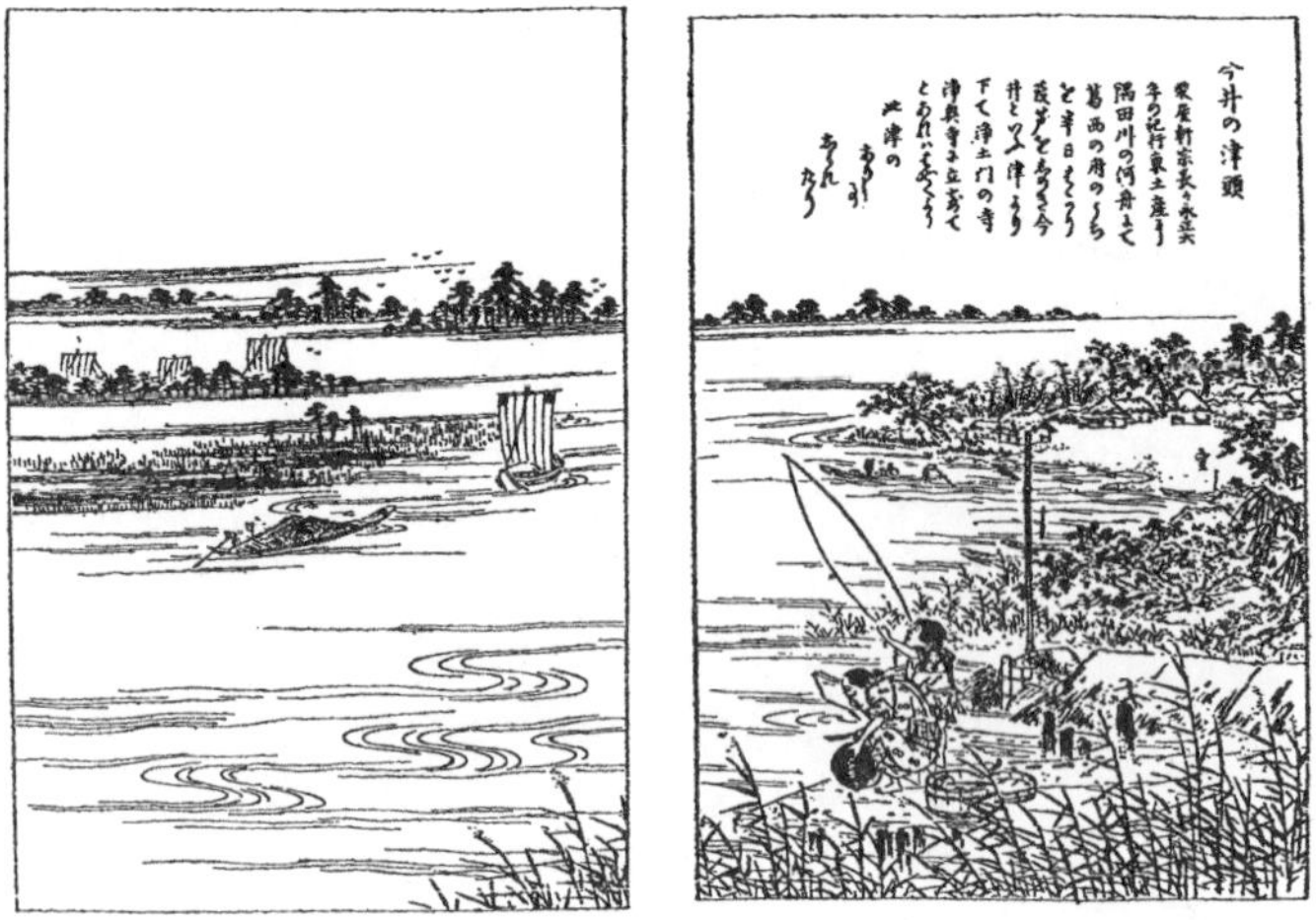

今井の渡し『原寸復刻江戸名所図会（下）』（評論社）より

行徳船場「行徳レポートその（1）一年表絵地図集」（市立市川歴史博物館）より

中川番所の図、待機している行徳船と思われる船がある。
『原寸復刻江戸名所図会（下）』（評論社）より

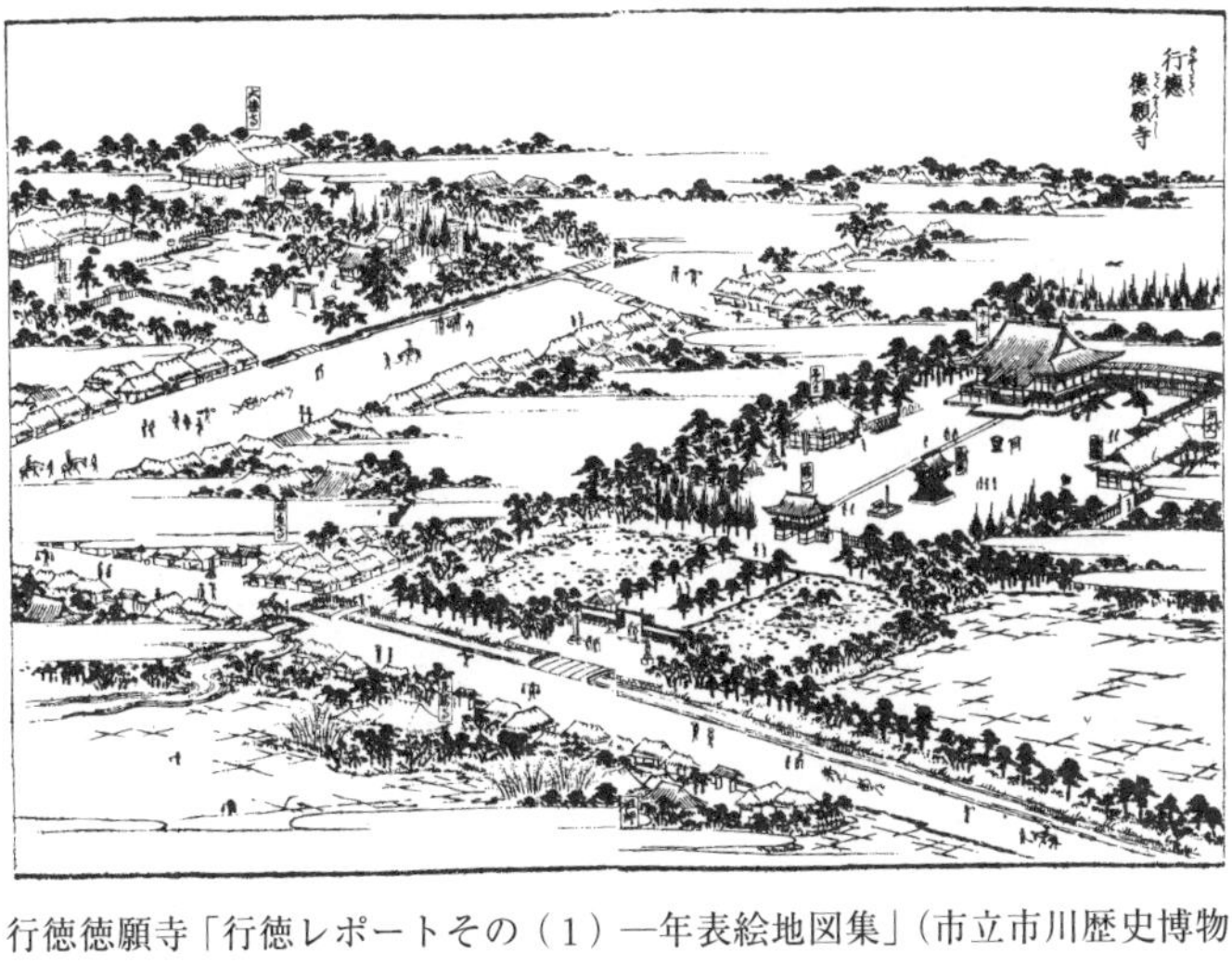

行徳徳願寺「行徳レポートその（1）一年表絵地図集」（市立市川歴史博物館）より

行徳衢『市川市史』より

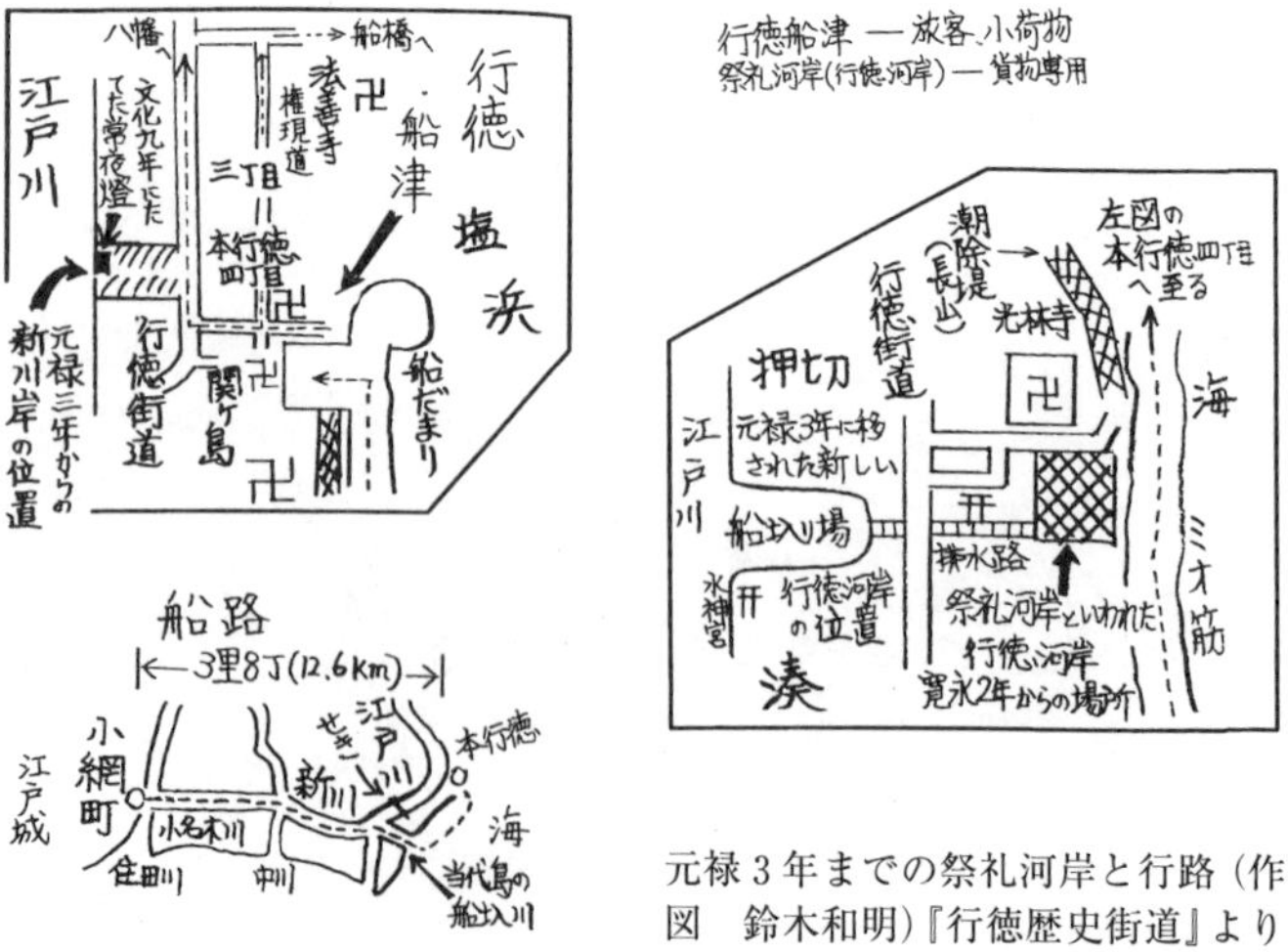

元禄３年までの祭礼河岸と行路（作図　鈴木和明）『行徳歴史街道』より

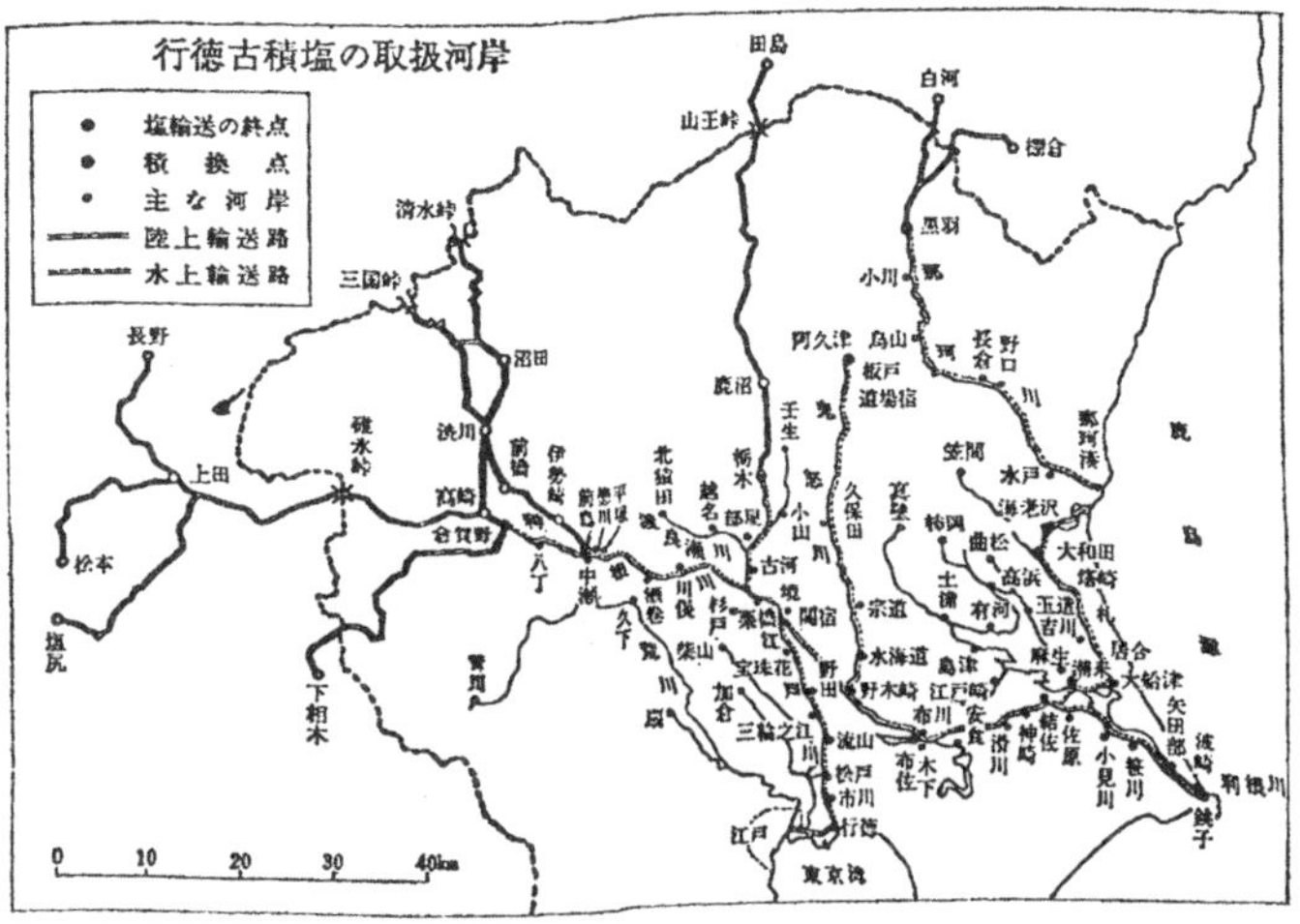

安沢秀一「行徳の塩業」(『市川市史』) より

行徳塩浜「行徳レポートその(1)一年表絵地図集」(市立市川歴史博物館)
より

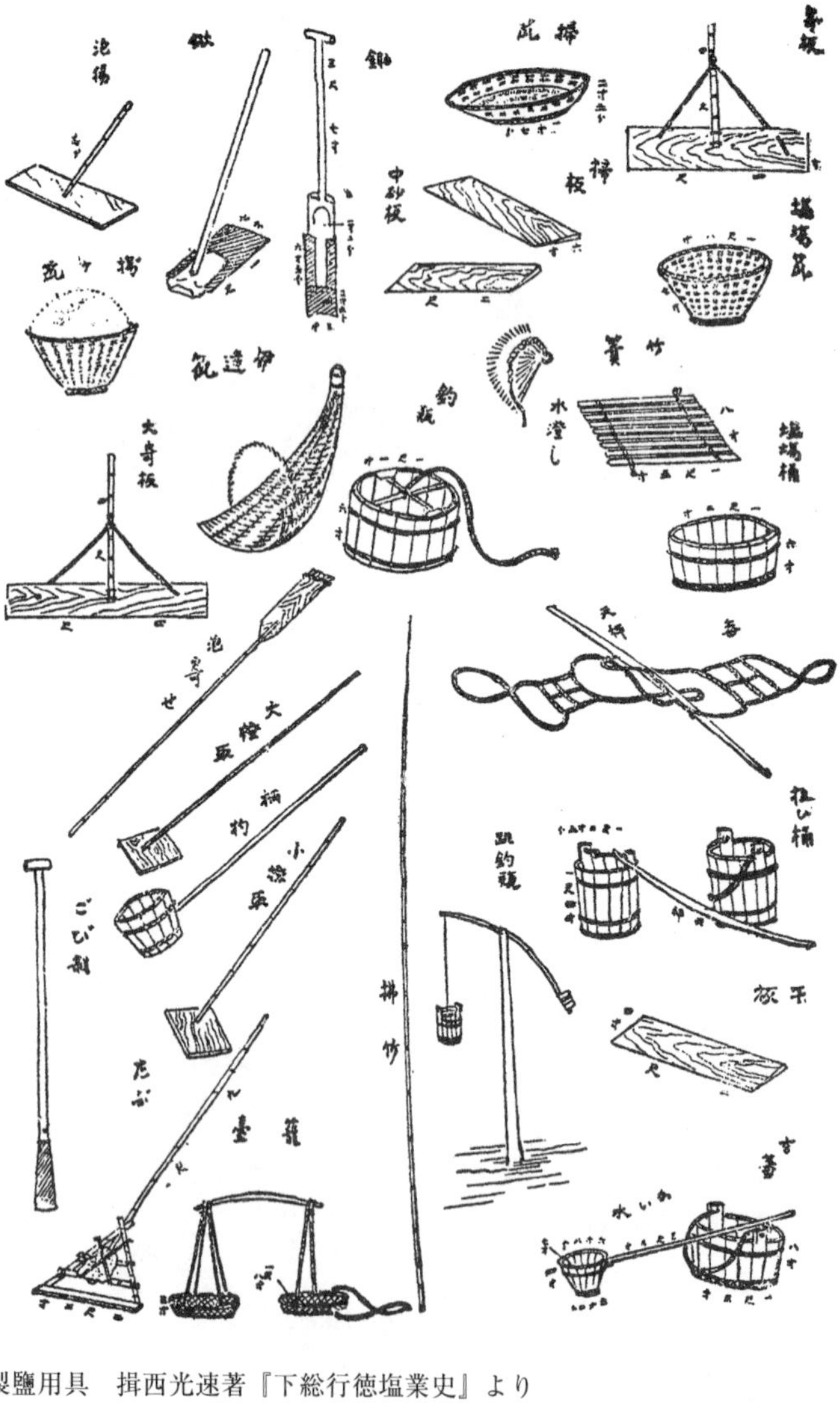

製鹽用具　揖西光速著『下総行徳塩業史』より

撒砂・干砂寄せ　揖西光速著『下総行徳塩業史』より

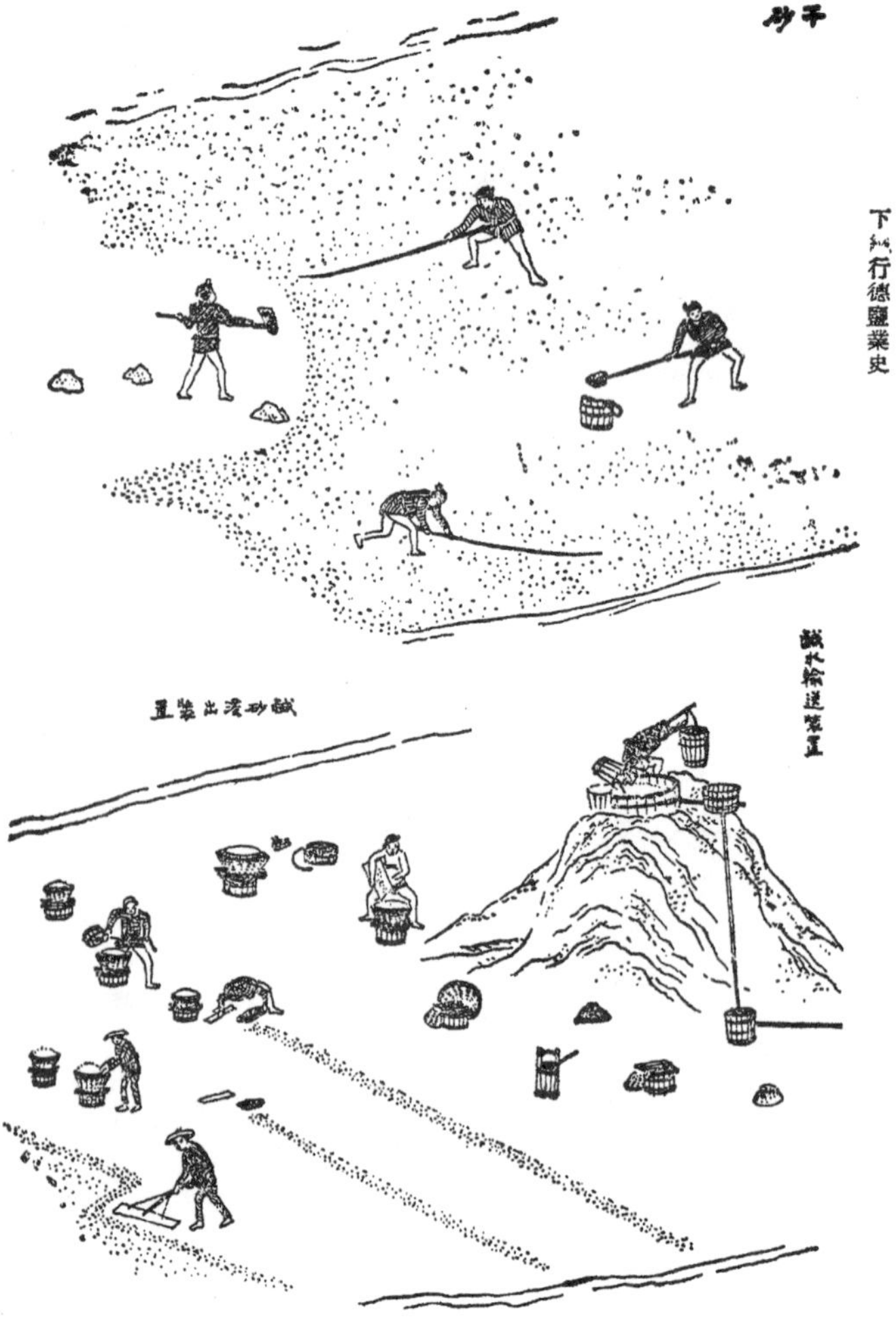

干砂・鹹砂浸出装置・鹹水輸送装置　揖西光速著『下総行徳塩業史』より

塩浜年貢永の推移

年 / 村	寛永６年（1629）	元禄15年（1702）	延享元年（1744）	延享３年（1746）	文化末カ（1817カ）
	永貫文	永貫文	永貫文	永貫文	永貫文
本行徳村	172.921	101.650.1	64.822.7	70.167.4	26.319.6
上妙典村	125.392	50.240.7	26.116	23.421.7	30.242.4
下妙典村		102.661.2	38.244.6	37.261.3	
高谷　村	53.585	28.133.8	22.346	21.534	17.811.5
押切　村	29.400	38.676	26.803.6	28.112.3	12.680
欠真間村	52.894	77.830	42.698.4	43.034.9	33.779
湊　　村	38.317	32.714	18.849.5	20.617.2	11.515.8
田尻　村	34.989	24.817	17.926.2	16.672.6	4.825.9
河原　村	20.677	7.942.9	4.492.5	4.941.7	1.439.5
新井　村	17.631	24.872	14.830.5	14.497.1	3.071.5
関ケ島村	14.115	9.466.7	8.594	8.594	3.521.6
下新宿村	1.301	0.300	0.300	0.330	――
稲荷木村	16.190	――	――	――	――
大和田村	5.764	――	――	――	――
当代島村	3.850	――	――	――	――
前野　村	2.271	――	――	――	――
湊新田村	――	16.766	9.797.9	9.982.1	4.958.8
原木　村	――	14.680.8	8.703	10.455	9.793.2
伊勢宿村	15.570	13.272	12.511.8	12.587.1	4.730.4
二俣　村	――	8.474.4	4.209	4.851.9	3.726.3
西海神	――	――	――	――	4.214.2
加藤新田	――	――	――	――	1.106.3
計	永貫文 604.867	永貫文 507.453.1	永貫文 321.290.7	永貫文 327.030.3	永貫文 163.742

『市川市史』より

行徳塩浜反別推移表

年 / 村	元禄15年（1702）	文化12年（1815）	明治15年（1882）
	町反畝歩	町反畝歩	町反畝歩
新井村	9.3.0.17	9.5.0.04	1.4.6.16
湊村	12.0.3.02	11.1.9.28	14.5.6.29
湊新田村	6.5.1.23	4.3.1.19	12.8.6.14
伊勢宿村	4.1.2.17	4.1.2.11	――
押切村	13.3.9.25	12.8.3.16	5.0.4.04
欠真間村	28.6.1.12	20.3.4.20	4.7.0.05
関ケ島村	3.1.3.11	3.1.3.11	――
本行徳村	37.5.5.08	37.6.9.04	22.0.1.09
下新宿村	0.1.0.00	――	――
河原村	2.8.9.14	2.6.6.21	――
上妙典村	19.5.4.21	14.7.4.05	14.6.1.01
下妙典村	20.8.9.15	15.2.2.01	12.1.6.20
田尻村	9.2.8.17	9.2.5.17	2.4.3.12
高谷村	13.3.2.10	18.3.0.29	9.7.6.29
原木村	6.9.8.29	10.5.8.01	29.0.7.15
二俣村	4.0.6.12	7.2.2.26	22.5.2.28
加藤新田	――	2.3.7.03	3.5.9.07
儀兵衛新田	――	0.9.8.09	3.1.6.12
西海神村	――	――	22.2.7.26
計	町反畝歩 191.7.7.24	町反畝歩 184.5.0.15	町反畝歩 180.0.7.17

『市川市史』より

注：元禄15年は『塩浜由来書』による。文化12年、明治15年は『下総国東葛飾郡行徳塩浜沿革史』による（主として揖西光速『下総行徳塩業史』より引用。明治15年の合計は合わないが、同書のままとした）。

塩焼きの竈『市川市史』より

行徳歴史年表

西暦	出来事
前五〇万年頃	●関東ローム層の堆積。
前　二万年頃	●最後の氷期（ヴュルム氷期）の末期。市川にもナイフ状の石器を使い狩猟や採集をする人々が住む。丸山遺跡、堀内P地点遺跡。 ●関東地方は半年は冬であり、気温は今より一〇度も低い。一〇月に雪が降り、一二月の気温は低く零下二〇度にも下がる。海面は現在より一〇〇～一二〇ｍほど低く、東京湾全体が陸地だった。巨大な川、古東京川の河口が浦賀水道の水深一〇〇ｍのところにあった。地表に近い立川層というローム層は一～三万年前の富士山の火山灰である。
前　一万年頃	●海面が六〇～七〇ｍも上昇。縄文海進（有楽町海進）という。曽谷台地の殿台遺跡、柏井台地の今島田遺跡。

前五〇〇〇年頃〜前三〇〇〇年頃	●縄文海進（有楽町海進）が最高潮に達する。現在の海抜一三mまでの地域はことごとく海となる。奥東京湾は大宮、幸手、関宿付近まで達した。市川台地の貝塚が発達した。
前二五〇〇年頃	●海進が停滞した。貝塚文化が最盛期、馬蹄形貝塚の形成が始まる。
前一五〇〇年頃	●市川砂州（現在の千葉街道）の形成が始まる。海退の始まり。
前一〇〇〇年頃	●海退の進行と市川砂州の発達、国分谷や大柏谷が沼地や湿地になり貝塚文化が衰退。海退速度は平均して一〇〇年で一km。
	●貝が採れなくなり、塩作りを覚える。大貝塚の消滅。
前一〇〇年頃	●市川砂州の発達で、その北側の湿地帯になった須和田台地で農耕文化が展開。南関東最初の弥生式土器の須和田式土器を使用（須和田遺跡）。水田の広がり。
四世紀	●大和朝廷成立。倭、朝鮮に出兵して高句麗と戦う。
	●ヤマトタケルの東征始まる。東海道を相模の走水（横須賀—久里浜）から総の国（富津—木更津）へ渡海する。
五世紀	●房総地方に印波国造、菊麻国造などの支配体制成立。
六世紀	●下総西南地域最大の前方後円墳の法皇塚古墳を国府台台地に築造。古墳の築造が盛んになる。市川砂州前面の海側に鬼高遺跡できる。

年号	西暦	出来事
大化　元年	六四五	●中大兄皇子、藤原鎌足らにより蘇我氏が倒され大化の改新始まる。
二年	六四六	●大化の改新の詔が発せられる。
		●六五〇年頃、総の国は上総、下総に分けられ、下総国府が国府台に置かれる。
天智　九年	六七〇	●最初の全国的戸籍『庚午年籍』が作られ、民は旧来の社会的関係に因む氏名がつけられて戸籍に登録される。
文武　二年	六九八	●九月七日、下総国に大風、百姓の住居を壊す。
		●一一月、下総国、牛黄を献上。
大宝　元年	七〇一	●紫菜を調として都へ運ぶ。
		●八月、大宝律令施行。
二年	七〇二	●八月五日、下総、駿河二カ国に大風、百姓の住居破壊、作物に損害。
		●この年、下総、駿河、伊豆、備中、阿波五カ国飢饉。
三年	七〇三	●七月五日、正五位上上毛野朝臣男足、下総国主となる。
慶雲　元年	七〇四	●七月三日、下総国、白鳥を献上。
和銅　三年	七一〇	●三月一〇日、都を藤原京から平城京に移す。

霊亀 元年 七一五
養老 二年 七一八
三年 七一九
四年 七二〇
七年 七二三
天平年間

●この頃（八世紀）、須和田集落は竪穴式住居で真間式土器を使用。国分谷に条里制水田が展開。国分谷の権現原に集落できる。
●里を郷と改め、郷里制がしかれる。
●五月二日、上総国を分割して安房国を置く。
●七月一三日、常陸国主藤原朝臣宇合、按察使となり走水から富津海岸に上陸。下総、上総、安房を管轄。万葉歌人高橋虫麻呂同行。
●五月二一日、舎人親王『日本書紀』を撰上。
●この頃、高橋虫麻呂、山部赤人ら、真間の手児奈の歌を詠む（別項）。下総国勝鹿（葛飾）の真間は湊だった。
●八世紀の防人はもっぱら東国から徴兵され、真間湊を出た葛飾郡の防人の歌がある。東京湾を相模に渡り、北九州の国境警備に赴いた。男子三人に一人を徴兵し、任期は三年。
「行こ先に波なとゑらひしるへには子をと妻をと置きてとも来ぬ」（行く先に波の音が騒ぎ、後ろの方には妻と子を残して遠くへ来た）右の一首は葛飾郡の私部石島《きさきべのいそしま》（『万葉集』巻第二十４３８５）。
●七四九〜七五六年頃、下総国分寺が造営される。
●七五九年、『万葉集』二〇巻できる。過去三五〇年分の長歌、短歌、連歌その他約四五〇〇首。「葛飾の真間の浦廻を漕ぐ船の船人騒ぐ

		波立つらしも」（作者不詳）。真間の浦とは狭義では古来からの行徳地先の海。 ●七六二〜七六九年頃、下総国その他で旱魃、年貢七、八割免除、食を与える。
宝亀　二年	七七一	●一〇月二七日、相模—上総—下総の東海道を廃し、相模—武蔵—下総に変更。夷参（座間市）—小高（川崎市）—大井（大田区大井）—豊島（千代田区麹町）—井上（墨田区寺島）—国府台のルート。
天応　元年	七八一	●この年、下総国飢饉、政府の救助策あり。富士山噴火。
延暦　三年	七八四	●一一月一一日、長岡京遷都。
四年	七八五	●七月、下総国で大風、作物に損害あり百姓飢饉に苦しむ。
一三年	七九四	●一〇月二二日、平安京遷都。
一六年	七九七	●この年、下総、甲斐両国飢饉、貧民に稲を安く売り与える。
大同　二年	八〇七	●二月一三日、斎部広成『古語拾遺』を撰上、総の国、上総、下総、安房のいわれを記す。
弘仁　九年	八一八	●七月、下総、相模、武蔵、常陸、上野、下野などに大地震。山が崩れ谷が埋まり、無数の百姓が圧死。震源は相模湾でマグニチュード八・六。

承和　二年	八三五	●八月二九日、太日川（江戸川）と住田川（隅田川）の渡船をそれぞれ二艘から四艘に増加、正税をもって買い備えさせる。
一〇年	八三四	●六月、下総、上総など一八カ国飢饉。
嘉祥　三年	八五〇	●在原業平、角田川（隅田川）を渡り下総国府へ来る。「名にしおはば　いざこと問わむ都鳥　わが思ふ人は　在りやなしやと」を詠む。 ●『伊勢物語』に業平らしき主人公登場。
貞観　五年	八六三	●この頃、播州赤穂に東大寺の塩荘園が成立。
六年	八六四	●連年の水害と旱魃、下総国葛飾郡などの百姓の調、庸を二年間免除。 ●富士山噴火。八代郡の本栖、剗《せ》の両の水海《うみ》を埋む（『日本三大実録』）。
一七年	八七五	●下総国の俘囚反乱。国分寺を焼き、良民を殺害。
一八年	八七六	●非常に備えるため、下総国に陰陽師を置く。
延喜　元年	九〇一	●一月二五日、菅原道真大宰権帥に左遷される。
五年	九〇五	●四月一五日、紀貫之ら『古今和歌集』を撰上。
天慶　三年	九四〇	●平貞盛、藤原秀郷らにより、平将門が討たれる。将門伝説。
寛仁　四年	一〇二〇	●九月、菅原高標女（一三歳）、父上総守の帰順に従い、江戸川を松

		戸で渡り武蔵国を通過。康平元年（一〇五八）、『更級日記』を著す。
永保 三年	一〇八三	●三月、富士山噴火。
天仁 元年	一一〇八	●七月、浅間山大噴火。
大治 五年	一一三〇	●一二月、千葉常重、私領下総国相馬郡布施郷を伊勢神宮に寄進、相馬御厨成立。
永万 元年	一一六五	●三月二一日、『櫟木文書』「占部安光文書紛失状寫」に「皇太神宮御領下総国葛西御厨領家口」とあり。伊勢神宮関係文書。
治承 四年	一一八〇	●八月二八日、源頼朝、石橋山の合戦に破れ、海路で安房の国に入る。 ●本行徳四丁目に笹屋（別項）といううどん店があり、頼朝がうどんを食べたのはこの店だと称している（『東葛飾郡誌』）。笹屋の由来を書いた六曲がりの大屏風。『房総三州漫録』にも頼朝の逸話あり。
文治 二年	一一八六	●三月一二日、『吾妻鏡』に「八幡」の記載。八幡庄の初見。
建久 三年	一一九二	●七月一二日、源頼朝、征夷大将軍となる。 ●この頃までに、千葉常胤、下総一国の守護職になり相伝される。
七年	一一九六	●真言宗清滝山宝城院建立。

元仁 元年	一二二四	●親鸞『教行信証』執筆、五二歳。一二二六年頃関東地方を布教。
仁治 二年	一二四一	●六浦と鎌倉間に道路ができ、「朝比奈切通」と呼ばれる。安房、上総、下総から六浦に人と物資が集中。 ●行徳のうち湊村というは海辺より大船の川への入口なり、ただし、右鎌倉船の入津（入港）場なり（『葛飾記』）。
文応 元年	一二六〇	●七月一六日、日蓮『立正安国論』を北条時頼に献上、三九歳。 ●秋頃、日蓮、（市川市）若宮に住む富木常忍のもとに身を寄せる。
弘安 元年	一二七八	●日蓮宗真光山妙頂寺建立。永禄四年（一五六一）現在地に移転。『葛飾誌略』は天正五年（一五七七）建立とする。
五年	一二八二	●一〇月一三日、日蓮、武蔵国池上に死す。
永仁 元年	一二九三	●鎌倉に大地震、死者二万人余。 ●八月二五日、大津波で当代島全滅。当時住居は一〇戸内外（『東葛飾郡誌』）。
暦応 元年	一三三八	●足利尊氏、征夷大将軍となる。
応安 五年	一三七二	●一一月九日、『香取文書』「藤氏長者宣寫」に「行徳等關務」とあり。 ●一二月一四日、『香取文書』「室町将軍家御教書寫」に「行徳關務事」とあり。『香取文書』とは「佐原市香取神宮関係文書」のこと。

永和　三年	一三七七	●三月一七日、『中山法華経寺文書』「希朝寄進状」に「下総国葛西御厨篠崎郷内上村を永代寺領にめさるべく候」の記載あり。
至徳　四年 （嘉慶　元年）	一三八七	●五月一日、『香取文書』「大中臣長房譲状」に「きやうとくのせき（行徳の関）、合五けせきの事」とあり。 ●この頃までに香取神社（かんどりさま）、佐原の香取神宮を勧請し創建。
応永　五年	一三九八	●八月、『櫟木文書』「葛西御厨田數注文寫」に「今井」とあり。伊勢神宮関係文書。
永享　三年	一四三一	●真言宗稲荷山福王寺建立。のちに雙輪寺となる。
文安　元年	一四四四	●浄土宗聖中山正源寺建立。『葛飾誌略』は宝徳元年（一四四九）建立とする。
宝徳　元年	一四四九	●真言宗竜灯山竜厳寺建立。のちに雙輪寺に合併。
康正　二年	一四五六	●一月一九日、足利成氏、市川を攻め、千葉実胤・自胤らは武蔵国赤塚城に逃れる。
長禄　元年	一四五七	●四月、太田道灌、江戸城を築く。
応仁　二年	一四六八	●浄土真宗親縁山了善寺建立。
文明一〇年	一四七八	●一二月一〇日、太田道灌、国府台に出撃、堺根原（松戸市）に陣を敷いた千葉孝胤の軍を破り、市川を手に入れる。

一八年	一四八六	●太田道灌、伊勢原にて暗殺。『葛飾記』に堀江村河尻堂免を堀割り、江戸川の水を落としたため、と記載あり。
明応　四年	一四九五	●九月、北条早雲、相模小田原城を襲い、奪う。
永正　六年	一五〇九	●七月〜一二月、連歌師柴屋軒宗長、すみた川の河舟にて今井の津に下りる。紀行文『東路の津登』を著す。今井は浅草からの河舟の津。
大永　七年	一五二七	●本行徳一丁目の神明社創建。寛永一二年（一六三五）、本行徳中洲から現在地へ移転。 ●河原の春日神社創建。
天文　三年	一五三四	●真言宗海岸山安養寺建立。
七年	一五三八	●一〇月七日、第一次国府台合戦。北条氏綱、足利義明と里見義堯を破る。
一一年	一五四二	●出羽国金海法印きたりて羽黒法漸寺末行徳山金剛院建立。御行屋敷という。ただし、享保年中に退転す（『葛飾誌略』）。
一三年	一五四四	●浄土宗光縁山大蓮寺建立。 ●五月、久助稲荷大蓮寺境内に創築。
一九年	一五五〇	●三月、砂降る。昼暗きこと七日間（『東葛飾郡誌』）。 ●真言宗不動山養福院建立。

二二年	一五五三	●一月、伊勢外宮庁、葛西御厨三十三郷の神税上分の納入を命ずる。 ●浄土宗仏法山法伝寺建立。『葛飾誌略』は天正二年（一五七四）建立とする。
二三年	一五五四	●臨済宗塩場山長松寺建立。本願主松原淡路守永正。
天文年中		●浄土宗来迎山光林寺建立。
永禄　二年	一五五九	●日蓮宗正国山妙応寺建立。『葛飾誌略』は天正元年（一五七三）建立とする。
三年	一五六〇	●五月一九日、織田信長、桶狭間の戦いで今川義元を破る。 ●真言宗水奏山圓明院建立。『葛飾誌略』は永禄五年（一五六二）建立とする。
六年	一五六三	●一月七日、八日、第二次国府台合戦の初戦。遠山丹波守江戸城を出て、行徳を通過し国府台で討死。
七年	一五六四	●一月七日、第二次国府台合戦。篠田雅楽助清久、河原の地を賜る。 ●小田原北条支配浜、行徳七浜と称される。江戸川上流から稲荷木、大和田、田尻、高谷、河原、妙典、本行徳の七カ村。
八年	一五六五	●篠田雅楽助清久、日蓮宗妙栄山妙好寺創建。河原を分割、妙典とする。
一〇年	一五六七	●一〇月頃、甲州家と北条家と楯鉾の時、小田原より甲州へ塩留め、

		流石の名将（武田信玄）も難儀（『葛飾誌略』）。
		●年貢塩、相州小田原へ船廻しにて相納め候由、是又申し伝え候（『塩浜由来書』）。
元亀 元年	一五七〇	●浄土宗真宝山法泉寺建立。
		●浄土宗仏貼山信楽寺建立。のちに教善寺に合併し、教信寺となる。
		●真言宗医王山東学寺建立。
三年	一五七二	●日蓮宗照徳山本久寺建立。
天正 元年	一五七三	●真言宗海照山花蔵院建立。
三年	一五七五	●真言宗関東山徳蔵寺建立。
		●日蓮宗法順山正讃寺建立。
四年	一五七六	●真言宗医王山宝性寺建立。のちに徳蔵寺に吸収。
六年	一五七八	●日蓮宗本応寺建立。のちに本久寺に合併。
一〇年	一五八二	●六月二日、本能寺の変。織田信長死す。
一二年	一五八四	●日蓮宗海近山円頓寺建立。
一三年	一五八五	●七月一一日、豊臣秀吉、摂政関白となる。
		●この年の奈良の塩価、米五斗で塩二石（二〇斗）の割合（一対四）。
一四年	一五八六	●日蓮宗正覚山妙覚寺建立。
一六年	一五八八	●真言宗神明山自性院建立。

一七年	一五八九	●一一月二四日、秀吉、小田原を討つため軍令を発する。
一八年	一五九〇	●二月、大地震、人畜の死傷多し（『東葛飾郡誌』）。 ●六月二三日、北条氏照の八王子城、前田利家と上杉景勝に攻められ陥落。守将の狩野一庵討死。 ●一庵の子、新右（左）衛門は後年、欠真間に源心寺を建てる。浄天と号し、田中内匠とともに内匠堀を開削したと伝承（『葛飾誌略』）。 ●八月一日、徳川家康、秀吉の命により関東へ移封、江戸城へ入る。 ●家康、行徳塩搬入のため小名木川開削の突貫工事を命ずる。 ●江戸での塩一斗は米三升三合。一日に兵一人あたり米六合、塩〇・一合、味噌〇・二合（『雑兵物語』）。
一九年	一五九一	●この年から本行徳の百姓ら、江戸城本丸へ行徳塩の輸送を開始。冥加年貢として毎日一石を御舂屋《おつきや》上納。 ●江戸府内の日用塩販売は行徳の行商人（が江戸笊と称す笊入り（三斗入り）で一手に実施、町々に塩市を立てる。享保九年（一七二四）禁止。 ●行徳領塩浜開発手当金について、『郊外見聞録』によれば慶長一三年（一六〇八）、家康三〇〇〇両、元和三年（一六一七）、秀忠二

○○○両、寛永五年(一六二八)、家光一〇〇〇両とされる。一説に『大日本塩業全書』では天正一九年一月、家康一〇〇〇両、文禄四年(一五九五)、秀忠三〇〇〇両、元和元年(一六一五)、家光二〇〇〇両とするが、秀忠も家光も将軍職につく前であること、船橋御殿は慶長一三年(一六〇八)の建設であることなどから疑問視される(『下総行徳塩業史』)。

文禄 三年	一五九四	●伊奈忠次、利根川の第一次改修工事開始。利根川を銚子へ向ける変流計画。 ●一月晦日、代官吉田佐太郎、妙典村治郎右衛門に新塩浜開発書付を与え、五年間諸役免除、それ以後は生産高の一〇分の一の年貢とした。
慶長 元年	一五九六	●春より雨細々降り、五月中旬より梅雨。この春雪節々降り、四月四日にも降雪。六月一九日、二三日、太井川(現、江戸川)、隅田川氾濫し百年以来の大水。葛西、浅草にて三、四〇〇人溺死(『江戸川区史』)。 ●真言宗宝珠山延命寺建立。 ●この頃までに小田原北条氏の旧臣、行徳の地に移り住み塩業に従事。

二年	一五九七	●浄土宗浄林寺建立。のちに廃寺となる。
三年	一五九八	●豊臣秀吉没。六二歳。 ●日蓮宗正永山常妙寺建立。のちに廃寺。 ●一〇月一六日、押切の稲荷神社創建。
五年	一六〇〇	●八月四日、徳川家康、上杉攻めから江戸川を下り船堀川、小名木川を通り江戸城へ戻る。このあと、関ケ原の戦いに赴く(『江戸川区史』)。 ●浄土真宗仏性山法善寺建立。別名塩場寺。
六年	一六〇一	●一二月一六日、海嘯、地震。人畜の死傷多し(『東葛飾郡誌』)。
八年	一六〇三	●二月、徳川家康、征夷大将軍となり、江戸幕府成立。
九年	一六〇四	●一二月一六日、慶長大地震、午前と夜半の二回発生。午前は南海道沖、夜半は房総沖を震源とし、ともにマグニチュード七・九。大津波と共に房総半島全体が隆起。新井、相之川、欠真間、香取、湊付近も隆起と推定。
一〇年	一六〇五	●四月、徳川秀忠、将軍となる。家康、大御所となり実権を握る。
一三年	一六〇八	●家康、行徳領塩浜開発手当金三〇〇〇両を与える(『下総行徳塩業史』)。 ●幕府、永楽銭の通用を禁止、以後、年貢のための名目となる。

一五年	一六一〇	●浄土宗海厳山徳願寺建立。
一六年	一六一一	●狩野浄天、欠真間に浄土宗西光山源心寺を建立。
一七年	一六一二	●船橋御殿造営。一六一二～一六一五頃の造営されるが未詳。
一八年	一六一三	●十二月、東金御成街道建設。
一九年	一六一四	●一月九日、家康、上総国東金へ渡御。八日、今井の渡しから行徳を通過。 ●九月、安房館山城主里見忠義、伯耆国倉吉に転封。里見家滅亡。 ●一〇月二五日、地震と津波。 ●一二月、津波。
慶長年間		●浄土宗松柏山清岸寺建立。 ●法善寺開祖河本彌左衛門、大阪より来たりて塩田の開墾に努める。 ●新道開かれる。稲荷木村一本松から八幡までの直線道路。
元和　元年	一六一五	●五月、大阪夏の陣により豊臣家滅びる。 ●浄土宗十方山大徳寺建立。 ●仙台松ケ江に行徳の某神詞者玄蕃塩田開発を勧誘。一二景の内に行徳島なる島がある。 ●この頃、新井村に素五社稲荷建立される。寛永年中、熊野神社と改称。

二年	一六一六	●四月、徳川家康没。七五歳。 ●八月、行徳船津に定船場以外で渡しなどを禁止する「定め」が出される。市川の渡しが重要箇所一六のうちの一つとして定船場に指定される。 ●曹洞宗秋葉山新井寺建立。 ●日蓮宗題目山常運寺建立。『葛飾誌略』は慶長二〇年(一六一五)建立とする。
三年	一六一七	●秀忠、行徳領塩浜開発手当金二〇〇〇両を与える(『下総行徳塩業史』)。
五年	一六一九	●田中内匠(重兵衛)、当代島に善福寺を建立(『葛飾誌略』)。寺歴によれば、明暦二年(一六五六)、栄祐の創建とされる。
六年	一六二〇	●この年、飢饉。 ●狩野浄天、田中内匠の両人、灌漑用水路開削のため公に訴訟し免許を願い出る(『葛飾誌略』より)。開削年代不明。囃子水―八幡圦樋までが寛永(一六二四〜)までに、八幡圦樋―稲荷木・田尻までが元禄(一六八八〜)までに、河原―当代島までが元禄検地(一七〇二)前後に開削。
八年	一六二四	●六月一九日、里見忠義、転封地の伯耆国倉吉で死亡し里見家滅亡。

年号	西暦	事項
		里見家の遺臣行徳の地に移住。
九年	一六二三	●七月、徳川家光将軍となる。秀忠、大御所となり実権を握る。
寛永元年	一六二四	●八月四日、利根川洪水。
二年	一六二五	●押切、伊勢宿の地で江戸川を締め切り、現在の流路に変更。今井の渡しの上流に堰を築き船の通行を禁ずる。利根川変流工事の一環。 ●この頃、本行徳のはずれの海側に新規の行徳船津を設ける。 ●押切の地は昔の川跡ゆえに、塩宜しからず所、の言い伝え（『葛飾記』）。 ●浄土宗青暘山善照寺建立。『葛飾誌略』は元和七年（一六二一）建立とする。
三年	一六二六	●浄土宗飯沢山浄閑寺建立。
四年	一六二七	●仙台流留村の菊地惣右衛門、行徳より老練者二名を雇い、塩焼きの技術を伝える。
五年	一六二八	●家光、行徳領塩浜開発手当金一〇〇〇両を与える（『下総行徳塩業史』）。
六年	一六二九	●川幅二〇間の新川の開削成る。古川は廃され、脇水路となる。 ●小名木川を川幅二〇間に拡幅する。

八年　一六二二

●三月一五日、狩野浄天没。

●一〇月、代官伊奈半十郎、行徳領一六カ村の塩浜検地（古検）を実施。塩年貢永六〇四貫八六七文。堀江、猫実、二子、本郷、印内、寺内、山野、西海神八カ村の塩浜、荒浜となり塩浜永免除。塩浜の反別（面積）不明。五分の一塩、五分の四金納とされる。

●この年の記録、苦汁はその年柄に応じ難儀の村方に下し請負人を定めて江戸市中で売捌き請負人から合力永として運上金を上納。享保六年（一七二一）入札。

●秋、本行徳から利根川べりの木下までの街道を新設。鹿島道（木下街道）という。別名なま道。銚子からの鮮魚を行徳河岸（祭礼河岸）を経由して日本橋の魚市場まで輸送する産業道路だった。

九年　一六二三

●一〇月、今井の渡し許可（『東葛飾郡誌』）。欠真間村より瑞穂村今井まで。『市川市史第七巻』に「譲中証文之事」として「利根川内川通耕作人樵夫草刈渡御書付」があり、寛永八年九月二一日付の「覚」が収録されている。

●この頃までに、川床跡地の押切の地に行徳河岸（祭礼河岸）を設ける。

●本行徳村が他村に勝ち、関東郡代伊奈半十郎の許可を得て、行徳

		船の運行始まる。本行徳河岸—江戸日本橋小網町間、三里八丁。旅人改番所設置。当初は一六艘、寛文一一年五三艘、嘉永年間六二艘。明治一二年廃止。
一〇年	一六三三	●幕府、川船奉行を置く（二名）、万治二年、二名、延宝六年、三名。
一一年	一六三四	●九月一七日、本行徳の番所で夜盗二人を捕らえ、銀三枚、三つ道具賜る。
一二年	一六三五	●徳川家光、参勤交代を制度化する。寺請制度始まる。 ●塩浜一五カ村の塩垂百姓、中洲の神明社を本行徳一丁目の現在地に遷座。 ●下新宿の稲荷神社創建。 ●河原の胡録神社創建。
一八年	一六四一	●利根川と接続する上流域の江戸川の変流工事完成。
寛永年間		●田所長左衛門、江州信楽より来たりて製塩に従事。
正保　元年	一六四四	●生實城主森川半弥重政家来久三郎とイネ駆け落ち、今井の渡しで捕らえられ磔の刑になる。ねね塚の伝承。石地蔵立つ（『葛飾誌略』）。 ●幕府、田畑永代売買を禁止。
二年	一六四五	●浅野家、常陸国笠間から播州赤穂に転封。赤穂流とされる塩浜改

		革に成功。
慶安 二年	一六四九	●六月二〇日、江戸に大地震。震源地、江戸川東京湾地震帯、マグニチュード七・一（推定）。幕府は瓦葺屋根を廃し、柿葺《こけら》屋根の普及に努めた。
四年	一六五一	●七月、由井正雪事件起きる。市川の渡しが番所から関所になる。
		●一〇月一三日、大風雨にて戸塚、神奈川、川崎諸駅、並に葛西、行徳の辺民家数千軒倒覆せしとぞ（『江戸川区史』所収「徳川実記」）。
		●田中内匠没（当代島を開拓し、内匠堀を開削したとされる）。
承応 元年	一六五二	●一二月、佐倉宗吾一揆起こる。
三年	一六五四	●銚子から太平洋へ注ぐ利根川の東流工事完成。
承応年間		●江戸への下り塩廻船二五〇～三〇〇艘、約五〇万俵。
明暦 二年	一六五六	●真言宗東海山善福寺建立。『葛飾誌略』は元和五年（一六一九）建立とする。
三年	一六五七	●一月の江戸の大火（振袖火事）の節、今井の渡しで欠真間村（現相之川）から今井へ渡す免許を願い出るも、行徳船の障りになるとの理由で関東郡代伊奈半十郎により却下（『葛飾誌略』）。
		●一〇月、津波（『東葛飾郡誌』）。
万治 元年	一六五八	●善照寺に五智如来像建立される。

二年	一六五九	●七月二〇日、洪水（『東葛飾郡誌』）。 ●九月一〇日、相之川の日枝神社創建。
万治年間		●真言宗水奏山圓明院建立。
寛文 元年	一六六一	●この年、小名木川の隅田川川口川船番所、中川口に移され、中川番所と称する。
二年	一六六二	●津波（『東葛飾郡誌』）。
四年	一六六四	●この年、湊新田の胡録神社境内に庚申塔が建てられる。
五年	一六六五	●一〇月一五日、押切に阿弥陀如来像の庚申塔が建つ。おかね塚伝承。
一〇年	一六七〇	●八月四日、洪水（『東葛飾郡誌』）。
一一年	一六七一	●この年、行徳船五三艘。
延宝 四年	一六七六	●湊の法伝寺に馬頭観音像建立される。
五年	一六七七	●九月二〇日、暴風、津波（『東葛飾郡誌』）。 ●一一月四日、房総沖地震と津波、マグニチュード七・四。上総東部震度六。
六年	一六七八	●この年、幕府、川船奉行を三名に増員。江戸湾に流入する大小河川の川船に極印を打ち、川船からも年貢・役銀を徴収。ただし、行徳船は非課税。

	七年	一六七九	●七月二三日、行徳領御年貢塩、代官伊奈左門守深川御宅にて延宝二年から同六年までの五年分一万二〇〇〇俵余を入札、江戸市中に販売。寛文一二年～貞享四年の一五年間で八回入札販売実施。
	八年	一六八〇	●八月六日、大津波、行徳領で一〇〇人余流死。香取、湊新田で五五人流死。家財、塩浜諸道具、雑穀などことごとく流失。行徳塩浜村民、代官伊奈半左衛門より仕入金借用叶わず、江戸商人田中源右衛門から金九〇〇両の借金。堤普請は人足一人につき鐚一〇〇文、そのほか、夫食拝借なし。両国橋破損し往来止まる。
天和	三年	一六八三	●春、江戸の米相場一両につき一石七斗、三貫九百文替。七月、一両につき一石六斗（『武江年表』）。
貞享	二年	一六八五	●本行徳村の権七、半右衛門が津軽藩の塩田の見立てをする。
	三年	一六八六	●閏三月、葛飾郡を二つに分け、江戸川の東を下総国、西を武蔵国と定まる。
	四年	一六八七	●八月、松尾芭蕉、本行徳から木下道にて鹿島へ吟行。『鹿島紀行』を著す。 ●五代将軍徳川綱吉、生類憐れみの令を発す。
元禄	元年	一六八八	●行徳塩浜村民、延宝八年の借金返済できず、江戸商人田中源右衛門に田地・屋敷・塩浜を残らず質物に入れ、証文を提出。

三年	一六九〇	●行徳船津が新河岸に移され、祭礼河岸が押切の地（現在地）に移される。 ●徳願寺十世覚誉上人により行徳札所三三カ所巡り始まる。 ●藤原観音堂を建て徳願寺の身代り観音像を遷して安置。
四年	一六九一	●浄土宗海中山了極寺建立。
八年	一六九五	●日蓮宗題本山清寿寺建立。
一〇年	一六九七	●一〇月六日、新井村に妙栄信女のために法華書寫塔が建てられる。お経塚伝説。宝永年間に慈潭和尚の火定あり。 ●関東に大地震。 ●この頃までに築かれた潮除堤の跡地を昭和の時代に「へび土手」と称した。元禄耕地囲堤。地域によっては「蛇山」とも称す。 ●この頃までに、河原—当代島に至る内匠堀が開削される。
一五年	一七〇二	●八月、幕府代官平岡三郎右衛門ら、行徳領の塩浜検地を実施。塩浜反別一九一町七反七畝二四歩、塩浜年貢永五〇七貫四五三文一分。四分の一塩納、四分の三金納となる。当代島、大和田、稲荷木、前野四カ村の塩浜、荒浜のため塩浜永免除となる。 ●一二月一四日、赤穂浪士討ち入り。
一六年	一七〇三	●四月二七日～六月二七日、深川富岡八幡宮境内で成田不動尊が初

めて出開帳（別項）を行い、行徳を通過。以後、江戸時代中に一三回の出開帳を実施。

●一一月二三日夜、大地震あり。地形ゆりくだけ、大津波、塩浜海面塩除堤崩れ、荒浜となる。被害甚大。元禄大地震。千葉県野島崎沖を震源としマグニチュード八・二。東京都東部地域で震度六。品川で津波二m。

●大地震の被害多く、浦安・船橋地方は津波にも遭い人畜多く死せり（『東葛飾郡誌』）。

元禄年間

●塩稼ぎの儀は四月より八月まで日長の節稼ぎ方肝要とし五ヶ月間を製塩季節とする。

●元禄年間に市川市広尾地区を田地に開墾のため新井川開削される（『葛飾誌略』）。

●妙典の八幡神社創建。

宝永　元年　一七〇四

●七月七日、江戸川大洪水、村内水丈三尺、江戸川より塩浜一円に水が押し寄せ、塩浜囲堤大破。おびただしく荒浜でき、塩浜お役永六分通りご容赦、塩納ご赦免、塩浜自普請金一町歩につき二両ずつ仰せつけあり。新井、欠真間、湊新田、湊、押切、伊勢宿、関ケ島、本行徳、下妙典、上妙典、田尻、高谷の一二カ村で三四七

		両の自普請金を借用。『江戸川区史』によれば「古河領より本所まで東は行徳、西は浅草の堤まで一面に水押死人も大分有之候」（『文露叢』）とある。 ●浅間山大噴火。
二年	一七〇五	●五月中より盆前まで、長雨にて塩浜稼ぎできず、願い上げ塩納三分の二ご容赦。
三年	一七〇六	●一〇月四日、暴風、大津波。
四年	一七〇七	●九月一五日、一〇月四日、暴風、大津波。 ●一〇月四日、宝永地震、東海沖を震源としマグニチュード八・四、震度六。 ●一一月二〇日より富士山大噴火、宝永山できる。江戸に降灰一、二寸。船橋で一坪に砂一升。二三日昼から二六日まで焼砂降り止まず。
五年	一七〇八	●塩浜の復興を願い、本行徳教信寺境内に馬頭観音像が建つ。 ●元禄一六年の大地震、宝永元年の大津波のため、潰れ百姓できる。願い上げ塩浜永、荒浜につき半納引きとなる。金一四〇〇両余で塩浜囲堤、潮引き江川と井戸溝さらいご入用ご普請。
六年	一七〇九	●原木、二俣両村、塩浜囲堤大破。粗朶、羽口などは山野村の御林

七年	一七一〇	を下され、葉唐竹、葉直竹の分は代永を下される。人足一人につき扶持米一升ずつ、人足、名代、普請用の竹代ともに金高三〇両のご入用ご普請あり。 ●湊村、塩浜囲堤大破。波除杭、粗朶、羽口などは山野村、柏井村の御林を下され、葉唐竹、葉直竹は代永を下さる。人足はご扶持一人につき米一升ずつ、唐竹、直竹代ともに金高三六両のご入用ご普請あり。 ●江戸の塩相場、一石につき銀三八・三匁。
宝永年間		●新井寺慈潭和尚、貝殻へ法華経書写し火定する（『お経塚由来記』）。 ●この頃までは江戸での下肥汲取り値段は無料。のち、葛西船による集荷。
正徳　元年	一七一一	●五月、道中奉行、八幡宿に駄賃・人足賃銭を記したものなど合計六種の高札を掲げる。 ●欠真間、湊、湊新田、本行徳の四カ村、塩浜囲堤大破。杭木、粗朶、葉唐竹、葉直竹など諸色は代永を下さる。人足一人につきご扶持米七升ずつ代永にて下さる。金高一二〇両余のご入用ご普請。
二年	一七一二	●徳願寺一五世水誉上人、宮本武蔵の供養塔（地蔵）建立。

五年	一七一五	●原木、二俣両村、塩浜ご普請所大破。諸色人足賃金共金高六〇両余のご入用ご普請。人足一人につき賃銭一匁八分。
享保元年	一七一六	●この年、本行徳村より行徳新田（現、本塩）を分け、本行徳町内を四丁に分ける。 ●八月、徳川吉宗将軍となる。 ●享保から元文にかけて、江戸横山町升屋作兵衛（加藤氏）加藤新田の開発を始める。安永四年（一七七五）と天保四年（一八三三）に新開塩浜お取り立てとなる。 ●大徳寺に「時の鐘」建立される。
二年	一七一七	●八月一六日、大嵐高波にて塩浜囲堤ことごとく大破。御勘定役の御見分あり。
三年	一七一八	●前年の災害に対するご普請、二俣、原木、高谷、田尻、上妙典、下妙典、本行徳、関ケ島、伊勢宿、押切、湊、湊新田、欠真間、新井の一四カ村にて、金高九七〇両余のご入用ご普請。人足は金一両につき四〇人替、一人につき鐚《びた》八四文ずつ。 ●二月、妙典、田尻、高谷、河原の四カ村、塩浜が真水押しになるので、稲荷木、大和田、川原の三カ村の萱野畑に新田（水田）を開発させぬよう代官に訴える。

五年	一七二〇	●この年、原木・二俣両村のご普請所大破。金高一六〇両余のご入用ご普請。人足一人賃金一匁八分ずつ下さる。
六年	一七二一	●代官小宮山杢之進（別項）のお支配初年。杢之進が築いた堤を小宮山堤あるいは小宮山土手と称した。 ●五月中より盆前まで塩浜不稼ぎ、暴風、江戸川洪水、大津波。松平九郎左衛門様御支配之節より願い上げ叶わなかった永荒引半納引きとなる。 ●春、徳川吉宗、行徳領の塩浜ご普請金として金一〇〇〇両余を下賜。
七年	一七二二	●八月二十七日、嵐、高波にて塩浜囲堤大破。内堤、外堤に金高二一〇〇両余のご入用、金一両につき人足三八人替、一人鐚八〇文ずつ、芝付け人足賃金一匁五分、葭植え人足一人につき米五合扶持。杭木、葉唐竹、直竹、粗朶、葉笹などの諸色入札値段で下される。内堤には芝を植え、外堤には葭を植え、波除けに百足杭を目論み、至極丈夫になり年数相保ち候。
八年	一七二三	●前年のご普請所、葉笹垣を詰め直す。一人米五合当て、原木、二俣両村だけ修復。葉笹垣詰め直しの村々は欠真間、湊、湊新田、高谷、原木、二俣の六カ村。

年	西暦	事項
九年	一七二四	●願い上げたご普請所堤並びに葉笹垣詰めなどご修復、諸色ご入用、人足一人につき米八合ずつ、欠真間、新井、湊、湊新田、本行徳、高谷、原木、二俣の八カ村。
一〇年	一七二五	●幕府、江戸市中に七六軒、行徳領では四七軒の地廻塩問屋を公認。棒手振などの塩の行商を禁止。ただし、守られなかった。 ●垣下直《えんがじか》にてお買上、塩六桶入八三四二俵は桶代金四六五両二分、鐚六七〇文。塩相場下落のとき行徳塩浜保護のための価格調整。
一一年	一七二六	●三月二七日、代官小宮山杢之進、行徳領塩浜増築計画を吉宗に上申、塩浜堤が幕府の定式ご普請となる。吉宗、村々に朱印状（別項）を与える。 ●この年、塩浜囲堤に植えられた葭萱が御立野となる。 ●この年、下り塩廻船（別項）で江戸へ塩俵一六七万八八〇俵。
一三年	一七二八	●江戸川大洪水、塩浜一面に水押し開く、その上大嵐高波にて塩浜ことごとく荒浜となる。願い上げ、お役永六分通り納引き、夫食拝借。
一四年	一七二九	●塩浜いたって不景気、塩浜六、七分通りもご新田（水田）に願い上げ、お役永を三分通り納引き。
一五年	一七三〇	●四～六月、享保一三年の江戸川大洪水と高波で大破した塩浜囲堤

		をご修復、塩浜井戸溝潮引き江川浚普請、諸色お買上げ、人足一人につき賃銭八分と鐚六四文ずつ。
		●八月晦日、大嵐、高波にて塩浜諸道具流失、塩舟、竈屋が吹き潰れ、塩焼き百姓難儀。お役永三分通り納引き、夫食拝借、荒浜半納、起返りなどのある村々はご吟味の上明細書を渡す。
		●この年、高谷村に大鯨二本あがる。江戸、近在より見物群集し茶屋見世物小屋を構え祭りの如し、奇しき事なり(『葛飾誌略』)。
一六年	一七三一	●八月二七日、大嵐、高波、前年より海面で二、三尺も高波ゆえ、塩浜諸道具流失、家居塩舟竈屋吹潰し、塩焼き百姓退転すべく願い上げたところ、お役永一六カ村にて永二〇〇貫文ご用捨引き、夫食拝借。
一七年	一七三二	●前年の塩浜ご普請所大破に対し、人足賃金三〇両余のご普請、欠真間、新井、湊、湊新田、高谷、原木、二俣の七カ村。ただし、人足賃金ばかりで諸色代ご入用なし。
一八年	一七三三	●享保一八年~二〇年、飢饉。日本橋付近に数千人の乞食が群がる。
一九年	一七三四	●二月二〇日、高谷村の浜に鯨二ツ流れ寄る(五尋二尺)。両国橋辺広場に出して見せ物とす。 ●五月中より盆前まで、長雨降り続き塩浜不稼ぎ、願い上げて、お

		役永三分の一通り納引き。上妙典村に検地が実施される。 ●七月、支配所牧場の普請で配下が不正をしたために、小宮山杢之進は失脚、解任される。宝暦九年（一七五九）八月五日隠居、安永二年（一七七三）没。 ●享保七年、代官小宮山杢之進の指示により、堤防に植えた葭萱を年々刈り取り普請材料に使用、残りを入札で払い下げた。この年の払い下げ値段一〇束につき代永八一文。
二〇年	一七三五	●一月に刊行された『続江戸砂子』に近国の土産大概として「行徳塩　下総なり。この入海を袖の浦という。海辺の村々塩浜多し。江戸より六、七里ほど。もしほくむ袖の浦風さむければほさてもあまや衣うつらん」とある。
享保年間		●金海法印建立の行徳山金剛院廃寺となる。 ●元禄以後この頃までに古積塩が開発される。 ●印内の重右衛門（じゅえむ）、頓才を示して民話として語り残される。
元文　三年	一七三八	●五月中より長雨、江戸川満水にて塩浜に障りあり、その上、土用中雨降り続き不稼ぎ、願い上げ、四分の一塩納ご免除。
寛保　元年	一七四一	●暴風雨と大津波、押切村にて先年取立てた新塩浜堤大破、人足、諸

		色共金高三二両のご入用ご普請、人足一人につき賃金一匁五分ずつ。
二年	一七四二	●前年の押切村の塩浜堤大破に対して願い上げたところ、金高一八両余のご入用ご普請。人足一人前賃金一匁五分ずつ下さる。 ●八月一日、大風雨、高波にて関東大洪水、居村にて水丈五～六尺、塩浜一面に水押し開く、欠真間村地内潮除堤字枡形で大切所できる。ほかの村々にも切所できる。潮引堀（江川）埋まる。江戸三大洪水の一つとされる。
三年	一七四三	●前年の大洪水に対して人足一人につきご扶持米七合五勺、塩浜付き一四カ村々にご普請。塩納残らずご赦免の上、永高三分の二ご用捨引き。字枡形の大切所は水深く廻し築にご普請。 ●この年、江戸神田の儀兵衛、儀兵衛新田を開く。安永七年（一七七八）と天保四年（一八三三）に新開塩浜お取り立てとなる。
延享 元年	一七四四	●暴風、津波。この年、年貢永三三一貫二九〇文七分。
三年	一七四六	●欠真間、湊、押切三カ村の塩浜囲堤ご普請所大破。九、一〇月までにご普請。
寛延 元年	一七四八	●八月一日、暴風、津波。船橋で漁夫二八人溺死（『東葛飾郡誌』）。 ●春中より長雨打ち続く。その上、八月一三日大風雨、高波にて塩

二年	一七四九	焼き難儀、四分の一塩ご赦免。 ●八月一三日、大風雨、江戸川洪水、高波。塩浜不振、塩納赦免。 ●青山某（文豹カ）『葛飾記』二巻を著す。行徳観音札所三十三カ所御詠歌収録。
三年	一七五〇	●塩浜囲堤ご普請、江川浚い。
宝暦 二年	一七五二	●下妙典村中、「下妙典龍王宮」を祀る。
六年	一七五六	●一〇月、本行徳名主平蔵、『塩浜由来書』を提出。
八年	一七五八	●九月一三日、田中内匠の子孫行徳領当代島村富右衛門、欠真間村渡船支配人総代に今井の渡しの権利を譲渡（別項）。（『市川市史第七巻』）。
九年	一七五九	●一一月、行徳上郷九カ村、村内に塩買人を極め置くよう願い上げ。のちの問屋。
一一年	一七六一	●八月、風雨、津波（『東葛飾郡誌』）。
明和 二年	一七六五	●九月一六日、暴風、津波（『東葛飾郡誌』）。 ●この頃、本行徳に遊女屋二軒繁昌、同六年の大火で焼失。文化の頃はなし。
三年	一七六六	●七月六日、暴風雨、関東大洪水、大津波（『東葛飾郡誌』）。
四年	一七六七	●四月、上妙典村、百姓六五軒、水呑百姓二三軒、合計八八軒。

六年	一七六九	●この年、仙台候、江戸川堤普請御手伝。 ●二月一六日、本行徳村に大火発生、罹災家屋三〇〇軒余。四丁目火事。 ●八月、元代官小宮山杢之進の名で『塩浜由緒書』作成される。
七年	一七七〇	●夏から秋にかけて雨降らず、江戸では日毎に水を争う（『後見草』）。ただし、干天は塩浜には好都合。
安永元年	一七七二	●六月下旬、風雨、江戸川洪水、津波（『東葛飾郡誌』）。
二年	一七七三	●元行徳塩浜代官小宮山杢之進没。行徳塩浜にとっては恩人。
三年	一七七四	●この冬、毎日大北風烈しく、江戸川に厚氷張り、人馬の往来するほどになる。「水神の罰も当るか川面をはつた氷に手のかがむのは」金鶏（『葛飾誌略』）。 ●風雨、津波（『東葛飾郡誌』）。 ●上妙典村中、「上妙典龍宮様」を祀る。
四年	一七七五	●河原の渡し許可（『東葛飾郡誌』）。河原村より篠崎村伊勢屋まで。 ●風雨、津波（『東葛飾郡誌』）。 ●湊新田、加藤新田、原木村六人請、右三カ村新開塩浜お取り立て。
六年	一七七七	●風雨、津波（『東葛飾郡誌』）。
七年	一七七八	●儀兵衛新田、新開塩浜お取り立て。

			●暮れから翌年秋にかけて伊豆の大島噴火。江戸中に鳴動が響き渡り戸障子襖が倒れ、空は曇り細かい灰が都下一円に降る（『後見草』）。
	八年	一七七九	●八月二四日、洪水、暴風雨。二〇日より大雨止まず二四日、二五日諸国大洪水、江戸もっとも甚だし（『東葛飾郡誌』）。
安永年間			●奉行桑原伊豫守、浦出入り一件の際、吉宗の朱印状を召し上げる。 ●一七七二～一七八〇年、幕府、行徳領の塩浜堤の定式ご普請の指定を解く。
天明	二年	一七八二	●上道（本塩）に「南無八大龍王」が祀られる。 ●七月、下総に雪が降る。
	三年	一七八三	●七月六、七日、浅間山噴火。昼夜砂降り三日（『東葛飾郡誌』）、畑方年貢永減免、塩浜不稼ぎ。利根川大洪水。全国で天明の大飢饉始まる。 ●同月九日、一〇日頃、水血色、溺死の人馬夥しく江戸川を流れ来る（『葛飾誌略』）。江戸川区の善養寺に「天明三年浅間山噴火横死者供養碑」寛政七年（一七九五）の十三回忌建立がある。
	四年	一七八四	●本行徳村塩焼百姓、お貸付金一五〇両を拝借。
	六年	一七八六	●七月一二～一七日、古来稀なる大水、大津波起こる。開府以来最

大。『江戸川区史』では、一面の水は民家の軒に達し、皆屋根を壊し船に乗る。今井・猫実・一之江・二之江・逆井・木根川・本所の辺りが一面の海となる、とする。

七年　一七八七

●この頃の塩業、六～七月、暑気強く第一に相稼ぎ、八～一〇月、稲作の取収めのため百姓手隙なく、一一～三月、塩垂れ滴少なく、四～五月、例年雨天打続き塩垂百姓男女とも手を空かす。

●この年、本行徳村、百姓一九二軒、水呑百姓一八三軒、男八三八人、女七三一人、行徳船五三艘、その他極印船一一〇艘。塩浜総反別三七町五反五畝六歩、この永一〇二貫六六一文。田方七三町一反三畝六歩、畑方二九町一反七畝二七歩（『本行徳村明細帳』）。

●この年、ここ数年の凶作による大飢饉。江戸で米騒動起こる。

八年　一七八八

●一月六日、大風雨、高波のため塩浜ご普請所破損、ご入用ご普請。

●六月四日、大嵐、高波にて田畑、囲堤のおよそ七〇〇間余が打崩れ、大切所が二カ所できる。

●八月三日～七日、下新宿村に相撲興行あり。

●一二月一四日、大嵐、高波にて六月四日に崩れた囲堤が残らず打崩れ、塩浜、田畑とも汐入りとなる。

●前年の災害に対する本行徳村でのご入用ご普請にあたって、名主

		など村役人がご入用金取扱いについて不正があったとして、同村塩浜百姓六四名の総代三名が名主など村役人を訴える。 ●浦安市猫実の花蔵院に「公訴貝猟願成塔」（別項）建立される。三番瀬の漁場争い。
寛政 元年	一七八九	●二月一七日、大嵐、高波にて堤、諸道具などまで残らず流失、ご入用ご普請を願い上げる。 ●浄閑寺で成田山不動尊開帳、七昼夜開扉（『葛飾誌略』）。 ●八月六日、大津波、塩浜大破、土船、竃屋、民家押し流され、原木村三〇〇人余流死、一村退転同様。二俣村も大半同様。夫食並びに農具代拝借。
三年	一七九一	●幕府、勘定役早川富三郎に下知して、欠真間村地先海面干潟の塩田開発を命ずる。御手浜（別項）と称して一之浜から七之浜まで開発。
四年	一七九二	●前年の被害に対してご普請あり。
五年	一七九三	●七～九月、雨降り止まず洪水（『東葛飾郡誌』）。
六年	一七九四	●一一月、徳願寺境内で横綱谷風梶之助の相撲興行あり。
七年	一七九五	●天明三年の浅間山大噴火の犠牲者のための一三回忌供養碑が江戸川区の善養寺（天明三年浅間山噴火横死者供養碑）と新井の延命

	八年	一七九六	寺により建立される。延命寺のものは「首切り地蔵」という。 ●夏中、江戸川出水、河原村の川除堤が決壊、押切村、上妙典村、下妙典村の塩浜に泥押し寄せる。塩浜永七分通りお引き方、三分通り上納を願い出る。
	九年	一七九七	●欠真間、新井両村の塩垂百姓、御手浜に「一之浜竜王宮」を祀る。 ●冬、芭蕉の百回忌記念に行徳の俳人戸田麦丈らが本塩の法善寺に句碑を建立。潮塚（別項）と呼ばれる。
	一〇年	一七九八	●七月、『成田の道の記』著される。著者未詳。
寛政	末年		●葛飾北斎「ぎょうとくしほはまよりのぼとのひかたをのぞむ」絵を制作。
享和	元年	一八〇一	●一月、十返舎一九、行徳、船橋を経て香取、鹿島、日光を旅行。翌年、『南総紀行旅眼目』を刊行。 ●六月一九日、二〇日、伊能忠敬、幕命により行徳領塩浜の村々を測量。
	二年	一八〇二	●七月、江戸川大出水、高波のため塩浜囲堤大破。 ●一二月、下妙典村年寄り四郎左衛門、田四反五畝を抵当に関東郡代貸付方より金四両一分を借用。
	三年	一八〇三	●高波のため塩浜囲堤大破。

文化 元年	一八〇四	●享和二～三年の被害につきご普請あり。以後四年間の破損につき村繕い。
四年	一八〇七	●幕府勘定役中川瀬平、新井村から二俣村までの塩浜に囲堤六八七四間を築く。 ●「永代橋水難横死者供養塔」（別項）徳願寺門前に建立される。
五年	一八〇八	●大風雨のため塩浜囲堤ことごとく大破。
六年	一八〇九	●前年大破した塩浜囲堤のご入用ご普請あり。 ●春、幕府は当代島、新井、欠真間、下妙典村に二六町八反二畝の新塩浜開発を命ずる。文政一二年（一八二九）に新開新塩浜にお取り立てとなる。 ●四月、徳願寺阿弥陀如来開帳される（『武江年表』）。 ●湊新田と湊の名主・年寄り・百姓代連名で、猫実神明下から西海神村まで長さ六〇〇〇間、幅八〇〇間を新塩浜と田畑に開墾を嘆願。文政一三年（一八三〇）に新開新塩浜にお取り立てとなる。
七年	一八一〇	●『葛飾誌略』刊行される。著者不明。
九年	一八一二	●この年、江戸日本橋講中、本行徳村新河岸に成田山常夜灯（別項）を建立。笠石渡およそ五尺、火袋およそ二尺、総高一丈五尺の大灯籠。

●一二月、下妙典村甚右衛門、田畑一町四反九畝歩を抵当に関東郡代貸付方より金一四両を借用。

●この年、幕府は塩浜巨細調査のうえ、塩浜役永引方助成実施。塩焼百姓それにより自普請、残金三〇〇両余を貸付役所へ積み立てる。

一〇年　一八一三

●太田南畝、行徳から本郷村（船橋市西船）を訪れる。

●五月一八日、勘定奉行所において、湊新田・湊・押切および船橋九日市村は猫実・東宇喜田・長島諸村との漁場争いに敗れ過料銭を支払わされる。

●六月、行徳領塩浜付一九カ村、塩浜囲堤海辺通りに石垣ご普請を命じられる。ただし、本行徳村へ五五〇間築造して頓挫。

●六月、右石垣御普請金調達名目で塩会所設置願い提出、認められる。会所口銭収入年六五一両三分と試算。

●新井村名主鈴木清兵衛（行徳金堤）、『勝鹿図志手繰舟』刊行。了善寺境内で三〇年前に井戸を掘ったところ、鏡、太刀を納めた石櫃が出土したとの記載あり。この頃、小林一茶たびたび金堤宅に止宿し高谷から木更津へ行く。

一一年　一八一四

●釈敬順『十方庵遊歴雑記』（別項）を刊行。

一二年	一八一五	●一〇月四日、小林一茶、新井村の名主鈴木清兵衛（行徳金堤）を伴って高谷の安養寺に止宿。 ●行徳領の塩生産高三万六八二〇石四合、反別一八四町五反〇畝一五歩。塩販売価額合計金二九二二両と二貫二〇〇文は一両につき塩約一二石で下落、文政年中同約二石五斗、天保一四年（一八四三）同約三石と高騰。 ●『行徳志』刊行、著者不明。
一三年	一八一六	●閏八月四日、洪水、暴風雨、樹木を倒し、田畑砂土に埋まる（『東葛飾郡誌』）。 ●一二月四日、小林一茶、新井村の名主鈴木清兵衛（行徳金堤）宅に止宿。翌五日、茨城県北相馬郡守屋町高野の海禅寺へ出立。金堤、金一片を贈る。
文政　四年	一八二一	●塩焼百姓のお金貸付役所への積金三〇〇〇両余。 ●三島政行『葛西志』を著す。
五年	一八二二	●一〇月七日、暴風雨、津波（『東葛飾郡誌』）。
六年	一八二三	●九月二一日、暴風雨、津波（『東葛飾郡誌』）。
七年	一八二四	●八月、関東、奥羽に大洪水。
八年	一八二五	●二月、幕府、異国船打ち払い令を発する

		●六月二九日、渡辺崋山、下総、常陸両国を旅行し、『四州真景図巻』を制作。その中に「行徳船場の図」がある。 ●この年、行徳領塩垂百姓は、本行徳村源兵衛ほか計四名及び押切村七右衛門の合計五名の塩問屋と、上方からの下り塩の買入れを相止める旨の議定を交わす。
一〇年	一八二七	●十辺舎一九『房総道中記』を著す。
一一年	一八二八	●たびたびの江戸川大出水あり。上下妙典・下新宿・河原・大和田・稲荷木の六カ村、田畑水枯れにつき村々へ貯穀お下げ願いを申し出る。お金貸付役所積金の利息で塩浜一〇〇町歩余を開発。 ●九月、大風雨高波にて塩浜囲堤に切所洗切ができ、塩浜並びに新田とも潮をかむり、一二月、諸貸付金無利息年賦割済となる。 ●一〇月二三日、本行徳村名主ほかより、八幡宿往来筋の新道が大破したるにつき、普請を行う旨通知。
一二年	一八二九	●四月、前年の大出水に対して行徳領六カ村村役人総代上妙典村名主紋右衛門、役所に貯穀の供出を願い出る。 ●九月八日、八幡宿問屋庄兵衛より、当夏中よりの出水にて行徳往来新道筋に洗切所でき、その修復に関して通知。 ●西海神村、二俣村、原木村、高谷村、田尻村、両妙典村、新開塩

天保 元年	一八三〇	浜お取り立て。 ●三月一二日、行徳領塩浜一五ケ村を代表して欠真間・本行徳・上妙典・下妙典四カ村塩垂百姓宗四郎ほか四名、本行徳・押切両村百姓源兵衛ほか四名を相手取り、上方下り塩を買入れて地塩に作り直す件につき訴訟。 ●湊村、湊新田、欠真間村、新井村、新開塩浜お取り立て。 ●中川から江戸川へ新川の引き船代この年一二四文。
二年	一八三一	●二月、下妙典村、伊奈友之助役所に『古塩浜御高入並新開御検地場所書上帳』を提出。 ●三月二四日、下妙典村『塩浜内高入反別書抜覚帳』を作成。 ●六月、下妙典村、伊奈友之助役所に『新開塩浜小前書上帳』を提出。
四年	一八三三	●八月一日、大風雨のため田畑に損害。同月八日、荒地検分のため吟味役を派遣するにつき、該当箇所があれば報告せよとの代官所からの通達。 ●九月、江戸で米買占めに反対して打ち壊し始まる。同月二〇日、代官伊奈友之助役所より、米の値段が高いので、米を持っている者は早々に売り出すようにとの触れを通達。

		●一一月、西海神、二俣、高谷、田尻、上妙典、下妙典、本行徳、湊、湊新田、欠真間、新井、原木の塩浜付き一二カ村、凶年につき塩浜年貢の九分通りの免除願い。 ●二俣村、加藤新田、儀兵衛新田、本行徳村、押切村、湊村、湊新田地先嘉七郎請、欠真間村、右八カ村新開塩浜お取り立て。
五年	一八三四	●四月、下妙典村、前年八月一日の大風雨大津波にての『破損家数取調書上帳』を提出。塩竈屋の潰れ四軒、同屋根破損三軒、土船破損一五軒、潰家二軒、屋根壁破損家数五五軒。
七年	一八三六	●二月より雨が降り続き塩浜稼ぎ皆無。 ●七月一八日、稀なる大津波、塩浜囲堤、新田堤ともに大破。新田、本田共潮冠り、塩浜場面泥砂押し流し、土船、釜屋、民家吹き潰れる。 ●七月、下妙典村『農間商い渡世の者名前取調書上帳』を提出。 ●八月、塩浜年貢、苦塩運上の引方願いおよび夫食拝借願い。 ●上下妙典村、田尻村、高谷村新開塩浜お取り立て。 ●天保年間より堤防修繕費用負担、幕府七に対して村民三。 ●『江戸名所図会』全七巻二〇冊刊行される。編者斎藤月岑ほか。 ●天保四年以来の凶作のため天保の大飢饉起こる。

八年	一八三七	●二月、大塩平八郎の乱が起こる。
九年	一八三八	●五月、堤普請御下力金のうち金千両行徳塩問屋仲間六名より上金して自普請。
一〇年	一八三九	●上下妙典村、田尻村、高谷村、新開塩浜お取り立て（別項）。
一三年	一八四二	●夏より秋にかけて旱天、泉水の水枯れて池中の魚死したるところ多し。 ●『南総里見八犬伝』完成。著者滝沢馬琴。
天保末年		●深川元雋『房総三州漫録』を著す。
弘化二年	一八四五	●三月一五日、一六日、四月四日、稀なる大風にて塩浜囲堤大破。四月五日、行徳領塩浜付村々総代下妙典・本行徳・欠真間三カ村名主・年寄りより青山九八郎が役所に対して、大破した塩浜囲堤の検分を願い出る。 ●七月二七日、二八日、大風雨にて塩浜囲堤に、欠所、洗い切り。 ●一～七月までの砂干日数合計四七日、塩垂日数合計三七日。塩稼薄必至と難渋至極の年柄、役永全免の嘆願をする。 ●八月、新開浜お取り立て並びに稼浜囲堤そのほか、急速ご普請を願い出る。
三年	一八四六	●三月、下肥再議定下総国葛飾郡八幡町組合四二カ村。

嘉永 二年	一八四九	●六月、連日の雨が大雷雨となり豪雨が続き、江戸時代中最大の洪水発生。江戸三大洪水の一つ。利根川、江戸川決壊、逆井渡場から市川渡場まで一円に水が押上げる。奥戸方面で水丈一丈三尺余、葛西領被害甚大。日本堤より見るに蒼海の如し。行徳にはなぜか記録がない。 ●五月、行徳領塩浜付村々一六カ村（新井、湊新田、湊、押切、伊勢宿、関ケ島、儀兵衛新田、加藤新田、本行徳、下妙典、上妙典、田尻、高谷、原木、二俣、西海神）より、欠真間村が棒手売取締議定に調印しないことについて訴訟。
四年	一八五一	●三月二九日、上妙典、下妙典両名主、年寄りらより、塩稼ぎ困難につき、金一五〇両を一五年賦返済で借用したい旨、役所に願い出る。
六年	一八五三	●三月一四日、本行徳村年寄りより、行徳領各村に対し、塩浜出来塩、諸掛り、売値など巨細取調べ、一六日までに書付を差出すよう通知。 ●三月、関東取締出役より、子供たちが往還に縄を張り、往来の者に迷惑をかけ、銭をねだり、それを元手に賭けをするなどを禁ずる旨通知。

安政　元年　一八五四

●四月一日、御春屋より、当年より納塩を五〇石増す通達があった旨、本行徳村より塩浜村々に通知。
●六月三日、アメリカ東インド艦隊司令長官ペリー、遣日国使として軍艦四隻を率いて浦賀に来航。
●九月、稲荷木村、品川台場建設に「明俵」三〇〇俵を供出。
●一二月四日、代官所より、異国船見物のため船を出し近寄るなどのことを禁ずる旨の触れを通達。
●一二月七日、佐原飛脚問屋吉田氏、本行徳三丁目に馬頭観音像を建立。

二年　一八五五

●二月晦日、品川第三台場の埋立・地杭打を行徳領の者が請負う。
●三月、間宮永好、『神野山日記』を刊行。
●八月二九日、原木村の前名主嘉七、品川第六台場の下請けに決まり前日に下見をする。二カ月後に完成。
●一一月四日、安政東海地震、震源、遠州灘沖。マグニチュード八・四。安房国、銚子など大津波。死者二千〜四千人。
●一一月五日、安政南海地震、震源、土佐沖。マグニチュード八・四。死者数千人。
●一〇月二日、安政江戸地震、地震と津波で塩浜囲堤が切れ大被害。

三年　一八五六

江戸川河口（埼玉県東南部とも）を震源としマグニチュード六・九。死者四千余人。下総の西部地域（行徳・南行徳を含む）で倒壊家屋多し。

●二月、代官所より、海岸防御のため寺院の梵鐘をつぶし、大砲、小銃を作るにつき、梵鐘調査の触れを通達。

●三月一日、代官所より、行徳領村々に対し、年貢正塩の俵拵《こしら》えなど不十分につき叱責の通達。

●三月五日、八幡宿問屋より、明六日成田不動尊江戸深川開帳のため通行、関東取締出役太田源助ほか二名付添いの旨通知。

●五月二五日、夜、南大風、大津波にて塩浜囲堤切れ大被害。年貢免除を願い出る。

●八月二五日、南大風、大津波。塩浜全部洪浪に流され、堤防破壊、塩田荒廃す。床上浸水、流失家屋多数。塩浜永上納御免願いを提出。また、金一〇〇両を下り塩問屋から借用。条件、同四年より三カ年間赤穂・才田塩を購入販売し、塩一〇〇俵につき銀三匁ずつを積み立てること。

●成田山新勝寺『成田参詣記』五巻を刊行。

●仮名垣魯文『成田道中記』を刊行。

四年	一八五七	●三月、前年の津波災害につき、七二五〇両の御普請、そのうち二〇〇〇両は塩浜付村々へ三〇年賦で貸付。 ●一二月、前々年の地震被害につき下妙典村家屋全壊二、半壊五、前年の津波による流失家屋一〇、全壊二、半壊二三、以上につき幕府から一〇カ年賦で二五両の拝借金。 ●行徳塩浜村民、御城内御春屋ご上納不足として浦賀港にて大量の下り塩を行徳へ積み送る。安政四~八年の五カ年間。実状は古積塩への転用。 ●この年の江戸における米相場、一両につき四斗八升五合、百文につき七合と高騰。前年八月の台風前は一両につき七斗八升、百文につき一升二合。
五年	一八五八	●夏中、雨多くして炎威烈しからず。秋にいたりても天顔快晴の日少なし。冷気がちにて、目まい、のぼせ、眼病、頭痛を病む人多し(『武江年表』)。
六年	一八五九	●七月二五日、暴風雨、江戸川洪水、津波(『東葛飾郡誌』)。 ●九月一八日、下妙典・上妙典両村総代より、先般塩浜囲堤の御普請を願ったが、役所より時節柄とても出来ないから自普請せよとの返事があったので、了承する旨の請書を差し出す。

万延	元年	一八六〇	●堤防修復負担、幕府六に対し村民四の割合。
文久	元年	一八六一	●二月九日、関東取締出役より、江戸川筋渡船場取締があり、その他作場通いの船に浪人や無宿者を乗せないよう通達。 ●二月、関東取締出役より、浪人または無宿者らが村々に立ち回った際には捕らえ、手に余る場合は殺してもよい、場合によっては鉄砲を用いてもよい、との触れを通達。 ●仙台の横田屋新兵衛、内ノ脇川尻に行徳塩師一〇名ずつを三カ年雇い入れて新塩場を開き、ここを行徳と称す。面積三町七畝二〇歩、生産高一カ年三〇〇〇俵にのぼった。
	三年	一八六三	●三月、近藤勇らの浪士、京都で新撰組と称す。 ●三月一六日、本行徳村名主より、今般非常の場合の人馬差配方について相談したいので、明一七日九つ時に本行徳の丸屋に参集するよう通知。
元治	元年	一八六四	●六月一二日、この頃、佐倉藩、水戸天狗党警戒のため行徳・松戸方面に出兵。
慶応	元年	一八六五	●五月、代官所より、長州征伐のため、かねて仰せ出された兵賦（一〇〇〇石につき一名、一七歳以上四五歳以下）を早急に出すよう通達。

●閏五月、本行徳村より、兵賦人足雇上人四名の名を各村へ通知。
●八月六日、暴風雨、津波（『東葛飾郡誌』）。
●一二月、関東取締出役より、八幡宿組合村々に対し、市川関所と本行徳船場を警戒するよう通達。

二年　一八六六

●七月二〇日、代官所より、「近頃米価格高騰し、小民共の難儀が容易でないので、窮民に対し施米や救貸をする者の数を届けるよう」通達。
●九月二八日、代官所より行徳領村々に対し、年貢米を早納めするよう通達。行徳領村々は、晩稲が多くいかに努力しても早納めができないので、回米のうち三分通りは翌月中旬の津出しにしてもらいたい旨、村々より代官所に請願。
●一二月、欠真間村名主と江戸新肴町地塩問屋が、江戸本所石原町重兵衛ら四名を相手取り、奉行所に苦塩抜売抜買訴訟を起こす。

三年　一八六七

●三月、本行徳村より、市川新田など九カ村村役人にあてて、本行徳村地内字中洲九人請場所を定式御普請所にすることにつき一札を出す。
●一二月九日、朝廷、王政復古を宣言。

明治　元年　一八六八

●三月五日、勅使下向、御恭順につき触れ、この旨本行徳村名主よ

		り通知。同月一二日、神仏混淆を禁止。 ●三月、勝海舟、西郷隆盛との会談に先立って、江戸での戦闘に備え江戸市民の避難のための方策として行徳の顔役松葉屋惣吉、草刈正五郎と会談、舟の手配を依頼。日限は三月一四日の西郷隆盛との会談日。 ●四月一一日、倒幕軍江戸城へ入城。 ●同日、旧歩兵奉行大鳥圭介ら、一六〇〇名を率いて、下総市川へ奔る。 ●閏四月三日、市川・船橋戦争、新政府軍と旧幕府脱走兵、八幡、市川、真間、船橋方面で激突、新政府軍勝利。 ●閏四月三日、武総取締、今般本行徳村に官軍が止宿するので兵糧、人馬、船などを差出すよう通達（湊新田に陣屋を構えていた）。 ●この年、行徳領塩浜村々『塩浜仕法書』を作成。 ●維新以後、塩浜堤防は「私堤」として自普請を立前とされ難儀。
三年	一八七〇	●三月、小菅県、報恩社法施行、貧民の救済にあたる。県下三五六町村中本行徳村最高額の一二四二両を拠出。
四年	一八七一	●一月、川蒸気飛脚便利根川丸就航。万年橋—江戸川—中田（埼玉県）を隔日運行。

五年 一八七二

●一月五日、寺社領を没収。
●五月一〇日、新貨条例公布、金本位制となる。両を改め円、銭、厘。
●七月一九日、風雨、海嘯（津波のこと）あり（『東葛飾郡誌』）。
●八月二六日、大風雨、明治初年より毎年大災害続く。
●一二月九日、印旛県庁を葛飾郡本行徳村徳願寺に仮設。
●一月二九日、行徳村に取締所を置き、出火・盗難・検死及び送入籍・逃亡あるいは遺失物拾得物などを取締る。
●二月八日、江戸川以西の足立郡下四一〇カ村、葛飾郡下七二カ村、東京府の所轄となる。
●四月九日、庄屋・名主・年寄りなどを廃止し、戸長・副戸長を置く。
●七月一日、行徳村に郵便取扱所設置（別項）。取扱人、岩崎条蔵、清酒・醤油卸業。明治一三年の郵便受信数一万五一〇〇通、発信数二万一八〇〇通。
●『塩売捌商法書』（別項）提出される。
●一般家庭でランプが盛んに使われ始める。売買される土地に地券（現在の登記済権利書に似たもの）制度を導入。

六年 一八七三

●二月一六日、行徳小学校、徳願寺に仮設される。
●三月一五日、行徳小学校欠真間分校を源心寺に仮設、一〇月に拡智小学校として独立、明治七年一〇月、欠真間小学校と改称。
●六月七日、印旛、木更津県を廃し、千葉県となる。
●九月二四日、洪水、利根一三尺（『東葛飾郡誌』）。
●一二月一七日、湊小学校を湊村法伝寺を仮教場として開校、教員静岡県士族水野清穀、生徒数、男三六、女一六、合計五二。

七年　一八七四

●一二月、本行徳までの道標（別項）が今井の渡し場に建てられる。
●一月一七日、本行徳駅、松戸駅、木更津村の三カ所に取締所を設置。
●七月二五日、新井小学校を新井村延命寺に設置。
●一月、行徳郵便取扱所が行徳郵便局と改称され、三等局となる。
●二月、新井、当代島、猫実、堀江までの道標が今井の渡し場に建てられる。

八年　一八七五

●一二月四日、湊の渡し（南行徳村湊と瑞穂村当代島間）、槇屋（新屋）の渡し（南行徳村欠真間と瑞穂村当代島）の営業許可下りる。
●この年、河原小学校設立。
●浦安当代島の漁師高梨源八、西脇清吉両名葛西沖三枚洲で大鯨を捕獲。当代島の稲荷神社に大鯨の碑を建立。「鯨一頭で七浦潤う」の諺あり。

九年	一八七六	●三月一四日、朝から大風雨。 ●五月二日、東京府下葛飾郡上今井村村民、江戸川筋今井渡船場権利獲得について東京府に出願。七月、市川渡船場、八月、松戸渡船場も同様に紛糾。 ●九月一七日、洪水、利根一三尺（『東葛飾郡誌』）。 ●行徳に近傍各町村と組合を作り、民費で巡査を置く。明治一一年、千葉警察署の分署を本行徳三丁目（八幡宮境内入口）に置く。同三七年、巡査部長派出所となる。のちに本行徳巡査派出所とされ、河原、原木にも巡査派出所を置く。
一〇年	一八七七	●外輪蒸気船「通運丸」（別項）江戸川筋に就航。 ●明治一〇年代、政府により『旧高旧領取調帳』編纂される。
一一年	一八七八	●六月、湊、欠真間、新井小学校が合併して欠真間小学校となる。湊、新井両校は付属となる。 ●一一月、東葛飾郡八町二四三村、戸数二万五四二、人口一一万四四六五。
一二年	一八七九	●一月六日、三太の渡し（行徳町本行徳と篠崎村間）の営業許可下りる。 ●四月二六日、杉山平七、東京本所区花町―行徳新河岸間長渡船営

		業許可、和船荷足船を運航。
		●一一月四日、東京日本橋区小網町三丁目の行徳通船営業者、小蒸気船で行徳新河岸―東京小網町字行徳河岸間の航路を開設。
		●一二月、新井村の開墾二町三反五畝六歩。
		●この年、行徳船廃止される。寛永九年から二四七年間活躍。
一三年	一八八〇	●この年、船橋町塩田六町歩。明治三四年、四〇町歩、製塩高一万二〇〇〇石。
一四年	一八八一	●三月、香取の大火で源心寺の欠真間小学校が焼失、相之川の小川市兵衛家の塩蔵で授業をする（塩蔵学校）。
		●四月三日、行徳町に三〇〇余戸焼失の大火。『市川市史』は二七〇余戸とする。
一五年	一八八二	●一〇月二九日、江戸川洪水、水丈一二・五尺（『東葛飾郡誌』）。
		●一二月、押切村の開墾三町七反八歩、湊村の開墾一町四反七畝。
一六年	一八八三	●蒸気船通運丸、深川高橋―行徳間の航路を開設。
一七年	一八八四	●八月二〇日、関東に大地震。
		●九月一五日、暴風雨、洪水、利根一五尺。
		●この年、湊新田村の開墾三町四反四畝二三歩。
		●この頃、塩相場立て月六回、赤穂塩相場の二割高で行徳製塩場渡

		し東京卸売相場とされる。古積塩は地古積約四万俵、直古積一六～一七万俵を製塩。
		●この年、関ケ島の関口家(丸京味噌)、味噌(別項)作りを始める。最盛期は行徳の味噌屋二〇軒余。
一八年	一八八五	●七月一日、台風、洪水、利根一三尺(『東葛飾郡誌』)。
		●維新後、行徳製塩業者は旧来の由緒を忘れることが出来ず、旧証拠書類を添えて度々の嘆願の結果、この年から堤防修理費用のうち三～七分は千葉県庁より補助。
一九年	一八八六	●この年の行徳の戸長役場所在地、欠真間、本行徳、河原。
二〇年	一八八七	●勝海舟筆の熊谷伊助慰霊歌碑、自性院に建立される。
		●この年、市川南部の漁村、漁船六一、漁業専業二七戸、兼業一〇七戸。
二一年	一八八八	●七月、行徳地域の戸長、田中忠右衛門(欠真間村ほか四カ村)、田中栄次郎(本行徳村ほか四ケ村)、川合七左衛門(河原村ほか四カ村)。
		●七月二四日、一〇月六日、洪水、利根一五尺(『東葛飾郡誌』)。
		●一一月、欠真間尋常小学校新校舎落成。
二二年	一八八九	●二月八日、総武鉄道㈱創立。四月一九日、本所・八街間の仮免状下

		付。一二月二六日、小岩・佐倉間の建設工事・運営の許可下りる。この間、本行徳通過の鉄道路線計画に地元有力者及び小松川村の協力が得られず小岩・市川を迂回。 ●三月、欠真間尋常小学校を陽徳尋常小学校、湊小学校を明徳尋常小学校、新井小学校を新井尋常小学校と改称。 ●町村合併により五月、初代南行徳村長に川合七左衛門、同行徳町長に加藤総右衛門が就任。 ●九月一一日、暴風雨、江戸川・多摩川・荒川氾濫、洪水。利根一三尺。
二三年	一八九〇	●四月、行徳高等小学校開校。当時、市川で天丼三銭、コーヒー一五銭。 ●八月二一日と二三日、台風、江戸川洪水、利根一五尺（『東葛飾郡誌』）。
二四年	一八九一	●九月三〇日、大風雨、家屋の全壊、船舶の流失あり。
二五年	一八九二	●四月二日、暴風雨、明治九年以来最大、出水多し。 ●八月二四日、江戸川洪水、利根一三尺（『東葛飾郡誌』）。
二六年	一八九三	●二月二四日、各町村長総代として行徳町長加藤総右衛門ら、堤防修繕に関する請願書を知事に提出。

		●七月、江戸川渇水のため、関宿行きの汽船の松戸より先の航行不能。
二七年	一八九四	●新浜に御猟場が設けられる。 ●六月二〇日、安政二年以来の大地震、東京下町の被害甚大。市川は強震。 ●七月一〇日、総武鉄道、市川―佐倉間、一二月九日、市川―本所間開通。
		●八月一日、日清戦争起こる。行徳町四三名出征。 ●八月、江戸川洪水、利根一七尺。
二八年	一八九五	●蒸気船通運丸、浦安に初めて寄港、蒸気河岸は一軒家(別項)。 ●二月二四日、南行徳村の中村太次郎、清国盛京省大平山で戦死。新井熊野神社境内の日露戦争記念碑(別項)に新井村の日清戦争出征者の氏名あり。
二九年	一八九六	●八月九日、江戸川大洪水、利根一七尺(『東葛飾郡誌』)。 ●この年から堤防修繕費用の全部を千葉県庁が補助。 ●七月二二日、江戸川洪水、関宿一六尺、二四日、松戸一三尺、本行徳不明(『東葛飾郡誌』)。
三〇年	一八九七	●四月、郡会議員として行徳町の加藤総右衛門、南行徳村の川合七

左衛門ら選出される。別枠で本行徳から中島万次郎・岩崎条蔵・石井金吾らを選出。同三二年の選挙では近藤喜八（南行徳村）、田中伊右衛門（行徳町）らを選出。
●九月九日、津波、江戸川洪水、江戸川八尺（『東葛飾郡誌』）。
●この年、行徳町、南行徳村、浦安村で小作米減額要求事件起こる。
●この頃、丸浜養魚場できる。

三一年　一八九八
●仙台流留村、行徳より製塩士を招き改良釜築造し煎熬法の伝授を受ける。
●明治二九～三一年の一カ年平均、行徳塩の東京市内日用塩販売俵数一五万一二〇〇俵（三斗入り）。市内需要日用塩の約五〇％を供給。

三二年　一八九九
●一〇月五日、大雨、大浸水あり。
●この年、南行徳村に初めて巡査駐在所が置かれる（巡査定員一名）。江戸川水上取締りのため、欠真間村に南行徳村水上派出所を置く。

三三年　一九〇〇
●四月二二日、江戸川洪水、利根一一尺（『東葛飾郡誌』）。
●九月、南行徳村の山田箕之助、中川屋漬物工場創業（福神漬）。
●仙台大川村、有志者を行徳へ派遣し釜屋煎熬法を視察、翌年行徳

三四年	一九〇一	の人を招いて改良釜築造の伝授を受ける。 ●この年、南行徳村川合七左衛門、行徳浦での海苔養殖に成功。 ●八月二五日、江戸川洪水、利根一一尺（『東葛飾郡誌』）。 ●一〇月四日、騎兵第一〇連隊付属分隊（国府台に駐屯中）、南行徳村新井地先海岸で水馬訓練（別項）実施。浦安、南行徳漁民の事件を未然に防ぐ。
三五年	一九〇二	●九月二九日、江戸川洪水、利根一三尺（『東葛飾郡誌』）。千住大橋・吾妻橋流失。 ●九月、行徳町漁業組合設立。 ●四月、本行徳村に塩専売局出張所設置、大正二年一〇月、船橋町に移転し倉庫のみ残されたが、大津波を契機に同六年一〇月倉庫も廃止。
三六年	一九〇三	●五月一日、新井尋常小学校を陽徳尋常小学校に合併。 ●七月、南行徳漁業組合設立（組合員二〇〇名余、組合長近藤喜八）。 ●この年、行徳町の塩生産高三万八〇二二石、塩田面積一〇〇町七反歩、竈数六一、一竈当たり生産高六二三石、南行徳村、塩生産高三五七七石、塩田面積一二町歩、竈数二七、一竈当たり生産高一三二石。

三七年	一九〇四	●二月一〇日、日露戦争起こる。市川からの従軍四〇一名、戦病死者四一名、そのうち、南行徳村七名、行徳町九名。新井熊野神社、香取源心寺、関ケ島胡録神社、妙典八幡神社境内に記念碑がある。 ●四月五日、総武鉄道、亀戸―両国間開業。 ●七月一〇日、江戸川洪水、利根一二尺。 ●九月、行徳町に高橋洋傘骨工場設立される。
三八年	一九〇五	●一月一日、塩専売法公布、製塩は許可制、塩の所有、売買の禁止。 ●一月一六日、初代の市川橋（江戸川橋）竣工、長さ一〇〇間、幅二一尺の木橋。 ●九月、行徳町に千葉県塩売捌会社設立される。 ●この年の行徳塩浜の採鹹日数一五〇日、鹹水採取量一四〇〇石。 ●塩専売後の行徳塩田の価格、一町歩約三〇〇〇円、一町五反歩約五〇〇〇円。
三九年	一九〇六	●四月〜六月、日露戦争記念碑が行徳町・南行徳村四カ所に建立される。 ●七月二六日、利根川、江戸川大洪水。
四〇年	一九〇七	●八月二四日、大暴風雨、家屋浸水多数。 ●八月二四日、関東地方に大暴風雨、江戸川洪水、利根一六尺。

四二年	一九〇九	●一〇月、東葛人車鉄道㈱創立。路線は、河原―中山―鎌ケ谷間。明治四二年九月二八日、貨物営業開始、大正七年三月営業廃止（別項）。 ●六月三〇日、京成電気軌道株式会社発足。 ●七月二〇日、浦安・船橋両漁業組合から漁区七万坪を借り受けて、南行徳、行徳両漁業組合がノリ養殖場を経営。南行徳は三万坪。
四三年	一九一〇	●四月、南行徳村消防組、行徳町消防組いろはに四組設立。 ●八月一二日、利根川一八・四尺、江戸川一八・七尺、堤防決壊六六カ所。明治年間最大の洪水に襲われる（『東葛飾郡誌』）。利根川上流山岳地帯の降雨量二〇〇〇～四〇〇〇㎜。
四四年	一九一一	●七月二六日、台風、津波（『東葛飾郡誌』）。 ●前年の洪水のため利根川改修計画できる。江戸川の川幅の拡幅、江戸川放水路の開削、行徳町その他九カ村の耕地整理の実施、真間川を延長して東京湾に直接排水。利根川全域の改修計画は昭和五年（一九三〇）に終了。
四五年	一九一二	●四月一〇日、雙輪寺所蔵の札所三十三カ所御詠歌できる。湊の森柳氏作。
大正　元年	一九一二	●一〇月、下江戸川橋（今井橋の前身）架設。木橋。

●一一月八日、浦安町・南行徳村組合立伝染病舎設立。避病院（別項）と呼ばれた。現在の浦安市川市民病院の前身。
●この年の塩製造人、行徳町四五、南行徳村一、製造高四〇三万四七五斤（八〇斤入り叺で五万三八〇叺）、行徳町塩田九六町四反、南行徳村塩田五六町。一斤は六〇〇グラム。
●京成電気軌道、押上―江戸川間開通。

二年　一九一三

●三月、田中喜兵衛、醤油醸造工場操業開始。
●四月、押切に乾麺・パン製造の川崎製麺所設立。
●食塩の消費者物価、地物一石大正二年五円六〇銭、同八年七円。

三年　一九一四

●一月一〇日、行徳町教育会設立。
●八月、利根川、江戸川氾濫、南行徳村堤防に亀裂二カ所八間。
●八月二二日、京成電気軌道、江戸川―市川新田間開通。

四年　一九一五

●五月、八幡町に行徳・市川・八幡・中山・葛飾の五カ町村組合立の隔離病舎建設。
●九月二〇日、行徳町青年団創立。大正一二年の団員数六〇〇名。
●一一月一五日、南行徳村青年団創立。大正一二年の団員数一七一名。
●この年、行徳・船橋地方のコレラ患者一四五（死亡者一〇六）、南

五年	一九一六	行徳村戸数六五二、人口四一三七、行徳町戸数一三七二、人口七三三六、市川町戸数一〇七〇、人口五二三二。 ●江戸川放水路の開削工事開始、大正八年竣工。大正九年床固工事終了（固定式の行徳堰）。 ●この頃までに、行徳、南行徳、浦安に電気が引かれる。 ●この頃の青年団、南行徳村一七一名、行徳町六〇〇名。
六年	一九一七	●一月一日、東葛飾郡の町村中、田の地価最高は行徳町で六十六円二八銭、畑は南行徳村で二〇円八〇銭、売買価格は約一〇倍。大正八年（一九一九）における東葛飾郡での米の反収は平均で一石九斗三合（約四・八俵強）。 ●一〇月一日未明、台風による大津波起こる。浦安町、南行徳村、行徳町の被害、死者六三、行方不明三、重軽傷者三五、流失家屋三二九、行徳塩田壊滅（『東葛飾郡誌』）。 ●一二月、野田醤油（現キッコーマン）行徳第一六工場を下新宿に開設し醤油製造を始める。野田醤油は明治四二年六月に資本金一一万円で創立。昭和二三年（一九四八）一〇月、第一六工場を閉鎖。 ●この年、南行徳村に木造船建造修理の藤代造船所設立。

七年	一九一八	●五月二六日、徴兵検査、行徳町七六名、南行徳村四六名。
八年	一九一九	●この年の南行徳村の生産高、食塩一二七三万二〇〇〇斤（四〇斤入り叺で三一万八三〇〇叺）、米六六七一石（一万六六七七俵）、福神漬九万貫、（三三七・五トン）、海苔二一三〇貫（約九トン）、貝灰四〇万五一〇〇貫（約一五一九トン）。
九年	一九二〇	●三月三一日、学齢児童就学状況調査表、南行徳村男三五六、女三六三、計七一九、不就学七、就学率九九・〇四％、行徳町男六一六、女六五〇、計一二六六、不就学九、就学率九九・二九％。 ●四月一三日、南行徳村の陽徳・明徳両尋常小学校、統合されて南行徳尋常学校となる。 ●五月八日、江戸川洪水。関宿町堤防決壊。行徳は豪雨の被害あり。 ●この年、本行徳大洲に北越製紙市川工場設立。
一〇年	一九二一	●初代の行徳橋が完成。木橋。大正一一年三月一八日、祝賀式。 ●葛飾乗合自動車㈱、浦安―八幡間九・五㎞のバス運行を開始。アメリカ製ほろ型外車二台。昭和一七年二月一日から京成バスとなる。 ●この年の行徳町の製塩業者一三、製造場数一七、反別四〇町歩、結晶釜数二二、製造高三六万六〇〇〇斤（八〇斤入り叺で四五〇七

一一年	一九二二	入）。 ●七月、南行徳尋常高等小学校、総建坪四五一坪の総合校舎落成。
一二年	一九二三	●六月五日、『千葉県東葛飾郡誌』刊行。 ●九月一日午前一一時五八分、関東大地震起こる。相模湾を震源としマグニチュード七・九。津波、木更津で一・八m。
一三年	一九二四	●四月、南行徳尋常高等小学校附属幼稚園開設（別項）。
一五年	一九二六	●南行徳村に東京再製塩㈱設立。 ●この年の行徳町産米総俵数一万二〇八〇俵。
昭和 三年	一九二八	●五月二一日、千葉市付近を震源とする地震、江戸川河口付近では土壁の亀裂、破壊あり。 ●昭和三、四年、山本周五郎、浦安に下宿し行徳を訪れる。 ●一〇月一日、行徳町戸数一六五九、人口七八〇六（男三九六三、女三八四三） ●この年、東葛飾郡下の農作雇賃金平均男二六〇円・女二〇〇円。その他諸職雇賃金平均、左官職二円八〇銭、ペンキ職二円六〇銭、土方一円八〇銭。
四年	一九二九	●南行徳村の尋常小学校卒業者一〇三名、行徳町同一四五名。 ●九月三〇日、第二回塩業地整理により製塩の禁止、田畑への転換。

		行徳町塩田は製造者五名、製塩場所五カ所、結晶釜五個、塩浜反別（採塩地面積）一三町五反だった。
六年	一九三一	●一二月、米穀検査俵数、南行徳村四六七二、行徳町一万四〇四一、市川町四二二〇、中山町一四三三、八幡町一一一四、国分村一九九〇、大柏村一九二六。
七年	一九三二	●五月一五日、犬養首相暗殺される（五・一五事件）。 ●六月一九日、永井荷風、電車で今井橋まで来て浦安・行徳行きバスを見る。
九年	一九三四	●一月一日、東葛飾郡下での田の最高賃貸価格は南行徳村押切の一反三九円。 ●一一月三日、市川町、八幡町、中山町、国分村が合併して市川市誕生。
一〇年	一九三五	●一一月二二日、京成乗合自動車㈱、バス営業を開始。
一一年	一九三六	●七月、市営火葬場が八幡・行徳境に行徳町との共同で建設。
一二年	一九三七	●四月一日、南行徳村、町制を施行、南行徳町となる。 ●七月三〇日、行徳、南行徳地域に上水道の給水始まる。
一五年	一九四〇	●千葉用水路工事着工（河原―浦安）、昭和二二年再開、三一年完成。現市川・浦安バイパスのライン。

一六年	一九四一	●二月二一日、浦安橋架設される。 ●この年、浦安で野生の夫婦狸が捕獲（一頭は逃走）される。 ●一二月八日、日本軍、ハワイ真珠湾を空襲。 ●一〇月三〇日、楫西光速『下総行徳塩業史』刊行。
一七年	一九四二	●四月一八日、B―25爆撃機一三機、日本本土を初空襲。 ●一一月七日、南行徳漁業組合、海苔養殖の許可を受ける。
一八年	一九四三	●七月一〇日、船橋、浦安、南行徳、行徳各漁業協同組合間において、区画漁業出願および区画漁業権、海苔養殖の行使に関する協定締結（別項）。 ●江戸川水閘門（篠崎水門）完成。 ●一〇月一日、大正六年の津波の犠牲者供養のため妙典地蔵尊建立される。
一九年	一九四四	●一一月二七日、サイパンよりB―29が浦安上空に飛来、直撃弾で三名死亡。 ●一二月一五日、空襲により、本行徳塩焼町で軽傷者一名、住宅、倉庫の全半焼六棟の被害。バクダン池各地にできる。
二〇年	一九四五	●一月二七日、二回にわたる空襲により、行徳、国分新田で死者一名、家屋焼失二棟の被害。

二一年	一九四六	●六月、市内国民学校の第一回学童疎開を実施。 ●八月一五日、玉音放送、第二次世界大戦終わる。 ●一一月一日、市川市内の全国民学校で学校給食（さつまいも）始まる。 ●一〇月二一日、自作農創設特別措置法公布、翌年から、農地改革実施。
二二年	一九四七	●五月三日、日本国憲法施行。 ●五月一〇日、行徳中学校、南行徳中学校が新制中学として開校。 ●九月一四日、カスリン台風により江戸川右岸（東京都江戸川区）堤防決壊。被害甚大。行徳側は無事。 ●一〇月八日、永井荷風、八幡からバスに乗り行徳の町を走る。
二三年	一九四八	●一月二六日、芋権青果市場開設。 ●三月一日、葛南青果市場開設。 ●三月一一日、今井橋派出所開設。 ●四月六日、南行徳町農業協同組合設立、一四日、市川市農業協同組合設立、一九日、行徳町農業協同組合設立。 ●八月六日、浦安町、船橋市、行徳町、南行徳町の各漁業会、海苔養殖柵に関する協定書を締結。

二四年	一九四九	●一〇月、町立南行徳小学校で学校給食始まる。 ●八月一〇日、南行徳漁業協同組合設立。 ●八月三一日、キティ台風（別項）襲来。高潮により浦安、南行徳、行徳、船橋に至る延長一五㎞の海岸堤防および旧江戸川左岸（行徳側）堤防八・四㎞が決壊、行徳町、南行徳町では、全町の八割が冠水し、流失家屋二、全半壊一五、床上浸水六〇、床下浸水二七二。被害甚大。瞬間最大風速三一・〇m。
二五年	一九五〇	●三島由紀夫「遠乗会」を発表、新浜鴨場へ来たことを書く。 ●六月二五日、朝鮮戦争始まる。
二六年	一九五一	●一月、二代目の今井橋架設。 ●一月二六日、市川市小中学校PTA連絡協議会結成。 ●二月一四日、明治三〇年以来の大雪、四〇～五〇㎝積もる。 ●六月、葛南病院開院（現、浦安市川市民病院）。 ●八月一日、南行徳町、国民健康保険事業を開始。 ●九月一日、行徳、南行徳両漁業組合、共同漁業権と区画漁業権取得。 ●一二月、南行徳地先の海岸堤防完成。
二八年	一九五三	●二月一日、NHKテレビ、本放送を開始。

三〇年	一九五五	●二月一六日、市川ロータリークラブ発足。 ●三月三一日、行徳町、市川市に合併、行徳支所設置。行徳町消防団一七個分団団員四一八名が市川市消防団に加入。一〇月一日、行徳地区消防団三個分団一七〇名に減じる。
三一年	一九五六	●六月一日、行徳橋派出所開設。 ●一〇月一日、南行徳町、市川市に合併編入。南行徳町消防団七個分団団員二七〇名を二個分団八〇名として市川に統合。市川全体で二三個分団七〇〇名、消防職員一〇七名。
三二年	一九五七	●三月、二代目の行徳橋と可動堰竣功（東洋一のローリングダム式）。 ●七月一九日、行徳地先海岸、市川港として乙号港湾に指定される。 ●一一月一日、市川市、京葉臨海工業地帯開発の一環として、第一次海面埋立事業の免許を受ける。工事着手は昭和三四年。
三三年	一九五八	●九月二六日、狩野川台風襲来、真間川氾濫。市川、真間、菅野、須和田、鬼高の各町で床上浸水二四五六、床下浸水二五六〇、罹災者総数二万四二六一名。災害救助法発令される。
三四年	一九五九	●一二月二三日、第一次公有水面埋立事業第二工区の建設着手。昭和三七年六月二〇日竣工。

三五年	一九六〇	●四月二九日、京葉高速道路開通。 ●九月一三日、第一次公有水面埋立事業にかかわり、共同漁業権について南行徳漁業協同組合との間に同意書がかわされる。 ●一二月一日、第一次公有水面埋立事業第一工区の建設着工。昭和三八年六月二五日竣工。
三六年	一九六一	●山本周五郎『青べか物語』を刊行。
三七年	一九六二	●四月、第七中学校開校、行徳、南行徳両中学校を統合。翌年九月一四日、新校舎落成、開校する。 ●五月二八日、市川市、カリフォルニア州ガーデナ市との姉妹都市提携議決。
三八年	一九六三	●伊勢宿地先の内匠堀を道路化する請願採択。 ●四月一六日、市川、行徳、南行徳、大柏の各農業協同組合が合併し、市川市農業協同組合設立。 ●市内で精密水準測量実施、平成九年までの三四年間で地盤沈下の累積が福栄公園で二〇一・五cm。
三九年	一九六四	●一月二一日、市川・浦安バイパス建設決定。昭和四七年完成。 ●三月三〇日、市立図書館行徳分館竣工。 ●六月一一日、市川市、第二次公有水面埋立事業の免許を受ける。昭

		和四二年三月三一日建設完了。 ●浦安町の海面埋立始まる。昭和五六年完了。 ●一〇月、東京オリンピック開催。
三〇年代末まで		●土地区画整理が実施される前は、享保年間（一七一六〜三五）に築造された小宮山土手（へび土手、蛇山などとも総称される）の羊腸たる旧跡が見られた。
四〇年	一九六五	●四月二三日、市川市老人クラブ連合会結成（会員三〇〇〇名）。 ●七月一日、内匠堀の道路改修を行徳橋まで延長する陳情採択。
四一年	一九六六	●四月二七日、東浜地先埋立事業許可。昭和四三年三月三一日埋立事業完了。 ●八月一二日、南行徳第一土地区画整理組合の設立認可。昭和四八年六月二五日解散。 ●八月二二日、南行徳第三土地区画整理組合設立認可。昭和五〇年三月三〇日解散。 ●この年の市川市地先海面での漁獲量、八魚種で七三万三六八六kg、貝類四八九万五九五二樽、おご・わかめ一三万九四九八kg。
四二年	一九六七	●三月七日、浦安、南行徳、行徳、船橋で廃油による海苔被害発生。 ●六月一九日、沖場地先埋立事業認可。昭和四三年三月三一日埋立

		事業完了。 ●九月三〇日、南行徳商業協同組合設立。
四三年	一九六八	●三月二八日、南行徳第二土地区画整理組合設立認可。昭和四九年三月二七日解散。 ●六月一二日、行徳土地区画整理組合設立認可。昭和五〇年三月一〇日解散。 ●九月一日、南行徳海苔養殖場、行徳海苔養殖場県知事許可を受ける。
四四年	一九六九	●三月二九日、営団地下鉄（現、東京メトロ）東西線の開通に伴い行徳駅開業。 ●三月三一日、京葉港市川地区土地造成事業の免許を千葉県が取得。昭和四八年一二月二四日完了。塩浜一～四丁目。 ●一二月一八日、行徳北部土地区画整理組合設立認可。昭和五〇年一〇月解散。 ●一〇月一日～翌年三月三一日の行徳・南行徳での海苔養殖収穫量三億六四一四万四八七〇枚。
四五年	一九七〇	●三月八日、第一回市川市子ども会育成研究大会開催。 ●八月二八日、新浜鴨場とその周辺湿地帯を含む約八三haが、千葉

		県により近郊緑地特別保全地区に指定される。 ●一〇月二二日、行徳南部土地区画整理組合設立認可。昭和四九年一二月解散。
四六年	一九七一	●一二月一日、行徳中部土地区画整理組合設立認可。昭和五四年九月解散。
四七年	一九七二	●浦安漁民一七〇〇名、漁業権全面放棄。 ●六月七日、県道新行徳橋開通。 ●七月一日、県と環境庁、行徳地先海面埋立にあたり、鳥類保護の覚書をとりかわす。
四八年	一九七三	●八月一五日、行徳駅前公園に「平和の碑」（別項）建立される。 ●二月一五日、行徳小学校創立一〇〇周年記念式典挙行。 ●一〇月九日、南行徳小学校創立一〇〇周年記念式典挙行。
四九年	一九七四	●四月一日、県立行徳高等学校創立。 ●一一月一日、行徳駅前派出所開設。
五〇年	一九七五	●四月、新浜小学校開校。 ●京葉港第一期埋立完了。塩浜町一～四丁目。 ●『市川市史』全八巻（九冊）が完成。 ●秋、「河原圦之遺石碑」（別項）河原の春日神社境内に建立される。

五一年	一九七六	●一月一日、行徳野鳥観察舎開設。昭和五四年二月二六日、新館オープン。
五三年	一九七八	●四月、富美浜小学校開校。市川南消防署開設。 ●五月、法伝寺境内に「明徳尋常小学校旧跡の碑」（別項）が建立される。 ●九月、行徳支所、行徳公民館新設。 ●首都高速湾岸線、浦安―新木場開通。昭和五七年全面開通。 ●国鉄（現、ＪＲ）武蔵野線開通。
五四年	一九七九	●四月、幸小学校開校、福栄中学校、第七中学校から分離開校。 ●三代目の今井橋架設。
五五年	一九八〇	●四月、新井小学校（校名復活）、南新浜小学校開校。本行徳公民館開設。
五六年	一九八一	●三月、地下鉄東西線南行徳駅開業。南行徳駅前派出所開設。 ●四月、塩焼小学校、塩浜小学校開校。 ●一〇月、行徳図書館開館。
五七年	一九八二	●四月、塩浜中学校開校。
五八年	一九八三	●三月、葛南警察署、浦安市美浜に開設。 ●四月、東京ディズニーランド（別項）開園。

		●一〇月、南行徳図書館開館。
五九年	一九八四	●四月、行徳観音札所巡り再開される。
六〇年	一九八五	●四月、南行徳中学校（校名復活）、福栄小学校開校。
六一年	一九八六	●四月、妙典中学校開校。
六三年	一九八八	●一二月、JR京葉線開通。市川塩浜駅開業。
平成元年	一九八九	●一月二四日、妙典土地区画整理組合設立。平成一二年一一月二二日解散。
		●五月一三日、幸公民館開館。
		●一〇月一〇日、塩浜市民体育館完成。
		●一一月四日、市川市、インドネシアのメダン市と姉妹都市となる。
二年	一九九〇	●五月一日、南行徳公民館開設。
四年	一九九二	●四月二日、塩美橋開通。
五年	一九九三	●四月、南行徳地区防災コミュニティセンター完成。
六年	一九九四	●内匠堀プロムナード（親水緑道）、南行徳小学校前に完成。
		●五月、福栄スポーツ広場オープン。
七年	一九九五	●三月、行徳警察署開署。
		●六月、行徳防犯協会発足。
九年	一九九七	●二月二七日、塩焼交番開設。

		●一一月一七日、南行徳市民センター開館。
一一年	一九九九	●四月一日、妙典小学校開校。
一二年	二〇〇〇	●一月二〇日、地下鉄東西線妙典駅開業。
一三年	二〇〇一	●四月、江戸川左岸流域第二終末処理場完成。 ●五月、東京ディズニーシー開園。 ●六月二九日、南行徳中学校の生徒約一五〇名、南行徳公園内の南行徳第一土地区画整理組合記念碑の落書きを消す。 ●九月、三番瀬の埋め立て中止を知事が表明。
一四年	二〇〇二	●四月一日、新井保育園、湊新田保育園の分園、公設民営保育園として開園。 ●五月二八日、妙典駅前交番オープン。警察官六名、三交代二四時間勤務。 ●六月一七日、「地域ケアシステム南行徳」開所式挙行。 ●一〇月末現在、行徳警察署管内の刑法犯四二五〇件、そのうち、ひったくり二七〇件、侵入盗六四八件、車上狙い六六七件、部品盗二二一件。
一五年	二〇〇三	●二月五日、新井小学校児童（六五〇人）プルタブ一六〇万個を集めて市川市社会福祉協議会へ車椅子二台を贈る。

一六年　二〇〇四

●一〇月二五日、南行徳小学校創立一三〇周年記念式典挙行。
●一一月一五日、拙著『行徳郷土史事典』刊行。
●この年の行徳沖のアサリ漁、近年にない大豊漁に湧く。
●一月、南新浜小学校児童、プルタブやアルミ缶を集めて地元の病院へ車椅子を贈る。
●三月六日、行徳小学校「行徳っ子守り隊」、市川市高齢者クラブ行徳七部会へ腕章百本を贈り児童の安全を見守ってほしいと依頼。
●六月三〇日、行徳市所管内の世帯数七万五〇五〇、人口一五万六二〇〇人。
●七月一五日、拙著『行徳歴史街道』刊行。
●七月三〇日、市川関所跡記念石碑を市川市市川の国道一四号市川橋近くの江戸川堤防上に移設、関所風の門柱（高さ三m、幅二・二m）を設置。
●行徳沖のアサリ漁、前年に引き続き大豊漁。
●九月四日、市立第七中学校新校舎「市川七中ふれあい施設」竣工式挙行。行徳文化ホールI&I（七一八席）、末広保育園（定員六〇人）、ケアハウス（個室五〇室、定員五〇名）、デイサービスそよ風（一日二五人利用）などを併設。

一七年	●九月三〇日、市川市議会、広尾二丁目の石原製鋼所跡地三・九haの取得を議決、「(仮称)広尾防災公園」として平成二二年度開園予定。 ●一〇月一日、「南行徳デイサービスセンター・南行徳老人いこいの家」竣工式開かれる。 ●一〇月五日、千葉県議会定例本会議において、(仮称)妙典橋につき、国庫補助事業の新規採択がされたことが明らかにされ、取り付け道路約六〇〇mを平成一六年度から事業着手と答弁される。 ●一〇月九日、台風二二号のため江戸川が洪水となり行方不明者一名。 ●一一月一四日、市立七中グラウンドで第一回行徳まつり開催、八万五千人が集う。 ●同日、南行徳中学校創立二〇周年記念式典挙行される。 ●一二月二二日、新井小学校児童(六八三人)、プルタブ約一八〇万個を集めて市川市社会福祉協議会へ車椅子一台を贈る(第二回目)。
二〇〇五	●三月一五日、本書『明解行徳の歴史大事典』刊行。

【参考文献】

『市川市史』市川市史編纂委員会編　吉川弘文館
『市川市史年表』市川市史編纂委員会編　吉川弘文館
『市川市の町名』市川市教育委員会　一九八七年三月三一日発行
『市川市字名集覧』市川市教育委員会　一九七三年一月発行
『市川の文学』市川市教育委員会　一九八二年三月三一日発行
『千葉県の地名』日本歴史地名大系（第一二巻）平凡社　一九九六年七月一二日発行
『東京都の地名』日本歴史地名大系（第一三巻）平凡社　二〇〇二年七月一〇日発行
『房総叢書』（第六巻）所収『葛飾誌略』房総叢書刊行会　一九四一年一一月一〇日発行
『燕石十種』（第二巻）所収『天明事跡蛛の糸』岩本活東子編　中央公論社　一九七九年七月二〇日発行
『燕石十種』（第五巻）所収『葛飾記』岩本活東子編　中央公論社　一九八〇年五月三〇日発行
『日本地名語源事典』吉田茂樹著　新人物往来社　一九八一年二月一〇日発行
『行徳郷土史事典』鈴木和明著　文芸社　二〇〇三年一一月一五日発行
『行徳歴史街道』鈴木和明著　文芸社　二〇〇四年七月一五日発行
『おばばと一郎　1～4』鈴木和明著　文芸社　二〇〇〇年一月五日～二〇〇一年八月一五日発行

『僕らはハゼっ子』鈴木和明著　文芸社　二〇〇二年五月一五日発行
『更級日記』秋山虔　新潮社　一九八〇年七月一〇日発行
『万葉集　国民の文学第二巻』土屋文明訳　河出書房新社　一九六三年一〇月二三日発行
『江東区史上巻』江東区　一九九七年三月三一日発行
『江東区の文化財　史跡』江東区教育委員会社会教育課編集発行　一九八八年四月一日発行
『史跡をたずねて―改訂版』江東区企画部広報課編集発行　二〇〇〇年一〇月二六日発行
『江戸川区史第一巻』『同第三巻』江戸川区　一九七六年三月一五日発行
『江戸川区の史跡と名所』江戸川区教育委員会編集発行　二〇〇〇年一一月発行
『葛西志』三島政行著　国書刊行会　一九七一年八月一五日発行
『広辞苑（第四版）』新村出編　岩波書店　一九九一年一一月一五日発行
『原寸復刻江戸名所図会下』評論社　一九九六年一二月二〇日発行
『荷風全集』（第一九～二四巻）『断腸亭日乗』永井壮吉著　岩波書店
一九六三年三月一日～六四年九月一日発行
『永井荷風全集第一七巻』所収「放水路」岩波書店　一九九四年六月二八日発行
『永井荷風全集第一九巻』所収「にぎり飯」岩波書店　一九九四年一一月二八日発行
『葛飾の永井荷風』高橋俊夫著　崙書房　一九八〇年一〇月三〇日発行
『青べか日記』山本周五郎著　一九七二年九月三〇日発行

『青べか物語』山本周五郎著　新潮文庫　一九九三年五月三〇日五五刷
『三島由紀夫短編全集』所収「遠乗会」三島由紀夫著　新潮社　一九八七年一一月二〇日発行
『房総の芭蕉句碑　下総編』井上修之介著　崙書房　一九七九年一〇月三〇日発行
『下総行徳塩業史』楫西光速著　アチックミューゼアム　一九四一年一〇月三〇日発行
『塩の日本史　第二版』廣山尭道著　雄山閣出版　一九九七年七月五日発行
『江戸内湾塩業史の研究』落合功著　吉川弘文館　一九九九年一月二〇日発行
「行徳レポート2　江戸川流域を歩くはやさで考える」市立市川歴史博物館　一九九四年三月三一日発行
『葛飾風土史　川と村と人』遠藤正道著　明光企画　一九七八年三月二二日発行
『浦の曙』遠藤正道著　飯塚書房　一九八二年一月一〇日発行
『郷土と庚申塔』遠藤正道著　飯塚書房　一九八〇年一〇月三一日発行
『十辺舎一九の房総道中記』鶴岡節雄校注　千秋社　一九八四年三月一〇日発行
『仮名垣魯文の成田道中記』鶴岡節雄校注　千秋社　一九八〇年八月五日発行
「第二回行徳臨海部まちづくり懇談会資料」市川市　二〇〇一年三月三日付
『いちかわ水土記』鈴木亘男著　崙書房　一九九〇年一月二五日発行
『影印・翻刻・注解　勝鹿図志手繰舟』高橋俊夫編　崙書房　一九七五年七月三〇日発行
『勝鹿図志手ぐり舟』宮崎長蔵著　ホビット社　一九九〇年九月二九日発行
『行徳塩浜と新井村の足跡』宮崎長蔵著　一九七六年一〇月二五日発行

『行徳物語』宮崎長蔵・綿貫喜郎共著　市川新聞社　一九七七年一〇月一五日発行
『市川の郷土史・内匠堀の昔と今』市川博物館友の会歴史部会編集　一九九五年九月一日発行
『木下街道展～江戸と利根川を結ぶ道』市立市川歴史博物館　一九九九年九月二六日発行
『中世以降の市川』市立市川歴史博物館　一九九八年七月一日第二刷発行
『幕末の市川』市立市川歴史博物館　二〇〇三年三月一六日発行
『市川の歴史を尋ねて』市川市教育委員会　一九八八年三月二〇日発行
『利根川木下河岸と鮮魚街道』山本忠良著　崙書房　一九八二年八月三〇日発行
『河岸に生きる人びと』川名登著　平凡社　一九八二年一〇月五日発行
『房総の街道繁盛記』山本鉱太郎著　崙書房　一九九九年八月一〇日発行
『利根川治水ものがたり』財団法人河川情報センター　一九九五年三月発行
『利根川の洪水』須賀堯三監修　利根川研究会編　山海堂　一九九五年三月三一日発行
『川蒸気通運丸物語』山本鉱太郎著　崙書房　一九八〇年一一月三〇日発行
『高瀬船』渡辺貢二著　崙書房　一九八二年一一月一〇日第三刷発行
『船頭』渡辺貢二著　崙書房　一九八〇年四月三〇日第二刷発行
『市川・船橋戦争』山形紘著　崙書房　一九八三年六月三〇日発行
『人が汽車を押した頃』佐藤信之著　崙書房　一九八六年一一月二〇日発行
『遊歴雑記初編』十方庵敬順著　朝倉治彦校訂　平凡社東洋文庫　一九八九年四月一七日発行

『浦安町誌上』浦安町誌編纂委員会編集　一九六九年一二月一日発行
『浦安市史』浦安市史編さん委員会編集　一九八五年三月三〇日発行
「水に囲まれたまち―浦安市交通史調査報告書」浦安市教育委員会　一九九六年三月発行
「災害と闘ってきたまち―浦安市災害史調査報告書」浦安市教育委員会　一九九六年三月発行
「浦安のベカ舟―浦安市ベカ舟調査報告書」浦安市教育委員会　一九九三年三月発行
「海とともに―浦安市漁撈習俗調査報告書」浦安市教育委員会　一九九五年一〇月発行
『富士山の噴火』つじよしのぶ著　築地書館　一九九二年四月一日発行
『富士山宝永大爆発』永原慶二著　集英社　二〇〇二年一月二二日発行
『安政江戸地震』野口武彦著　筑摩書房　一九九七年三月二〇日発行
『房総沖巨大地震』伊藤一男著　崙書房　一九八三年九月一日発行
『房総災害史』千葉県郷土史研究連絡協議会編　千秋社　一九八四年六月一五日発行
『定本折たく柴の記釈義』宮崎道生著　近藤出版社　一九八五年一月二五日発行
『観音札所のあるまち行徳・浦安』中山書房仏書林　一九八四年一一月三日発行
『江戸川べりの野仏』坪内恭介著　崙書房　一九八〇年四月三〇日発行
『行徳街道札所』中山富士男著　二〇〇〇年三月一日発行
『行徳の歴史散歩』祖田浩一著　行徳新聞社　一九八四年八月二〇日発行
『全国寺院名鑑』全国寺院名鑑刊行会編纂　一九七六年三月二〇日発行

『葛飾を歩く』中津攸子著　一九八七年一二月二五日発行
『江戸川ライン歴史散歩』千野原靖方著　崙書房　一九九一年四月一五日発行
『千葉県神社名鑑』千葉県神社庁　一九八七年十二月二七日発行
『図説歴史散歩事典』井上光貞監修　山川出版社　一九七九年九月三〇日発行
『図説仏像巡礼事典』著作者久野健　山川出版社　一九八六年六月一三日発行
『いちかわ民俗誌』萩原法子著　崙書房　一九八五年一一月一日発行
『下総郵便事始』田辺卓躬著　崙書房　一九八〇年九月三〇日発行
『市川物語』綿貫喜郎著　飯塚書房　一九八一年二月一五日発行
『武江年表』斉藤月岑著　金子光晴校訂　平凡社　一九六八年七月二六日発行
『私たちの行徳今昔史・パート1』本行徳フォーラム編集　一九九九年三月発行
『野田の醤油史』市山盛雄著　崙書房　一九八〇年九月三〇日発行
『市川の伝承民話第一集〜第七集』市川民話の会編集　市川市教育委員会発行
一九八〇年三月三一日〜一九九九年三月三〇日発行
『ぎょうとく昔語り』行徳昔話の会　二〇〇〇年一一月一五日発行
『雑兵物語・おあむ物語』中村通夫・湯沢幸吉郎校訂　岩波書店　二〇〇二年二月二〇日第七刷発行
『船橋市史　前編』船橋市役所　一九五九年三月一日発行
『国府台合戦を点検する』千野原靖方著　崙書房　一九九九年七月一〇日発行

『船橋市史　史料編一』船橋市企画部情報管理課編集　一九八三年三月三一日発行
『木更津市史』木更津市史編集委員会編　一九七二年発行
『江戸砂子』小池章太郎編　東京堂出版　一九七六年八月二五日発行
『訓読日本三大実録』武田祐吉・佐藤謙三訳　臨川書店　一九八六年四月二〇日発行
『塩　ものと人間の文化史7』平島裕正著　法政大学出版局　一九九九年六月一日第一九刷発行
『日本庶民生活史料集成第七巻飢饉・悪疫』所収『後見草』『天明三年卯六月浅間山大焼一件記』『安政乙卯武江地動之記』　三一書房　一九八〇年一〇月一五日第一版第五刷発行
『成田山新勝寺―民衆の不動尊信仰史』大野政治著　一九八一年五月二〇日第二刷発行
『『成田参詣記』を歩く』川田壽著　崙書房　二〇〇一年一月二〇日発行
『海苔の歴史』宮下章著　全国海苔問屋協同組合連合会　一九七〇年一一月一六日発行

あとがき

本書は行徳の歴史を繙《ひもと》くための手引きとして作成した。

筆者自らが常々このような事典が欲しいと思っていた。行徳の郷土史の不思議の一つである。ならばと一念発起したのだが読者の役に立てていただければ著者冥利に尽きる。

本書には例えば行徳塩浜の「堤」の大きさなどが具体的な数値で示してある。それを読むだけで「堤」は村人たちの自普請ではとても手におえない巨大な建造物であることに気がつく。塩浜普請とは言い換えれば堤普請であると筆者が述べる所以《ゆえん》である。その他様々な数字が随所にある。それらは各種の書籍に散見されるものを本書に集約したものである。

行徳の歴史を振り返るとき区画整理事業は現代の最大の事業であった。それは徳川幕府による行徳塩浜の増築、江戸川の変流工事に匹敵する規模といってよい。それは環境に与えた影響についても同様といえる。この四〇〇年間の行徳の地の変遷は顕著である。大きく永い歴史の流れの中の「今」といえる。

行徳の区画整理地の地面を二m余掘り下げれば、かつての行徳水郷の水田と畠がでてくる。さらに一・五m余を掘れば塩田跡が見られるはずである。行徳とはそのような土地柄である。

しかるに土地区画整理事業を語る郷土誌は少ない。筆者の前書『行徳郷土史事典』『行徳歴史街道』

では収録しきれなかった組合員の氏名その他を、記念碑文から採録し全文を収録した。なぜならば、この大事業はすべての組合員の汗と涙の結晶であり、当事者は無論のこと行徳に住むすべての人々の共通の財産といえるからである。ゆえに記録にとどめる価値がある。記念碑はいつの日にか風化するであろう。なお、組合員の大半は行徳塩浜で塩焼きに従事した農民の末裔である。

ここに区画整理事業を主導し完成させ亡くなられたすべての組合員の方々のご冥福をお祈りするとともに、本書が区画整理事業の偉業を永く後世に伝えるための書のひとつになることができれば幸いである。

二〇〇五年二月吉日

著者　鈴木和明

＊観音札所以外の寺院

行徳・南行徳地域の学校の沿革

土地区画整理組合記念碑文

行徳・浦安三十三カ所 観音霊場札所

行徳・南行徳の神社

行徳・南行徳の地名

ら

り

れ

ろ

わ

む

め

も

や

ゆ

よ

ま

み

ふ

へ

ほ

の

は

ひ

に

ぬ

ね

て

と

な

す

せ

そ

さ

し

き

う

え

索　引

著者プロフィール

鈴木和明（すずき かずあき）

1941年、千葉県市川市に生まれる。

南行徳小学校、南行徳中学校を経て東京都立上野高等学校通信制を卒業。

1983年、司法書士試験、行政書士試験に合格、翌1984年、司法書士事務所を開設。1999年、執筆活動を始める。

南行徳中学校ＰＴＡ会長を２期務める。新井自治会長を務める。

「週刊つりニュース」ペンクラブ会員。出版コーディネーター。市川博物館友の会会員。新井熊野神社氏子総代。

趣味：読書、釣り、将棋（初段）。

著書に『おばばと一郎』『おばばと一郎2』『おばばと一郎3』『おばばと一郎4』『僕らはハゼっ子』『行徳郷土史事典』『行徳歴史街道』（以上文芸社刊）、『20人の新鋭作家によるはじめての出版物語』（共著、文芸社刊）などがある。

http://www.s-kazuaki.com

明解 行徳の歴史大事典

2005年3月15日　初版第１刷発行

著　者　鈴木 和明
発行者　瓜谷 綱延
発行所　株式会社文芸社
〒160-0022　東京都新宿区新宿1－10－1
電話 03-5369-3060（編集）
03-5369-2299（販売）

印刷所　図書印刷株式会社

ISBN4-8355-8566-6